海外中国研究丛书

——

到中国之外发现中国

天地不仁

中国古典哲学中恶的问题

Heaven and Earth Are Not Humane

The Problem of Evil in Classical Chinese Philosophy

[美] 方岚生 著

林 捷 汪日宣 译

江苏人民出版社

图书在版编目(CIP)数据

天地不仁：中国古典哲学中恶的问题 /（美）方岚生著；
林捷,汪日宣译. — 南京：江苏人民出版社,2024.1(2024.4 重印)
(海外中国研究丛书 / 刘东主编)
ISBN 978 - 7 - 214 - 28290 - 3

Ⅰ. ①天… Ⅱ. ①方… ②林… ③汪… Ⅲ. ①恶-研
究-中国 Ⅳ. ①B82

中国国家版本馆 CIP 数据核字(2023)第 166284 号

Heaven and Earth Are Not Humane：The Problem of Evil in Classical Chinese
Philosophy，by Franklin Perkins
Copyright ⓒ2014 by Franklin Perkins
Simplified Chinese rights licensed from the original English-language publisher，
Indiana University Press
Simplified Chinese edition copyright ⓒ2023 by Jiangsu People's Publishing House
ALL RIGHTS RESERVED
江苏省版权局著作权合同登记号：图字 10 - 2018 - 469 号

书　　　名	天地不仁:中国古典哲学中恶的问题	
著　　　者	[美]方岚生	
译　　　者	林　捷　汪日宣	
责 任 编 辑	汤丹磊	
装 帧 设 计	陈　婕	
责 任 监 制	王　娟	
出 版 发 行	江苏人民出版社	
地　　　址	南京市湖南路 1 号 A 楼,邮编:210009	
照　　　排	江苏凤凰制版有限公司	
印　　　刷	江苏凤凰扬州鑫华印刷有限公司	
开　　　本	652 毫米×960 毫米　1/16	
印　　　张	25.5　插页 4	
字　　　数	338 千字	
版　　　次	2024 年 1 月第 1 版	
印　　　次	2024 年 4 月第 2 次印刷	
标 准 书 号	ISBN 978 - 7 - 214 - 28290 - 3	
定　　　价	88.00 元	

(江苏人民出版社图书凡印装错误可向承印厂调换)

序"海外中国研究丛书"

中国曾经遗忘过世界,但世界却并未因此而遗忘中国。令人嗟讶的是,20世纪60年代以后,就在中国越来越闭锁的同时,世界各国的中国研究却得到了越来越富于成果的发展。而到了中国门户重开的今天,这种发展就把国内学界逼到了如此的窘境:我们不仅必须放眼海外去认识世界,还必须放眼海外来重新认识中国;不仅必须向国内读者迻译海外的西学,还必须向他们系统地介绍海外的中学。

这个系列不可避免地会加深我们150年以来一直怀有的危机感和失落感,因为单是它的学术水准也足以提醒我们,中国文明在现时代所面对的绝不再是某个粗蛮不文的、很快就将被自己同化的、马背上的战胜者,而是一个高度发展了的、必将对自己的根本价值取向大大触动的文明。可正因为这样,借别人的眼光去获得自知之明,又正是摆在我们面前的紧迫历史使命,因为只要不跳出自家的文化圈子去透过强烈的反差反观自身，中华文明就找不到进入其现代形态的入口。

当然，既是本着这样的目的，我们就不能只从各家学说中筛选那些我们可以或者乐于接受的东西，否则我们的"筛子"本身就可能使读者失去选择、挑剔和批判的广阔天地。我们的译介毕竟还只是初步的尝试，而我们所努力去做的，毕竟也只是和读者一起去反复思索这些奉献给大家的东西。

刘　东

献给乔安娜·珀金斯(JoAnn Perkins)

1947—2004

天地不仁，以万物为刍狗。

圣人不仁，以百姓为刍狗。

——《道德经》

目　录

1

致　谢

　　我从未正式学习过中国哲学或汉学,所以在过去的十几年里,我遇到了许许多多的老师。他们每一位都给了我一些至关重要的指导、反馈或帮助,这份名单几乎包含了所有从事相关研究工作的人。我只能挑出对本书的研究工作影响最深刻的几位。伍安祖(On-cho Ng)是第一位我有机会共事的汉学学者,他自从在我有关莱布尼茨和中国的学位论文答辩委员会任职以来,就一直帮助我。对我进入中国哲学领域最重要的人是万百安(Bryan W. Van Norden),他给了我任职的机会,让我能够拥有学术休假,然后慷慨地花时间让我在这个领域有所作为。尽管我在这里偶尔就相关阅读材料与他有些分歧,但不能掩盖他对我整个早期中国哲学的研究路径的形成的深刻影响。梅勒(Hans-Georg Moeller)也是我自这个领域入门起的向导和朋友,我的许多观点都是通过与他的讨论形成的。近年来,我对许多文本的解释受到了与方克涛(Chris Fraser)和丹·罗宾斯(Dan Robins)多年讨论的深刻影响,甚至最近还受到了与任博克(Brook Ziporyn)多次

1

长时间会谈的影响。安乐哲（Roger T. Ames）和罗思文（Henry Rosemont Jr.）在一些关键时刻给予了我慷慨的支持。我在汉学方面的老师是朴仙镜（Esther Klein），他帮助我培养本书所需的研究技能，并仔细改正了其中许多错误。我对你们所有的指导和友谊致以深深的谢意。

许多人读了更早（甚至更长）的原稿版本，并给了我非常重要的反馈和鼓励：安乐哲、大卫·琼斯（David Jones）、科林·克莱因（Colin Klein）、朴仙镜、梅勒、格拉姆·帕克斯（Graham Parkes）、迈克尔·佩尔扎尔（Michael W. Pelczar）、普鸣（Michael J. Puett）、史大海（Aaron Stalnaker）、王蓉蓉（Robin R. Wang）和任博克。还有一些人对本书中的个别章节或已发展成章节的文章给予了重要的反馈意见：成中英（Chung-ying Cheng）、凯利·詹姆斯·克拉克（Kelly James Clark）、方克涛、戴维·法雷尔·克雷尔（David Farrell Krell）、艾文贺（Philip J. Ivanhoe）和刘笑敢。没有他们的建议，本书就不是现在的样子。我还受益于在会议上介绍本书的许多部分，特别是多年来参加的美国中西部中国思想会议以及比较哲学与大陆哲学圈。我非常感谢我的同事们，不仅因为他们支持我在研究领域进行如此彻底的变革，还因为他们的许多深刻哲学见解都出现在本书中。我特别感谢肖恩·柯克兰（Sean D. Kirkland）在各种希腊术语方面对我的帮助。我的学生们也允许我完善我的想法，并吸收一些他们的想法。最后，我要感谢印第安纳大学出版社，特别是南希·莱特富特（Nancy Lightfoot）和迪·莫特森（Dee Mortensen），他们指导我完成了整个过程；道恩·奥利拉（Dawn Ollila）精心编辑了文稿；世界哲学系列的亚洲编辑布雷特·戴维斯（Bret Davis）最先鼓励我提交手稿。我感谢辛迪·布朗（Cyndy Brown）制作了本书的索引。

在本书的整个写作过程中，最重要的支持因素之一是我与王蓉蓉的友谊，她拥有几乎在所有可能的方面帮助我的神奇力量——从最初获得富布赖特奖学金，到在原稿的最终版本中纠正中文——但最重要的是，她一直是支持我和我快乐的源泉。我将永远感激。就个人而言，我最感谢我的父母，他们鼓励我追求自己最感兴趣的东西，不管是哲学还是中国，或者两者兼而有之。

如果没有许多资源的慷慨相助，这项研究就不可能进行。布莱克莫尔基金会的两笔资助让我培养了必要的语言能力。德保罗大学的带薪研究假让我为这项工作打下了一部分基础，我开始写作时获得了富布赖特研究资助，这使我能够在北京大学哲学系度过一年。这一写作计划的早期版本始于在加州大学伯克利分校举行的"古代中国、希腊和罗马的个人、国家和法律"研讨会的NEH夏季奖学金。最后，如果没有对我的大学教育进行的慷慨资助，尤其是范德堡大学的院长特选奖学金以及理查森基金会和公民基金会的奖学金，我就不可能成为现在的我。我将永远感激这些奖学金给我带来的机会。

此前发表的两篇文章，部分内容已被纳入本书的不同章节：《与庄子漫游在悲剧之外》（"Wandering Beyond Tragedy with Zhuangzi"）发表于《比较与大陆哲学》（*Comparative and Continental Philosophy*）2011 年第 3 卷第 1 期，《墨家关于儒家"命"的用法的批判》（"The Moist Criticism of the Confucian Use of Fate"）发表于《中国哲学杂志》（*Journal of Chinese Philosophy*）2008 年第 35 卷第 3 期。感谢允许我收入这些文章的部分内容。

关于引文缩写的注释

关于古典文本的引用，一般而言，我引用标准中文版本，并标注章节号和页码*，还会采用某种形式标注所引文段在已有英文译本中的位置。常用古典文本按下列缩略形式引用：

Dàodéjīng 《道德经》。根据通行文本的顺序引用章节编号。除另有说明外，我遵循的是刘笑敢《老子古今》(2006)中的马王堆文本。

Hánfēizǐ 《韩非子》。按照陈奇猷《韩非子新校注》(2000)的章节号和页码引用。

Lùnhéng 《论衡》(王充)。按照黄晖《论衡校释》(1990)的章节号和页码引用。

---

* 原书在引用古籍时，只列出作者的英译。本书根据原书所引版本，列出中文，不录其英译，但对于作者所加的出处注则予以保留。又，原书在著录引文出处时，章节号和页码存在一些错误。译者已重新核对相应中文版本的原文，对其中有误的章节号和页码进行订正。如第29页"孟子甚至称伯夷为圣人"，原书录为7B24，而核查原文，此处当引自7B15。对于此类错误，译者径改，不烦标注。——译者

Lúnyu 《论语》。所引章节和段落，使用杨伯峻《论语译注》（2002）的编号系统（遵循最新的翻译），以刘宝楠《论语正义》（1990）的文本为根据。

Lǚshì chūnqiū 《吕氏春秋》。按照陈奇猷《吕氏春秋新校释》（1984）的卷/节和页码引用。其卷和章节编号与诺布洛克和王安国的英译本（Knoblock and Reigel 2000）中的编号相对应。

Mèngzǐ 《孟子》。按卷（1—7）、部分（A 或 B）和段落编号引用，段落编号遵循杨伯峻《孟子译注》（2003）里的段落编号（遵循最新的翻译），以焦循《孟子正义》（1987）的文本为根据。

Mòzǐ 《墨子》。按孙诒让《墨子间诂》（2001）的章节编号和页码引用。

Shǐ jì 《史记》（司马迁）。按司马迁《史记》（1959）的章节编号和页码引用。

Shī jīng 《诗经》。按照传统毛《诗》编号引用，遵循周振甫《诗经译注》（2002）的文本。

Xúnzǐ 《荀子》。按照王先谦《荀子集解》（1988）的章节号和页码引用。

Zhuāngzǐ 《庄子》。按照郭庆藩《庄子集释》（1978）的章节编号和页码引用。

引言：跨文化语境中的哲学

坏事发生在好人身上。这个可悲的事实至少在早期中国或
对莱布尼茨(Leibniz)和伏尔泰(Voltaire)而言便是真实存在的，
直至今天仍然如此。本书以这种简单的观察为线索，去追溯人与
自然或神(中文术语中的"天")之间的张力与和解。在关注中国
思想的同时，本书最终是通过融合来自不同传统和文化的思想，
特别是植根于中国战国和早期现代欧洲的思想来进行哲学研究
的尝试。因此可以将其标称为"比较哲学""世界哲学"或"跨文化
哲学"的著作。

跨文化哲学的方法绝非新鲜事物。我们所谓的西方哲学便
起源于地中海沿岸的文化融合。中世纪哲学很大程度上是由古
典地中海思想引入基督教而产生的，并且它的发展和终结受到对
阿拉伯、希腊和罗马哲学的引入或重新引入的推动。在全球层面
上，跨文化哲学最富有成效和影响最大的例子之一是佛教从印度
传入中国，从而产生了佛教和儒学的混合形式。我们甚至可以
说，20世纪是跨文化哲学的时代，世界上大多数国家的主要哲学
家都取欧洲哲学与自己的传统进行了对话，从中国的牟宗三、唐
君毅，日本的西田几多郎(Nishida Kitaro)、西谷启治(Nishitani
Keiji)，到印度的维韦卡南达(Vivekananda)、薄泰恰里耶
(Bhattacharya)，以及非洲的洪通吉(Hountondji)、维雷杜

（Wiredu）。因此，从全球和历史的角度来看，欧洲和北美的当代哲学家普遍拒绝接受其自身传统和文化之外的思想，这是不寻常的。虽然这种例外的状况揭示了试图用开放来描述欧洲的荒谬，但它更多地源于权力关系而非固有的文化特征。[1] 帝国主义及其遗产让欧洲和北美的哲学家们得以忽视世界其他地区，而世界其他地区却无法忽视他们。这种无知是一种特权和祸根，与美国人所享有的不需要学习另一种语言的特权并无不同。

如果仅仅是因为全球权力的转移，这种对其他文化的排斥就不可能持续更长的时间。实际上，在过去的几十年里，"西方"以外的文化的哲学交往取得了长足的进步，产生了各种各样的方法和方法论。尽管如此，这些工作仍然是实验性的，需要对方法论进行一些简要的反思。就像哲学史上的任何著作一样，本书是由两个目标之间的张力构成的。一方面，它旨在为当代读者提供富有哲理的见解或启示。另一方面，它力求以各种中国文本的自有术语和知识范围来准确地理解和解释它们自身。正如施内温德（J. B. Schneewind）所说，挑战在于避免"不合时宜"（anachronism）和"返古主义"（antiquarianism）的危险（2005，178）。这种张力可以通过多种方式来解决，且有价值的工作要在连续统一体的不同点上完成，因为哲学家倾向于不合时宜，而汉学家倾向于返古主义。本书可能会使双方都感到恼火，因为我试图让中国哲学对欧洲哲学施加影响，而不是让它进入欧洲哲学的轨道或领域。这不是试图在从中国古典文本中汲取资源的同时做欧洲哲学，也不是指望中国来回答欧洲的问题。这种方法是必要的，并且已经被证明是富有成效的。[2] 它们有一个明显的优势，那就是使中国哲学与当代（西方）哲学家相关联并易于为他们所理解。尽管如此，将中国哲学引入并置于欧洲的知识领域中，从根本上说是不可能的。但是,另一种观点的最大价值,往往恰恰在于它以不同的方式描绘这个基本领域。此外,人在其不熟悉的领域总是处于劣势。如果我们用他们感到陌生的特征和问题来处理中国文本,中国的思想家就不可能像欧洲哲学家曾经做过的那样来处理这些文本。同样地,如果我们寻找那些不曾被问过的问题的答案,其回答也不可能像那些被问过这些问题的哲学家所给出的回答那么深刻。因此,即使中国的思想家们能够提供有趣而重要的见解,他们也常常给人留下次等哲学家的印象。

我在这里的策略有两个方面。对中国文本的讨论尽可能根据其自身的术语、特征和类别来组织。尽管我已经为所有的中文术语提供了英文替代词,但读者必须尽量与这些词保持距离,让它们显现出原汉语词汇的广度和细微差别。要想用英语对中国思想进行既能体现连续性又能体现发展性的广泛研究,只有对英语本身进行调整,使之与汉语表述相适应才可行。来自欧洲哲学的标准术语仅在对比时引入,而且我不试图运用"超越"(transcendence)、"自由意志"(free will)或"美德伦理"(virtue ethics)等术语,也不将中国哲学家放在各种熟悉的二分法的一侧或另一侧,以决定他们的位置应该归档在我们的哪个文件夹中。这种取向来自这样一种信念,即世界可以用许多不同而同样可行的方式来划分、标记、分类和解决问题。我的希望是,比起用我们的术语,用其自身的术语能更好地表现出中国哲学的合理性和条理性,而且按照中国自己塑造世界的方式来诠释中国哲学将有助于阐明其自身范畴和假设的奇异和独特。[3] 比较哲学的危险在于把自己的话放在另一个人的嘴里,最后以独白结束,或者更多的时候,在自己传统的元素之间对话。这种方式至少可以追溯到尼古拉·马勒伯朗士(Nicholas Malebranche)在 1707 年所写的《有关神的存在和性质的对话》（*Dialogue between a Christian Philosopher and a Chinese Philosopher on the Existence and Nature of God*）中的对话，中国哲学家代表斯宾诺莎（Spinoza），基督教哲学家代表马勒伯朗士。当然，事实上，无论你走到哪里，你还是你：我们永远不会摆脱自己或自己的观点。我们永远不会像孟子或庄子那样看待世界。然而，与此同时，我们始终处在成为自己的过程中。我们的观点会改变，很大程度上是因为我们沉浸其中。[4]正如墨子所说，如果一个人进入的染料改变了，他的颜色也会改变（《吕氏春秋》2/4:96—97）。如果我在这里的工作取得成功，它将在欧洲哲学与中国哲学之间产生一种融合，产生一些没有这两者就不可能实现的东西。

要避免把中国哲学带入欧洲的轨道，就必须甚至在问题和难题上采取行动。哲学的工作既包括提出问题（questions）和回答问题，也包括提出难题（problems）和解决难题。[5]答案总是取决于我们问的问题，而提出一个问题就已经意味着从经验上的张力转向关于它们的特定概念。问题可能会不断产生，但哲学家们阐述的问题通常并非如此。在真正的意义上，笛卡尔（Descartes）之前没有心身难题（mind-body problem），就像在奥古斯丁（Augustine）之前自由意志的因果关系方面不存在任何难题一样。这并不是说我们的问题是任意的，或者仅仅是常规的。哲学难题反映了经验的真实张力，但也包含了可能发生的文化假设、政治压力、技术发展等。我的目标是追踪中国古典哲学本身提出的问题和难题，尽管问题的选择也反映了这个研究计划的对话目标。

关于前面提到的张力的严重性，现在应该很清楚了：在不使用欧洲概念甚至问题的情况下，中国哲学与欧洲哲学将如何进行对话？这个问题只能通过著作本身来解决。只有那些没有认真尝试去理解另一种文化的人，才坚持激进的他者性和不可通约性的主观设想。这些古典的中国文本经常说出我们的关切，如果我们的哲学问题和概念没有共同的（尽管不一定是普遍的）人类经验基础，那么这种交汇是不可能的。我的目标是研究共同的经验**张力**是如何在中国和欧洲演变成不同的**难题**，从而导致不同的答案。[6] 比较哲学只有在我们回头面对这些基本的经验张力时才奏效——用苏珊·奈曼(Susan Neiman)的话来说，这是"哲学质疑的真正根源"(2002,13)。然而，我们能够获得纯粹的经验——这本身是值得怀疑的。如果这确实是一种文化与另一种文化以及客观现实之间的三方会谈，那么跨文化对话会变得更加容易。不幸的是，这不是我们所处的情况。我们必须依靠三角测量法，从欧洲和中国哲学中提取问题和概念，并利用这两点来投射经验本身的第三点。我希望用不同的观点来表现人类经验中的某些张力，以更好地理解这些张力可以被接受和理论化的各种方式。最终，相似性和差异性之间的协商只能在实践中解决。在这一层面上，我信从李亦理(Lee H. Yearley)的建议："在差异中找出相似，在相似中找出不同。"(1990,3)就是说，当文本似乎在说同样的事情时，我会关注上下文使它们有所不同的方式，而当它们提出不同的议题时，我会将目光投向可能将它们联系起来的相似之处。

这项研究已经持续很长的时间，而且会自然地持续下去。时间和篇幅的限制迫使我在范围上划出一定的限制。历史的局限并不是那么成问题。在给出一些早期背景的同时，本研究的第二章以儒、墨两家在公元前 5 世纪左右就开始的有关"命"的作用的争论为起点。[7] 无论在更早之前发生了什么，对于我们所关注的天与命，墨家提供了第一次系统讨论，所以他们是一个自然的起点。本研究以战国（公元前 475—前 222 年）末期的《荀子》为结束。当然，关于恶的问题的讨论一直持续到汉代。关于这个问题的最著名的陈述来自司马迁在伯夷、叔齐传的结尾所发表的评论，且司马迁应该这样说过，他写《史记》的目的之一是"究天人之际"（《汉书》62.2735）。最系统的关于恶的问题的早期研究来自王充。在他所写的《论衡》中，一个中心观点是人的价值和能力与其成功与否和寿命长短几乎没有关系。尽管如此，从战国状态到统一帝国状态的转变，使得战国末期成为本研究的自然边界。

一个更成问题的限制是将战国文本当作**哲学**来对待，这种方法已经把中国的思想带入了欧洲形成的知识领域。把战国思想称为哲学是否恰当，这一问题与其说是关于战国的问题，不如说是关于哲学的问题。在实践中，这是一个关于制度以及排斥或包容的权力的问题。这些议题在这里无法得到充分的解决。值得注意的是，尽管在什么是哲学的问题上仍然存在分歧，但实际上几乎所有的学院派哲学家都接受某些界限。第一，虽然我们希望我们的学生成为好人，但是如果要求道德行为作为哲学专业的一部分，即使这是不违法的，也会让人觉得奇怪。虽然许多当代哲学家坚持认为做一个好的哲学家有助于做一个好人，但大多数人都赞同这是不同的追求。第二，身体的直接参与被排除在外。像《庄子》的"坐忘"所建议的那样，让学生在课堂上冥想，或者像荀子建议的那样让他们跳舞，这在几乎所有的哲学系中都会引发争议。第三，明确地诉诸权威被排除在哲学之外，并被视为谬误。即使在考虑像亚里士多德（Aristotle）或康德（Immanuel Kant）那样伟大的思想家时，我也无法接受让我的学生去相信他们所说的话。

这些界限决定了现在的(学院的)哲学是什么,而与哲学曾经是什么无关。按照这种定义,这里考虑的思想家当然不是哲学家。忽略这种差异会从根本上扭曲他们的所作所为,并使他们处于一个相当不利的陌生境地。[8]然而,难题并不在于这些思想家是否更适合其他学术学科。他们的许多关切和实践最自然地属于我们哲学学科。他们和我们之间的分歧不仅仅在于**哲学**的界限,还在于**学术界**的界限,这使得任何学科的教授都不可能去做庄子或孟子想要做的事情。不论好坏,现代学术界的界限似乎已经确定,不仅在欧洲,而且在全世界,包括当代中国。我们的选择要么是忽略早期中国,要么是通过我们自己的领域来接近它,同时承认其中包含扭曲。不可避免地,这就产生了一种与战国时期相去甚远的混合思想。然而,这一结果总比完全拒绝早期中国思想要好。

这种哲学取向意味着,我主要关注的是针对坏事发生在好人身上这一事实在理论上连贯、敏锐且有趣的回应。在实践中,本研究遵照被塑造为中国古典哲学"经典"的《论语》《墨子》《道德经》《孟子》《庄子》和《荀子》来进行。按照"哲学史"的标准,我并不试图重建当时的共同信仰和实践。主张对中世纪哲学的研究必须包括对非知识分子的信仰和实践的分析是很奇怪的,而我试图遵循同样的标准。但是,这种做法会带来两个危险。第一,这些文本不能代表战国时期人们的普遍观点(更不用说像"中国精神"之类的东西)。善行的功效问题与有意识的鬼神、祭祀仪式和占卜习俗相关的信仰联系在一起,这些信仰遍及整个社会。相比之下,除《墨子》外,这里所考虑的文本都没有赋予神或鬼任何重要的作用,并且有几种文本明确地远离或反对依赖鬼神。相似地,这里所考虑的文本也都没有赋予占卜任何明确的作用,且《墨子》《庄子》和《荀子》中都有限制占卜的段落。[9] 这并不是说这些文本的作者和编纂者不相信神灵的存在——他们中的大多数人可能不相信——或者他们否认占卜的力量。这指出了第二个危险。神灵信仰和占卜信仰的边缘化和重新解释，实际上反映了人们借此类信仰所表达的深层关切，而一种哲学的方法可能会使这种方式变得难以理解。换句话说，这种边缘化不应该被视为仅仅反映了共同的假设，而应该被视为应对这些假设的慎重尝试。[10] 正如我们将看到的，这种关切最明显地体现在与占卜相关的语言的挪用，以及对"神"（spirits）一词的各种延伸上。最后，任何指向早期中国的哲学方法都必须对这样一个事实保持开放的态度，即在那些欧洲的二分法中，哲学和宗教之间的二分法是必须被抵制的。对早期中国"哲学"进行比较研究的最大价值可能在于，它迫使我们重新思考在欧洲思想中哲学是如何被定义的局限性。

就文本而言，目前是研究战国思想的一个令人兴奋的时期，但在此时写一本关于战国思想的书是危险的。越来越多的文本经考古而被发现，尤其是那些在公元前 4 世纪末被埋葬的文本，使我们对那个时代的认识不断变化。我已经尽量考虑到最近出土的文本。其中的两种文本——来自郭店墓的《穷达以时》和上海博物馆藏的《鬼神之明》对这个写作计划的形成至关重要。它们都包含了对好人遭遇坏事这一事实的明确讨论。最近的考古发现也影响了我对几种传统文献的理解，特别是对《道德经》和《孟子》的理解。本书各处还引用了其他几种出土文本。当然，除了本书提及的出土文本，其余考古发现的文本要么尚不可用，要么还不够被理解清楚以至于无法引入，而且肯定会有更多的文本被发现。我希望我的观点都有充分的根据，即使新的发现不可避免地使它们不够完整，但观点也不会被推翻。

　　这些新发现的文本提出了更深层次的问题,即我们如何将文
本和观点联系起来,无论是根据所谓的思想流派,还是根据成书
年代和作者。这些文本进一步提出了战国思想家的学派归属问
题,一方面揭示出学派内部观点的更大分歧,另一方面显示出我
们所认为的不同学派之间,可能存在更大程度的混杂。[11] 就文本
的年代而言,通过比较现存多种版本的文本,我们就能获知良
多。[12] 在比较这些文本的版本时,可以看到三个要素在传播中发
生了变化。[13] 首先是段落的顺序和分组,甚至在诸如《性自命出》
这样明显连贯的文本中也常改变。其次,人们关心的似乎是传达
一段文字的思想,而不是保留确切的词语,因为这些词语经常发
生变化。最后,文本随着时间的推移而扩展,其他材料也在不断
地发展。最明显的例子是注释被整合进《五行》篇中,但每种版本
的《性自命出》又都包含了在另一种版本中找不到的段落,这表明
它们是同一部书的两种不同版本的扩展。这些点显然使我们难
以获得"原始"文本,但新消息并不都是坏消息。出土文本至少让
我们有了一定的把握,知道在公元前 4 世纪末哪些思想是活跃
的。我们还知道,公元前 4 世纪中晚期流传着关于哲学讨论的书
面记录,从那时起,任何人都会意识到他们的想法可能会以书面
形式流传。那么,我们可以假设,像孟子这样的人会关心将自己
的想法写成文字,而像孔子和墨子这样的早期哲学家的思想也会
在这个时候被记录成书面的文字。最终,尽管发生了这些变化,
文段的含义通常(但并非总是)在传播过程中仍得以保持。

　　这些发现迫使我们从根本上重新思考我们对待战国思想的
方法。尽管有对传统的年代确认持怀疑态度的趋势,但大多数批
评者仍将重点放在个人观点鲜明、年代确切的作者身上。争论的
重点是哪些段落是真实的,哪些是插入的。这种方法是如此自

然,以至于它看起来几乎不像是一种假设,但它不符合我们已有的证据,即文本和段落会随着时间的推移被逐渐修改,并没有单一的成书年代或作者。如果孔子说出的一句智慧名言,口传给了几名弟子,由其中一名或两名弟子记录在竹简上,几代人稍加修改后抄录下来,最后由汉代的一名编辑收集并"订正",那么这句智慧名言的确切年代是什么时候? 它是"真实可信的"吗? 这个问题毫无意义。没有证据支持这样一种观点,即那些归在孔子、墨子或孟子名下的句子都是以这种方式说出的。相反,有很多证据表明,段落的具体措辞是不确定的。同时,我们有充分的理由认为,记录在后一时期话语中的段落可以反映、融合和传达更早时期的思想。

我们如果认真对待这些考古学证据,就必须发展某种书写哲学史的方法,使其与不断发展的、聚合的文本相兼容。要想正确地做这件事还需要更多的时间,但我希望在这里已经朝这个方向迈出了几步。总体而言,我的目标是让这里的描述尽可能少地依赖于具体的年代和作者。我试图通过专注于观点和问题之间的对话和相互作用来做到这一点,而不必坚持明确的年代。例如,第二章分析了一两个世纪以来围绕宿命论的早期争论。虽然这两种主要的立场可以被区分为墨家和早期儒家的立场,但我并不主张这是墨子或孔子自己的想法,也不主张任何一个学派只持有一种单一的立场。其他各章主要是根据某些立场最集中鲜明的文本来组织的,但是在每一章中,如果一些材料(无论是较晚还是较早时间的)看起来是同一基本立场的变体,那么我也会将它们收入。我没有假设任何文本只代表一种单一的观点。相反,我提出了一种更低限度的主张,即文本中存在着某种立场。例如,在理解《庄子》时,我并没有试图为一种符合内篇所有内容的立场辩护,而只是为一种对这些篇章至关重要的立场提供了证据。其他文本似乎阐明了一种核心立场,但文本的传播方式意味着,我们不能对任何文本中的一个术语或甚至一个段落过于重视。这种方法对于解读《荀子》尤为重要。在《荀子》中,一些独立段落若要与其他章节所发展出的体系保持连贯性,则需要进行重大调整。随着这一方法的逐步实施,当更多问题文本被处理时,我会简要介绍我的处理方法,届时这种方法将变得更加清晰明了。

本书各章大体上都聚焦于特定的文本和立场。第二章考察早期儒家和墨家关于天和宿命论的争论。第三章讨论了《道德经》中从道德到注重有效的人类行为的转变。第四章以《孟子》为中心,研究其通过转向自然的人类情感来打破模仿自然模式的尝试。第五章讨论了《庄子》中对于善恶范畴的克服。最后一章考察荀子关于如何积累人为努力以塑造一个可持续且有道德秩序的世界的论述。第一章包括四个部分,旨在为持有不同视角和兴趣的读者介绍必要的语境和背景。第一部分讨论了"恶的问题"这一概念在早期中文语境中的适用与不适用的方式,指出了"天人合一"和"天人之分"这两则有影响力的格言之间的张力。然后,这部分还讨论了把早期中国思想描述为"人文主义"所带来的问题。第二部分转向具体的历史事件,这些事件象征着坏事发生在好人身上,描述了当时的苦难和混乱,并介绍成为恶的问题的典型人物。第三部分指出这些例子与早期"天佑下民"的信念相抵触。第四部分也是最后一部分概述了欧洲哲学中关于恶的问题的各种表述,并将它们置于一个比较的语境中。

第一章 恶的问题的形成

恶的问题

这项研究计划源于对苏珊·奈曼《现代思想中的恶：一部另类哲学史》(*Evil in Modern Thought：An Alternative History of Philosophy*)一书的反思。奈曼的书巧妙地将细致的历史研究与对现代欧洲思想发展的广泛叙述结合起来。让我如此感兴趣的是，它能够通过超越历史语境的方式来阐述人类议题，对特定地点和时间进行哲学讨论。这种更广泛的相关性使哲学史成为一门哲学。当然，现在很少有人会公开宣称，一项关于欧洲哲学的研究足以作为一种解决人类状况的方法，这种说法本身听起来就过时了。奈曼通过借用一个界限模糊的"我们"(we)来回避这个问题，在避免对人类做出普遍论断的同时表明"我们"的重要性。[1] 然而，只与欧洲相关的"我们"可能已不复存在。

哲学史之所以具有哲学价值，一部分是因为它具有比较的维度，至少是含蓄地将过去的思维方式与现在的思维方式进行了比较。这种对比有助于阐明当代思维的局限性，并开辟其他的可能性。在这种背景下，我们可以看到，一种局限在某一世系或传统内的对比方法——即使是像西方那样多样和多元的方法——在揭示局限性和开辟新可能方面都受到了限制。如果没有欧洲以外的参照点，我们甚至认不出什么才是欧洲特有的。想象一下，一个人的目标如果是尽可能地了解芝加哥这个城市，为此他或她的一生只居住在芝加哥，只学习关于芝加哥的一切。这样的人或许会培养出一种专业技能，却不可能成为一名优秀的导游，因为他或她不知道芝加哥最与众不同的特点是什么。从理论上讲，这样一个人对城市和芝加哥的了解是有限的，因为他或她无法区分这两者。

我的初衷是写一篇论文来提出这些观点，论证中国哲学中不存在恶的问题，从而表明与恶相关的问题在很大程度上是欧洲特有的。事实上，如果我们认为恶（evil）与坏（bad）在本体论上是不同的，且将恶与一个无所不能的、创造一切的、仁慈的上帝联系起来，那么这一恶的问题在中国哲学中是不存在的。但事实证明，恶的问题比我最初设想的更难以回避。在中国古典哲学家中有一种持久的关注，那就是坏事发生在好人身上，以及这个现象对于人与世界、与自然、与神的关系的意义。中国战国时期不断变化的关于神的思想观念与欧洲恶的问题之间的联系，引起了众多译介者的注意。马克斯·韦伯（Max Weber）也许是第一个将二者明确联系起来的，他在1915年简要地提到儒家面临着"永恒的神义论问题"（1964，206）。德效骞（Homer Dubs）关于荀子哲学的书，结尾一章的标题是"理想主义与恶的问题"（1927，275－294）。李亦理、伊若泊（Robert Eno）、陈宁和齐思敏（Mark Csikszentmihalyi）都提及早期中国对"神义论"的关注。"神义论"（theodicy）是莱布尼茨发明的一个术语，用于证明上帝在面对世界之恶时的善。[2] 例如，伊若泊把哲学在中国从宗教中出现归因于试图解决"神义论"问题，他认为决定性的问题是"正义的神

怎么能允许一个被描述为邪恶的世界"(Eno 1990a, 27)。葛瑞汉
(A. C. Graham)并没有明确地援引神义论或有关恶的问题，而是
把公元前4世纪看作从一场社会危机向一场形而上学危机的过
渡，这场形而上学危机是以"关于天究竟是否站在人类道德一边
的深刻的形而上学怀疑"为特征的(1989, 107)。这种"形而上学
的怀疑"可以追溯到公元前8世纪西周的崩溃。它开启了春秋
(公元前770—前481年)及战国(公元前475—前222年)时期长
达五个世纪的冲突和战争。*因此尤锐(Yuri Pines)以"天人之分"
一章为起点，开始他对春秋时期思想的论述(2002, 55 - 88)。

　　我们必须拒绝比较研究中常常出现的那种对异同的简单二
分。认为中国思想中存在恶的问题和认为中国思想中不存在恶
的问题一样正确。[3] 与其争论这个问题的跨文化适用性，我更想
通过对坏事发生在好人身上这一现象的观察，找出出现在中国的
各种问题。这一点似乎是老生常谈。我们都听说过生活是不公
平的。然而，这种老生常谈本身就存在问题。如果大多数人的动
机都是希望得到奖赏而害怕受到惩罚，那么一系列的道德难题就
会随之而来：如果做好人没有奖励，我为什么要做一个好人？是
否存在更有效的方法来确保成功？关于人生的目的也存在问题：
我们是应该与世界抗争，还是应该放弃抵抗，修炼自身来接受？
怎样的成功才是美好生活所需要的？另一系列的难题集中在处
理不确定性和失败的心理挑战上：面对失败，我们如何坚守美德？
我们能通过修炼自身来获得某种程度的心灵平静甚至快乐吗？

_____

＊关于春秋战国的分期，目前有三种影响较大的说法：一是以孔子作《春秋》至公元前
481年绝笔为限。二是依据《史记·六国年表》，以公元前475年为战国之始。三
是以韩、赵、魏"三家分晋"为战国之始。此处作者的春秋战国分期各依《春秋》《史
记》。——译者

这些都是道德、政治、心理等领域的实际问题,也是哲学问题。中国古典哲学家们正是把这些问题当作最重要的恶的问题。

坏事发生在好人身上这一事实让人关注之处在于,很多传统信仰都是建立在否认它的基础上。一些人试图解释这种不公平的现象,正如一些基督教牧师认为卡特里娜飓风是对新奥尔良堕落的公正回应。而更常见的解释是,今生苦难的出现可以通过来世,通往天堂和地狱的永生,或者凭借过去或未来的因缘而得到答案。为什么这么多的传统信仰坚持否认显而易见的事实? 社会和政府所能监督和控制的行为总是有限度的,所以总是存在行事恶劣而不受惩罚的诱惑。但是,用《墨子》的话来说,上天能看到你所做的事情,甚至是在"林谷幽间无人"之处(26:192—193;参见 Johnston 2010,26.1)。然而,对恶的问题的否认,超出了我们所谓的"圣诞老人效应"(Santa Claus effect,"列一份礼物清单,检查两遍……"*)。危在旦夕的不仅仅是上帝的存在和本性。这不是一个简单的满足正义愿望的问题。奈曼为此这样解释这个问题的实质:

> 每当我们做出**此事不该发生**的判断时,我们就走上了一条直接通向恶的问题的道路。请注意,严格地说,这是个道德问题,更是个神学问题。我们可以称之为伦理学和形而上学、认识论和美学相遇、碰撞并举手投降的时刻。争议的中心问题是,世界的结构必须是什么样的,我们才能在其中思考和行动。(Neiman 2002:5)

---

* 此处"列一份清单,检查两遍"是英语儿歌《圣诞老人来了》中的两句歌词,据说圣诞老人给全世界的孩子列了清单,根据他们的表现(淘气还是乖巧)把他们分类,然后给他们送礼物。所以这里的"圣诞老人效应"是指孩子们会相信这个关于圣诞老人的传说,而表现乖巧。——译者

恶的问题的最终关切在于人的地位。**神学**亦是**人学**。如果天地万物以人的意志为转移——分享着我们的概念和价值观——那么我们就与其他自然事物截然不同。它使我们与众不同，给我们的观念和价值观以客观的基础。恶的问题破坏了这种联系。坏事发生在好人身上，说明天地万物并不是按照我们的价值观来安排的。它揭示出世界（或创世者或神力）非人、非仁的一面，留下我们的价值观和概念仅仅**属于我们**的感觉。正如海德格尔（Martin Heidegger）所说，人的可悲之处在于我们发现自己之所以"不可思议"（*unheimlich*），是因为在这个世界上无家可归（*unheimisch*）(1996,71)。

这种关系的破裂似乎留下了两个毫无吸引力的选择——我们要么站在人类一边，要么站在世界/神的一边。然而与天地万物为敌或诅咒上帝显然是荒谬的。《庄子》告诉我们"物不胜天"（6：260；参见 Mair 1994,58)，并说了这样一个故事："汝不知夫螳螂乎？怒其臂以当车辙，不知其不胜任也，是其才之美者也。"(4：167；参见 Mair 1994,36) 抵抗世界不仅是徒劳和危险的，如果我们也是天地万物的一员，或是上帝的创造物，我们还有什么立场可以回过头来谴责它们？给世界贴上"坏"的标签，这种能力需要"好"的客观地位，但如果世界的基础是坏的或非道德的，那么"好"从哪里获得这种地位呢？给世界贴上"坏"或"恶"的标签最终可能是前后矛盾的。问题的复杂性在于不同的人认为不同的事情是好的，以至于"人"本身的统一性是存疑的。所有这些都建议我们应该像《庄子》所说的那样，顺应自然，放弃给事物贴"好"或"坏"的标签。然而，这种决定会推翻所有的道德观念。正如我们所看到的，如果我们把亚历山大·蒲柏（Alexander Pope）在《人论》（"Essay on Man"）中那句名言"存在就是合理"当真，那么接受或肯定摆在我们面前的那种世界,是应该受到谴责的。一旦我们说孩子们在海啸中被冲走或被砍刀剁成碎片是**对的**,我们还能声称自己有道德吗?[4]

恶的问题和人类地位之间的联系是本书的讨论核心。我的主张是,在中国和在欧洲一样,认识到坏事发生在好人身上,破坏了建立和执行人类价值观的神力与人们对这些价值观的信心之间的相互支持。如果把这种认识就看作哲学的诞生,也未免太言过其实,但它还是能被视作一种哲学式反思的基础性转变,因为它使哲学本身受到质疑,动摇了我们对世界理所当然的理解。本书正是对这种哲学震动及其反应的研究。这里重点解释将古代中国与早期现代欧洲相提并论的原因。一项比较研究计划必须考虑类似的张力和思想运动。考虑到人类历史的偶然性,我们没有理由期望这些类比出现在不同文化的同一时期。基督教在欧洲思想中的知识和政治主导地位,将与恶的问题的对抗推迟到了一个相当晚的时期。事实上,如果我们看看西方哲学,就会看到两次关于恶的问题的讨论,一次是在古典地中海世界中发生的,另一次是在早期现代欧洲教会的政治权威崩溃之后。虽然古典中国与古典希腊之间的比较可能更自然,并且在某种程度上更容易,但在揭示现代欧洲思想的独特性方面没有太大意义。因此,这对**我们**来说就不那么重要了。

虽然这项研究计划是从欧洲哲学的问题开始的,但它集中在中国语境本身产生的两个问题上,这两个问题都是将中国思想与欧洲联系起来的突出方面。在这种语境中,其根本问题可以通过 *14* "天人合一"与"天人之分"之间的张力来表达。[5]更具体地说,本书追溯了天人之间的冲突和分裂,以期将两者间的统一问题化。这种对冲突、苦难和善的失败的强调与一种挥之不去的关于中国思想的刻板印象相矛盾，即这一切都是为了包容与和谐。这种观点至少可以追溯到黑格尔，马克斯·韦伯将其详细地应用于中国。韦伯写道："在儒家伦理中，自然与神祇，伦理要求与人之缺陷，原罪意识与救赎需要，现实行为与来世补偿，宗教责任与社会政治现实之间的任何张力，都完全不存在。"（Weber 1964,235 - 236）尽管黑格尔和韦伯把这种缺乏张力看作阻碍进步的一种消极特征，喜欢中国文化的人却常常持同样的积极观点。这种理解中国思想的传统已经被普鸣很好地总结和批判，在此不再赘述（Puett 2001,3 - 21;2002,1 - 26）。

中国思想的和谐统一形象与其说是虚假的，不如说是无益的。"天人合一"一词作为将中国哲学与欧洲联系起来的一种方式最常出现。在这种语境中，中国古典哲学确实没有彻底的间断性或超越性的概念。[6] 虽然有一些神灵超越了人类的极限，但在完全**独立**于自然世界的强烈意义上，没有什么是超自然的。由于缺乏彻底的超越性，因此很难以任何明确的方式划定人与自然或人与天之间的界限。因此，我们如果从欧洲哲学的角度出发，的确可以说，中国古典形而上学都是内在的、连续的。问题是，如果所有的中国思想都落在二分法的一边，这种二分法显然对理解中国哲学本身的独异性和复杂性毫无用处。用黑格尔的话来说，这成了一个所有奶牛都是黑色的夜晚。这种取向进一步要求人们狭隘地看待欧洲或者中国。也就是说，人们必须要么假设欧洲哲学中出现的各种二元论是毫无根据的，要么假设它们表达了人类经验中真正的张力，而中国人并未注意到这些。这两个结论都不太可能。通过重提西方的二分法来回应——例如，声称早期中国思想中存在超越性或二元论——这是完全错误的。正是在这点上，我们需要将目光转向中国的术语和差异之处，看看共同的张力是如何以不同的方式理论化的。

作为一般的对比，我们可能会指出这种张力的相反方向。如果一个人通过本体论的二元论和彻底的不连续性来处理张力，那 么挑战就变成了如何协调被割裂的东西，特别是在解释关于我们 经验的明显的完整性方面。因此，在欧洲哲学中，人类经验中更 为完整的方面——比如（思想或品质的）具体化，情感，甚至家 庭——往往遭到忽视，最困难的哲学问题在于调和各种现实：自 由意志与自然因果、身心、理性与情感。这样的**和解问题**在中国 古典哲学中很少出现，而且正如我们所料，中国哲学家强调我们 自然状态的那些方面，而这些方面在欧洲往往被忽视。在没有彻 底二元论的中国语境中，挑战反而在于**区别问题**。这种困难在于 解释我们与其他事物是如此不同，我们使用语言，行动谨慎，违背 可持续的自然秩序，引发大规模的战争等等这些事实都表明了其 中的差异。这些问题在中国古典哲学中比其在中世纪或早期现 代欧洲中更为重要，在那时的欧洲，人与自然的分离被看作是理 所当然的。

关于对天人合一的强调，其得到的支持来自哲学家对理论结 果的偏见，而不是使他们更混乱的问题。早期中国哲学家并不认 为和谐是理所当然的。他们必须是傻瓜或政治宣传员，才会认识 不到人类之间以及人类与世界之间的大规模冲突。尽管如此，这 里所有被看作思想家的都试图找到天人和谐的方法。如果我们 只看由此产生的哲学体系，我们自然会强调天人合一的主张。另 一种说法是，虽然天人合一在哲学体系中可能更为重要，但天人 之分在人类生活中更为根本。这种划分的取向更符合中国哲学 对实践的普遍强调——哲学是一种生活方式。恶的问题从根本 上来说不是哲学神学或形而上学的问题，而是一个解决各种存在需求的实际问题——例如，避免因反抗现实世界而产生的焦虑和荒谬，同时也在一个不支持这种行为的世界中争取人的善。

本书的第二个核心问题是"中国的人文主义"思想。将中国传统（更具体地说是儒学）描述为一种"人文主义"（humanism）在20世纪的中国知识分子中一直占主导地位，是许多中国哲学史叙述的中心。例如，陈荣捷（Wing-tsit Chan）将他极具影响力的《中国哲学文献选编》（*A Sourcebook in Chinese Philosophy*）的第一章命名为"人文精神之兴起"（The Rise of Chinese Humanism）(1963a)。徐复观也将周代描述为向人文主义和"人文精神"（humanistic spirit）的跃动，以此开启他的中国人性论史(1969,15)。这种对人文主义的强调一直延续到现在——例如，在陈来的著作中，有一部名为《传统与现代：人文主义的视界》的20世纪中国思想论文集(2009b)，以及彭国翔近期的研究《儒家传统：宗教与人文主义之间》(2007)。就像"天人合一"这个短语一样，"人文"一词由来已久，但在将中国思想与欧洲联系起来的尝试中，这一术语显得尤为重要，因为它意味着中国哲学与欧洲思想的本体论取向之间形成了一种整体的对比。这种对比可以追溯到莱布尼茨，他曾说，正如欧洲向中国派遣"启示神学"（revealed theology）的传教士一样，中国人也应该派遣自己的传教士到欧洲，教授"实践哲学的最大用途和更完美的生活方式"。[7]

更确切地说，"人文主义"的标签作为一种思维方式，通过卡尔·雅斯贝尔斯（Karl Jaspers）所称的"轴心时代"（Axial Age）的中国经验的特殊性脱颖而出。陈来清楚地阐述了这一立场，他首先主张中国的"轴心时代"比其他地方表现出更多与过去的连续性。他解释道：

而整个中国的轴心时代,如果从公元前 800 年算起,并不是因为认识到自身的局限而转向超越的无限存在,理性的发展不是向神话的诸神进行伦理的反抗,更未导致唯一神论的信仰。在中国的这一过程里,更多的似乎是认识到神与神性的局限性,而更多地趋向此世和"人间性",对于它来说,与其说是"超越的"突破,毋宁说是"人文的"转向。(2009a,5)

陈来使用了现代欧洲的术语,但是周代的转变被描述为某种类似于人文主义的转向,这可以追溯到早期儒家。《礼记·表记》就对比了殷代和周代与神的关系:

殷人尊神,率民以事神,先鬼而后礼,先罚而后赏,尊而不亲……周人尊礼尚施,事鬼敬神而远之,近人而忠焉,其赏罚用爵列,亲而不尊。(孙希旦 1988,1310—1311)

"事鬼敬神而远之"这句话源于孔子所说"敬鬼神而远之"(《论语》6.22),它通常被认为是儒家远离鬼神且以人为向的证据。

把中国思想定性为人文主义,是错误地将儒学传统与中国思想混为一谈。因此,唐君毅在其《中国人文精神之发展》一书的开篇,就分析了战国哲学中关于人文主义的**争辩**,他将儒家视为"人文",但将其他立场描述为"非人文""超人文""次人文"和"反人文"。[8] 人的地位是争论最激烈的议题之一。即使对儒家来说,人文主义也是脆弱的和有问题的。周代早期相信人有能力决定自己的未来,这是建立在相信天总是对人的美德做出反应的基础上的。一旦我们承认天并不遵循我们的道德——正如大多数儒家学者所同意的那样——那么我们凭什么确立人的地位?墨家支持人格化的天,反对早期儒家学说中的宿命论,正是出于对保持人的中心地位的关注。尽管儒家始终坚持的立场足以让我们称

17

21

之为"人文主义"，但其薄弱的基础迫使其采取与欧洲完全不同的形式，这使其不那么自信，不那么个人主义，也不那么世俗。

坏事发生在好人身上

在欧洲人看来，坏事发生在好人身上这一事实往往结合着重大事件，最重要的是 1755 年里斯本地震和 20 世纪的大屠杀。这两个事件引发了不同的问题，第一个是关于上帝允许的"自然的恶"，第二个是关于我们强加给自己的"道德的恶"。第一个破坏了认为上帝是好的、全能的乐观信念；第二个破坏了启蒙人文主义的乐观态度及其对人类进步的信念。正如奈曼所说："里斯本揭示了世界离人类有多遥远；奥斯威辛揭示了人类离自己有多遥远。"（Neiman 2002, 240）[9] 在早期中国，随着周王朝的崩溃和长达五个世纪的内战和动乱，恶的问题日益突出，但问题的象征是突出的个人而不是具体的事件。[10] 本节将介绍成为恶的问题象征的主要人物和他们的生活引发的一些争论。这些故事也将生动地介绍中国哲学家们当时所面对的凄惨状况。

我们可以从伍子胥（公元前 526—前 484 年）的故事开始，他活在孔子在世之时。[11] 伍子胥生在朝臣世家，他的父亲是楚平王（约公元前 528—前 516 年在位）的大臣，同时也是太子建的太傅。故事开始于一名和伍子胥父亲存在竞争关系的大臣（少傅）费无忌被派往秦国为建娶妻。当看到秦女的美貌时，费无忌说服楚王娶了秦女。正如人们所想的那样，这一举动造成了楚王和他儿子之间的芥蒂。费无忌还最终说服了楚王认为建会造反，并派人暗杀建。建逃到了宋国。当伍子胥的父亲谴责这些行为时，楚王将他监禁起来。然后，楚王试图利用伍子胥的父亲作为人质来诱捕伍子胥和他的哥哥(伍尚)。兄弟俩知道如果他们回来,楚王就会杀了他们。尽管如此,伍尚坚持作为一个孝顺的儿子,他必须回来。伍尚和他的父亲一起被处决了。伍子胥选择了替父兄活下去并寻求复仇的机会,他逃到邻国宋,追随流亡中的建。宋国本身也处于叛乱之中,所以两人又逃到了郑国,在那里他们得到了庇护。然而,建与附近的另一个国家(晋)联合策划了郑国的叛乱。最后建被处死,伍子胥只好带着建的儿子再次逃亡。伍子胥之后贫病交加,靠着陌生人的施舍活了下来。最终,两人来到了吴国,伍子胥成为吴国的大臣,直至他去世。

吴国位于中原诸国的东南方,势力日益壮大。伍子胥到吴国后不久,吴楚边境的一场小冲突失控,导致了两个强国之间的战争。楚王死后,吴国利用哀悼期发动了突然袭击,但是楚军回击,并困住吴国的两支军队。随着吴王的军队在楚国被困,吴王被他的堂兄阖庐*暗杀,阖庐成为吴国的国君。伍子胥成了阖庐的得力大臣。随后,吴国在伍子胥和孙武(著名军事战略家)的指挥下进行了一系列战争,最终打败了楚国。伍子胥进入楚国的朝堂,他的祖先曾是那里的忠臣,他的父兄也在那里被处死。因为楚平王已死,伍子胥挖出了楚平王腐烂的尸体,鞭打了三百下。吴国只是暂时控制了楚国。秦国向楚国派出援军,阖庐的弟弟发动叛乱并在吴国登基,这迫使阖庐返回吴国保住王位。

冲突现在转移到了吴国的南部邻国越国和它著名的国君勾践。阖庐在战争中受到了致命伤,他的儿子夫差成了新的吴王。两年后,吴国几乎扫平了越国,但勾践贿赂了吴国的一名大臣,这名大臣说服夫差接受勾践的投降。不久,第三轮冲突爆发,这次是

---

* 春秋时吴国君,即阖闾。——译者

吴国和其北部大国齐国之间的冲突，最终勾践被允许派遣部队协助战斗。伍子胥总是把勾践视作威胁，但他激烈的论争被忽略了。最后，吴王夫差失去了对他的信任，赐他一把自杀的剑。伍子胥挑衅性的遗言很具有传奇色彩："必树吾墓上以梓，令可以为器；而抉吾眼县吴东门之上，以观越寇之入灭吴也。"[12] 伍子胥随后自杀。夫差听到这个消息后非常愤怒，以致将伍子胥的尸体塞进皮革酒囊，扔进了河里。根据《吕氏春秋》记录的版本，他的确挖出了伍子胥的眼睛，并把它们挂在了城门上（23/3；1563）。最终，事情就像伍子胥预测的那样发展。吴王成功地进攻了齐国，但随后又决定攻击晋国。然而他失败了。勾践利用这个机会对吴国发动了突然袭击，彻底消灭了吴国（公元前 473 年）。[13]

我们可以看到为什么恶的问题会变得突出。在一个人的一生中，我们知道了三场大的战争：吴、楚之间，吴、越之间，吴、齐之间。其他国家也加入了进来——秦、鲁、晋和郑。根据胡适的说法，在公元前 800—前 500 年的三百年间，没有一年不发生战争（2003，24）。这些战争都包含最严重的背信弃义行为，比如楚太子背叛了给予他庇护的国家，或者吴国利用楚国国丧发动突然袭击。各国内部的情况也同样惨淡。在故事里，几乎每一个被提及的国家都有内战；有些出现了几次。这些叛乱是在两种关键关系破裂之后发生的，一种是家庭关系，另一种是君臣关系。楚平王先是偷走了他儿子的新娘，后来又试图杀死儿子。在吴国，阖庐通过杀死他的堂弟来夺取王位，但后来遭到了弟弟的背叛。伍子胥家庭内部的关系以一种不同的方式反映这种破裂——在这种时候，儿子们必须在与父亲一起死去或者背叛父亲但要报仇之间做出选择。他们在这个决定上意见分歧，显示出它的困难。我们也看到差劲的大臣，因为整个故事始于楚平王听信大臣而产生恶

也意味着被阻止或阻挠。同样,"达"意味着抵达、成功通过或进步。与"穷"形成对比的是,"达"有时可以被替换成"通",意思是"顺利通过""穿透""擅长"或"通融"。因此,《穷达以时》的观点是,我们是否进展顺利,或被阻挠或被推到极限,不取决于我们的行为和能力,而是取决于时。伍子胥就是一个例子。

另一个最近发现的文本,《鬼神之明》,以类似的方式引用了伍子胥的例子。它首先列举了成功的好人和受苦的坏人,但随后话锋一转:"及伍子胥者,天下之圣人也,鸱夷而死。荣夷公者,天下之乱人也,长年而没。"(马承源2005,第3—4条)这就引入了一种关于恶的问题的说法,来解决为什么在这些情况下鬼神没有实施惩罚或奖励的问题:

> 其力能至焉而弗为乎?吾弗知也。意其力故不能至焉乎?吾或弗知也。此两者歧,吾故曰鬼神有所明有所不明。
> (马承源2005,第4—5条)

这种表述值得与伊壁鸠鲁(Epicurus)的提法相比较:

> 上帝要么想消除恶但不能,要么可以但不想,要么既不想也不能,要么既想也可以。如果他想也不能,那么他就很软弱——这不适用于上帝。如果他可以但不愿意,那么他是恶意的——这与上帝的本性格格不入。如果他既不想也不能,他既软弱又恶意,因此不是上帝。如果他想并且能够,这是唯一适合上帝的事情,那么恶从何而来?或者他为什么不消除它们?[17]

这两段话的基本论点惊人地相似。

伍子胥与恶的问题之间的联系一直延续到汉代。王充(公元1世纪)经常以他为例,如这段话:

> 及屈平、伍员（伍子胥）之徒，尽忠辅上，竭王臣之节，而
> 楚放其身，吴烹其尸。行善当得随命之福，乃触遭命之祸，何
> 哉？(6:52)[18]

屈平，更为人所知的名字是屈原，公元前 4 世纪楚国著名的诗人和大臣。他失宠于君王，自沉江底，这一事件通过端午节的方式仍为人们所纪念。伍子胥通常还会和另一名遭遇不幸的忠臣比干一起被提及。比干是商代最后一个君主暴君纣王的叔叔和大臣。因为忠诚，他不愿意反抗；因为正直，他不能宽恕君主的行为。在他再三告诫纣王之后，纣王下令挖掉他的心脏。纣王对此解释说，他听说好人的心与普通人的心不同。他想亲眼看看。[19]

虽然伍子胥是好人受苦最有意思、最复杂的例子，但最常见的例子是伯夷、叔齐兄弟。[20] 传说兄弟俩的父亲在去世时，选择叔齐继承王位。叔齐拒绝，因为权力通常应该属于长兄伯夷。伯夷也拒绝，因为这违背了父亲的意愿。兄弟俩于是选择了流亡。这一事件发生在商朝的最后几天，大约就在比干的那个时候。两人不愿意为暴君纣王服务，但是他们听说了西边一位君王的美德，便去支持他。当他们到达时，文王（其名字的意思是"有教养的"）已经去世，他的儿子武王（其名字的意思是"好战"或"尚武"）已经公开反抗商王朝的统治。伯夷和叔齐觉得这是叛乱的行为，为此力劝武王。当武王打败了商并建立周王朝时，伯夷和叔齐拒绝了新王朝的任何援助。他们逃到山里，死于饥饿。

和伍子胥一样，伯夷和叔齐面临着我们可以称为悲剧的困境。在家庭中，他们在父亲的命令与长兄应当成为统治者的规则之间左右为难。从政治上讲，他们既不能支持贤德的反叛者武

王,也不能捍卫暴君纣王。所有的选择似乎都不正确,以至于他们最终选择饿死。他们的美德在许多儒家文本中受到赞扬——孟子甚至称伯夷为圣人(7B15)。他们的悲惨命运通常被用来反驳美德能得到奖励这样的主张,最著名的是司马迁,他引用了《道德经》第 79 章中的一句话:

> 或曰:"天道无亲,常与善人。"若伯夷、叔齐,可谓善人者非邪?积仁洁行如此而饿死![21]

司马迁还提到了其他突出的例子:

> 若至近世,操行不轨,专犯忌讳,而终身逸乐,富厚累世 [23] 不绝。或择地而蹈之,时然后出言,行不由径,非公正不发愤,而遇祸灾者,不可胜数也。余甚惑焉,倘所谓天道,是邪非邪?(《史记》61.2125;参见 Nienhauser 1995,Ⅶ.4)

司马迁的怀疑口吻与《鬼神之明》的语气相呼应。[22] 这也可能表达了他自己的人生经历——他在为一名向敌人投降的将军辩护后遭受了宫刑。

各种战国文本虽然对这些人物如何死亡普遍地保持一致,但对他们死亡的意义存在争议。他们最常被用来争论善是没有回报的,但是《庄子》中的一段给出了不同的观点:

> 故乐通物,非圣人也;有亲,非仁也;天时,非贤也;利害不通,非君子也;行名失己,非士也;[23] 亡身不真,非役人也。若狐不偕、务光、伯夷、叔齐、箕子、胥余、纪他、申徒狄,是役人之役,适人之适,而不自适其适者也。(6:232;参见 Mair 1994,394)[24]

在这里,伯夷和叔齐要对自己的行为负责。正如唐代注疏家成玄英所解释的，所有这些人都摒弃了自然情感，并基于外部事物来强迫自己（郭庆藩1978,234）。郭象则简单地说，他们抛弃自己去模仿别人（郭庆藩1978,233）。《墨子》第一章的一段话对比干的例子采取了类似的方式：

> 今有五锥，此其铦，铦者必先挫；有五刀，此其错，错者必先靡。是以甘井近竭，招木近伐，灵龟近灼，神蛇近暴。是故比干之殪，其抗也；孟贲之杀，其勇也；西施之沈，其美也；吴起之裂，其事也。故彼人者，寡不死其所长，故曰"太盛难守"也。（1：4—5；Johnston 2010,1.4）

在这些解释中，像比干这样的人物从莫名其妙受苦的好人变成了给自己带来伤害的愚蠢人物。认为我们的行为决定成败的这种信念是通过转变正确行为的意义来维持的，而正确行为的意义通常是通过拒绝基于传统道德的理想来转变的。

逃脱惩罚的恶人的例子并不多见，可能是因为这样的时代太久，几乎每个人都遭受了苦难。唯一贯穿始终的例子是盗跖。[26] 司马迁在对伯夷和叔齐的评论中提到他："盗跖日杀不辜，肝人之肉，暴戾恣睢，聚党数千人横行天下，竟以寿终。是遵何德哉？"（《史记》61.2125；Nienhauser 1995,Ⅶ.4）盗跖不仅仅是关于美德功效的争论的一个象征——在《庄子》中，他给出了自己的回应。这段文字记录了一段很长的讨论，在这段讨论中，孔子试图说服盗跖，让他变得更有德行，从而在此中受益。盗跖以一份过着悲惨生活的好人名单作为回应，包括伯夷、叔齐、比干和伍子胥（29：998—999；Mair 1994,304）。然后，他得出了一个激进的结论：

> 今吾告子以人之情，目欲视色，耳欲听声，口欲察味，志

24

气欲盈。人上寿百岁,中寿八十,下寿六十,除病瘐死丧忧患,其中开口而笑者,一月之中不过四五日而已矣。天与地无穷,人死者有时,操有时之具而托于无穷之间,忽然无异骐骥之驰过隙也。不能说其志意,养其寿命者,皆非通道者也。(29:1000;参见 Mair 1994,304)

盗跖是在吃人肝脏的时候发表了这番言论。

我们在这里看到了对恶的问题的另一种回应。未来是不确定的,结局却总是近在眼前。及时行乐吧。这一立场在《庄子》同一章节的另一段对话中有所体现,同时这种观点在《列子·杨朱》中有所发展。类似的观点可以追溯到诗歌,像《诗经·山有枢》说:

> 山有漆,隰有栗。
>
> 子有酒食,何不日鼓瑟?
>
> 且以喜乐,且以永日。
>
> 宛其死矣,他人入室。(115)[27]

然而,盗跖所说的意思也可能会引起争议。《庄子》中的另一章把盗跖与伯夷相提并论:

> 伯夷死名于首阳之下,盗跖死利于东陵之上,二人者,所死不同,其于残生伤性均也,奚必伯夷是而盗跖之非乎?(8:323;参见 Mair 1994,78)

这段文字与盗跖过着长寿幸福生活的说法相矛盾。在这一段中,他带给自己的痛苦和伯夷一样。通过假设善与恶都是有害的,这一文段指向了有效行为的非道德理想,这一观点将在第三章中置于《道德经》的语境中加以探讨。

31

随着儒者成为著名的道德说教者,他们也成为美德有限功效的范例。最突出的例子是孔子最喜欢的弟子颜回,他生活贫困且英年早逝。孔子将颜回之死归咎于神灵,哀叹上天给他造成了这一损失(《论语》11.9),并说颜回是不幸地被赋予了短暂的生命(《论语》11.7)。孔子的弟子子路是一个不同的例子。他似乎生性大胆,并担任了几个高级别的政治职位。最终,他卷入了卫国的一场叛乱,在试图保护他的君主时牺牲。[28]盗跖说,子路的尸体被腌制并悬挂在东城门上(《庄子》29:997;Mair 1994,302 - 303)。

孔子自己也成了一个例子。孔子两度被迫逃离他的家乡鲁国。在卫国,为了躲避追捕,他被迫在逃亡时掩藏自己的行踪。在那个故事中,他因被误认为叛军领袖,而在匡地被围困了几天。在齐国,他陷入了绝境。在宋国,有人砍下了一棵树,当时他和他的弟子们正在树下习礼,差点因此而死。后来,他又围困在陈、蔡两国之间以致粮绝。盗跖列举这些事情,并得出结论:"不容身于天下!"(《庄子》29:997;参见 Mair 1994,303)[29]

孔子和他的弟子们在陈国和蔡国之间陷入困境的故事特别受欢迎,出现在许多文本之中,有着各种各样的含义。[30]孔子和他的弟子逃离了宋国后,陷入了吴国和楚国之间的战争中。他和他的弟子们在没有食物的情况下走了很长时间,以至于差点死去。有证据表明,孔子在这之后失去了不少追随者。[31]这个故事经常被提出来说明美德未能带来成功,有时还会与《穷达以时》的版本合并。[32]其中一个更感人的版本是,在一开始子路就哀叹起他们遭受着苦难。孔子回应道:

孔子曰:"是何言也!君子通于道之谓通,穷于道之谓

穷。今丘抱仁义之道以遭乱世之患,其何穷之为! 故内省而
不穷于道,临难而不失其德。天寒既至,霜雪既降,吾是以知
松柏之茂也。陈蔡之隘,于丘其幸乎!"孔子削然反琴而弦
歌,子路扢然执干而舞。子贡曰:"吾不知天之高也,地之下
也。"(《庄子》28:982;参见 Mair 1994,293 - 294)

虽然这段文字出自《庄子》,但它与儒家的观点一致,孔子在《论
语》(9.28)中也提到了松柏的譬喻。我们必须记住,"失败"
("穷")有一种更具体的被挫败或阻碍的感觉,就像这里用来形容
"成功"的"通"一样,意味着渗透、前进或顺利进行。这段文字说
明了对恶的问题的另一种常见反应,那就是将进展顺利和受挫的
意义从世俗的成功转移至道自身。这种转变与故事的另一个功
能密切相关,表明即使在绝境中,君子也不愿有损他们的价值观
(《庄子》20:690—694;Mair 1994,194 - 196)。[33]

　　与这种解释形成对比的是,《庄子》中的其他段落指责孔子:
固守过时的过去,让自己太过突出,试图强迫外界事物,宣扬有益
而非自然的东西。[34]《韩非子》尽管没有提到孔子与鲁哀公之间的
具体故事,但仍然指出孔子即使拥有高尚的德行,却只有 70 名弟
子,且不得不为德行比他差得多的鲁哀公效力(49:1097)。由此
可知,成功取决于权力,而不是美德。相反,《墨子》质疑基本事
实,声称子路拿了一些猪肉和酒回来,而孔子并没有考虑是如何
获得的(3:303—304;Johnston 2010,3.12)。当被问及此事时,
孔子解释说,与大人们在一起,他担心的是正义,但现在他担心的
是活着。这不仅仅是一次针对孔子的人身攻击。它消除了故事
的功能,即表明好人有时会失败,从而让墨家坚持他们的说法,即
天总是奖励好人。

天命与德报

这些故事足以消除任何挥之不去的观点，即中国古典思想家将天人合一视为理所当然，或者他们缺乏对人与世界之间悲剧性冲突的可能性的认识。这些故事在各种文本中的显著性表明，坏事发生在好人身上这一显而易见的事实已经成为一道**难题**。它们也表现出一种普遍的认识，即如果世界是好的或公平的，事情并不总是像人们希望的那样顺利。如果没有来世作为大团圆结局的安置所，一个理性的人很难持有更乐观的观点，尽管墨家尝试过。[35] 然而，这些好人遭遇不幸的故事如果不是针对一种更乐观的观点提出的，就不会有那么大的意义了。要理解早期中国出现的恶的问题，我们必须考虑这些故事所破坏的早期世界观。

战国时期的思想家们已经将他们自己视为几千年前传统的一部分。这段历史被分为三个时期，夏代，商代或称为殷，以及周代。他们认为自己生活在周代（约公元前 1050—前 256 年）的崩溃时期，这是一段动乱时期，直到公元前 221 年，大概是本书讨论的最后一位哲学家荀子去世时，秦国统一中国，这一时期才结束。鉴于传统人物的权威，这段历史是关注的焦点，但总的来说，建立这三个朝代的贤明君主是智慧、能力和善的典范，而那些导致王朝终结的暴君则是恶的化身。

关键事件是商朝在公元前 11 世纪中叶被推翻。最后一个商王纣恶名昭彰——我们已经在上文看到他，那个挖了比干心脏的人。约公元前 240 年编纂的《吕氏春秋》生动展示了纣王的形象：

> 糟丘酒池，肉圃为格，雕柱而桔诸侯，不适也。刑鬼侯之

> 女而取其环,截涉者胫而视其髓,杀梅伯而遗文王其醢,不适
> 也。文王貌受以告诸侯。作为琁室,筑为顷宫,剖孕妇而观
> 其化,杀比干而视其心,不适也。(23/4:1568—1569)[36]

在纣王施行暴政时,文王在一个位于商西边的小国里不断地培养
自己的美德,逐渐得到越来越多的支持。据说可以追溯到周朝建
立之初的《尚书·康诰》篇中这样描述:

> 惟乃丕显考文王,克明德慎罚;不敢侮鳏寡,庸庸,祗祗,
> 威威,显民。[37]

正是文王的儿子武王领导了这场革命,结束了商朝的统治,建立
了周王朝。

我们已经可以看到这是一个美德战胜邪恶的故事。周王朝
面临着一个挑战,那就是为自己的革命辩护,而不是为下一次革
命辩护。像许多革命者一样,他们诉诸自己的道德优越感和对人
民的关怀。这种以德胜恶的现象,在中国历史上早有反映。[28]
汤——传说中商王朝的开国君主——成为另一个美德典范,而暴
虐的夏的末代君王桀被以类似于商纣王的措辞提及。夏王朝的
奠基人——尧、舜、禹也被描绘成以德治天下的伟大圣王。这段
历史自然导致了这样的说法:好人得到奖励,坏人受到惩罚。以
上对暴君纣王的描述来自《吕氏春秋》,旨在说明人们对人类行为
功效的总体看法,无论好坏:"亡国之主一贯。天时虽异,其事虽
殊,所以亡者同,乐不适也。乐不适则不可以存。"(23/4:1568)伍
子胥、伯夷和盗跖被提出,所挑战的典范正是像桀和纣(受到了公
正的惩罚)以及汤、文王和武王(得到了公正的奖励)这样的人物。

贤德君主战胜暴君的重要性,部分在于它被理论化为更广泛
的宗教语境。虽然并不能很确定地重塑中国古代对神的看法,但

是我们可以得出一些被广泛接受的观点，为以后的发展奠定基础。[38] 根据商代的资料，人们普遍相信各种各样的神灵，包括祖先的神灵和自然现象的神灵，如河、雨和风等。这些神灵接受献祭，并通过占卜提供信息。鉴于对人类生活的许多方面都有影响力，他们激发了恐惧和崇敬。这些神灵或多或少是在一个被称为帝或上帝的最高的神或灵的组织之下。帝是人格化的，具有意志和使臣，杰出的先人可以飞升进帝的行列，正如《诗经》中的一句："文王陟降，在帝左右。"（235）然而，帝和其他神灵并不是以道德为先的。商代的资料显示，对于神灵来说，没有什么是正确的，他们也没有把人类的道德行为作为获得庇佑的理由（陈来 2009a，126）。正如陈来所说：

> 从卜辞中可见，对于殷人而言，上帝根本不是关照下民、博爱人间的仁慈之神，而是喜怒无常、高高在上的神。人只能战战兢兢每日占卜，每日祭祀，谄媚讨好祈求神灵的福佑。（2009a，126）[39]

在这样的世界里，坏事发生在好人身上不会带来深刻的哲学难题。

早期周人的宗教观基本上与商人的观点一致，但周人引入了一些概念，这些概念成为后来讨论恶的问题的基础。第一个概念是"天"，这在很大程度上取代了"上帝"作为最高神力的名称。本书的大部分内容将探讨当面对好人有时会失败的事实时，"天"的重要性和含义是如何改变的。在早期的周代语境中，"天"是一个人格化的神的名字，基本上可以与"上帝"互换。与此同时，"天"的概念也涉及与天空相关的几个联想——"天"作为天空之神，指的是位于我们上方的一个神之所在，以及对天有序运动的诉求。[40] 古汉语中对应"世界"（the world）或"国土"（the realm）的词从字面上理解就是"天之下"，即"天下"。我会按照惯例将"天"翻译成英文单词"heaven"，当它们出现时，其含义的细微差别和发展会被考虑进去。第二个关键概念是"命"。"命"的意思最终转变为我们无法控制的负面事件，我通常会将其翻译为英文单词"fate"，但其最初的意思是"命令"，它与"令"和"名"这两个词密切相关。在早期周代的语境中，"天"像世俗统治者一样发号施令，即"命"，也即现在广为人知的"天命"。

天宣扬美德，惩罚罪恶。《尚书》中时间较早的篇章将天的关切与道德和管理的几个领域联系起来。例如，不服侍父亲的儿子，不照顾儿子的父亲，以及不跟随兄长的弟弟都被说成"弗念天显"。[41] 有些段落非常具体，如《酒诰》说，天会降下惩罚，通常是因为过量饮酒。[42] 天的审判也与治理国家的具体方面相关，特别是公平和克制地使用惩罚和选拔贤臣。最根本的是，天显示了对人民的关注，会替换掉那些让他们受苦的统治者。[43] 这种关注在《泰誓》中表现得最为明显，其中有几句名言，"天视自我民视，天听自我民听"，以及"天矜于民，民之所欲，天必从之"。[44]

天命成了解释好的统治者获得成功的方法：周文王和周武王获得成功，是因为天对他们的美德做出了回应，并赋予他们命或令。这种使周王朝政权合理化的方法产生了深远的影响。也许可以想象出一种根本不同的方法，即周人诉诸其固有的优越性或神灵的优越性。然而与之相替的是，他们把自己表现得与他们之前的人民基本相同，不同之处不在于他们的本质，而在于他们的美德。和周王朝一样，商王朝也是由显赫的祖先建立的，如果周人不保持他们的美德，周王朝也会像商王朝一样，失去他们的天命。在商王朝崩溃时，周王朝的统治者似乎看到了他未来会遇到的事情。《诗经·大雅·文王》曰：

> 永言配命，自求多福。
>
> 殷之未丧师，克配上帝。
>
> 宜鉴于殷，骏命不易！（235）

这种观点造成的一个结果是一种深刻的历史意识，因为周人认为自己不是在建立新的东西，而是遵循一种已经确立的模式。商王朝和周王朝的对等也指出，人们的道德能力是基本相同的，这是战国哲学家的一种共同观点。这种平等感与将天提升到不受任何特定祖先束缚的普遍神性联系在一起，导致战国时期的人们普遍主张天是公正的，没有家族偏见。[45]

《尚书》中记载的早期君王的演说的一个显著特点是他们的焦虑感。我们不会期待新的征服者可能会带来什么惊喜。天命难守，不是因为天意任性或变化无常，而是因为难以维持所需的美德。周公警告说：

> 我后嗣子孙大弗克恭上下，遏佚前人光在家，不知天命不易，天难谌，乃其坠命，弗克经历嗣前人恭明德……天不可信，我道惟宁王德延，天不庸释于文王受命。[46]

《诗经·大雅·文王》呼应了这一点，它说："天命靡常。"（235）这些关于天不可信或不稳定的说法是含糊不清的。一种单一血统将会持续或永久拥有天命的授权，这种立场是被拒绝的。商王朝就因持有这样的观点而被批评：在王朝倾颓之时，据说商纣王傲慢地对他的麻烦嗤之以鼻，"我生不有命在天"。[47]与一个统治者、一个家庭或一个人相关的恒常性被放弃了，但它被另一种不同的恒常性取代，一种基于美德的恒常性。

尽管这种面对天命授权的焦虑可能会促使我们在神灵面前

感到恐惧和颤抖,但这种焦虑的产生并不直接来自对神灵的敬畏,而是源于对人类责任的认识。徐复观称这种责任感和焦虑感为"忧患意识",借用了《周易·系辞》中的短语。[48]"忧"一词的意思是"不安"或"担心";"患"的意思是"麻烦"或"伤害",但也有主观被困扰的感觉。在儒家的传统中,"忧"发挥了核心作用,按照孔子的说法,即一个人应该担心("忧")道,而不是担心贫困(《论语》15.31)。其中最著名的有关责任感和焦虑感的表述是宋代范仲淹所说的"先天下之忧而忧,后天下之乐而乐"。[49]

这种焦虑感通常与中国传统的"人文主义"有关。徐复观解释道:

> 于是,天命(神意)不再是无条件地支持某一统治集团,而是根据人们的行为来做选择。这样一来,天命逐渐从它的幽暗神秘的气氛中摆脱出来,而成为人们可以通过自己的行为加以了解、把握的东西。(1969,24)

相似地,陈来声称商王朝的崩溃导致了以下认识:

> 人不能把世事的一切都归于天命的必然性,历史不是完全由天(上帝)决定的,人的行为的主动性实际参与着历史过程,人应从自己的行为中寻绎历史变动的因果性。(2009a,191)

通过让天对人的行为做出一致和可预见的反应,建立秩序的责任转移到人的自身。我们在《尚书》中看到了这种转变,《酒诰》篇说:"天非虐,惟民自速辜。"[50]可能来自春秋时期的另一篇说:"永畏惟罚,非天不中,惟人在命。"[51]人们很容易将这种向着人的责任和控制的转变置于世俗化的叙述中,认为这种人文主义标志着与宗教的决裂。徐复观认为,它让人们从依赖神转向信任自己行为的力量(1969,21)。然而,这种说法即使不是错误的,也是具有误导性的。人类行为的力量完全依赖于天的规则和人性:天作为一个人格化的神,起着保障人类责任的作用。然而,这种保证取决于对恶的问题的否认。这种否认让人牢牢控制着自己的命运,但由此产生的人文主义只能像天本身一样可靠。随着天的仁慈遭到质疑,人类行为和美德的地位也受到质疑。

如果我们在中国的语境中寻找像经典的恶的问题一样的东西,"天"扮演着与欧洲上帝概念相对应的角色。然而,值得注意的是这种天的概念的局限性。第一,没有人主张天是万能的或是完美的。《尚书》中的早期篇章将各种伤害归结于天。例如,据说成王的致命疾病是从天而降的,却并未暗示他做错了什么。[52] 第二,关于天的奖惩的讨论仅限于统治者的行为。没有一种普遍的说法认为好人总是会得到奖励,坏人总是会受到惩罚。事实上,这不可能成为一种观点,主要是因为人民——不管是无辜的还是有罪的——在统治者不好的时候都遭受苦难。[53] 天遵循经济制裁的逻辑,人民的痛苦被推到了极点,他们别无选择,只能为自己制定"政权更迭"。由于天给人民带来的苦难从未被视作一道**难题**,天命必然被视为政权建立的合法性,而不是一个完全的神灵正义的原则。人民的角色指向第三个关键点,那就是隔离天的活动的困难。虽然天被认为是有意志的和人格化的,但其行为遵循因果规律,并通过自然世界来实现,这模糊了天与自然之间的界限。此外,天命主要是通过人民来表达的:天命授权改变的迹象是人民反抗君王并欢迎造反者。天和世俗世界的相互牵连将会为我们所谓的天的"自然化"提供一条简单的途径,从个人的神灵转变为自然形态或人民的自然反应。

我们无法知道这些关于天的观点占据多么显著的主导地位,

或有多么广泛。我们的记录有限,真实性存疑,并且反映的是精英群体的观点。人们仍然相信需要通过供奉和请愿来祈求神力。这种做法意味着神力可能不会帮助你,即使你是好人。[54] 早先认为神更可怕、更不可测的观点很可能与认为天是道德的、永恒的观点同时存在。[55] 无论如何,随着周王朝统治者的权力和美德的下降,人们对天命产生了怀疑。从那时起,我们就有了恶的榜样,但没有一个德行高尚的人能被天提升去拯救人民。好人遭受伤害的频率让人们很难相信天会关心他们。《诗经》中包含了许多哀叹,其中一些哀叹明确地将天描绘成一种负面力量。其中最有说服力的是《雨无正》,其开篇便是:

> 浩浩昊天,不骏其德。
>
> 降丧饥馑,斩伐四国。
>
> 旻天疾威,弗虑弗图。
>
> 舍彼有罪,既伏其辜。
>
> 若此无罪,沦胥以铺。(194)[56]

《瞻卬》据说写于西周末代君主周幽王统治时期,周幽王也是另一 [33]
个常见的恶的例子,这首诗有着相似的开头:

> 瞻卬昊天,则不我惠。
>
> 孔填不宁,降此大厉。
>
> 邦靡有定,士民其瘵。
>
> 蟊贼蟊疾,靡有夷届。
>
> 罪罟不收,靡有夷瘳。(264)

在这两首诗中,苦难来自自然和人类行为的失常,混合了我们可能区分为"自然"和"道德"的恶,但这两者都归咎于天。如果统治者是坏的,天应该取消他们的天命,并交给更值得的人。在更深层次上,天可能被视为能影响统治者的道德品质。这种观点可见于《尚书》的某些篇章,就像《召诰》中提到的那样,新的君王是否明智("哲")尚不得而知,但这是天命。[57] 这种将个人行为归结为上天意愿的观点贯穿整个战国时期,导致了天人之间的分别十分困难。

另一个感人的例子指出了自然的恶的典型——干旱。这首诗这样开始:

> 倬彼云汉,昭回于天。王曰:於乎! 何辜今之人? 天降丧乱,饥馑荐臻。靡神不举,靡爱斯牲。圭璧既卒,宁莫我听?

> 旱既大甚,蕴隆虫虫。不殄禋祀,自郊徂宫。上下奠瘗,靡神不宗。后稷不克,上帝不临。耗斁下土,宁丁我躬。

> 旱既大甚,则不可推。兢兢业业,如霆如雷。周余黎民,靡有孑遗。昊天上帝,则不我遗。胡不相畏? 先祖于摧。(258)[58]

虽然重点是祭祀的无效性,而不是道德,但是君王声称他和他的人民没有负罪感,这表明他认为灾难是不应该发生的,他对人民苦难的深切关注也表明他确实是一个好的领袖。君王的恐惧和悲伤是显而易见的,他对神的态度却不那么明显。他似乎很困惑:我们已经做了我们应该做的一切,那么这场灾难怎么还会到来? 诗人总结说,干旱是神灵造成的,而不是偶然或盲目的自然规律造成的。我们可以看到,如果神灵不做出反应,会导致怀疑——"宁莫我听?"。

在考虑周代关于天的观念时,我们必须再次牢记我们资料来源的局限性,避免过度概括。直至孔子和墨子出现之前的这段时间里,人们对天与人之间的关系有着不同的看法,我们无法知道哪一种观点占主导地位。[59] 认为天是好的且保护着人民的看法必然在持续,正如我们所看到的,孔子和墨子都在不同程度上接受了这样的观点。一些诗歌暗示了一种相反的观点——用尤锐的话来说,天是"有感知(sentient)的,尽管可能是带着恶念(malevolent)的神"(Pines 2002,59)。在这两者之间也出现了一种观点:天更加中立地意味着"事情的本来面目"。[60] 天的这种终极作用被称作是"描述性"的,与其"规定性"功能相反。[61] 这一描述性功能被术语"命"的新含义取代,意思更接近于"盲目的命运"(blind fate)。[62]

人们关于天对善的支持和对人民的保护的怀疑通常与周初人文主义的加速发展有关。[63] 然而,这种联系比最初看起来更复杂。我们必须避免与欧洲思想史进行误导性的类比,在欧洲思想史上,对仁慈上帝的拒绝立即转变为对人类超越自然的能力的信心。欧洲在其大部分历史中一直否认恶的问题。只有在人类对自然的能力论述已经完全确立的时候,恶的问题才开始引起人们对上帝的善产生真正的怀疑。即使在上帝逐渐淡出背景后,人类仍然是"上帝的形象"(image of God)。对人类的这种信心又花了几个世纪才崩溃。如果我们认同奈曼的观点,认为"现代性"始于里斯本地震,止于奥斯威辛,那么现代性恰好是处于人类对神的信任消失之后,对人类的信心依然存在的这段滞后时间里(Neiman 2002,250-251,255,288)。中国春秋时期的情况根本不同。考虑到徐复观的说法,在周代早期,"天命逐渐从它的幽暗神秘的气氛中摆脱出来,而成为人们可以通过自己的行为加以了解、把握的东西"(1969,24)。这种对天命的信心崩溃得很早,以至于这样的"神秘和黑暗"还没有被遗忘。它继续困扰着人们对

35　　人的地位的求索。当然，有许多人试图对人类行为的力量保持信心，不管采取有效的行为是出于美德、权力、聪明还是自发性。然而，同样可能的是，人们会得出结论，人类生活被无法掌握或控制的神秘力量主宰。然后，有人可能会像一些儒者一样，在平静地接受命运的同时，坚守美德，或者像盗跖所推崇的那样，尽可能享受我们短暂脆弱的生活。围绕着人类行为功效的这个问题是战国思想中的一个主要分歧，这一问题从未脱离人与天的关系。

欧洲思想中恶的问题

　　我们现在已经看到了中国哲学家对待坏事发生在好人身上这一事实的背景，以及它变得难以解决的一些方式。在详细讨论这些问题之前，我们可以简单地勾勒出欧洲思想领域中同样的事实是如何被问题化的。这个解释虽将作为以后进行比较的参考点，但也有助于澄清所考虑的中国立场的特殊性。也就是说，如果我们首先了解一些制约欧洲恶的问题形成的假设，我们可以更好地看到中国各种讨论的特殊性。许多不同的问题会出现，但是我们可以考虑三个特别重要的问题。第一个是经典的恶的问题，一个关于上帝的本质和存在的神学问题。第二个是道德或人类的恶的问题——尤其是人类如何能够"根本恶"（radical evil）。第三个问题包含了一系列的悲剧哲学思考。在每一种情况下，我将简要描述这个问题，然后用对比的方式来帮助确定接下来对中国哲学的讨论方向。

经典的恶的问题

　　在欧洲人看来，坏事发生在好人身上的事实主要是通过经典的恶的问题来解决的——一个善良、无所不能的上帝怎么能允许罪恶和不公正存在于这个世界?[64]我们可以从大卫·休谟(David Hume)的《自然宗教对话录》中得到我们最初的表述,在该书中,斐罗(Philo)重提伊壁鸠鲁对上帝的质询:"他愿意制止恶,而不能制止吗? 那么他就是软弱无力的。他能够制止,而不愿意制止吗? 那么他就是怀有恶意的。他既能够制止又愿意制止吗? 那么恶是从哪里来的呢?"(第 10 篇;Hume 2007,74)此后,学者们更精确地定义了这个问题,但是出于比较的目的,扩大表述范围更有帮助。[65]我们可以厘清构成问题的三个要素。第一,鉴于我们是人类,我们以自己的方式看待这个世界。伦理道德在以人为本的意义上几乎必然是以人为**中心**的(当然,这也很符合其他事物的价值观)。很难想象一种伦理道德带给老鼠或草的价值要大于带给人类的价值。此外,死亡和毁灭似乎只有从我们的角度来看才是糟糕的。无论这里发生什么,太阳系都会继续运转。第二个要素是我们生活的世界似乎没有按照这些道德范畴来排序。世界与我们的道德观念之间的这种脱节所造成的不安全感本身可能会激发问题的第三个要素,即一个对世界秩序负责并按照我们的道德规范行事的神灵存在。坏事发生在好人身上这一事实,只有当人们观察到它发生在一个被认为是按照人类道德范畴有序运行的世界里时,才变成形而上学或神学问题,也就是经典的恶的问题。这种信念是常见的,但非放诸四海而皆准。例如,在早期希腊人的语境中,特洛伊大屠杀并不构成根本性的哲学难题;在一个像我们一样嫉妒、虚荣、占有欲很强的神所主宰的世界里,这是我们所能预见的。[66]

基于这一讨论,我们可以将恶的问题重新表述为同时坚持三个观点的困难：

1. 一种以人为中心来定义善的伦理道德；

2. 认识到世界本身在某些以人为中心的方面是非善的；

3. 相信有一个能负责世界且在以人为中心的角度上是善的神灵存在。

由于这三点中的任何两点都很容易同时坚持，所以这个问题可以通过放弃这三项承诺中的任何一项来解决。在欧洲，提出问题的人集中在争论第三点上，争论的焦点是对世界负责的善的存在。通常，这意味着否认上帝的存在，而不是否认上帝的善良。拒绝一个善良的上帝的存在是解决问题的最简单方法，但它会引发更多的问题。如果这个世界本身是非善的，我们又能以什么来证明我们的伦理道德？抛弃一个善良的上帝会威胁到善的基础。为了避免这些结论，人们似乎不得不放弃第二点，而提出了一个令人难以置信的说法，即尽管表面如此，这仍是尽可能好的世界。许多思想家通过折中几个原则来解决这个问题。例如，尽管莱布尼茨通过声称这个世界是尽可能好的来否认第二点，但他也弱化了第一点，认为人类不是上帝唯一的考虑，且通过将上帝的权力限制在可能的范围内，从而弱化了第三点。[67]

当上帝被认为是完美的、绝对强大的、对存在的一切完全负责时，问题就更加尖锐了。中国的哲学家从不认同这些假设，因此这个问题并不是严格意义上的逻辑矛盾。尽管如此，我还是会主张，围绕着这同样的三点，周王朝的崩溃引发了一场严重的危机。为了进行比较，我们可以将早期中国哲学家们置于这些假设之内。墨家可以被视为否认第二点，声称天和其他神灵总是奖善惩恶；《庄子》会拒绝第一点，克服我们的伦理道德，以确认世界本来的面貌。这里考虑的大多数哲学家会采取一些复杂的中间立场。虽然这样的分析可能很有趣,但我的目的不是要把这些中国哲学家置于欧洲问题的领域内。相反,我们可以注意到两个最初的对比。

最重要的对比是神灵与世界之间的关系。欧洲的恶的问题是联系和分离的复杂混合体。神灵和世界之间的因果关系是恶的问题有效的原因,自然显而易见地对道德漠不关心,这让人们对上帝的善良产生了怀疑。然而,上帝的绝对超越使我们能够为这个世界维持一个比世界本身看起来更加人格化的基础。在早期中国,天和世界没有明确分开。因此,虽然欧洲语境中的恶的问题主要是关于上帝的**存在**,但在早期中国的语境中,这完全是关于天的**本性**问题。否认天的存在就像否认我们头顶的天空一样不可思议。这种基本差异产生几个关键的后果。在欧洲,人们会发现,一个突然从对一个完全善良的上帝的信任中挣脱出来的世界,变成了一个以非道德因果原则为基础的彻底觉醒的世界。在中国语境中,从来没有"上帝之死"。至多,"天"逐渐变得越来越自然,越来越非人。接下来是人类对自然态度的不同。上帝和自然世界之间的分裂意味着崇敬与服从是指向上帝的。任何对自然的崇敬都是衍生的。因此,上帝之死就是宗教之死。相比之下,早期中国思想中天的本性的逐渐转变允许人们对它保持崇敬,即使在承认天不会按照我们认为正确的方式行事的那些文本中也是如此。与欧洲相比,早期中国的恶的问题的一个关键方面是如何将这种崇敬感与我们所居住的这个世界看似不道德的一面调和起来。

这导致了另一个广泛的对比。如果恶的问题导致了我们的观念和价值观与世界运行方式之间的裂痕,那么欧洲人对这个问题的反应是让世界受到质疑,而中国人的反应则是使人类受到质疑。这些都是普遍的倾向,双方都有例外,但请考虑一下在《自然宗教对话录》中斐罗的立场。卡斯蒂利亚国王阿方索曾有过一个传奇主张,即如果上帝在设计世界时咨询过他,他可以告诉上帝如何改进这个世界。斐罗呼应了这一主张,也列举了四种可以让世界变得更好的方法。例如,我们可能只被快乐的程度引导,而不是快乐和痛苦,或者我们可能变得更加勤奋和精力充沛(第 11 篇；Hume 2007,81 - 85)。[68] 斐罗对人类价值观的绝对信任和基于人类价值观谴责自然的意愿有着令人震惊的傲慢。他的主张明确地指向了控制自然并"改善"自然以更好地满足我们需求的计划。这种对人类的信心最终在 20 世纪的战争和种族灭绝的压力下崩溃,不过这是很久以后的事情了。中国的哲学家们则**直接地**得出了结论,认为天可能不是善良的,它会对人类的地位构成威胁。像《庄子》这样的一些文本,就将这种认识推向了对人性的彻底克服。然而,大多数文本是在努力地调和,使人文主义与天达成某种形式的和谐。面对自然,所有人都保持着谦卑和崇敬,这在早期现代欧洲经典的恶的问题出现之后,基本上是不存在的。

人类的恶的问题

莱布尼茨区分了三种恶：形而上学的恶,指上帝创造的任何事物的内在局限性；形体(或自然)的恶,指痛苦；道德的恶,指人类自身所作的恶(*Theodicy* § 21；Gerhardt 1978, Ⅵ. 115)。上帝似乎对自然的恶负有最直接的责任,这就是为什么经典的恶的问题最常诉诸上帝。道德的恶可能归咎于上帝,因为上帝创造了作恶的人,但更常见的是归咎于自由意志,因此被从上帝的直接责任中去除。[69] 如果我们以这种方式分离道德上的恶,那么它会带来一系列不同的哲学难题,我们可以用"根本恶"这个词来归总这些问题。"根本恶"有时被松散地用来形容人类行为的恐怖,以至于显得"坏"这个词形容得不够充分,但作为一个哲学难题,它具有一种技术意义,这可以追溯到伊曼努尔·康德的《纯然理性界限内的宗教》。问题的根源在于康德的主张,认为行为只有是自由的,才能被认为是道德的(或是恶的),这意味着善恶的终极原因必不在自然因果所能决定的范围内。通过诉诸社会条件、不良的教养或可用的诱惑来解释恶的行为,就是将这些行为置于因果决定的现象领域,使它们不真正地自由。这种行为可能有害或是坏的,但并非恶。[70] 康德甚至不能接受感官欲望是恶的终极原因,因为意志服从感官欲望意味着意志不是自由的。为了自由(因此能够作恶),意志本身必须自由地选择追随欲望。[71] 鉴于恶的行为也不是随意或无缘由的,善恶只有在某种意义上是自我生成的才能存在。正是这种自我因果关系使我们对自己的行为**完全**负责,因此,我们要接受正义。奥古斯丁将这一点与惩罚和奖赏联系起来,这可能是对极端自由意志的第一个哲学描述:

> 假若人类没有意志的自由选择,我们如此渴慕的在上帝之正义中的善,即他之惩恶扬善,怎么可能存在呢?如果我们行事不靠意志,那就无所谓罪恶或善事了,而如果人类没有自由意志,奖惩就都会是不义的了。(Augustine 1993,30)*

如果人类没有对他们的行为**完全**负责,那么惩罚任何人都是不公

---

* 此段中文译文引自[古罗马]奥古斯丁:《论自由意志——奥古斯丁对话录二篇》,成宫泯译,上海:上海人民出版社,2010年,第100页。——译者

正的，更不用说将他们判入永恒的地狱了。

因为任何对一个人为什么选择恶的实际解释都会诉诸自然因果之外的影响，所以从某种意义上来说，根本恶必然无法解释。这种不可理喻符合一种共同的直觉——有些行为如此恶，以至于试图用历史和社会力量来解释它们本身似乎是不道德的，就好像有人在找借口一样。在某种意义上，解释恶的困难只在于解释因果关系独立于世界之外的自由意志的困难。与此同时，自由选择善似乎比自由选择恶更容易解释。特别是，如果恶不能通过对某一特定事物的欲望来解释，那么恶本身似乎就是一种动机。此外，由于道德的恶是自由选择的，它就像一种永远存在的危险，一直潜伏着。习惯、性格和自我修养最终无法**决定**意志，意志在任何时候都保有自由。正如康德所说，每一种恶的行为都必须被看作"就好像人类是直接从纯真状态陷入其中一样"。[72]

根本恶作为一个哲学难题取决于欧洲传统的特定要求：将恶的行为与创造我们的上帝分开，以保持人类超自然的地位，并树立一种可以证明永恒的酷刑是一种惩罚的责任观念。在根本恶与对自由意志的关注不可分割的情况下，它只能出现在两种根本不同的因果关系的假设下——我们在世界事物和事件之间发现的因果关系和自由意志的因果关系。根本恶的想法取决于对人类的非自然主义描述，斯宾诺莎首先明确地指出了这一点：

> 事实上，他们似乎认为自然界中的人类是一个帝国之中的帝国[*imperium in imperio*]。因为他们相信人类扰乱而不是遵循自然的秩序，他对自己的行为拥有绝对的权力，他只由自己决定。他们把人类无能和善变的原因，不是归于自然的共同力量，而是归咎为我不知道什么是人性的缺点，因

此他们会痛哭、嘲笑、轻蔑，或是（经常发生的）诅咒。[73]

在早期中国语境中，这种根本恶的想法尤其难以应用。解释人类为什么做坏事是一个常见的话题，但这与解释任何其他复杂现象并没有什么不同。恶并不是从自由意志中神秘产生的，而是像史大海（Aaron Stalnaker）在谈起荀子时所说的那样，"在暴力、混乱的环境里，任由不良倾向发展的偶发事件"（2006，147）。这表明，人类的选择和责任不能被视为与更广泛的社会力量隔离开来，这就是为什么通常将民众的错误归咎为统治者的责任而不是民众自身。事实上，如果我们区分坏与恶，则中国人缺少后者的概念，这是在中国语境中使用"恶的问题"这个短语最成问题的一个方面。没有明确的恶的概念，道德价值和非道德价值之间的区别也很模糊（就像希腊人一样）。[74] 其主要术语"善"，也可以翻译成"excellent"（优秀的）；"恶"，则带有排斥的意思，也可适用于被认为丑陋的事物。这种连续性有助于解释为什么关于（道德上的）良好行为的回报的辩论通常很容易就变成关于有效行为的问题。

虽然在欧洲哲学中根本恶的问题主要是由神学问题决定的，但很难假设它没有人类经验的基础。我们必须再次小心逆转的问题，让一种笼统的自然主义掩盖所有的张力。无论是作为一个彻底分裂的本体的标志，还是作为一种相互关联的整体中的张力，人类的行为似乎都不同于其他自然事物的运动。在早期中国，人们对人类的独异性就有所评论。一行出自最近出土的文本《语丛（一）》的文字就肯定地说："天生百物，人为贵。"（刘钊2003，第18条）人在种类上没有什么不同——他们只是上天创造的众多事物之一——但他们是最高贵或最珍贵的。相比之下，大约同时的另一个出土文本《恒先》说："先者有善，有治无乱。有人焉有不善，乱出于人。"(季旭昇 2005，第 8 条)如果我们把这些对比鲜明的段落放在一起，我们会得到像《安提戈涅》(*Antigone*)著名诗句中的"deinon"那般模糊不清的意味："诡奇可畏(deinon)的事物虽多，却没有一件比人更诡奇可畏(deinon)。"[75]

　　在早期中国的语境中，有几种不同的观点被挑了出来。人最独特的东西是我们所能承受的伤害程度。这种造成伤害的可能性与另一个关键点有关，那就是我们更大的可变性。《庄子》在这一点上看得最远，肯定了每个人的独异性，并认为我们的观点几乎是无限灵活的，但我们在儒家中也看到了这一点。《性自命出》中说道："四海之内，其性一也。其用心各异，教使然也。"(刘钊 2003，第 9 条)这些差异的根源很少得到明确的解决，但是，当自然力自发地或通过自身，即自然而然地运行时，无论好坏，人类都会陷入深思熟虑之中。人类独特的故意行为倾向暗示了人类行为的不同因果模式。当然，故意和自发行为之间的区别与自由意志和因果决定论之间的区别有着本质上的不同。虽然后两者是相互排斥的，但其中一个可以或多或少是自发的，或者是故意的。此外，自发和故意之间的区别并不完全反映在自然和人之间的区别上。人类可以像自然一样自发地行动——事实上，几乎所有这里考虑的文本都将这种自发的行动视为最高理想。即便如此，人类行为的奇异性在早期中国的文本中时时可见，却很少得到明确解释。如何解释这种奇异性是早期中国和欧洲问题取向相反的一个很好的例子。欧洲哲学家传统上从假设人类是独一无二开始(拥有永恒的灵魂，并按照上帝的形象塑造了自由意志和理性)，然后面临的挑战是解释我们如何融入周围的世界。对于早期中国的哲学家来说，困难恰恰相反——要解释这无数事物中的一个是如何最终变得如此不同和令人苦恼的。

悲剧的条件

在欧洲出现的第三个系列问题是，坏事发生在好人身上的这类事实可以被汇集在一起，成为对悲剧的哲学思考。悲剧的哲学意义可以追溯到亚里士多德的《诗学》，但是它的现代形式最先是作为对乐观主义观点的回应出现的。乐观主义观点认为，最终一切都是公平的。莱布尼茨是这种乐观主义的范例，他在《以理性为基础的自然与神恩的原则》中写道：

> 在那里，没有犯罪不受到惩罚，没有善行不得到相称的报偿，总之，在那里，有尽可能多的美德和幸福。这个并非由对自然进程的任何干扰而来（犹如上帝为灵魂准备的用以扰乱身体的规律的那些东西），而正是由于那个自然事物的秩序，依靠在自然领域和神恩领域之间，在作为建筑师的上帝和作为君主的上帝之间贯彻始终的前定和谐。[76]

这种关于神灵正义的乐观表现出一种更深层次的乐观主义——人的类别、判断和价值观与宇宙本身的结构是相称的，我们在这个世界里从根本上是自在的，或者这个世界在认识论和道德方面最终是连贯的和可理解的。

相比之下，我们所谓的（采用尼采的说法）"悲剧世界观"（*die tragische Weltbetrachtung*）主张事情并不总是成功的，我们应该面对而不是否认这一事实。[77]悲剧包含着对恶的问题的认识：亚里士多德认为悲剧的核心在于"由不公正的不幸引起的"怜悯与恐惧。[78]然而，不同于经典的恶的问题，其首要问题并不是一个善良上帝是否存在。相反，现代的悲剧观往往表现为对一个失落的 *42*

上帝的哀悼，它们与一个将人类定义为渴望无限的基督教世系是分不开的。这种观点的现代开端是笛卡尔，他认为无限的意识是人类知觉的组成部分：

> 当我将我的注意力转向自身时，我不仅认识到我是一个不完整且依存于别人的，无限地渴望更伟大、更好事物的东西，而且我同时也认识到我所依存的那个别人，在他本身里边具有我所希求的那一切伟大的事物，不是不确定地、仅仅潜在地，而是实际地、无限地具有这些事物，而这样一来，他就是上帝。[79]

笛卡尔的立场重新表述了奥古斯丁的思想，奥古斯丁在《忏悔录》中描述年轻躁动的状态是由对无限的无法认识的渴望所驱动的，并且还可以追溯到柏拉图的《会饮篇》，认为哲学的动力（爱智慧中的爱）来自我们自己和纯洁、神圣、美的形体以及善良之间的感觉差距。以**缺失**感构成的人类自我意识已经有了某种悲剧的基调，但是如果我们对这种无限的存在失去了信念，真正的悲剧——或者荒谬——就会到来。这就是"上帝之死"，让戴维·法雷尔·克雷尔在提到亚哈船长时精辟地称为"上帝的幻肢"（Krell 2005, 14）。

尽管现代悲剧观的这一要素仍然处于有神论的魔咒之下，但它直面一个不好的世界里人类生活的问题化状态。人类有时被迫做出不可避免的错误选择。正如玛莎·努斯鲍姆（Martha Nussbaum）所写的那样，悲剧最令人不安的地方在于，"这表明好人在做坏事，要不然就是做一些违背他们道德品质和承诺的事情，因为这样的境遇的根源并不在他们身上"（1986, 25）。悲剧是双重约束的结果，价值观之间的冲突使得对一种价值观采取行动需要侵犯另一种价值观,这在《安提戈涅》的家与国之间的冲突里表现得最为明显。这种悲观情绪可以延伸到人类把握和理解世界的能力,正如尼采看到,当事件似乎违背了充分理性的原则时,悲剧的酒神出现在我们感到"可怕"或"神秘的恐惧"(德语 ungeheure Grausen)中。[80] 俄狄浦斯在不知不觉中与他的母亲同床共枕,象征着这种认识论上的悲观主义。最充分的悲观主义会将我们的存在视作悲剧,正如尼采解释俄狄浦斯的行为,"必须对这个极度努力的人进行亵渎"。[81] 即使是乐观的黑格尔也表示,一个人能够完全避免罪责的唯一方法是"无为"(德语 Nichttun)。[82]

悲剧观与**悲观**的区别在于肯定的因素。尼采通过给予普罗米修斯最中心的位置,最清楚地展示了这种肯定和蔑视,揭示了"伟大天才的'高贵'能力,对这种能力来说,即使是永恒的苦难也不过是很小的代价"。[83] 当我们考虑悲剧作为一种艺术形式的作用时,这种肯定的因素是最重要的——目睹一出悲剧是令人愉悦的,即使它包含了尼采所说的"奇妙的自我分裂"(wondrous self-splitting),在这种分裂中,我们既感到恐惧又感到快乐。[84] 这种快乐包括对人类奋斗和苦难的某种反抗的肯定,甚至是狂喜的庆祝。至少,正如玛莎·努斯鲍姆所说,悲剧保持着"一种对可能发生的和易变的特殊美感的生动感受,是对经验人性的冒险和开放的热爱"(Nussbaum 1986,3)。

在欧洲围绕着坏事发生在好人身上这一事实而出现的各种问题中,那些关注悲剧条件的人与早期中国思想最为相关。与中国哲学家一样,悲剧关注的主要是生存,反映出伴随着偶然性、不合理的苦难和善良的失败而产生的具体挑战。这种悲剧观被人们对人的意义,对道德、知识和权力的地位的怀疑缠绕着。第一个将悲剧的概念应用于中国思想研究的人也许是伟大的中国学者王国维（1877—1927），他将《红楼梦》描述为"悲剧中之悲剧"（1997，12）。王氏追溯了人类生活与焦虑、痛苦和疲惫之间的联系，直至早期中国，他用《庄子》中的一句话来支撑这种联系："大块载我以形，劳我以生。"（1997，1）[85] 最近，普鸣强调了早期中国的悲剧性情感，例如，他指出了希腊普罗米修斯神话和《诗经》所描述的后稷诞生故事之间的相似之处。[86]

与大多数的欧洲概念一样，关于早期中国思想家具有悲剧观的说法既是正确的，也是错误的。我们已经看到的那份知名人物的名单，他们的生活很容易被描述成悲剧，甚至陷入双重困境。当伍子胥因父亲而被召回来时，他无法避免错误的行为——去就是让恶获胜，不去就是违反他的孝道。伍子胥克服所有的困难和障碍，痴迷复仇的情感甚至堪比亚哈不懈追捕鲸鱼的疯狂。这些故事清楚地展示了一种矛盾的人生观，而不是通过归并到一种"普遍的实体"（universal substance）来否定个性，"普遍的实体"被黑格尔用来解释为何悲剧永远不会在"东方"发展起来。[87] 尽管如此，像伍子胥这样的故事并不让人**感到**悲剧。早期中国思想家很少看到人类的有限性、痛苦或值得庆祝的反抗。如果说古典中国没有悲剧，那不是因为缺乏悲观主义，而是因为尼采所谓的"争强好胜的个人"（titanically striving individual）失去了价值。人们感到焦虑不安（"忧患"）而不是反抗。[88] 这种差异虽部分源于个体重要性的差异，但其根源在于人类在自然界中的地位。对于那些在欧洲传统中强调悲剧的人来说，人是由意志和自由（在某种意义上）定义的。这种自由既是超出我们当前状况的部分，也使得我们对自己的存在负责。即使没有上帝，对人类意志的悲剧性庆祝也会依附于我们的神

44

性。中国哲学家们更愿意放弃人类的特殊地位，这使得悲剧与任何其他自然力量间的悲伤和暴力冲突没有什么不同。这位悲剧英雄就像《庄子》中的螳螂，愚蠢地挥动手臂来抵挡迎面而来的战车。

第二章 人类行为功效与墨家对命运的反对

　　那种曾经与周王朝征服合理化相关的对天的看法——天命保护人民且确保好的统治者——在周王朝政治秩序分崩离析后的动乱中开始瓦解。一些人质疑天的善良或可靠性,将当前世界的不公归咎于神灵。另一些人则提出了另一种被置换了的"命"的概念,给那些超出人类控制范围且难辨对错的事件的发生贴上类似"天命靡常"这样的标签。墨家是我们所知的第一批明确反对这些倾向的哲学家,他们认为好人应该得到酬赏,坏人则应受苦。更具体地说,《墨子》里的《天志》篇可以被看作对上天冷漠无情指控的回应,而《非命》篇则是回应了宿命论的倾向。

　　墨家关于天和鬼的立场往往被当作民间信仰的遗留。基于这种观点,他们的论争反映的是对宗教怀疑论的保守反应,这种反应植根于在普通民众中仍然普遍存在的旧的宗教观点。反过来,这种反应通常是通过诉诸墨子所在的阶级背景来解释的。[1]这种观点得到了一些证据的支持。墨家自己声称他们的观点被过去的圣贤认同,并且在为鬼神的力量辩护时,他们诉诸普通人的证词。但是这种解释忽略了墨家关于天的观念是如何成为他们哲学体系必不可少的一部分。即使他们符合传统和大众的观点,我们仍必须问:为什么墨家会将这些观点纳入他们的思想?毫无疑问,墨家显示出足够的批判性思维和激进主义,以至于诉诸墨子的个人背景不足以作为一个答案。墨家宣扬一个关心全人类的天,这样的天在证明人类行为功效方面起着至关重要的作用,而墨家致力于行动主义正是以这一宣扬为基础的。这种人格化和以人为中心的神性的缺失,不仅威胁到早期周代"人文主义"观所认为的人类最终要对自己的状况负责,而且威胁到捍卫人文主义伦理的可能性。尽管墨家是对受过良好教育的精英群体中 46 可能出现的普遍倾向做出反应,但他们的一个明确目标是儒家。因此,为了把握这场争论的关键点,我们可以从早期儒家对天与命的讨论开始。

早期儒家思想的天与命

儒家是一个持有不同观点的多元化团体。本书第四章和第六章将详细考察孟子和荀子两位儒家哲学家的立场。本小节重点关注儒家对于天、命和人类行为功效的一些看法,这些观点表明至少有一些儒家学者持有那些被墨家批评的相近观点。我将主要集中在通常所说的"the Analects"即《论语》上,同时借鉴设法解决相同问题的其他儒家文本。[2] 早期儒家对神的看法众所周知地难以确定,并且提供了一种极精彩的中国式说明:仁者见仁,智者见智。[3] 在这种情况下,有神论者倾向于寻找上帝,无神论者则找到不可知论的人文主义。这种分裂可以追溯到欧洲人与儒家思想的初次相遇:莱布尼茨称赞这是一种与他的哲学思想相似的"理性神学",而沃尔夫(Christian Wolff)则找到了他所寻求的有道德的无神论者。[4] 虽然没有那么极端,但在中国的解释之中,人们也发现了类似的变换,尤其是在汉代更超自然的解释和宋代更自然主义的解读之间。[5]

问题的一部分在于孔子对神灵的态度类似于他对鬼神的描述:敬而远之(6.22)。据说孔子没有提及的术语包括"天道"(5.13)、"命"(9.1)、"怪"和"神"(7.21)。[6]这种不愿谈论神灵的态度反映了关心当下人类生活的取向。在一个可能会让我们想起佛教毒箭喻的文段中,孔子反问了弟子子路一组问题:

> 季路问事鬼神。子曰:"未能事人,焉能事鬼?"曰:"敢问死。"曰:"未知生,焉知死?"(11.12)

孔子并不声称鬼不存在,而是声称服侍鬼和处理死亡必须是我们为活着的人工作的延伸。[7]孔子对生存和人类的关注不仅将对神灵的讨论转移出中心,而且塑造了这些讨论的形式和功能。换句话说,我们不能不考虑人的语境在他关于天与命的观点中所发挥的作用。[8]

真正的困难在于,归属于孔子的那些主张支持两种不同甚至相互矛盾的立场。一方面,有明确的证据表明孔子认为天是道德权威。当子路指责孔子的一些不当行为时,孔子将天诉作一名更高的裁判者:"予所否者,天厌之! 天厌之!"(6.28)王充在现存的对这段话的最古老讨论中,认为这是支持上天正义的有力主张(28:410—412)。[9]另一文段说,如果一个人"获罪于天",那么他将"无所祷也"(3.13)。"罪"这一术语与惩罚相关,因为这既意味着冒犯,又意味着因冒犯而受到惩罚;而"祷"这个术语,其字形包含一个象征神灵的部首(示字旁),并在《说文解字》中被解释为一种"求福"的方式。[10]这些术语都将天视为拥有发布奖赏惩罚的最高权力——如果你冒犯了天,你就无处求助了。然而,祈福祷运不应该被理解得太狭隘。另一则对话这样处理祈祷的问题:

> 子疾病,子路请祷。子曰:"有诸?"子路对曰:"有之;诔

曰:'祷尔于上下神祇。'"子曰:"丘之祷久矣。"(7.35)

孔子对直接祈求帮助持怀疑态度,这并不一定意味着他放弃了某些行为会得到上天青睐的想法。孔子与天的联系不是通过祈祷,而是通过他的德以及他在保护周文化方面所起的作用。在另一个例子中,当孔子病得很重时,子路让其他弟子充作孔子的家臣,侍奉孔子。当孔子醒来,他批评弟子们:"吾谁欺? 欺天乎?"(9.12)这里的天和可以被愚弄的人形成了鲜明的对比。当孔子想到虽然其他人不理解他,但至少天能够理解他,并以此得到安慰时,这种对比以不同的方式发挥了作用(14.35)。

《论语》几乎没有告诉我们天想要什么,但是天关心人的文化。当孔子被围困在匡地时,他求助于天的这种关心,这是前文提到的故事之一。在《论语》的故事版本中,孔子自信地宣称,天会保佑他:"文王既没,文不在兹乎? 天之将丧斯文也,后死者不得与于斯文也;天之未丧斯文也,匡人其如予何?"(9.5)在这段话中,孔子将历史事件视为天意的启示。因为天一直保持着由文王所建立的文化模式的延续,所以孔子推断它会继续这样做,从而保护他。当他在宋国差点被杀时,他也说出了类似的主张:既然天孕育了他的美德,那么没有什么能伤害他(7.23)。在另一个担心持久困难的文段中,一名守门人告诉孔子的弟子不要为孔子失去官职而烦恼;他解释说,上天会把孔子当作木铎一样使用(3.24)。天赋予孔子的使命不是担任政治职务,而是通过他的教导为未来树立榜样。

从表面上看,这些段落让人不禁要问怎么会有人主张孔子是不可知论者,但这样的段落很少,而且都见于这样的语境——诉诸天是为了进一步说明某些问题。[11] 真正的困难来自那些认识到

48

了恶的问题、暗示宇宙力量并不总是帮助好人的段落。最有力的例子是关于他的弟子子路所面临的危险的讨论，当时子路在鲁国任职：

> 公伯寮愬子路于季孙。子服景伯以告，曰："夫子固有惑志于公伯寮，吾力犹能肆诸市朝。"子曰："道之将行也与，命也；道之将废也与，命也。公伯寮其如命何！"（14.36）

这里的术语"命"可翻译为"fate"，前文我们已经把它理解为上天的"命令"或"授权"。公伯寮和子服景伯都是掌握鲁国实权的强势家族季氏的臣子。孔子从根本上认为，这两人都不会对子路的遭遇产生影响，因为这是由命单独决定的。因此，孔子告诉子服景伯，他不需要干涉。道的行与废都由"命"来决定的这一事实表明，"命"本身并不特别与善联系在一起。有时候，世界的混乱是由命决定的，人类扭转这种局面的努力可能是徒劳的。这种在其他儒家文本中可以被清楚找到的说法，受到墨家的直接批评。我们应该记得子路后来在执行任务时死去，他的尸体被砍成肉酱，悬挂在卫国的东门上方。尽管子路的死亡与这段话中的事件无关，但是《论语》的编纂者是会知道子路受到了命运多么严酷的对待。

在颜回的生死问题上，世界力量的不公正表现出更加个人化的形式，正如上一章提到的，颜回成了恶的问题的典型人物。他的早逝使孔子受到了精神上的打击，孔子的弟子甚至指责孔子哭得过于伤心（11.10）。孔子在匡地被困时的一个故事使颜回之死更加让人心酸。颜回掉队，孔子担心他被杀害了。当颜回最终回到队伍中，他向孔子保证："子在，回何敢死？"（11.23）这是一个颜回无法履行的承诺。孔子将颜回的死归咎于他的短命（6.3，

11.7),就像他谈到另一个弟子伯牛的致命异常疾病时所说的:
"亡之,命矣夫。"(6.10)关于颜回,孔子也哀叹道:"噫!天丧予!
天丧予!"(11.9)这个短句很复杂,因为"丧"的意思既可以是"失
去"或"导致失去",也可以是"哀悼"或甚至是"举行葬礼"。这个
汉字的字形本身就是"亡"和"哭"两个字的结合。这可能意味着
天导致了他的损失,或者让他悲伤,但也可能更直接地意味着天
正在摧毁他——隐含着失去了颜回,孔子等于失去了自己的一部
分的意思。[12]鉴于颜回的高尚品格,这里的命与天的影响显然是
与奖惩分开的。因此,朱熹这样解释"命":"言此人不应有此疾,
而今乃有之,是乃天之所命也。"[13]

徐复观认为,理解神性这两个方面之间紧张关系的最佳方式
是通过区分"天"(包括天命和天道)和"命",前者具有伦理意义,
后者则没有(1969,80—90)。[14]墨家也进行了这样的划分。且这
种划分很大程度上贯穿整部《论语》,尽管孔子为颜回的死向上天
发出的哀叹表明划分的界限并不清晰。即使我们可以根据"天"
和"命"之间的术语区别来区分规定性和描述性这两个维度,如何
调和这两个方面的难题也仍然存在。我猜想这个难题没有单一
的儒家式解决方案。不同的儒者持不同的观点,这些差异体现
在《论语》中,有时就在孔子自己的话里。正如我们将在后面的章
节中看到的,孟子和荀子以非常不同的方式处理相同的问题。即
使是历史上的孔子的观点也可能随着时间的推移而改变,也许是
在颜回死后和他自己遭遇政治上的失败之后。我们还必须考虑
到,不仅在理论层面上,而且在实践方面,都必须寻求《论语》中的
连贯性。很有可能,包括孔子在内的诸个体,在理论上没有统一
的关于神的观点,因此在相互矛盾的观点之间保持着李亦理所说
的"不可逆转但具有启示性和生产性的张力",每一种观点在不同

49

的语境中都是有用的。[15]

如果我们沿着恶的问题的轮廓，寻找一种理论上一致的立场，就会出现三种可能性。第一种是对天的善的妥协。孔子从未说天**总是**奖励好人，惩罚坏人。但是削弱天的善会迫使天的所作所为和我们认为正确的事情之间出现裂痕，从而逐渐削弱天作为道德权威的作用。[16] 第二种选择是削弱天的力量。天可能是一股为善的力量，但它不会对"命"有影响。人们可能会这样解读那个守门人的评论：命中注定这是个无道的世界，因此孔子不能就职，但是上天通过将孔子设定成为了未来的老师来解决这个问题（3.24）。第三种可能性是否认恶的问题，主张明显的坏事实际上与更宽宏的为善计划相符。由于这是对《论语》和《孟子》的共同解释，我们可以放在一起讨论。关于《论语》，伊若泊做出了最详尽的阐述，认为儒家通过相信"一个目的论的计划"（a teleological plan）来解决规定性和描述性之间的空白。他解释道："这个概念将评判事件的标准从现在转移到遥远的将来，且在本质上将经验的描述性价值从属于规定性教条。不管情况如何，一切都必须是往好的方面发展。"（Eno 1990a，88）类似地，万百安写道，儒家平静地接受命运的能力"来自这样一种信心，即无论一个人在短期内是否成功，从长远来看，天有一个道德目标"（Van Norden 2007，152）。[17]

根据这些观点，孔子的立场可能会接近于莱布尼茨的立场。莱布尼茨告诉我们，尽管看起来可能会发生不好的事情，但这"仅仅是基于我们对宇宙总体和谐以及上帝行为的隐藏原因了解不足"。[18] 我们已经看到，在《论语》中有两段明确地将天的道德计划解读为事件，但是这些远不能证明所有的事件都反映了天的道德计划，或者所有的坏事都是好事。相反，许多儒家的主张很难与莱布尼茨的乐观主义相一致。如果道指的是什么是好的,"道之将废"(《论语》14.36)怎么可能是好事呢? 或者如孟子所说,人类不断经历五百年一次的治乱循环(2B13),这怎么可能是好事呢? 当然,莱布尼茨本人表明,只要怀疑态度、创造力和逻辑敏锐结合得当,几乎任何事件都可以被解释为好的。或许莱布尼茨可以解释这个可能是最好的世界为什么会要求颜回英年早逝,伯牛得了麻风病,子路最终被砍成肉酱。但儒家学者没有提供这方面的解释。[19] 虽然从沉默中得到的论据不可能是决定性的,但几乎不可思议的是,理论上如此重要和实际上如此有用的观点从未被提及。同样,很难相信这样一种违反直觉的观点从未受到儒家的反对者的批评。墨家攻击他们仅是因为他们**否认**世界是以道德原则为基础的。最后,这种观点会将儒家学者引向哲学上的不同方向。例如,将无辜者的死亡和大众的苦难解释成为了服务某种终极利益而需要在表面和现实之间进行彻底的分离。要想成功,还需要非常老练的计谋。莱布尼茨是这两者的典范。儒家思想家在这两个方面都没有做出什么努力。

如果我们相信《论语》中孔子的说法,那么他似乎接受了道德中立的命运和关注道德的天,但后一个要素更加强大。在这个意义上,孔子和墨子的想法之间的差距可能并没有人们通常想象的那么大。[20] 即使两人都相信一个有着神意的天,但在如何使用天意方面存在重要的差异。对《论语》里的文段最自然的解读是,声称孔子与天有着某种私人的联系。天了解他且因为他在保持传统方面的重要性,会保护他。孔子从未明确表达一个通则,即天奖励或保护好人。相比之下,墨子声称与天没有特殊的关系,只是将天视为设定广泛、普遍可及的标准。天设定了兼爱的基本标准。[21] 具体的政策和文化形式则交给我们制定。对孔子来说,特定的文化形式是得到天的直接认可的。

我们看到更多证据表明，郭店楚墓的一些文本中有一种更明显的有神论儒家观，这些文本看起来大体上是儒家的，但融合了对天的诉求，而这一点现在更多地与墨家联系在一起。[22] 例如，《成之闻之》说君子顺应天常和天德，是通过夫妇、父子以及君臣之间的人伦关系来实现的（刘钊 2003，第 31—33 条）。君子通过这些人伦关系来祀天常（刘钊 2003，第 38—40 条）。这个文本甚至说，君子是以天心为衡量的（刘钊 2003，第 33 条），"天心"一词呼应了墨家当作标准使用的"天志"或者"天意"。[23] 另一出土文本《唐虞之道》说，圣人通过教导人们正确的关系来服务于天地和各种神（刘钊 2003，第 4—5 条）。同一文本还说尧得到了天地的帮助（第 15 条），尽管它也说成功取决于命与时（第 14—15 条）。在另一出土文本里的孔子与子羔的对话中，孔子将三代之祖先描述为神的后裔，字面上是天子（季旭昇 2003，25—39）。[24]

与这些文本相比，从战国时期起就通行的儒家文本，所提供的关于天的人格化或有神意的观点的证据要少得多。[25] 在《论语》的一个文段中，子贡说，天希望孔子成为圣人（9.6）。《荀子》有一段开始于子路的对话，当时子路被困于陈、蔡之间，子路于是说他听闻"为善者天报之以福，为不善者天报之以祸"（8：526；参见 Knoblock 1988，28.8）。然而，孔子拒绝了子路的说法，并以一段宿命论作为回应，其中包含了《穷达以时》的部分内容。这种更宿命论的观点似乎占据了主导地位，墨家就只批评儒家的宿命论和对天意的怀疑态度。《论语》中最宿命论的说法之一来自孔子的弟子子夏：

> 司马牛忧曰："人皆有兄弟，我独亡。"子夏曰："商闻之

矣:死生有命,富贵在天。君子敬而无失,与人恭而有礼。四
海之内,皆兄弟也——君子何患乎无兄弟也?"(12.5)[26]

子夏可能引用了一句俗语,但他很明显赞同这种说法,且《墨子》 [52]
里一句类似的话也被认为是儒家的一位代表人物所说(48:455;
Johnston 2010,48. 5)。王充认为这句话源于孔子本人(28:
411)。这一文段与《论语》其他关于"命"的段落相契合,但是这里
的"天"和"命"起着同样的作用,根据任何道德目的来分配生命的
长短、富或贵是没有意义的。

宿命论的这一要素及其与天的联系在公元前 300 年左右随
葬的郭店文本《穷达以时》中表现得最为明显。这一定是一个重
要的文本,因为它的版本(或其母本)出现在后来的几种儒家文本
之中,最突出的是在《荀子》里,它成了孔子所说的话(28:526—
527;Knoblock 1988,28.8)。[27] 这一郭店文本是这样开头的:

> 有天有人,天人有分。察天人之分,而知所行矣。有其
> 人,无其世,虽贤弗行矣。苟有其世,何难之有哉?(刘钊
> 2003,第 1—2 条)

这是已知的第一个关于天与人的区分的说法。"分"这个术语,对
角色的划分有着特殊的意义,从而将人的行为领域与天的活动区
分开。这一段话接着描述了历史人物——如圣王舜,他通过遇见
雇用他的统治者从而从逆境走向成功——但随后又援引伍子胥
总结道:"初沉郁,后名扬,非其德加,子胥前多功,后戮死,非其智
衰也。"(刘钊 2003,第 9—10 条)虽然该文本没有使用"命"一词,
但时机以相同的方式发挥了作用。文本使用了两个与时机有关
的不同的词语。前几句用"世",指一代人或类似于"时代",暗指
世界大局。文本的其余部分使用了"时",这更多的是指特定事件

的时间——在这种情况下，某人是否遇到了机会。另一个重要术语是"遇"，意思是"遇见"或"遇到"，尤其是偶然或幸运的会面；在这里，这意味着遇到一个机会，更具体地说，是遇到一位将赋予某人一项职责的统治者。[28] 一个人是否会遇到机会是由天决定的，而不考虑智慧或美德（刘钊 2003，第 11 条）。声称"德行一也"是很有意义的，因为在早期的文本里，比如《尚书》，"德"是一种能够影响天并保证成功的力量。而这种观点在这里被明确地拒绝。

在这些儒家文本里关于命运的使用（无论是标称为"命""天""时"或是"世"）是对人类力量极限，以及对良好行为不能保证成功这一事实的合理认识。然而，诉诸命运，必须在实际关切的范围内处理。儒家的一个核心忧虑是行为的动机是为了物质利益而不是根据什么是正确的。我们在《论语》的许多段落中都看到了这一点，例如：

> 子曰："富与贵，是人之所欲也；不以其道得之，不处也。贫与贱，是人之所恶也；不以其道得之，不去也。"（4.5）
>
> 子曰："君子谋道不谋食。耕也，馁在其中矣；学也，禄在其中矣。君子忧道不忧贫。"（15.32）

这些段落假设既有道德又成功是最好的情况，但是也意识到这些目标经常产生分歧，从而迫使人们在做正确的事情和做有益的事情之间做出选择。

为了理解命的作用，很重要的一点是观察早期儒家的这种立场与后来的儒家代表人物荀子所主张的立场有何不同。荀子认为美德是获得成功的最可靠的方式，从而使美德导向的动机和世俗利益导向的动机密切结合。成功从来没有保证，但是偶然的命运干预并没有改变这样一个事实，即修养儒家之道是生活中最审慎的课程。虽然《论语》和《孟子》都向国家的统治者提出了类似的论点，但是它们对个人生活中的美德的看法更加悲观。对一个人来说，儒家之道**不是**通往世俗成功的最可能的途径。因此，人们必须明确区分两种动机，这两种动机通常表现在义与利的对立中。这种对立是通过命的作用形成的。坚持义和仁只取决于我们自己的努力；世俗利益则取决于许多其他的因素。因此，即使我们直接致力于种植食物，我们也可能会挨饿。身外之物取决于命，正如《孟子》明确表示的那样："求之有道，得之有命，是求无益于得也，求在外者也。"(7A3)如果我们认识到命对外部事物的支配，我们就会意识到我们不必努力地去追求它们。我们在孔子对比颜回和另一个弟子子贡的一段话语里，看到了对命的非正常反应："回也其庶乎，屡空。赐不受命，而货殖焉，亿则屡中。"(11.19)就其本身而言，屡屡中的是件好事，但是子贡致力于获得财富。我们可能预料，不受命意味着当坏事发生时会变得悲伤和愤怒，但是子贡致富的努力实际上成功了。因此，不受命，不一定意味着将对易受命运影响的事物的关注放在一边。

儒家的第二个关切是如何处理失败，这对于当时任何致力于改革的人来说都是一个可能的前景。许多段落关心在面对损失或危险时内心的平静。颜回之所以与众不同，不仅是因为他不追求财富，而且是因为他在贫困中依然快乐(6.11)。这种在贫困中寻找快乐的能力来自简单品味的培养，例如享受粗粮和清水(7.16)，以及社交的快乐，如友谊和音乐，但是这种能力的根源在于一个人对自己善良的信心：

> 司马牛问君子。子曰："君子不忧不惧。"曰："不忧不惧，斯谓之君子已乎?"子曰："内省不疚，夫何忧何惧?"(12.4)

作为徐复观所说"忧患意识"的一部分，"忧"是一种焦虑的担心和责任感。"仁者不忧"(9.29)在当时应曾是一句口号语，它重复出现在两段文字里。然而，这种无忧无虑的状态只延及我们无法控制的外部事物。转向内心，除了最明智的圣人，担忧是所有人都必要的。君子并不为贫困而忧心，但他们为道而忧心(15.32)。这两种忧虑感间的张力出现在孔子的自我描述中：他是一个快乐便忘记忧愁的人(7.19)。但他也有四种忧愁：不培养美德，不讨论他学到的东西，听到什么是正确的却不能跟随它，不能纠正错误的事情(7.3)。[29]诉诸命运和接受麻烦之间的联系是常见的，就像我们安慰某人时说"你已经尽力了"或者"这是命中注定的"。这似乎也是子夏在告诉司马牛没有兄弟是命中注定的事情时的目的。斯宾诺莎将这种作用概括为一条心理学规律："只要心灵理解一切事物都是必然的，那么它控制情感的力量便愈大，而感受情感的痛苦便愈少。"[30]宿命论和内心平静之间的这种联系出现在《穷达以时》的结论中："动非为达也，故穷而不［怨。动非］为名也，故莫之知而不吝。"(刘钊 2003，第 11—12 条)[31] 如果我们将财富和认可归因于天或命，那么贫穷和默默无闻就不会让我们苦恼了。

"命"的这两种用法——使我们的动机转向以及在遇到困难时带来安慰——是相互支持的。在贫困中保持快乐的能力降低了我们追求财富的动机，同时意识到追求财富是无用的，这有助于我们没有财富也能感到满足。命运在这个过程中的中心地位可能解释了为什么《论语》甚至会说："不知命，无以为君子也。"(20.3)如果一个人不能在世俗的失败里感到满足，那么他就无法抗拒了为了成功而牺牲正义的诱惑，就无法成为一位君子。这些观点集中出现在有关孔子陈蔡之厄的另一文段中：

在陈绝粮,从者病,莫能兴。子路愠见曰:"君子亦有穷乎?"子曰:"君子固穷,小人穷斯滥矣。"(15.2)

《墨子》对命的批判

对于主要目标是说服统治者和他们的谋士,从而引入有利于人民的改革的社会活动家来说,《墨子》是一个工具箱。[32] 他们提出了一份由"十事"组成的纲领,然后收集了各种可能用来支持每条纲领的论据。[33] 最广为人知也最基础的是"兼爱"。"兼"这个词通常是语助词,表示同时包含多个动作或事物。"爱"这个词的词义范围很广,至少是指"照顾他人"意义上的"照顾"(care),但经常包括一种情感层面上的意义,其中最强烈的情感可以被翻译为"love"(爱)。"兼爱"的根本含义是将他人纳入自己的关爱范围。《墨子》这样解释道:

> 视人之国若视其国,视人之家若视其家,视人之身若视其身。是故诸侯相爱则不野战,家主相爱则不相篡,人与人相爱则不相贼,君臣相爱则惠忠,父子相爱则慈孝,兄弟相爱则和调。天下之人皆相爱,强不执弱,众不劫寡,富不侮贫,贵不敖贱,诈不欺愚。(15:103;参见 Johnston 2010,15.3)

墨家并不认为"兼爱"消除了角色和社会关系的特殊性。[34]《兼爱》上篇一开始就将乱世之乱归咎于孝道的缺失(14:99;Johnston 2010,14.2),而《兼爱》下篇的结尾是,兼爱让一个人成为"惠君、忠臣、慈父、孝子、友兄、悌弟"(16:127;Johnston 2010,16.15)。墨家假设我们会把我们的努力主要放在我们特殊的角色和关系上。[35] 兼爱主要起了一种限制的作用——我们不能为了自己、家人或国家的利益而伤害他人。在解释兼爱时,三种积极正面的责任也始终存在:帮助那些跌入家庭破碎困境中的人(如孤儿和无子女的老人);把自己多余的东西贡献给那些需要的人;致力于世界的和平与秩序。[36]

墨家的其他纲领提出了具体的政策。"尚贤"和"尚同"提出建立一个依靠奖惩的精英政府的必要性,并向那些有能力的人开放,而不考虑阶级或家庭关系。"节用""节葬"和"非乐"是以减少上层阶级的浪费为中心。《非攻》篇呼吁减少浪费且兼爱百姓,这里的百姓包括其他国家的百姓。

墨家论证的直接基础是利,主要指各种生活所需:饥饿的人需要食物,寒冷的人需要衣服,疲惫的人需要休息,混乱的地方需要秩序。与人类基本需求的联系在"利"的字形中便可得见,"禾"表示谷物,"刂"表示用于收割的刀片。对于群体而言,财富、秩序和更多的人口通常被作为其发展的目标。这些意义上的利,自然被认为是好的:

> 仁者之为天下度也,辟之无以异乎孝子之为亲度也。今孝子之为亲度也,将奈何哉? 曰:"亲贫则从事乎富之,人民寡则从事乎众之,众乱则从事乎治之。"当其于此也,亦有力不足、财不赡、智不智然后已矣。无敢舍余力,隐谋遗利,而不为亲为之者矣。若三务者,孝子之为亲度也,既若此矣。虽仁者之为天下度,亦犹此也。(25:169;参见 Johnston 2010,25.1)

为了确定我们认为什么是好的,墨家研究我们为那些我们深深关心的人做了什么,比如我们的父母。有了这个标准,我们就可以知道仁者——那些兼爱天下的人——想要为天下做些什么。

墨家把对天的怀疑和对盲目命运的信仰视为兴利的最大威胁。墨家纲领中有三条论述了这些问题："天志""非命"和"明鬼"。他们视儒家为最危险的敌人之一。在《公孟》篇的一段文字中，墨子列出了儒家可能摧毁世界的四政。一项是儒家认为天不明（有洞察力的），鬼不神（神秘的）。还有一项是儒家认为命是存在的，因此失败和成功、有序和混乱是人类无法控制的（48：459—460；Johnston 2010，48.14）。[37] 事实上，墨家关心的与其说是超人的领域，不如说是人的权力和责任。墨家试图维护人类对世界状况负有主要责任的观点，从而鼓励人们致力于改变人类生活的物质条件，特别是结束战争和贫困。在这种观点下，墨家是周代早期以天命为基础的"人文主义"的直接继承者，但是他们在"天"与"命"这两个术语之间划出了清晰的界限，认为"天"是一种有利于善的力量，而"命"在道德上漠不关心。本章将遵循这一区分，首先讨论命，然后再转向天。

我们可以从考察墨家所反对的命运观开始。最明确阐述了这一立场的是《非儒》篇，其中说：

> 有强执有命以说议曰："寿夭贫富，安危治乱，固有天命，不可损益。穷达赏罚、幸否有极，人之知力，不能为焉。"（39：290—291；参见 Johnston 2010，39.3）

《公孟》篇中的一个版本则更简洁："贫富寿夭，齰然在天，不可损益。"（48：455；参见 Johnston 2010，48.5）这个短句与《论语》（12.5）里的"死生有命，富贵在天"非常相似，可能反映了一个共同的来源。墨家的表述补充说贫富寿夭这些事物不可损益，但是上文引用的出自《孟子》的一段话使用了同样的术语，说对于由命决定的外部事物来说，"求无益于得"（7A3）。那么，在这个例子里，墨家所认为的儒家立场至少是一些儒者实际主张的公正表述。

墨家提出了各种反对命运的论证。一些论证诉诸历史权威，或是贤明君主的言辞，或是贤明君主行为的暗示。宿命论的历史先例被承认，但被摒弃为残暴无能的君王们不愿承认自己失败的借口（37：279；Johnston 2010，37.4）。[38] 墨家用来反对命运存在的主要论证是，将贤明的君王与失去统治的残暴君王进行对比，从而得到努力工作会带来成功的经验证据。最详细的表述出现在《非命》下篇。开篇首先讲述前代的圣王们想要鼓励好人，所以他们建立了教化和奖惩制度。通过这种方式，圣王们认为可以带来秩序和安全。墨家认为这种对教育和奖惩的信任已经是对宿命论的一种含蓄否定。论证继续展开：

58

> 当此之时，世不渝而民不易，上变政而民改俗。存乎桀纣而天下乱，存乎汤武而天下治。天下之治也，汤武之力也；天下之乱也，桀纣之罪也。若以此观之，夫安危治乱存乎上之为政也，则夫岂可谓有命哉！（37：278—279；参见 Johnston 2010，37.2）

这一论证针对的是秩序、安全和荣誉是由命运而不是努力决定的说法。更具体地说，它抨击主张拥有正确时机的重要性，同时使用"时"和"世"与《穷达以时》相呼应。桀和汤之间的比较建立起一组对照实验，其中外部条件（时间和人）保持不变，但结果有所不同。唯一能解释这种差异的原因是，汤努力向善，而桀懒且坏。[39] 这段论证隐含的是，桀的时代是世上无道的最极端例子之一——然而，即使在那个时候，汤也能够给天下带来秩序。

尽管墨家认为宿命论是**不真实的**，但他们仍强调宿命论是**危险的**。《公孟》篇里列出儒家灾难性四政的那段话解释道，人们如

果相信外部结果是由命决定的,就肯定不会再努力工作(48:459;
Johnston 2010,48.14)。这一论点的进一步表述出现在《非命》
下篇里:

> 今也王公大人之所以蚤朝晏退,听狱治政,终朝均分而
> 不敢怠倦者,何也? 曰:彼以为强必治,不强必乱;强必宁,不
> 强必危。故不敢怠倦。(37:283—285;参见 Johnston 2010,
> 37.7‒8)

这段话同时声称,卿大夫们忘我地处理公务,是因为他们相信能
因此获得尊敬和荣耀,农夫们为了收成在田地里辛勤劳作,妇女
们为了饱暖忙于织造。这段话的结论是,如果所有这些人都接受
了命,他们将不再努力工作。其结果将是动乱、贫困,且——最
终——导致国家的崩溃。正是这种对命的相信摧毁了夏朝和
商朝。

墨家经常被认为不公平地展现了儒家的立场,因此了解他们
的论证结构是很重要的。他们指责儒家宣扬懒惰且反对努力工
作。与此相反,《公孟》篇里的一段指责儒家自相矛盾,因为儒家 59
既提倡勤奋学习,但也说成功取决于命运(48:455;Johnston
2010,48.5)。这不是说儒家**提倡**对宿命论做出被动反应,而是他
们的学说导致了这种结果。这种说法的影响力取决于人们对人
的动机的看法。墨家并没有明确表达一种关于人性或动机的理
论,他们提到了许多行为动机,包括模仿前人的愿望以及重蹈覆
辙的倾向。[40] 若干段落涉及道德动机,比如希望能够让父母受益
或是感到偷窃是错误的,还有两段文字以更通用的术语表明,人
们是按照他们认为正确的方式行动。[41] 墨家也相信争论可以成为
我们的动机。[42] 尽管如此,墨家认为人们的行为通常是为了回报

和利益。[43] 人们在关于动机的明确主张中可以发现这一点，如"民，生为甚欲，死为甚憎"（9：65；参见 Johnston 2010，9.11），或是生活必需得不到保障，即使父子也会反目（25：177—178；Johnston 2010，25.7）。然而，更具说服力的是，墨家纲领中的一半内容关注的都是奖励与良好行为保持一致，他们的大部分论证都以显示他们所推荐的行为会带来的好处为基础。在《尚同》篇描述的理想状态下，奖励和惩罚仍然是最基本的，即使是贤士也首先会被奖励吸引（10：65—66；Johnston 2010，10.1）。这是因为"今天下之士君子皆欲富贵而恶贫贱"（10：71；参见 Johnston 2010，10.5）。在这种观点下，墨家不同于儒家，儒家强调美德和行为榜样作为政治秩序的基础。这种追求利益的动机对于理解墨家反对宿命论至关重要——如果大多数人为了利益而行动，那么教导他们秩序、财富和荣誉来自命运，而不是努力，这必然会导致他们停止努力工作。在提出这一点时，墨家并不认为，也不需要说，**所有人**都必然只为利益而行动。他们自己以愿意放弃个人利益和舒适来促进共同利益而闻名。[44] 墨家只需要认为，期望大多数人达到这种奉献水平是不现实的。

我们已经看到，儒家对"命"的使用主要是为了鼓励特殊语境中的某些特定反应。墨家对儒家这些实用主义的且与语境相关的用法进行了持续性的思考，由此指出其中出现的不一致、问题和危险。[45] 这些批评的依据在于儒家内外关系的差别。当然，正如我们在斯多葛学派的传统中所看到的那样，一个人可以有一贯的哲学立场，通过内外之别来实现内心的平静是这种哲学立场的基础。[46] 在中国的语境中，宋子据说就有这样的立场，因为他坚定于内外之分，所以不受称赞和责备的影响（《庄子》1：16—17；Mair 1994，5）。然而，这种立场对儒家来说是有问题的，因为他们强调

自我的关系性和情的重要性。一个对母亲早逝泰然自若的人真
的是孝子吗？一个对待贫困、饥饿和战争无动于衷的人真的称得
上仁吗？然而，贫穷和死亡是外在的，由命运而不由我们自己控
制。我们在这里看到的是早期儒家思想中最重要的矛盾之一，这
种可以概括为"忧"和孟子所谓的"不动心"（2A2）概念间的矛盾
几乎没有引起关注。在说"仁者不忧"的同时，孔子却批评在父母
去世后不安感只维持一年的人（《论语》17.21）。孟子进一步发
展了情感敏感性的作用，称赞我们看到一个处于危险中的儿童
（2A6）或一只即将死亡的惊恐动物（1A7）时所感到的悲伤，并把
这种悲伤的感觉视为做人和为仁的基础。[47] 然而，死亡——无论
是孩子、牛或父母的死亡——肯定属于命运的范畴。我们是否应
该从容地接受它？

　　更准确地说，墨家利用了儒家对命的使用中的两个矛盾。一
是对阶级进行了切割。教导一些所谓的君子不要关心物质事物，
这可能是令人钦佩的——就像孔子所说的那样，即使你献身于农
业，你可能最终也无法收获食物。但同样的建议对农民来说就不
太好。有些人需要为物质而努力，需要相信他们的努力会有成
果。二是对个人利益和共同利益进行了切割——一位君子虽不
应该关心自己的痛苦或贫困，但应该关心其他人的痛苦和贫困。
儒家会接受这两者的区别。他们对命的诉求只发生在与其他君
子的讨论中，没有证据表明他们认为应该向一般人传授这一点。
当涉及人民的苦难时，他们很少诉诸命运，尽管个人的政治失
败——实行道的失败——显然影响到人民和自己。墨家也不会
反对这些区别。他们提倡基于能力的分工，其中一些人关心治
理，而另一些人则直接致力于生产，他们的理想是兼爱所有人，而
不是对自己利益的部分关切。问题是，两者都无法通过对命的连

贯描述来区分。如果我们说贫困是命运造成的，不值得与贫困作斗争，我们将帮助君子转向自我修养——但我们也必须承认，人民的贫困也是命运注定的，同样不值得与贫困作斗争。相反，如果我们说通过人类的努力可以减少贫困，那么我们鼓励为普通大众采取社会行动——但是我们也要告诉君子，如果他们努力，他们也会变得富有。墨家的批评表明，他们更关心的是连贯的、可辩护的主张，但他们的担心仍然是实际的。在心理学上，当一个人确信自己无法轻易控制自己生活的物质条件时，这种接受很容易导致他自满于一般人的条件。

我怀疑，在整部《论语》中都没有关于命运的统一看法（当然不是在整个儒家中），但是我们可以阐明两种可能的连贯立场，这两种立场都有文本的支持。一是肯定宿命论立场，这正是墨家指责儒家所鼓吹的。然而，这个回应集中在动机上。[48] 这一立场允许一个好人努力改变外部世界，从减轻贫困到为父母提供精美的棺材，但这些皆非其**直接的**关注。我们的动机是完全内在的，出自对道德行为的关注。正因如此，让我们感到沮丧的不是在这些外部努力中的失败，而是在这些努力中没有尽到最大的努力。这一立场契合了这些主张为改变——即使是不可能的改变——而抗争的文段。在《论语》的一段文字中，子路遇到了一位隐士，随后他批评道：

> 不仕无义。长幼之节，不可废也；君臣之义，如之何其废之？欲洁其身，而乱大伦。君子之仕也，行其义也。道之不行，已知之矣。（18.7）

刘殿爵（D. C. Lau）没有将最后一句翻译为字面上的意思："As for putting the Way into practice, he knows all along that it is hopeless."（至于将道付诸实践，他一直知道这是无望的）（1979，13）。即使这样做是无望的，君子们也积极入仕，做正确的事情。他们这样做，是因为政治关系和家庭关系一样是无法回避的。

　　另一个涉及子路和两位隐士的文段以明显的人文主义措辞加深了这一点。隐士们在耕种中对子路和他的老师进行了这样的批评："滔滔者天下皆是也，而谁以易之？且而与其从辟人之士也，岂若从辟世之士哉？"（18.6）我们在《穷达以时》中见过的"世"这个词英译为"whole age"（整个时代）。在一个糟糕的时代，与其从一个统治者逃到另一个统治者那里希望获得成功，完全退出岂不更有意义？孔子没有以他能有所不同来回应，只是简单地说："鸟兽不可与同群。吾非斯人之徒与而谁与？天下有道，丘不与易也。"（18.6）不管一个人能否成功，我们人类别无选择，只能成为人类，彼此交往。孔子是闷闷不乐地或叹口气地说这段话的："怃然"这个词，其词义范围从"令人惋惜的"到"不抱希望的"，"怃"的字形结合了表示心脏的偏旁（忄/心）和表示"缺乏""空虚"或"不存在"的"无"。[49] 在这声叹息中，我们看到了早期儒家思想中的悲剧元素。在另一段中，孔子则简单地说："苗而不秀者有矣夫！秀而不实者有矣夫！"（9.22）

　　即使成功和失败是命定的，一种致力于改变外部世界的立场，也符合儒家大部分的说法。然而，作为一种立场，它至少存在两个为墨家所强调的问题。第一，这在经验上是错误的。人类的努力确实有助于获得外部事物，即使它不能确保这些事物。汤和桀之间的对比充分证明了这一点。第二，这一立场假设人们会朝着一个目标全力以赴，尽管他们认为这种努力毫无用处——将结果与动机、外部和内部完全分开。这种献身于无法实现的目标无疑是可能的。从许多方面来说，孟子的性善论，即人类天生倾向

62

于善，是试图阐明人类动机的一种解释，这种解释会证明为了善而不考虑后果的行动是正当的，正如我们将在第四章中看到的那样。尽管如此，墨家有理由怀疑大多数人会像孔子一样，被描述为"知其不可而为之者"（《论语》14.38）。让事情更糟糕的是，儒家自己利用了命运和去动机（de-motivation）之间的联系。正如我们所看到的，外部事物是命定的这一说法的主要作用是减少我们谋求外部事物的欲望。

这些困难使得这种强烈的宿命论立场让人难以置信，所以人们可能会怀疑墨家夸大了儒家的立场。一种更合理的看法是承认人类的努力是决定事件的诸多因素之一。[50] 许多儒家文段确实声称仁带来了好处，特别是在政治层面。[51] 相反，坏人通常会以受到伤害而告终："子曰：'人之生也直，罔之生也幸而免。'"（6.19）[52] 一般而言，好人会成功，坏人会受罚，但这是没有保证的。有时候我们运气好，或者运气不好。因为事情的复杂性使得我们不可能提前获知，所以我们只能尽力而为。一旦我们失败了，我们就可以诉诸命来安慰自己。作为对命的描述，这种看法是相当合理的，且如果孟子或孔子有一致的观点，我怀疑就是这样。问题是，这种立场与各种儒家文本，包括《论语》和《孟子》里的命的实际**作用**相矛盾。其诉诸命，依赖于以下假设：如果我们认识到一件事不能靠自己的努力来实现，那么我们对它的渴望就会减弱。然而，如果外部事物明显超出我们的控制范围，命只能以这种方式运作。一个人越是承认人类行动在获得外物方面的功效，就越不能利用命将其排除在合理的关切对象之外。

作为标准的天

我们现在可以从命转向天。墨家认为,兼爱是由天志所支持的。"志"译为"will",写作"士"(指官吏、将士或学者)在"心"上。这个术语指的是心的方向,不是一时的选择或做出选择的能力,而是一种固定的倾向,有点像"承诺"或"决心"。而一些段落使用了"意",一个与"意图"更对应的术语。尽管墨家是我们所知的唯一明确捍卫天之善的哲学家,但这种看法一定在战国时期就具有历史的和普遍的影响力。我们已经看到,孔子警告不要违抗天,并召唤天来惩罚他,如果他做错了事情。虽然《道德经》对天的人格化观点做出了总体回应,但有几段明确宣称天有助于善(例如第79、81章)。最近出土的文本《三德》,让我们一睹有关神罚的其他观点。这个文本混合了各种规则,从欲望的节制到仪式的规定,再到可持续农业的指南,这些规则都是由神力强制执行的,同时提到了天和上帝。两者都被人格化地描述为是愤怒的或愉悦的。这种立场是这样总结的:"忌而不忌,天乃降灾。已而不已,天乃降异。其身不没,至于孙子。"[53]虽然强调神罚似乎是墨家的观点,但是对具体规则的强调则与墨家的方式相反。这个文本似乎代表了一种完全不同的关于神的奖惩的思维模式,一种可能更接近于民间信仰的观点。[54]

墨家关于天的中心主张是用简单的人格化措辞表达的:"我为天之所欲,天亦为我所欲。"(26:193;参见 Johnston 2010,26.2)我想要的是什么? 我想要福和禄,同时我厌恶祸和祟。这四个术语都与超自然现象有关(以偏旁"示/礻"来标记),但也经常与宿命论和我们无法控制的事件联系在一起。[55]墨家保留超自然力量，但排除了偶然性因素——财富和不幸完全取决于你是否做了天想要的事情。什么是天想要的？《天志》上中下三篇都直接回答了："义。"然后，它们把"义"阐述为天希望我们"兼而爱之，兼而利之"（26：195；参见 Johnston 2010，26.4）。这一主张得到进一步解释：

> 天之意不欲大国之攻小国也，大家之乱小家也，强之暴寡，诈之谋愚，贵之傲贱，此天之所不欲也。不止此而已，欲人之有力相营，有道相教，有财相分也。又欲上之强听治也，下之强从事也。（27：199；参见 Johnston 2010，27.3）

64 天想要的正是墨家道德所要求的。如果我们做了这些事情，就会得到天的奖赏；如果我们不这样做，就会受到天的惩罚。

墨家的神制定法则的形象可能看起来很熟悉，但是有两个要素破坏了将天等同于立法的神的任何尝试。[56] 一是墨家不相信任何人格化的存在可以直达于天。[57] 天并不给出明确的戒律、经文或启示。天虽然有时会利用自然界的反常来传达惩罚，但也包含了世间正常运转的自然模式，包括社会模式。[58] 因此，我们与天的关系实际上与我们与世界的关系是相同的，声称天奖赏善，无异于说世界是为了让关心和造福他人的人会获得成功而精心组织的。墨家给出了历史上的例子来支持这种看法，把禹、汤、文王和武王的成功与桀和纣的痛苦结局进行了对比。针对有关善行的奖赏的具体论证几乎分散在《墨子》的每一篇章，但很少直接祈求于天。《兼爱》篇认为，关爱他人的人会吸引朋友和帮助，伤害他人的人会招来敌人和敌意。《非攻》篇认为，一个入侵他国的国家会因为资源浪费、生灵涂炭、农业循环遭破坏以及其他国家因感受到威胁产生的敌意，而给自己带来伤害。丧葬、音乐或开支的铺张浪费都会消耗国家的资源,接着需要向百姓提出压迫性的要求,最终削弱国家的防御并导致动乱。这些篇章详细论述了善行和成功之间的自然联系。因为天包含了这些联系,所以圣王的成功都可以归因于天这一处,而不是归功在他们任贤用能、节用减费、兼爱天下这些地方。考虑到天也包含人的模式,墨家认为杀害无辜者将受到天惩的说法似乎更加合理(26:196;Johnston 2010,26.6)。杀人者确实会遭遇不祥,不祥不是直接来自神,而是来自国家或受害者的朋友和家人。例如,孟子也声称任何杀害无辜者的人都会被杀,但他解释说这是报复的结果(7B7)。墨家很可能考虑到了这种人类的反应。

将天与"上帝"区分开来的第二个重要条件是,天只是用来提高人的功效。令人惊讶的是,用来论证上天佑助的历史事件和用来论证成功取决于我们而不是命运的例子是一样的。这种对功效的关注限定了天之善:

> 然则何以知天之欲义而恶不义? 曰:天下有义则生,无义则死;有义则富,无义则贫;有义则治,无义则乱。(26: 193;参见 Johnston 2010,26.2)

65

这段话只是声称当人们在和平合作时,他们将生活在繁荣和秩序中。当他们为了自己的利益而互相抢劫时,生命将变得令人厌恶、粗野、短暂。天只确保如果我们试着彼此互利,我们会成功。天的作用被削弱,以放大人类的力量。在这种语境中,墨家的立场并不像其言辞有时所暗示的那样令人难以置信:如果我们真的尽全力互相帮助,我们可能都能够过上体面的生活。

然而,天的作用不能仅局限于自然的模式,因为这些模式看起来太松散,以致无法保证好人总是成功。墨家在试图通过奖惩来控制民众时，面临一个基本问题——奖惩永远都不够彻底。没有来世正义，墨家就用鬼怪故事填补了这个空白。正如他们所说，一个人可能会逃脱统治者的意志，但如果一个人犯下了违逆上天的罪行，他将无处可逃。天明辨清晰的目光甚至能穿透最幽深的林谷（26：192—193；Johnston 2010，26.1）。我们在这里看到了墨家立场里的基本张力。他们强调人类行为的功效，这使得他们用天和鬼来确保正义，但是同样的对行为的关注也要求他们反对依靠神来为我们办事。例如，有一段话就对被普遍接受的占卜方法的使用进行了批评（47：447—448；Johnston 2010，47.18）。[59] 在另一段文字中，墨子嘲笑两个在丛林祭坛上祭祀、请求神灵帮助他们和谐相处的大臣。墨子说，这就像遮住自己的眼睛，然后要求神灵让你看见一样荒谬（46：437；Johnston 2010，46.21）。这些段落使得更多的怀疑和疑问对准了墨子，质疑他只是遵循普通人的看法。然而，墨家立场的基础是务实——依赖神的干预将与引入神的目的背道而驰，引入神的目的是增加人的作用和责任感。

通过诉诸神罚来加强社会秩序的尝试是常见的，但是墨家发展出一种"宗教"，剥除了一切不能被证明有利于生的元素。此外，这是一种完全指向今世普通民众利益的宗教——死后的世界并非坐享其成。对于神的意志和人之善间的一致性的唯一可能例外是上天和神灵对于祭祀的需要，正如一些段落所说，如果没有祭祀，神灵会变得愤怒和怀有敌意。然而，每一次对祭祀重要性的呼吁都是为了让人民富裕起来，让足够多的人能做好祭祀（例如 25：179—180；Johnston 2010，25.9）。此外，祭祀本身必须为人之善服务。在一个文段里，有人告诉墨子，尽管他不停地为神灵献祭，但他的家人去世，牛没有茁壮成长，自己也生病了。墨

66

子解释说,神灵虽然喜欢祭祀,但最喜欢的是我们去关爱每一个人(49:476—477;Johnston 2010,49.16)。墨家让鬼神关心正义而不是自己的利益,这再次偏离了民间信仰。[60]《明鬼》篇的结论补充了一种更重要的观点:不管神灵存在与否,祭祀因能让人们亲近并增进彼此感情而有利于人(31:249;Johnston 2010,31.20)。虽然这段话有时被看作对鬼神的怀疑,但它更有意义的是试图将神与人联系起来,这表明神力不要求任何对我们没有好处的东西。[61]

对墨家来说,天既是道德的执行者,也是道德的标准。《天志》上篇引用墨子的话说:

> 我有天志,譬若轮人之有规,匠人之有矩。轮匠执其规矩,以度天下之方圆,曰:"中者是也,不中者非也。"今天下之士君子之书不可胜载,言语不可尽计,上说诸侯,下说列士,其于仁义则大相远也。[62]何以知之?曰:我得天下之明法以度之。(26:197;参见 Johnston 2010,26.8)

墨家的立场可以再一次从早期儒家的语境中得到最好的探讨。尽管孔子认为他的道德计划得到了上天的支持,但《论语》并不把天诉作**标准**。孔子与墨子间的这种对比在一段乍看起来似乎将他们联系在一起的文字里表现得可能最为明显。当孔子呼唤上天,如果他做错了就惩罚他时,孔子并未向子路解释上天的要求,而是通过哪些行为可为来提出一个原则去衡量。诉诸天并没有产生一个公开可行的标准。儒家别无选择。尽管他们偶尔诉诸天来说明成为圣贤的因素,但他们只能指向一般的感觉,即天是恒定的、微妙莫测的和包罗万象的。[63]作为普遍现象,这些特性对墨家立场的支持要远超过儒家。此外,为了回应恶的问题而转向宿命论使得作为标准的自然模式越来越不可信。当孔子诉诸天为他的使命辩护时，《穷达以时》和《孟子》都在天与他们自己的人文主义伦理学之间设定了某种程度的划分。

孔子和他最早的弟子们对于证明道的合理性并不关心。他们认为有些事情显然是好的，而且他们明确地依赖传统。孔子最著名的自我描述如下："述而不作，信而好古，窃比于我老彭。"（7.1）他还说："我非生而知之者，好古，敏以求之者也。"（7.20）我们已经看到，孔子的使命——得到了天的保障——是保护和传播古代文化。他的标准是传统，而不是自然的模式。因此，孟子明确地告诉我们，圣人就是"规矩"（4A1,4A2），而荀子说礼是标准（19：356；Knoblock 1988,19.2d）。这种对过去的依恋仍然是儒家思想的决定性因素，这是他们的反对者，从墨子、韩非子到 20 世纪早期的中国知识分子，经常指出的。[64] 当然，人们不能简单地重复过去。传统必须被解释、改编和内化，这要求创造力和个性。[65] 尽管如此，孔子充分表明了他的立场："周监于二代，郁郁乎文哉！吾从周。"（3.14）

这种保守主义不能为墨家所用，墨家作为文化批评家的激进性要求超越文化的立足点来评估文化实践。此外，作为相对的局外人，墨家不愿意依赖一个只有受过高等教育的人才能获得的传统，而是寻求一个所有人都能平等获得的标准。[66] 天承担了这些功能。墨家转向以天为标准，既对天的作用进行了正面的讨论，又对传统和权威的可靠性做出否定。我们从《法仪》篇的一段里看到了这两点：

> 然则奚以为治法而可？当皆法其父母奚若？天下之为父母者众，而仁者寡，若皆法其父母，此法不仁也。法不仁，

不可以为法。

同样的论证方式应用于教师和政治领袖，然后得出结论：

> 然则奚以为治法而可？故曰莫若法天。天之行广而无私，其施厚而不德，其明久而不衰，故圣王法之。(4:21—22；参见 Johnston 2010,4.2)[67]

这段话的核心内容是诉诸权威是不可靠的。并非所有的父母或君主都是好的，所以我们不能依赖于他们所言。[68]墨家本质上提出了一个怀疑论来反对依赖权威，然后又提出一个解决方案——天。上文引用的一段话也提到了同样的观点，强调现在能够教和写的人太多了，以至于无法充分考虑到所有的人(26:197；Johnston 2010,26.8)。面对这些相互矛盾的观点，替代怀疑论的唯一选择就是一些独立的标准。类似的关切也是墨家在其他篇章里讨论标准的基础。《节葬》篇里的论证特别值得注意。此篇首先列举让人民富裕、增加人口数量和使人民有序这三个好处作为标准。然后指出，历史的先例并不能解决丧葬问题，因为争议各方都声称遵循了古代圣王之道(25:169—170；Johnston 2010,25.2)。之后，墨子对"义"和"俗"做出关键的区分。他指出，不同的文化会认同不同的做法，他提到在有的地方是将死者的尸体放在木柴堆上焚烧，而另一个地方是丢弃尸体的肉，只埋葬骨头(25:187—190；Johnston 2010,25.14-15)。如果习俗是如此不同，那么人们就不能通过诉诸习俗或传统来证明某一种做法是正确的。人们需要超越的标准，从而可以在文化实践之间做出决定。

因为由天提供的标准高于世俗的政治权威，这也为政治批判和反抗的可能性奠定了基础。《天志》上中下三篇中的每一篇都包含这样一个论证，即首先声称义是通过匡正秩序来发挥作用的，但要做到这一点，必须从上至下。因此，普通百姓是被士大夫的义匡正的，但是士大夫也需要有人来匡正他们，而这些匡正士大夫的人仍需要有人来匡正他们，直至天子成为最终的人的权威。然而，这个论证的关键如下：

> 今天下之士君子，皆明于天子之正天下也，而不明于天之正天子也。是故古者圣人明以此说人曰："天子有善，天能赏之；天子有过，天能罚之。"天子赏罚不当，听狱不中，天下疾病祸福，霜露不时。（28.4：210；参见 Johnston 2010，28.4）

这看起来像是一种奇妙的设计，被发明来控制一个凌驾于国家权力之上的人，但是如果我们认为奖惩是基于世界本身的结构，那么墨家真的声称统治者是服从于世界规律的。和其他人一样，他们也受到结果（奖惩）的制约。虽然这段话提到了不规律的天气，但天惩也包括了规律模式——一个花费在奢华派对上的统治者会耗尽国家资源，使人民疏远他；入侵邻国的统治者最终会使自己的国家被入侵。这些都被视为来自上天的惩罚。在这个意义上，世俗统治者不能任意行事；他们必须遵循世界本身的运作方式。将世界的客观结构假定为一个更高的权威，正是墨家能够衡量政治上凌驾于他之上的君王、大臣和大人物的原因。天作为最高权威的加入，从根本上颠覆了《尚同》篇，使一个绝对服从政治权威的体系受制于以天意为指南的个体的判断或衡量。

知天而顺自然

利用天作为文化和政治批判的基础，自然使人想到了欧洲传

统的立场,欧洲传统长期以来依赖于与神的联系来证明一种文化
立场是正确的,而文化立场是评价文化实践的基础。这至少可以
追溯到柏拉图笔下的苏格拉底,他提出了独立于任何特定文化秩
序的神性思想。[69] 柏拉图根据对洞穴里阴影本身的分析,想象了
对洞穴里阴影的批判,但他拒绝了这种尝试;哲学家走出了洞穴,
进入"可理知领域"(*noêton topon*),然后以独立的视角返回洞穴
(*Republic*,514a - 517b;英文译文来自 Cooper 1997,1132 -
1134)。显而易见的现代例子是笛卡尔,他像墨子一样,强调权威
和文化实践的不可靠性。笛卡尔超越文化而获得真理的能力加
倍依赖于上帝:上帝的仁慈保证他不会把我们创造成无可救药的
受骗者——并且,更根本的是,我们能够通过我们的思想和上帝
的思想之间的类比来抵达真理。笛卡尔和墨子之间有一定的相
似性。双方都认识到依赖权威和文化所带来的怀疑问题,并且都
重建了传统的宗教观点,以避免这些问题。尽管如此,诉诸天的
批判立场却相对薄弱。对于柏拉图和笛卡尔来说,宇宙是按照我
们人类思考的相同范畴来构建的。海德格尔很好地指出,真理的
概念是思想对事物的一种表述,它依赖于事物与思想之间的一种
先验的满足。[70] 换言之,人类知识符合世界,因为世界本身就是一
个知识存在的产物。没有证据表明墨家持有这样的观点,也没有
证据表明他们认真对待我们头脑中与生俱来的想法和上天的想
法之间的任何类比。[71] 尽管使用有神论的语言,墨家的立场更接
近于通过诉诸自然法则来改革文化,而不是直接诉诸神灵。继笛
卡尔之后,我们可以说墨子缺乏"自然的光"(*lumine naturali*)而
只能依赖于他的"自然之教"(*doceri a natura*)。[72]

　　这些差异揭示了中国古典语境里人文主义相对薄弱的基
础。[73] 提取自然的模式并将其应用于社会和政治问题,要比诉诸

70 记录在书上或铭刻在我们脑海里的上帝的旨意困难得多。如果没有神的基础，个体判断就更难被证明是正确的。个体判断的局限在墨子对自然状态的描述中得到了最好的呈现，他描述了一种每个人都基于自己的规范或对义的判断而互相对抗的状态（11：74—75；Johnston 2010,11.1）。[74] 关键的一点是，墨家不相信人类能够**想**出摆脱这种分歧的办法，例如，直接诉诸天意。[75] 唯一的解决办法是强加一些共同的标准和文化。[76] 只有当自然界中的人类缺乏足够的理性和评估世界的能力，如果个人诉诸独立标准的能力本身取决于某种文化水平，这种无法达成共识的情况才会出现。令人惊讶的是，当墨家谈到争论时，他们并不是一开始就说人们**使用**或**找到**标准，而是说人们必须首先**建立**标准——使用的术语是"立"，字面意思是"站起来"。他们对标准的隐喻都是人类制作的工具：规矩、测量太阳位置的仪表，或用来标识道路的表。[77] 即使在把利益立作一种标准时，墨家也从惯例开始，问我们为了我们的家人想要什么，就像反对战争一样，他们一开始就同意偷窃是错误的。这并不意味着墨家认为他们的标准是武断的或者仅仅是常规的，但是发现和建立标准需要人类日积月累的努力。简而言之，放在欧洲启蒙运动的语境中，墨家似乎仍然是对个人判断持怀疑态度的保守派。然而，与早期中国的同行相比，墨家看起来几乎像是理性主义者，比其他任何主要的战国哲学家都更相信个人的判断和力量。最终，这一立场在中国的思想之争中失利，显示出即使是墨家有限的人文主义也难以在那种语境中被证明是合理的。

墨家关于天之所欲的论证大部分都是间接的，并根据世上的成功来推断。一些论证依赖于天与人类统治者间的类比。《法仪》篇解释道："今天下无大小国，皆天之邑也。人无幼长贵贱，皆天之臣也。"(4:22;参见 Johnston 2010,4.4)所有的人都是由天生育,由天给养,属于上天。几个文段从提供和接受献祭的角度解释了这种关系。《天志》上篇确立了这个过程:

> 然则何以知天之爱天下之百姓?以其兼而明之。[78] 何以知其兼而明之?以其兼而有之。何以知其兼而有之?以其兼而食焉。何以知其兼而食焉?曰:四海之内,粒食之民,莫不犓牛羊,豢犬彘,洁为粢盛酒醴,以祭祀于上帝鬼神。天有邑人,何用弗爱也?(26:196;参见 Johnston 2010,26.6)

《天志》下篇强调所有人,无论在过去还是现在,甚至在遥远的蛮夷之地,都举行祭祀活动(28:210—211;Johnston 2010,28.5)。[79] 这些献祭表达了一种相互的联系——所有人都认为他们属于天且因此进行祭祀——在接受这些牺牲时,神力就认可了这种归属。互惠的关系体现在用于完成祭祀的术语中:"食",意思是"食物"或"谷物",但作为动词可以表示"吃"或"喂"。因此,这一句的意思可以是天包容地接受他们的祭品("吃它们"),或者是天包容地从所有人那里获取营养("由他们喂养");这甚至可能意味着天喂养了人们。[80] 这种相互支持建立了关爱的感觉,特别是如果我们考虑到这样一种背景信念,即接受献祭会产生提供利益的义务。[81]

　　这种关系被拿来与君王和子民间的关系作对比,墨家用这个类比来展现天之所欲。《鲁问》篇就提供了一个很好的例子,在这个例子里,墨子试图阻止鲁阳文君入侵郑国:

> "今使鲁四境之内,大都攻其小都,大家伐其小家,杀其人民,取其牛马狗豕布帛米粟货财,则何若?"鲁阳文君曰:"鲁四境之内,皆寡人之臣也。今大都攻其小都,大家伐其小

家，夺之货财，则寡人必将厚罚之。"子墨子曰："夫天之兼有天下也，亦犹君之有四境之内也。今举兵将以攻郑，天诛亓不至乎？"（49∶468；参见 Johnston 2010，49.4）

在《非攻》篇中，墨子用同样的类比，就像用天之人来攻击天之邑一样，来描述国家间的战争（19∶142—143；Johnston 2010，19.3）。

这些论证都诉诸人的愿望和天的愿望之间的类比，但是我们不能忘记，我们与天的联系是通过自然界来实现的。说所有的人都由天供养且属于天，就是说我们平等地属于自然界且生活在自然界之中。细想上文引用过的这句话："天之行广而无私，其施厚而不德，其明久而不衰，故圣王法之。"（4∶22；Johnston 2010，4.3）这一段的含义非常模糊："行"可以意味着"行为"，但通常指天体的周期性运动；"明"可以意味着"辨别"，但也可意味着像日月（"明"字正好由"日""月"两个字符组成）一样"不偏不倚地照亮"。《庄子》将同一个字"明"看作一种不需要归纳或判断就能看清事物本质的能力。"不德"同样出现在《道德经》（第 38 章）中，表示最大的美德不是故意表现的美德。[82] 这些模棱两可之处背后的事实是，"天"既可以指一个人格化的神，也可指我们头顶上公正、无所不包、永不停息的天空。只有无所不包的公正才能成为典范。[83]

这些段落已经表明自然界是如何成为兼爱的典范的。大自然是公正的——太阳和月亮照耀着所有人，所有人都可以平等地享受大自然的好处。天不会区别对待，甚至中原文化以外的人们也能受到眷顾。这些论点指向类似自然平等的概念。在自然的语境中，所有人都是一样的，价值相等。我的家庭和你的家庭，我的国家和你的国家，甚至我的身体和你的身体之间的区别，都是

72

人对这个更基本的现实的强加。我们都是天之民,居住在同一天空之下并由天支配。"兼爱"的基础是承认这种平等。把另一个国家的人民看作自己的人民,就像天那样看待事物,但这同样是看到了事物的本来面目。

天的关爱体现在大自然创造了万物以及万物生存所需的资源上。由自然界生成过程所表露出的天的关爱最充分地体现在《天志》中篇里:

> 且吾所以知天之爱民之厚者有矣,曰:以磨为日月星辰,以昭道之;制为四时春秋冬夏,以纪纲之;雷降雪霜雨露,以长遂五谷麻丝,使民得而财利之;列为山川溪谷,播赋百事,以临司民之善否;为王公侯伯,使之赏贤而罚暴;贼金木鸟兽,从事乎五谷麻丝,以为民衣食之财。自古及今,未尝不有此也。

将天与父母相比后,这段话总结道:

> 今夫天兼天下而爱之,撽遂万物以利之,若豪之末,非天之所为,而民得而利之,则可谓否矣。(27:202—204; Johnston 2010,27.6)

关爱和造福他人只是延续了上天自然生育和供养我们的过程。

墨家立场的这些方面对于战国时期的自然观,特别是对于大自然如何被认为是善的以及值得尊敬的,都至关重要。墨家声称,自然对事物的关爱是包容的,但这种关爱并没有那么人格化。更具目的性的"利"的概念被作为自然生成力的"生"(生长、生成、出生或生活)代替。墨家说天欲其生而恶其死(26:193;Johnston 2010,26.2),天下之所以生是因为先王之道教(46:429;Johnston 2010,46.8),就是朝这个方向表明了姿态。尽管如此,墨家自己仍然坚持以人为中心的自然观。对他们来说，困难在于自然生成的一面会指向更极端的包容性：如果天兼爱它所生成的东西，那么它不应该平等地关爱自然的所有吗？太阳、月亮和季节不是有益于**一切**生命的吗？大约一个世纪后，庄子的朋友、哲学家惠施得出了这样的结论，他说："泛爱万物，天地一体也。"（《庄子》33：1102；参见 Mair 1994，344）惠施的立场可能是墨家观点对其极端结论的直接推想，因为《庄子》里引用的惠施的这篇文章使用了相同的短语来描述墨家的立场，称其"泛爱兼利"（33：1072；参见 Mair 1994，336）。[84] 朝着越来越极端的包容性发展的最好例子出现在《吕氏春秋》。开篇是一段关于自然公正性（使用了术语"公"）的著名陈述："天下非一人之天下也，天下之天下也。阴阳之和，不长一类；甘露时雨，不私一物；万民之主，不阿一人。"（1/4：45）接着这段陈述之后的，是一个为人所熟知的关于丢弓的故事：

> 荆人有遗弓者，而不肯索，曰："荆人遗之，荆人得之，又何索焉？"孔子闻之曰："去其'荆'而可矣。"老聃闻之曰："去其'人'而可矣。"故老聃则至公矣。（1/4：45）

孔子的说法与其说是儒家的，不如说是墨家的说法（儒家可能更愿意是一个家庭成员找到丢失的弓），但是如果我们从自然是一个整体来考虑，这似乎是追随老子（老聃）的立场。老子的观点，无论如何，完全消除了损失的概念，因为弓无论发生了什么事情都是属于自然的。《庄子》进一步推动了这种包容性，认为由于大自然包含了永无止境的生与死、生与灭的循环，我们甚至不能说生命和利益是善的。正如我们将在第五章中看到的那样，这种转变导致了一种激进的反人文主义，这种反人文主义延伸到了人类

74

道德和判断。这一进展反映了从自然本身的倾向中获得人文主义道德的根本困难（如果不是不可能的话）。

谈论恶的问题

就墨家所说的一切恶行都要受到惩罚、善行要得到回报而言，他们显然是错误的。任何成年人都目睹了足够多的事情，知道如果局限于这个世界，神的正义是不完整的。一种宽容的阅读必须去质疑墨家是否真的如此透彻地相信天的正义。当然，一种宽容的诠释学原则也很容易导致哲学家去低估人类做出糟糕归纳论证的可能。即使在今天，我们仍然发现足球运动员感谢上帝帮助他们赢得比赛，人们相信他们因为祈祷而从疾病中康复，著名的传教士声称大灾难是上帝的惩罚。墨家可能以类似的方式解释事件。此外，儒家相信善行通常会得到奖赏，但并不总是如此。如果墨家的立场最终接近于同样的观点，那么我们就必须解释他们从儒家角度出发所得出的反对立场的激烈程度。

《墨子》的核心篇章从未承认这一困难，但是对话篇章里的四段文字提出了类似的恶的问题。在其中的两段里，墨子通过说其中的人没有完全实行墨家学说，因此实际上并不好，从而回避了这个问题（48：462—463，49：476—477；Johnston 2010，48.18，49.16）。另外两段文字更具挑战性，因为它们以墨子本人为例。第一段是在《耕柱》篇：

> 巫马子谓子墨子曰："子之为义也，人不见而耶，鬼而不见而富，而子为之，有狂疾！"子墨子曰："今使子有二臣于此，其一人者见子从事，不见子则不从事；其一人者见子亦从事，

> 不见子亦从事,子谁贵于此二人?"巫马子曰:"我贵其见我亦
> 从事,不见我亦从事者。"子墨子曰:"然则是子亦贵有狂疾
> 也。"(46:428;参见 Johnston 2010,46.6)

墨子的回答令人困惑,因为如果我们也是家臣,那么我们想要家
臣做的,就未必是我们想要的了。有一点可能是,即使是像巫马
子这样的利己主义者也会同意我们应该**教**别人努力工作,这一点
75 在与巫马子的另一次对话里得到强调(46:435—436;Johnston
2010,46.18)。然而,如果将作为主人的巫马子与所观察的鬼神
相比较,并将墨子和巫马子与两种家臣相比较,这个论证可能会
更加复杂。关键是,像任何一个主人一样,鬼神不会经常察看和
奖赏,所以有时候好家臣不会得到奖赏。最合理的隐喻是,主人
(天或鬼神)最终会区分好家臣和骗人的家臣,但也有例外。

第二段更直接地集中在恶的问题上:

> 子墨子有疾,跌鼻进而问曰:"先生以鬼神为明,能为祸
> 福,为善者赏之,为不善者罚之。今先生圣人也,何故有疾?
> 意者,先生之言有不善乎? 鬼神不明知乎?"子墨子曰:"虽使
> 我有病,何遽不明? 人之所得于病者多方,有得之寒暑,有得
> 之劳苦,百门而闭一门焉,则盗何遽无从入?"(48:463—464;
> 参见 Johnston 2010,48.20)

这段话大大缓和了墨家对鬼神的立场——来自鬼神的奖赏确实
是世界上的一个因素,有着重要的因果作用,但并不是唯一的原
因。它们不能保证结果。

另一个文本给出了更激进的回应,但并不出自《墨子》。上海
博物馆藏竹简《鬼神之明》里的一段简短文字以一个熟悉的墨家
论证开始,我们知道鬼神有洞察力,因为我们有贤明的君王得到

奖赏、残暴的君王受到惩罚的例子。然而,它以不同的语气得出
结论:

> 及伍子胥者,天下之圣人也,鸱夷而死。荣夷公者,天下
> 之乱人也,长年而没。汝以此诘之,则善者或不赏,而暴者或
> 不罚,故吾曰嘉? 鬼神不明,则必有故。其力能至焉而弗为
> 乎? 吾弗知也。意其力故不能至焉乎? 吾或弗知也。此两
> 者歧,吾故曰鬼神有所明有所不明。(马承源 2005,第 3—
> 5 条)[85]

正如我们所看到的,这段话包含了中国战国时期关于恶的问题的
最明确的表述。值得注意的是,它没有解决鬼神是不是很好或者
只是力量有限的问题。支持鬼神之明的最初论证很可能来自《墨
子》。"明"(辨别或清楚地看到)一词的使用,包含了鬼神看到并
且或奖赏或惩罚的能力,符合墨家对这个术语的使用,特别是在
对话篇章的相关讨论里。[86] 用鬼神的辨别力来指代所有形式的神
的正义这一倾向也符合墨家的看法。这些联系导致曹锦炎将这
个文本视为墨家的著作,甚至认为它可能是《明鬼》篇的一部分佚
文(马承源 2005,306—307)。然而,此文的风格和疑问的表达方
式使得这种可能性不大。[87] 与此同时,这段文字仅仅比墨子承认
鬼神并不能控制所有疾病这一点超出一小步,而墨子承认的这一
例子可以很好地解释为什么鬼神之力"不能至焉"。[88]

这些段落表明,至少墨家中的一些人可能已经放弃了好人总
是会得到奖赏、坏人总是会受到惩罚的说法。然而,它们的重要
性可能会受到怀疑,因为这些都没有出现在《墨子》的核心篇章
里。墨家并不认为天地间的公平是完美的,对此一个更强有力的
理由出现在他们的政治哲学里,他们认为如果没有一个有效的人

类政府,坏人确实会逃脱惩罚。墨家政治思想的最基本原则之一是需要建立和准确管理奖惩制度,这在《尚贤》和《尚同》等篇章里最为重要。后者制定了一个彻底的制度,在这个制度里,统治者设定了明确的标准,根据这些标准对他直接领导下的王公大臣进行评估,奖励和惩罚他们。然后,这些大臣将这些标准应用于他们下面的人,这些人又将这些标准应用于下面,直至村庄和个人。与此同时,每个人也对等级比他们高的人进行检查和规劝。在这样的制度下,每个杀人犯都会受到惩罚,每个关爱他人的人都会得到奖励。事实上,理想的政治制度具有天的品质,能抵达千里之外。但是我们被告知这不是神——神奇的,超自然的,由神主导的——而是通过人的机构(12:88;Johnston 2010,12.11)。如果神力总是奖励好人,惩罚坏人,人类就没有必要建立这样的政治制度。墨家最终会接近于《道德经》的看法,根据《道德经》,人类可以不采取行动,因为"道"自然会解决问题。[89]

如果墨家认为我们有时确实逃避了我们行为造成的后果,那么我们如何解释他们激烈地反对儒家使用"命"这个概念呢? 即使儒家和墨家都认识到人的功效的局限,他们对这些局限的态度也有很大差异。正如我们刚才看到的,当墨子生病时,他列出了可能的原因:过热、过冷或劳苦。他的病没什么神秘或神奇的,也没有什么需要默许的。他的回应指向调查和控制这些致病的原因,墨家倾向于发展科学与技术并不是巧合。孔子会将所有这些因素都标称为"命"。这种倾向仍然是被动的:说这是"命",就是说这是神秘的、不可理解的、不可抗拒的。[90]《吕氏春秋》就这样解释"命":"不知所以然而然者也。"(20/3:1356)尽管墨家从未宣称儒家明确主张被动地等待命运或时机,但他们认为儒家在对待困难的态度方面是错误的。他们的一些言论看起来更像是诽谤,但他们担心的是,儒家不够积极,太愿意接受由命运或时机导致的失败。[91] 我们在墨家的批评里发现了这种似乎是儒家主张的观点:"君子共己以待,问焉则言,不问焉则止。譬若钟然,扣则鸣,不扣则不鸣。"(48:449—451;Johnston 2010,48.1)[92] 墨子回应说,在某些情况下,即使没有人问,也必须直言不讳。尽管墨家没有将这种说法与宿命论直接联系起来,但它接近于在《穷达以时》里看到的立场,该文本对机遇持有极其消极的态度。其主张并不是机遇难以寻获,所以人们应该花费一生去寻找,而是机遇是不可控的,所以人们应该修身以待。[93] 这种被动反映了早期儒家思想家是如何保持敬畏上天的传统。把一个事件归因于天或命,会赋予天或命一种最终权威,即使它没有道德目的。在这一语境里,我们可以看到墨家更"宗教化"和儒家更"哲学化"或"人文主义"之间的对比,只有在简单的宗教和有神论等式上才有意义。如果人们将围绕"命"的争论描述为理性人文主义力量和宗教力量之间的冲突,墨家会更倾向于前者,而儒家则倾向于后者。[94] 根据儒家的说法,事件很大程度上是由无法解释、无法抵抗,也不能被指责的神力所决定的。与此相反,墨家主张建立一个人类命运完全取决于人类努力的世界,一个艰难困阻能被分解和反抗并且可谋求机会的世界。

即使墨家和儒家都同样认识到人类行为的一些局限,他们说法的差异也是显著的。墨家攻击的是儒家所**教**的并不是他们所**相信**的。墨家最关心的是改革社会。他们的作品就是出于这个目的而写的。[95] 考虑一下下面这句两次被认为是墨子所说的话:"言足以复行者,常之;不足以举行者,勿常。不足以举行而常之,是荡口也。"(47:432;Johnston 2010,47.5)哲学家可能更喜欢**真**话,但对墨子来说,言语最重要的一面是能够激励行动。类似的措辞出现在墨子和巫马子的讨论里，巫马子一开始便宣称比起关心父母，他更关心自己，而对比他所在地区的人，他又更关心他的父母，依此类推（46：435—436；Johnston 2010，46.18）。墨子并不尝试反驳这一立场，但是，他问巫马子是打算隐藏这一观点，还是打算将这一观点告知其他人。然后，墨子指出，如果巫马子宣告这一信条，那些接受了他观点的人会为了自己的利益而伤害他，而那些拒绝他观点的人也会为了阻止他的影响而伤害他。对话以上文那句话的另一个版本结束："若无所利而必言，是荡口也。"

墨家将这种对行为和后果的关注直接应用在关于命的问题上，因为《非命》上中下三篇都是从建立标准开始的，包括相信一项主张的后果。我们可以以《非命》上篇为例。[96] 此篇一开始注意到关于"命"的分歧，然后说要解决争论，首先必须"立仪"。否则，就好比在旋转的陶轮上确定东西方向。墨子接着解释说，这里有三条标准或"表"：

> 有本之者，有原之者，有用之者。于何本之？上本之于古者圣王之事。于何原之？下原察百姓耳目之实。于何用之？废以为刑政，观其中国家百姓人民之利。此所谓言有三表也。（35：266；参见 Johnston 2010，35.3）

正如该篇的其余部分所表明的，"用之"并不意味着像实用主义者那样，通过经验验证来评估一项主张。相反，这意味着看看人们如果**相信**这一主张，将会发生什么。换句话说，如果人们认为事件是由命运决定的，这会产生好的还是坏的结果呢？如果我们把这些准则作为判断什么是**真实**的标准，那么第三个因素是令人困惑的。为什么墨家会认为教导真理总是会有好的结果呢？似乎有许多错误的事情我们最好还是相信——例如,努力工作会保证成功,善有善报。[97] 然而,如果这些准则是关于社会活动家们如何决定**教授**什么,那么它们是相当合理的。[98] 教授的内容必须与传统充分一致,而且必须与人们的经验相符合。这些限制了什么可以成为大众相信的热门选择。不过,在这些限制条件下,我们还会教能带来最大利益的东西。[99] 例如,人们可能会相信,那些生来富有的人通常最终仍是富有,而那些生来贫困的人通常最终仍会贫困——但仍然会推动美国梦——因为这符合我们的传统,有一定的经验支持,并让人们充满希望和努力工作的动力。墨家对命的否定就是这样发挥作用的。

关于准则的议题引发了如何解读《墨子》以及战国早期论战的本质等问题。《墨子》对话篇章里的两个文段给出了如何解读文本本身的指导。在其中的一段里,一名学生问墨子,在面见国君时,应该首先讨论什么。墨子回应说,这取决于不同的国家:

> 国家昏乱,则语之尚贤、尚同;国家贫,则语之节用、节葬,国家喜音湛湎,则语之非乐、非命;国家淫辟无礼,则语之尊天、事鬼;国家务夺侵凌,则语之兼爱、非攻。(49:475—476;参见 Johnston 2010,49.15)

墨家的各种学说旨在为不同目的服务。如果国家的统治者有良好的意愿,但是缺乏良好的管理技能或政策,那么就教他如何建立秩序,强调建立公正的司法制度。如果统治者懒惰且放纵,那么就告诉他命运是不存在的,成功取决于他。如果统治者不好,那么告诉他上天和鬼神会惩罚他。这些学说的不同目的部分解释了为什么它们在理论层面上不完全连贯。坏的统治者需要听到有关神灵惩罚和恶鬼报复的事情;好的统治者需要知道,如果他们不建立公平的奖惩制度，那么贤士无法被选拔，坏人会逃脱惩罚。这些学说尽管以绝对的口吻写成，但主要意在提出纠正措施，而非乌托邦计划。也就是，"尚同"的目的是鼓励统治者使司法系统更加可靠，而"天志"的目的是警告糟糕的统治者，他们的权力不能保证他们逃脱审判。这有助于解释不同纲领之间的一些矛盾。

第二个文段的开头是墨子承诺一个人如果学习，他将会成为一名官员。经过一年的学习，这名学生要求墨子举荐他，但墨子拒绝了，并讲述了五兄弟的故事。大哥喜欢喝酒，当他们的父亲去世时，他拒绝主持葬礼。其他兄弟提议给他买酒来贿赂他，但葬礼后，兄弟们拒绝为他买酒，并解释说，他们只是让他去做他应该做的事情。这个故事显然允许承诺奖赏来激励人，哪怕奖赏不会兑现。我们不至于说墨家不相信天是善的，也不相信鬼神会报复，但是这段话的含义是显而易见的，为了鼓励善行，它可以作为夸大人类行为功效的正当理由。

这种用语言和学说来塑造行为的方式，当然不是墨家独有的，同时，如果把儒家视为只是客观地记录了生活并不总是公平的可悲事实，这就错了。葛瑞汉敏锐地将两者对"命"的见解都称为"虚构"（fictions），其中一个是为了抑制人们对物质事物的兴趣，另一个是为了激励人们努力工作（Graham 1989, 50）。这种对学说实际效果的共同关注使得任何试图对儒墨的比较或对比都变得复杂，因为它会引起受众的质疑。请看来自《论语》的一个著名的例子：

> 子路问："闻斯行诸？"子曰："有父兄在，如之何其闻斯行之？"冉有问："闻斯行诸？"子曰："闻斯行之。"公西华曰："由

也问闻斯行诸,子曰'有父兄在';求也问闻斯行诸,子曰'闻
斯行之'。赤也惑,敢问。"子曰:"求也退,故进之;由也兼人,
故退之。"(11.22)

根据不同的人需要听到的内容,孔子对他们说了不同的话。这种
个性化的方法对人们如何谈论命与天有着重要的影响。对一个
深思熟虑的人强调努力尝试,然后对一个试图进行伟大改革而刚
刚失败的好人强调命运,这是有道理的。人们甚至会想起这句口
号:"生死有命,富贵在天。"[100]用柏拉图的话来说,当这些陈述
"一手传一手,传到能懂的人们,也传到不能懂的人们"时,它们就
有了不同的含义。[101]孔子肯定也认识到这个问题:"中人以上,可
以语上也。中人以下,不可以语上也。"(6.21)清代注家刘宝楠明
确地将这段话与这样一个事实联系起来,即孔子很少谈论命或天
道,这是专为才智水平更高的学生保留的话题(1990,236)。

像苏格拉底一样,孔子可能只接受面对面的教授方式。有了
这样的限制,墨家指出的由儒家宿命论引发的许多实际问题将被
避免。不过,孔子的方法需要个人对学生的了解,并严格控制传
播的内容。[102]写作的传播使得这种控制变得不可能。写在竹简
上的哲学思想的传播是从什么时候开始的,我们还不知道,但是
到了公元前4世纪末,儒家文献的多种版本就已经被埋藏在遥远
的楚国。墨子自己据说是带着大量的书去旅行,并有他向楚惠王
献书的记载。[103]《墨子》似乎特别重视写作,经常强调为了圣王之
道的传承,圣王将他们的思想"书之竹帛,镂之金石"(47:444;
Johnston 2010,47.12)。[104]这种对写作的强调可能再次与对知识
可及性的关注相关,从师生之间的私人传播转向更具包容性的理
论学说的传播。正如德里达(Jacques Derrida)指出的,柏拉图对 *81*

写作的批评与他对民主的批评密切相关(1981,144－145)。

墨家对"命"的批评可能指出，儒家未能成功地处理从私人谈话的教学向公共学说传播的过渡，或者至少指出，当失去个人接触时会出现的危险和不一致。然而，最终，写作自由传播的方式未能完全与早期中国哲学家对特定语境里言语效果的共同关注相调和。墨家选择了最保险的路线，提倡那些最一贯有利的政策，同时避免可能适得其反的主张。虽然这种方法可能最符合他们的目的，但在现在作为哲学来阅读时，效果就不太好了。那些可能激励社会活动家们改变世界的主张要么令人难以置信(如他们否认恶的问题)，要么毫无吸引力(如"尚同"制度表现出的极权主义)。对于哲学来说，儒家的方法可能更行得通。儒家开始时可能只是简单地记录他们回忆的或口头传授的对话片段，但是加入像《论语》(11.22)这样的段落表明，他们有意通过提醒读者注意写作的局限性来解决问题，告诫读者每一句话都是针对特定的语境。简短的对话形式可能已经成为一种深思熟虑的策略，用来克服写作的局限性，就像柏拉图选择写对话来回应同样的问题。

这种对人们言语效果的关注让我们回到了本章的一个关键点。恶的问题——坏事发生在好人身上的事实——被儒家和墨家都视为实践的问题，即使这个问题包含了由动机、责任和内心平静等驱动的哲学神学问题。虽然在早期中国，恶的问题主要是实用的，而不是理论的，但是连贯的理论和所言说的语言之间的差距最终还是缩小了。正如我们已经在郭店楚简《性自命出》和《五行》里发现的那样，表达连贯理论并为其理论辩护的文章开始兴起，像《墨子》核心篇章和《论语》小型对话这样风格的文本被部分地取代了。这种转变可能是因为墨家发起的哲学辩论开始吸引那些出于自身缘故而喜欢辩论的人，那些人更接近于我们现在所认为的哲学家。与此同时，随着哲学通过百家争鸣而得到完善，很自然地，作为一种实践，可以被振振有词地辩护的范围缩小了。换句话说，如果我们以墨家的准则为主张，认为人们应该在合理可信的限度内提倡最有利的东西，那么随着辩论变得越来越复杂，可信的范围也变得越来越有限。应该**传授**的内容越来越趋近于可以被辩护为**真实**的内容。

第三章 《道德经》里的功效与顺自然

我们已经看到儒墨之间的激烈对立。《墨子》中就有《非儒》篇，而孟子甚至说，如果墨家的思想占据主导地位，人类将陷入同类相食的境地（3B9）！然而，在战国思想的大背景下，儒墨之间的对立看起来更像是手足之争，"儒-墨"成了一个固定的短语。两者都是致力于解决世界问题的社会活动家团体，而且都是道德主义的，他们认为恢复秩序的基础在于宣扬一种新的（或旧的）道德情感。儒墨之间最根本的共性是他们的人文主义或人类中心主义。他们不仅遵循以人为本的道德准则，而且对人类社会以外的任何事物都毫无兴趣。早期儒家更加关注历史和传统，而不是自然的客观模式。墨家的人文主义以天为基础，这需要关注自然是如何运作的，但即便如此，墨家的立场似乎更像是把人投射到神灵身上，而不是将人投置于自然世界中进行语境重构，这一点也许最能体现在他们的信念中，即上天对自然其他部分的安排都是为了造福于人（27：202—204）。

当与《道德经》进行比照时，儒墨之间的共性显得尤为鲜明。事实上，无论是风格还是内容，《道德经》似乎都如此不同，以至于学者们无法就其真正的背景达成一致。一些人认为，《道德经》文本中的观点所表达的关切先于孔子和墨子，而另一些人认为，这些观点反映了三个世纪以后战国末期的哲学论战。新近的考古证据为这些问题的解决提供了一些线索,但同时也揭示了问题的核心——《道德经》违背了文本断代的概念。人们普遍认为,《道德经》里的资料来源于随着时间推移而发展的名言、陈规和韵文。这些资料反映了一系列的关切,从修身实践到治国方针,再到宇宙推演。这些说法经口头传播,最终被编辑并交织成米凯尔·拉法格(Michael LaFargue)所说的由文本"撰作者"(composers)完成的"章节拼贴"(chapter-collages)(1992,198)。[1] 最终产生的文本在思想、风格和印象上非常一致,这表明这些撰作者留下了强烈的印记。即便如此,已出土的文本表明,这种撰作本身是在很长的一段时间内进行的。

由于文本不断地被修改,因此给它指定一个年代几乎毫无意义。根据马王堆的资料,我们知道在公元前 195 年以前,与通行版本相近的内容已经存在。[2] 然而,帛书写本中的基本思想体系形成得更早,因为我们在埋于公元前 300 年左右的郭店资料中发现了大约三分之一的通行文本。虽然段落的文字和排列有所不同,但通行文本中几乎所有重要的主题都出现在郭店资料里。[3] 郭店资料包括两种不同版本的第 64 章。推想多种版本的出现与被埋需要足够长的时间,那么至少在公元前 4 世纪中后期,甚至更早的时候,《道德经》的基本思想体系就已出现。如果我们遵循这样的共识,即书面文本是在口头传播过程结束时编写的,那么文本里的许多想法或个别部分可以追溯得更远。我在这里不会直接关注这些个别的线索,而是关注帛书写本里所见的系统,这一系统形成于孟子之前,但可能(尽管不确定)在墨子之后。[4]

人的行为功效

虽然《道德经》与《墨子》和《论语》有着显著的不同，但我们仍然可以将其置于有关命运和人的行为功效的共同关注之中。在那个语境里，《道德经》突出的是，它坚信适当的行动将带来有益的结果。关于这种功效的最引人注目的说法见于第62章："古之所以贵此道者何？不谓求以得，有罪以免与？故为天下贵。"这些句子使用的术语通常与宿命论和人的行为力量相关。例如，孟子告诉我们，如果求有益于得，那么所求的只能是内在的对象。关于外在的对象，可求之有道，但得之有命。在攻击宿命论方面，《道德经》更倾向于与《墨子》保持一致。许多段落强调了人的行为在政治层面上的影响力或功效。第3章说，如果统治者不尚贤，不贵难得之货，人民就不会争斗，不会造成分裂，也不会成为强盗。因此，一切都会井然有序。第19章也有类似的句式，而说人民会受益，会孝慈，不会有小偷。第57章说，人民自己会变得端正、富裕，以及质朴得就像未被雕刻的木头（"朴"）一样。第59章说，没有什么是这样的统治者无法克服的。总之，这些段落声称统治者有能力创造和平与秩序，使人民孝慈、善良、公正和富裕。在《道德经》里，统治者决定了天下是否施行"道"，而不是命。

相比于儒家，围绕人的行为力量能带来成功，《道德经》里人的行为力量在个人层面上更加明显。例如，第44章说：

> 名与身孰亲？身与货孰多？得与亡孰病？
>
> 甚爱必大费，厚藏必多亡。
>
> 故知足不辱，知止不殆，可以长久。[5]

这里使用"必"这个词,指"必须"或"必然",强调因果关系的确定性。许多段落毫无保留地表达了人的行为力量。我们可以再看一个例子,第 7 章说道:

> 天长,地久。
>
> 天地之所以能长且久者,以其不自生也,故能长生。
>
> 是以圣人退其身而身先,外其身而身存。
>
> 不以其无私与? 故能成其私。

最后一句话自相矛盾且看上去非常悲观——我们只有在不再需要的时候才能得到我们想要的。然而,通过方式和结果之间的对比,这种矛盾得到了缓解。人们能长生,身先,且身存——但不能直接追求这些目标。因此,注家王弼解释说,无私是"无为于身也"(楼宇烈 1999,19)。术语"私"通常是贬义的,指偏向于自己利益的欲望或行为,与"公"相对,"公"则指不偏不倚的或以公共利益为导向。虽然表面上看很不一样,但这段文字的逻辑与《墨子》相呼应,根据《墨子》的说法,我们可**通过**公正来获得个人的奖赏。

 《道德经》包含的许多段落共同表明,循大道而行的人不会受到伤害,不会遭受损失,不会受到指责,能长久,会受益,成为人群中的领先者,完成伟大的事业,不会留下任何遗憾。这些段落并未显露出对不受我们控制的成败,可能取决于时间、命运或上天等方式的那种儒家式的关注。《道德经》精炼的文字风格使得人们很难知道这些段落表达了多么强烈的感情,但是其中的一些段落提出了极端的主张。如第 50 章说:"盖闻善执生者,陵行不避兕虎,入军不被兵革。兕无所揣其角,虎无所措其爪,兵无所容其刃。"类似地,第 55 章描述了一个厚德之人如赤子般,免受毒虫、野兽或猛禽的伤害。从字面上看，这样的人获得了一种神奇的功效，使他们免受伤害，但即使我们从隐喻的角度来理解这些段落，其中也包含了对与道和谐的人将避免一切伤害的大力强调。

儒家用来标称人的行为局限的两个主要词语——时和命——几乎完全不见于《道德经》。时，只出现在一段文字中，指的是适时地行动，而不是指仅在特定时间出现的机会（第8章）。命，出现在王弼本的两段文字中。其中一段说："道之尊，德之贵，夫莫之命而常自然。"（第51章）[6] 另一段对"命"的使用更难理解："天道员员，各复其根。曰静。静，是谓复命。复命，常也。知常，明也。"（第16章）[7] 虽然"复命"的意思很难确切理解，但与"常""静"和"根"的联系表明，其与不断生长的生命力的恢复相关，这很可能使人把这里的"命"理解为人的命数。[8] 但无论如何，没有任何证据表明这是儒家标称为"命"的那种不可预测和不可抗拒的事件。

尽管排除了命和时的概念，《道德经》却将另一个不可预测的领域带入人为的控制之中——幸运或好运。《道德经》使用了许多与占卜、财富和吉祥有关的术语，但在每一个例子里，这些都被化为人的行为结果。例如，出现了两次的"咎"，是《周易》中占卜的一个常见结果，意为责备、过错或伤害，一段说傲慢的人会给自己带来"咎"（第9章），另一段说没有什么比"咎"更大于对"得"的欲望（第46章）。在这两个例子里，"咎"与占卜或当下的状态无关，而是我们自身行为的自然产物。"凶"，另一个常见的《周易》占卜结果，一般发生在军事行动（第30、31章）或不了解恒常规律而导致的鲁莽行动（第16章）之后。军事行动被认为是不祥的，而避免使用武力则是有利的，即"吉"（第31章）。"祸"，来自不知足（第46章），以及轻视敌人（第69章）。我们已经在《墨子》中看

到了其中的一些术语,在那里它们被剥去了偶然性,而依赖于天
所要做的事情。《道德经》则更进一步,去除了它们与人格化神灵
的联系。

命和运被排除在外,这与《道德经》的核心关切之一——恒常
保持一致。术语"常"或"恒"出现在了二十一个篇章中。[9] 在某些
情况下,这些篇章描述了圣人的所作所为,如"恒无心"(第 49
章),或"恒使民无知无欲"(第 3 章)。其他篇章描述了"道","道"
被认为"恒无欲"(第 34 章)、"恒无名"(第 32 章),且"常无为"(第
37 章)。尽管第 1 章的名言就告诉我们,任何"道"的表述都不会
是恒定的,但许多篇章还是提出了关于自然模式恒常性或规律性
的主张:"天道无亲,恒与善人"(第 79 章),"牝恒以静胜牡"(第
61 章),以及对立总是互随,这是恒定的(第 2 章)。[10] 由于这些恒
常的模式,圣人能够恒定地带来以下的效果:"取天下,恒无事"
(第 48 章),或者,如果一个人理解了知识的危险性,他就会知道
(或者成为)稽式,并具有玄德(第 65 章)。有一段文字对遵循或
实践恒常进行了描述,如下:

> 见小曰明,守柔曰强。
>
> 用其光,复归其明,毋遗身殃。是谓袭常。(第 52 章)

虽然修习恒常有时指向的是内心的沉静,比如知道恒常的满足
(第 46 章),但在这里涉及了功效问题——当事物细微时就能看
到它们,并对事物进行管理以避免伤害。

这种对自然模式恒常性或规律性的强调与墨家的关注是一
致的,但也指向了荀子,荀子更明确且更具争议地提出同样的观
点。事实上,对世界恒常性或规律性的关注遍及公元前 4 世纪末
期埋藏的各种文本。一些文本,如《道德经》,描述的是自然界的

稳定秩序。附作郭店本《道德经》一部分的《太一生水》，虽然没有使用术语"常"或"恒"，但是描述了季节的轮转以及兴衰交替，然后评论道："此天之所不能杀，地之所不能埋，阴阳之所不能成。"（刘钊 2003，第 7—8 条）其他文本则使这种恒常性对人际关系产生影响。《成之闻之》声称：

> 天降大常，以理人伦，制为君臣之义，著为父子之亲，分
> 为夫妇之辨。是故小人乱天常以逆大道，君子治人伦以顺天
> 德。（刘钊 2003，第 31—33 条）

其他出土文本，如《三德》或《彭祖》谈到了天常或帝的规则，但似乎是用更人格化的术语来构想这种规律性。[11]

恒常性，如"恒"，甚至被用来命名一种本体状态。最近出土的《恒先》用"恒"来标记宇宙中最原始的状态，那是先于任何生物开始活动的时期（季旭昇 2005，第 1—3 条）。《周易》也有一个《恒》卦。卦辞是这样解释的：

> "亨，无咎，利贞"：久于其道也。天地之道恒久而不已
> 也。"利有攸往"：终则有始也。日月得天而能久照。四时变
> 化而能久成。圣人久于其道，而天下化成。观其所恒，而天
> 地万物之情可见矣。（高亨 1998，224）[12]

在本书第一章中，我们注意到，对天命的信任瓦解，不仅让世界变得非善，而且让世界失去规则，让人类受机会和运气的支配。毕竟，这个世界似乎是混乱、不可预测和不可控制的，这样的一种观点在《道德经》即将成书的那个动荡时代是有意义的。《道德经》和其他公元前 4 世纪文本对恒常性的关注可以视为对这种观点的回应，不一定主张**道德秩序**，而是主张允许人类控制自己生活的**某种秩序**。在早期现代欧洲，坏事发生在好人身上这个事实成

为神学和伦理学的一个问题,但对相信自然秩序与人类行为相适应的信念来说,这并不构成威胁。因此,《道德经》的立场并不太容易被归类为常见的恶的问题。

在考虑坏事似乎确实发生在好人(或谨慎的人)身上这一事实所引发的问题之前,我们应该考虑几个似乎限制或与这种对功效的关注相抵触的段落。第一个段落可能暗示了我们的生命长度存在其自然限制:

> 出生,入死。
>
> 生之徒十有三。
>
> 死之徒十有三。
>
> 而民生生,动皆之死地之十有三。(第 50 章)

这几行文字可以作两种不同的解读,这取决于把数字短语"十有三"理解为"十三"还是"十分之三"。[13] 现在大多数人采用后一种解读,在这种情况下,这段话区分了三种人。生之徒自然长寿;死之徒自然早逝。我们可以说后者,如颜回,是短命的。[14] 至此,生命的长度似乎是命中注定的,但是第三类人能发挥一定的作用,过着过度或沉溺的生活,使自己早逝,"生生"这个短语简单地将"生"(指生命或活着)字重叠,意指过度生活,或者刻意养生。本章的后半部分描述了那些"善执生者"。他们是我们已经在上文看到过的,不会被犀牛的角、老虎的爪子或士兵的武器伤害的人。善执生者似乎是第四类人,与第三类人相反。陈鼓应认为他们是剩余的十分之一(1988,260)。这部分人通过修身养性,而能长寿,与儒家相比,这表明,即使短命也可以被克服。正如一个原本长寿的人可以由于鲁莽的行为而短寿,一个原本短命的人也可由于遵循道而长寿。

88

113

另有两章被解读为主张成败是不确定和不可预测的。第 73 章说：

> 勇于敢则杀，勇于不敢则活。此两者或利或害。
>
> 天之所恶，孰知其故？
>
> 天之道，不战而善胜，不言而善应，弗召而自来，坦而善谋。
>
> 天网恢恢，疏而不失。

总的来说，这似乎是强调行为与其结果之间的联系的另一章，王弼和河上公都认为这一段话的主要观点是善有善报，恶有恶报。[15] 第一句是关于功效问题坚决的、直接的主张：一种行为方式致死，另一种行为方式致生。关于天网的最后一句强调，没有什么能逃脱这些结果。理解的困难在于天之所恶的那句质问。此外，或利或害的"或"的指称不清楚。刘笑敢引用宋代学者苏辙的话，认为这是允许第一个原则出现例外："勇于敢则死，勇于不敢则生，此物理之常也。然而敢者或以得生，不敢者或以得死，世遂侥幸其或然而忽其常理。"（2006，692）[16] 这种解读是可能的，但不能让人信服，因为第一句显然是对功效问题的坚定表述，且最后一句强调没有例外。至于天之所恶的问题，关键可能是无人知道其**故**为何。无论如何，许多段落确实告诉了我们天所厌恶的是什么。正如河上公所说："恶有为也。"（王卡 1997，282）[17]

第 58 章也可能暗示着一些不确定性：

> 祸兮福之所倚；福兮祸之所伏。孰知其极？其无正。
>
> 正复为奇，善复为妖。
>
> 人之迷也，其日固久矣。
>
> 是以方而不割，廉而不刺，直而不绁，光而不耀。

《道德经》里包含一些关于对立面自然转化的主张,这里指的是福祸之间,以及从正与善到奇与妖的转化,这些术语暗示了可能会被解释为不祥预兆的反常现象。我们可以把这段话看作基于不幸和怪异的不可避免从而倡导超然与平衡。[18] 然而,最后几句暗示了相反的情况。圣人通过体现平衡而灵活的品质,保持"方而不割"等来避免这些伤害。[19] 理解的困难在于这一行文字:"孰知其极?其无正。""极"既可以指无穷无尽的循环本身,也可以指福祸相转的那个难以确定的时刻。正如前面的文段所述,人们可以认为这个问题意味着无人知晓或者只是难以知晓。[20] "正"一词,我翻译为"correctness",可以被解读为两种情况。一种指的是规则性或稳定性,在这种情况下,这说明了无法预定事物何时会发生转化。[21] 然而,"正"通常是一个规范性术语,意思是"改正"或"纠正",这里它与"善"相对应。声称这些循环无"正"的说法与上文讨论的《诗经·雨无正》(194)的标题相呼应,后者也使用了相同的术语。声明雨无"正",既暗指上天的行为**无规则**,也包含了这些行为不**正确**的意思。特别是,无辜者遭受了苦难。在这个意义上,《道德经》这章主张的可能是福祸之间的转化,这种转化与道德意义上的正确或奖罚无关。但这并不意味着我们必须向不幸认输。相反,这意味着我们必须将注意力从道德转移到根据自然规律运转的事物上。

不管我们如何诠释这几段文字,比起《穷达以时》或《孟子》,《道德经》显然赋予人的行为以更大的力量。如果这些对于功效的主张是被夸大的,这仅仅表明,它们是在一个特定的争论的环境中写成,就像《墨子》一样。事实上,一些段落,特别是最后的十五章,呼应了墨家主张好人会得到上天奖赏的常见说法:

夫天道无亲，恒与善人。（第 79 章）

夫慈，以战则胜，以守则固。

天将建之，如以慈垣之。（第 67 章）

如果在竹简上发现这些句子，而没有进一步的语境，人们可能会得出结论，认为这些是墨家的说法，实际上，它们可能出自一个与郭店资料不同的原始资料。[22] 第一个文段里的"天道无亲"意味着上天没有偏见，我们看到《墨子・尚贤》篇中也提到了这一点。"恒"的使用强调了上天支持好人的连贯性。我们已在第一章中看过这些否认恶的问题的句子——当司马迁以对好人是否得到好报的怀疑结束伯夷叔齐的故事时，他并不援引《墨子》，而是从《道德经》里引用了这句话（《史记》61.2124）。第二个文段提出把"慈"作为一种美德，并声称天会参与其中，奖励那些持有这一美德的人。术语"慈"通常用来描述父母对待孩子的方式，尤其与母亲的养育有关。因此，罗慕士（Moss Roberts）将其翻译为"a mother's heart"（母亲之心）（2001，165 - 166），而《韩非子》也以母亲对孩子的关爱为例（使用了墨家的术语"爱"）来解释这段话中的"慈"（20：421）。在战国文本里，"爱"和"慈"这两个术语经常成对出现，且《说文解字》就将"慈"定义为"爱"（10b. 28a；段玉裁1988，504）。无论如何，它们隐含的观点是一样的：如果你关爱别人，那么上天也会关爱你。

去中心化的人

尽管《道德经》的最后几章出现了墨家的口吻，但这两个文本

在对人的态度上,表达了相反的立场。我们可以从本书标题的源出段落开始展开讨论:

> 天地不仁,
>
> 以万物为刍狗。
>
> 圣人不仁,
>
> 以百姓为刍狗。(第5章)

《庄子》里的一个文段解释说,刍狗在祭祀的仪式中被供奉,但祭祀结束后即被丢弃、践踏,并用来生火(14:511—512;Mair 1994,136-137)。这里的"仁"可翻译为"humane",是中国古典哲学中最重要的道德术语之一。在《论语》里,"仁"似乎是最高美德;森舸澜(Edward Slingerland)和威利(Waley)因此将其英译为"Goodness"(善良)或"Good"(正派的),而罗思文和安乐哲则英译为"authoritative conduct"(权威的行为)。孔子拒绝为"仁"下任何固定的定义,而是在不同的语境中做出不同的回应:

> 樊迟问仁。子曰:"爱人。"问知。子曰:"知人。"(12.22) 91
>
> 夫仁者,己欲立而立人,己欲达而达人。能近取譬,可谓仁之方也已。(6.30)
>
> 克己复礼为仁。一日克己复礼,天下归仁焉。为仁由己,而由人乎哉?(12.1)

"仁"也是《墨子》里的关键术语,《墨子》把仁者描述为像孝子为双亲尽心打算一样为天下尽心谋划的人(25:169;Johnston 2010,25.1)。随着儒家思想在公元前4世纪的发展,"仁"开始与"义"搭配出现,但又有别于"义",在这种情况下,"仁"经常被翻译为"benevolence"。当"义"强调恰当的行为时,"仁"与天然的关爱情感相联系,特别是存在于家人之中。这种与家人的联系被用以表明"仁"源于我们天然自发的情感，与必须后天习得的"义"相对，从而出现了"仁内义外"的说法。

鉴于"仁"的广泛意义，"天地不仁"的主张可能有着几个攻击的目标。[23]《道德经》里的一些段落批评了道德化的术语，包括"仁"和"义"，因为它们包含必须刻意努力才能达到的强制标准。重点不在于天地是坏的（正如刘殿爵将"不仁"译为"cruel"），而在于它们产生了一种自然的和谐，这种和谐是通过不采取行动而自发产生的，无须为了达到任何道德标准而努力。[24]另一种可能性是，鉴于儒家将仁和家庭联系在一起，这句话是把偏袒作为批评的对象，正如我们在"天道无亲"的主张里看过的那样。[25]然而，声称天地把人类当作刍狗，暗示了"仁"的另一面。"仁"这个词与通常用以指代人类的"人"有着密切的联系。已知的最早例子见于郭店文本《语丛（一）》："仁生于人，义生于道。或生于内，或生于外。"（刘钊 2003，第 22—23 条）类似地，《礼记·中庸》引用孔子的话说："仁者人也，亲亲为大；义者宜也，尊贤为大。"（朱熹 2003，28）《孟子》云："仁，人心也；义，人路也。"（6A11）仁和人之间的联系至少有两个层面。在一个层面上，仁是人类共同生活的应有美德。其字形本身就是一个人（"亻"）紧挨着数目二（"二"）。这导致卜弼德（Peter A. Boodberg）将"仁"翻译为"co-humanity"（1952/1953，327 - 330），江文思（James Behuniak）则翻译为"associated humanity"（2004，xxv - xxvi）。而在另一个层面上，仁是自然的人类情感的一种表达，源于家人间的关爱。郭店文本中使用了另一种字形"忎"，身在心上，来强调仁植根于人心。[26]在这种语境中，否认天地是仁的，意味着天地不与人类似，对待人只会像对刍狗那样，人并没有特殊地位。因此，梅勒称这是《道德经》中"最直言不讳的非人文的章节之一"（Moeller 2007，12），而

陈荣捷说:"他一举将作为事物标准的天和人移除,并以自然来取代。"(Chan 1963b,10)

《道德经》摆脱人类中心主义的意义已经得到广泛的承认。胡适在一部开创性的中国哲学史著作(1919 年出版)中称赞《道德经》打破了天人同类的"谬说",从而为自然哲学奠定了基础(2003,38)。陈鼓应进一步发展了这种观点:

> 先前的人,总以为日月星辰、山河大地都有一个主宰者驾临于其上,并且把周遭的一切自然现象都视为有生命的东西。儿童期的人类,常以自己的影像去认识自然,去附会自然。人类常以一己的愿望投射出去,给自然界予以人格化,因而以为自然界对人类有一种特别的关心、特别的爱意。老子却反对这种拟人论(anthropomorphism)的说法。他认为天地之间的一切事物都依照自然的规律("道")运行发展,其间并没有人类所具有的好恶感情或目的性的意图存在着。在这里老子击破了主宰之说。(1988,83)

用英语来说明这种对人类中心主义的摒弃,早期的一种著名解释是顾立雅(Herrlee Creel)的论文《大块》("The Great Clod")(1970,25 - 36)。最近,梅勒将《道德经》作为一个与当代"后人文主义"相对应的"前人文主义"文本。[27]

《道德经》在几个层面上将人去中心化。中国古典哲学家通常关注起源,但主要关注的是人类历史的起源。因此,《孟子》从混乱的自然主宰脆弱的人类开始,然后讲述圣人是如何给世界带来秩序并建立人类文化的(6B9)。《墨子》也有类似的故事,但更多关注物质文化以及政治秩序的出现。[28] 相比之下,《道德经》开篇即是事物和形式的自发出现。人的历史从未被提及。另一层面上的人的去中心化是通过"万物"(指无数的事物，或者更确切地说，是"成千上万的事物")一词的地位提升来显现的。人被视为大自然创造的众多事物之一。当涉及人的自身时，《道德经》强调的是母亲和处于前社会状态的婴儿，而不是作为一种社会化来源的家庭。它对语言的局限性和人类语言无法表达极致的频繁强调，旨在提醒我们人的能力与自然本身是不可比的。甚至文本自身也可被视为非人化的。这里没有"子曰"，没有弟子间的对话，只有在个别段落中出现的含糊不清的"我"(Moeller 2006，137 - 138)。

我们可以通过考虑《道德经》是如何处理"道"和"德"这两个术语，来更深入地探讨其对人类中心主义的突破，毕竟这部经典在后来被尊名为"道德经"。"道"是英语里为数不多的广为人知的中国哲学术语之一，但令人哭笑不得的是，围绕此发展起来的含义使得"Dao"或"Tao"在很大程度上被误解为"道"的翻译，而我将"道"译成"way"(方式)。在中国古典哲学的语境里，"道"的主要含义是一群人遵循、提倡或教导的方式。因此，一个人可以谈论墨家的"道"或儒家的"道"。正如某人讲述或教学的方式那样，"道"也有一种话语意识，陈汉生很好地捕捉到这种意识，将"道"视为"指导性话语"(guiding discourse)(Hansen 1992)。"道"与其说是一种理论，不如说是一种生活方式。陈汉生解释说："道作为理论对我们的指引没有其作为**概念式透视**(conceptual perspectives)给我们的多……这种机制不像规则那样引发一种描述性的事态供我们实现。它对我们的影响更多地在于塑造我们的品味、我们的鉴赏态度。"(Hansen 1992，213)"道"的这些用法是从"道路"(path)的更具体含义引申而来。这个汉字本身是一个头("首")在脚("辶")之上，后者象征移动或前进。根据来自公元前 4 世纪晚期的出土文本使用的另一种字形"衍"——表示"人"处于道路两边的中间,这种与道路相关的意思更加清晰。正如安乐哲和郝大维所指出的,"道"常常有一种动词的意思,尤其是在早期的使用中,它是指造出或遵循一种路径,或是为某人引路(Ames and Hall 2003,57 - 59)。因此,他们把"道"翻译成动词性的"way-making"(开辟道路)。

虽然《道德经》用"道"来指代它所建议的方式,但它也为这个术语引入了一种新的、引人注目的用法。陈荣捷表达了一种常见的观点:"迄今为止,这种内涵一直是社会和道德的,但在老子那里,它第一次隐含形而上学的意味。"(Chan 1963b,6)这种在意义上彻底突破的主张自然会引起怀疑,一些学者试图回避这一点。例如,陈汉生试图始终将"道"作为"一种引导方式"(a guiding way),将更形而上学的段落理解为削弱传统价值观的战略主张(Hansen 1992,196 - 230)。拉法格认为"道"指的是一种心态,然后这种心态被隐喻地描述为一切的起源(LaFargue 1992,230,207 - 213)。尽管如此,一些段落还是明确地将"道"作为自然本身的一面:

> 道生一,一生二,二生三,三生万物(第 42 章)。

> 有[状]蚰成,先天地生。
>
> 敚穆,独立不改,可以为天下母。
>
> 未知其名,字之曰道。吾强为之名曰大。(第 25 章)[29]

从表面上看,这些段落描述了自然界里的事物是如何产生的,在这种情况下,"道"标志着自然动态和原初的一面,而这一面创造并供养了所有特定的事物。

最近出土的文本里有两个因素进一步支持了这种解读。其一，最近的考古发现显示，在公元前 4 世纪晚期，人们对于宇宙起源有着广泛的关注，我们应该在这样的语境里来解读《道德经》。[30] 其二，一些儒家的出土文本显示出一种使他们的"道"具有人的特色的明确关切。《性自命出》说："所为道者四，唯人道为可道也。"（刘钊 2003，第 41—42 条）这行文字很难理解，但我怀疑这意味着，虽然其他事物都有它们的运作方式（人因此可以遵循和使用它们），但只有人的方式是可以被养成和学习的。不管这一文段里的其他三"道"是什么，它们都不会是"人道"。[31] 类似的另一行句子则在一开始时就指出不同的"道"以心术——学习和个体变化的轨迹——为主（刘钊 2003，第 14—15 条）。这些议论表明，到了公元前 4 世纪晚期，一种自然主义意义上的"道"已经变得足够突出，以至于儒家觉得有必要区分他们的为人之"道"。[32] 上述这行文字与《道德经》第 1 章的首句之间的共同性表明，一种间接的联系至少存在。《道德经》这段话可能正是为了区分生成自然界的恒常的"道"与可"道"的人"道"。

作为自然生成力的"道"和作为被推荐方式的"道"是紧密联系在一起的。道路的概念已经包括了两种含义：一条沿着土地本身轮廓形成的小路。因此，"道路"既指如何走，也指世界上本有的某些东西，正如我们可以"造"出一条路或是"找"到一条路。[33] 在《道德经》里，对"道"的解读也是这样模棱两可，因为自然运行的方式与圣人遵循的方式并存。[34] 值得记住的是，正如我们在第 25 章里看到的那样，文本本身也表达了对"道"这一称谓的不满。我们可以很自然地将这段文字理解为这样一种说法，我们无法谈论"道"本身的终极起源，但是由于它与我们相关，所以我们可以称之为"指引者"（the guide）、"引导物"（what leads），或者"道路开辟者"（way-making）。[35] 此外，虽然"道"（the way）生成了可以被知晓和遵循的模式，但"道"本身并不是一条具体的道路或一组规则，而是指一种发生模式——自然。这个词结合了反身代词"自"（自我）和"然"（意思是"如此"或"以某种方式"）。因此，"自然"最字面的意思是"自我如此"或"本身如此"，带有一种自发性和不受外部胁迫的自由感。"自然"也表现出"道"的两重性——自然界和圣人都遵循"自然"。这并不是圣人的自发性与宇宙起源的自发性**类似**；而是相同的自发性贯穿于奇特的事件和状况之中。"自然"提供了一个天、地、人以及万物共享的场地。吉瑞德（Norman J. Girardot）因此称圣人的行为是"宇宙创生行为"（cosmogonic behavior）（1985，75），史华慈（Benjamin Schwartz）则说圣人模仿"宇宙化样式"（cosmomorphic fashion）（1985，202）。

正如我们在《孟子》的话语，甚至《道德经》的一些段落里看到的那样，尽管"天"在战国时期变得越来越自然主义，但它仍然保留着人格化的内涵。《庄子》随后使用被剥离了这种人文主义的"天"，但是《道德经》采取不同的策略，将"天"置换成指代终极的术语。这一策略出现在八个章节中，一定程度上是通过将"天"和"地"搭配在一起实现的。[36] 尽管"天"仍然被赋予某种优先权，但是只有天地在一起才被视为一个整体的自然。此外，与天地相比，"道"被赋予了明确的优先权。道被说成先于天地（第25章），是天地的根（第6章）。从那时起，其他宇宙创生论文本更明确地将天地解释为衍生物。《太一生水》开篇即是"太一"生水，水然后帮助"太一"形成天，天再帮助"太一"形成地（刘钊2003，第1条）。《太一生水》认为"天"只是我们用来指称处于我们上方的"气"的词，正如"地"是我们用来标记我们脚下土壤的词（刘钊

2003，第 10 条）。在《恒先》里，浊气被说是生成了地，而清气生成了天，这一说法也见于后来的文本。[37] 气，我将其英译为"vital energy"或"vital energies"，这是一个自然主义的概念，用来解释各种动态的过程，从天地的形成到气候模式，再到身体和人的情感过程。[38]

《道德经》里关于天的这种置换的最重要的一行文字说："人法地，地法天，天法道，道法自然。"（第 25 章）我们在上一章中遇到的术语"法"是"规范"（model）的意思，这里被用作动词，"法之"的"法"的意思，除此之外还包含一种自发地遵循某些模式的意思，甚至可能是体现这些模式的意思。这个文段处理了在任何宇宙生成学说中最显而易见的困难，即无限回溯的问题。这种回溯被避免了，因为在最基本的层面上，自然本身就是如此。遵循自发性的"道"与故意执行某些价值观的"天"形成了对比。其他的一些文段说"道"并不充当"主"的角色，且没有欲望（第 34 章）。还有若干文段说，"道"孕育或生成事物，但并不"拥有"（possess）或"占有"（have）它们，这颠倒了墨家的说法，即天关爱所有的事物，因为它"兼而有之"（26：196；Johnston 2010，26.6）。这些段落表明，从"天"到"道"的转换意在用既非人性的也不人道的，而是作为一种自发过程的"道"的概念来取代道德主义的和人格化的终极概念。[39]

另一个关键术语"德"的难点反映在各种各样的翻译方式上，甚至在《道德经》里也是如此：virtue（美德）、virtuosity（素养）、integrity（正直）、efficacy（功效）、potency（效力）、power（力量）。[40]正如这里列举的译名所显示的那样，"德"融合了几种用任何一个英文术语都无法捕捉到的意思。我们可以区分出其含义的四个维度，每个维度都出现在一系列的战国文本中：

1. 德与性格相关。虽然它有时指的是道德**行为**,但它主要指的是一个好人所**拥有**的东西。[41] 例如,《中庸》将"达道"的五个领域(君臣、父子、夫妇、昆弟以及朋友间的交往)与人们在这些领域行动的三"德"——智、仁、勇——区分开来(朱熹 2003,28—29)。[42] 在那种语境里,德很容易被翻译成"virtue"(美德)。在不同的文本中,德与一系列价值观相关联:孝、正、固、柔、和、中。[43]

2. 德与心和内在相连。"德"字的原始字形是"直"(意思是"直的"或"垂直的",是一种与直率和正直相关的美德)在"心"之上,这是郭店文本使用的一种字形。德与内在之间的这种联系最明显地体现在出自郭店楚墓的《五行》篇中,它使"行"有别于"德之行",因为后者形于内(刘钊 2003,第 1—6 条)。作为内在,德与真诚、自然和自发性相联系,与我们可能强迫自己做出的正确行为形成对比。

3. 德与神力相连。《五行》说,德是天道,而善是人道(刘钊 2003,第 4—7 条)。《庄子》将相同的概念联系在一起:"天在内,人在外,德在乎天。"(17:588;Mair 1994,158)这种与天的联系可以是外在的,正如我们在《尚书》里看到的那样,根据《尚书》的说法,德获得了天有意识的支持,也可以是内在的,它与遵循某人自身的自发性联系在一起。

4. 德带来力量或功效,这个意义反映在德与一个同它密切[97] 相关的术语"得"(意指获得)的联系上。《礼记·乐记》简明地说道:"德者,得也。"(孙希旦 1988,982)这种力量是非强制性的,且最初与给予利益者感到的义务相联系(Nivison 1978 - 1979,53)。在《尚书》里,这种力量是由天促成的,但儒家强调了人们会对优秀榜样所施展的非凡魅力做出自然的反应。对于《道德经》和《庄子》来说,德是一个沟通引导自然自身生成力的问题。

德这一概念的重要性是在周代早期的天命观语境中出现的，其连贯性取决于对恶的问题的回避。认识到坏事会发生在好人身上，就是在作为道德行为的"德"和作为道德力量或功效的"德"之间制造了分裂。事实上，战国思想里恶的问题可以通过"德"这一概念的发展和变化来书写，其基础是它作为"美德"和"力量"意义之间的分裂。总的来说，儒家保持了德与人文主义美德之间的联系，但是他们必须就其功效达成妥协。相比之下，《道德经》和《庄子》主要强调的是德的功效或力量，这是通过与自然过程的融合来实现的，但与人文主义意义上的美德几乎没有联系。在《道德经》里，德的积累是用非道德和非人性的术语来解释的：

> 知其雄，守其雌，为天下溪。为天下溪，恒德不离。恒德不离，复归婴儿。
>
> 知其白，守其辱，为天下谷。为天下谷，恒德乃足。恒德乃足，复归于朴。
>
> 知其白，守其黑，为天下式。为天下式，恒德不忒。恒德不忒，复归于无极。（第 28 章）

一个人通过保有卑微和弱小来发展德，这引起了天下的回应，并使一个人回到一种具有自然效力和简单质朴的状态，就像未经雕琢的木头或婴儿一样。虽然人通过德的积累来获得效力，但德本身从根本上来说是非人的，它是一种自然的力量，是方式本身的力量或功效。在这个作用上，德是生长、生成和滋养事物的力量（第 10、51 章）。"德"是最难连贯翻译的术语之一，我会经常重复其中文术语，但也会用"virtue"或"virtuosity"来作为产生最少问题的替代词。

"道"和"德"这两个术语的模糊性（它们涉及自然的力量和圣

人的方式)已经表明,如果在《道德经》里有什么东西是我们可以
称为"道德伦理"(ethics),那它就不会是人文主义的。像天与地、
圣人都是不仁的(第 4 章)。因此,当谈到恶的问题和人的行为功
效时,《道德经》从根本上改变了局面。《道德经》没有关注**善**行是
否会得到回报,而是关注总体而言的人类行为的力量,并提出是
什么使人类行为有效的疑问。有了这种定位,《道德经》开启了对
自然运行方式的广泛考察,在总体上将奖惩问题放在有效行为的
语境中。我们可以举出这样的例子:

> 江海所以为百谷王,以其能为百谷下,是以能为百谷王。
>
> 圣人之在民前也,以身后之;其在民上也,以言下之。
>
> 其在民上也,民弗厚也;其在民前也,民弗害也;天下乐
> 进而弗厌。
>
> 以其不争也,故天下莫能与之争。(第 66 章)[44]

这一文段强烈地主张了人类行为的功效:圣人达到了每个人都乐
于支持他们且无人相争的境界。然而,这种功效与道德行为是否
得到奖励无关。总的来说,这里的关切是关于成功——如何领
先,如何在上位,如何使人不抗拒。不管初衷如何,这里并不阻止
人们把它作为如何在政治上获得成功或跃升至企业高层的建议。
这种广泛的适用性随之而来,因为它的基础不是一种关于像神一
样的人物给予奖惩的理论,而是关于自然本身的一般观察。

在以自然模式为指导的过程中,《道德经》再次与《墨子》保持
一致,并与儒家形成对比。尽管如此,墨家在人本位的天的指导
下,仍然受限于他们的人类中心主义自然观。《道德经》以自然为
指南,同时也认识到自然是"不仁"的,既非人,也不仁。胡适将这
种转变归结为与恶的问题的一次相遇:

> 老子生在那种纷争大乱的时代，眼见杀人、破家、灭国等
> 等惨祸，以为若有一个有意志知觉的天帝，决不致有这种惨
> 祸。万物相争相杀，人类相争相杀，便是天道无知的证据。
> 故老子说："天地不仁，以万物为刍狗。"(2003,38)

对《道德经》的这种解读使人想到类似的欧洲人对恶的问题的反
应以及对人格化的上帝或宇宙的排斥。在欧洲，人们越来越不相
信上帝会奖励善行，这意味着人类不再依靠上帝来确保和平与正
义。因此，它引发了向科学方法的转变，以重整人类社会的秩序。
尽管方法论和态度上的差异使得称其为原始科学（proto-
scientific）是有问题的，但《道德经》确实对自然和人类行为采取
了类似的取向。随着天意的消失，人类的繁荣依赖于找到并利用
自然本身的模式。

道与人之善

《道德经》在其对世界的基本观念和如何在世界中有效地行
动的观点上，都脱离了人类中心主义。然而，这一文本仍然是一
本人类的指南；因此，它必须在自然和人的关切之间架起桥梁。
在看似是文本的最基本问题上就存在着惊人程度的分歧：为什么
我们应该遵循道？顾立雅有益地区分了道家思想中的两个部分，
一个是"目的性的"（purposive），另一个是"沉思的"
（contemplative）(Creel 1970,37-47)。沉思的倾向旨在获得一
种神秘的经验，这种经验本身就有价值。目的明确的这部分则聚
焦于利用这种经验作为"促进个人抱负和政治目的"的手段
(Creel 1970,44-45)。我们可以通过区分三种善来进一步讲述

这一点。第一种是世俗的人类之善——包括安全、健康、长寿和平等,基本上属于顾立雅所说的"目的性"范畴。第二种是内在的或主观的善,主要是满足感或内心的平静,但也有某种神秘的经验,所有这些都属于顾立雅所说的"沉思"范畴。[45] 这些善与第一种善密切相关,既因为满足了基本需求会带来满足,也因为平静或神秘的洞察力可能会生成力量从而带来世俗的善。第三种则是具有内在价值的自然的某些品质。因此,拉法格将《道德经》里最高等级的善命名为"有机和谐"(organic harmony),而刘笑敢将自然的"自然性"或"自发性"作为其最高价值。[46] 在这一类别里,或许我们也可以这样解读,即假设"道"的联合体是一种内在的善。

《道德经》经常通过描述行动所造成的结果来建议行动。因此,研究《道德经》基本价值观的最直接方法是考察哪些结果被用于建议行动。它们的目标是什么?从总体上看,结果通常是成功的:某个人什么都不做,成功地完成任务,取得胜利。其他的一些段落则以避免伤害或不幸为目标。最常见的具体目标是养生或避免早逝,这一目标出现在十六个章节中。个别段落是人们坚持保持或获得一个位置,使自己被优先提及(第 7、66 章)。其他一些段落提到成为一国的王(第 48、57、78 章)或拥有一个国家(第 59 章)。有几段提到避免屈辱或指责,还有几段提到成为天下的模范。有一段提到了连绵不断的子孙(第 54 章)。这里所列举的涵盖了《道德经》里列出的绝大部分结果,几乎所有的结果都可以从自身利益的角度来解读,即在个人的努力里取得成功,长寿,避免羞愧,以及保持作为领袖和模范的地位。在这个意义上,《道德经》是**有效**行动而非**道德伦理**行动的指南。

将《道德经》解读为非道德的成功指南,似乎不仅违背了文本的精神，而且与具体段落相矛盾，特别是那些与国家治理相关的段落，在这些段落里之所以建议采取行动，是因为这些行动会造福民众。例如，第38章说上礼是不好的，因为它会削弱忠信，并导致混乱。战争被拒绝作为一种手段，因为它会导致贫瘠的土地和粮食歉收（第30章）。第80章认为好的政府是一个让人民享受简单生活的政府。在这些段落里，这些统治方法之所以被推荐，是因为这些方法会使人们幸福、和平、有序、善良（即孝、仁、忠、义）。还有一些段落通过描述圣人所做的事情来建议行动，这也暗示了百姓的安乐被认为是善。例如，第49章说：

> 圣人无常心，以百姓心为心。
>
> 善者善之，不善者亦善之。得善也。
>
> 信者信之，不信者亦信之。得信也。
>
> 圣人之在天下也，歙歙焉，为天下浑心。百姓皆注其耳目焉。圣人皆孩之。

就这些段落没有诉诸进一步的结果或结局这一点来说，它们似乎把关心人民作为一种内在价值。[47]

总而言之，《道德经》呈现出多种价值观，从长寿到避免屈辱，再到让人民生活在和平中。这些目标本身没有给出明确的理由，这一点并不令人惊讶。墨家设想的目标几乎相同，尽管他们和我们之间存在着巨大的文化隔阂，但这些价值观——对于民众而言的长寿、合理的成功、和平与繁荣——仍然看似不错。纵观全书，我们可以说，遵循道的动机是让人类过上体面的生活，"甘其食，美其服，乐其俗，安其居"（第80章）。最引人注目的是，所有这些列举的善都表达了人的关切。《道德经》很少提供证据证明与道的结合是一个内在的目标。虽然这些文段带着畏惧和敬意来谈论道,但第 62 章明确指出,道是值得尊重的,因为它能让那些寻求实现目标的人以及那些做错的人避免麻烦。尽管自然和谐(如同"有机和谐"或"自然性")似乎是人类繁荣所必需的,但没有任何段落明确表达了对自然福祉的直接关注,无论是作为一个系统,还是作为对植物或动物等特定事物的关注。[48] 由于这种对美好人类生活的关注,我们仍然可以把《道德经》称作一份人文主义的文本。它的根本挑战在于展示如何通过与一个既非人性也非人道的世界的和谐相处来达到人类之善。[19]

这种对达到基本人类之善的关注与三种对《道德经》的常见解释相抵触。第一,不能把《道德经》视为一个主要持怀疑态度的文本。[50] 尽管这些段落强调谈论事物的最终起源是不可能的,因此暂且标称为"道",但我们可以知道并谈论自然界的规律模式,即使我们必须通过相互交叠的具象描绘系统而不是精确、抽象的推理来做到这一点。[51] 第二,《道德经》并没有平等地对待所有价值观,把成功和失败或者生与死视为平等。[52] 绝大多数段落都是围绕着达到一小部分被认为是显而易见的善来组织的。第三,平静地、平和地接受发生的一切并不是整个文本的首要强调。[53] 这种观点无疑存在于《道德经》:当第 33 章说"知足者富"时,这可能并不意味着他们**真的**变得富有,而是他们**感到**富有。但是当第 46 章说"祸莫大乎不知足"时,祸可能指的是真实的事情,比如战争,而不是内心的不满。虽然知足和满意是内在的价值,也是成功的一种手段,但绝大多数段落不能被貌似合理地解读为只谈论主观或内在的善,就好比避免伤害或者长寿绝不只意味一个人能够接受伤害和早逝。[54] 虽然这三种观点(怀疑主义、价值平等和心态平和)都集中出现在《庄子》里,但我们必须坚持《道德经》的思考方法有所不同。

101

根据《道德经》的说法，那些谨慎行事的人将长寿，保持他们的地位，并且相当成功。人类作为一个群体将生活在和平与富足之中，有安全的家，没有强盗。虽然《道德经》的非道德体系并不确切地面对"恶"的问题，但它所说的许多确保成功的行动，看起来可疑地像是其他人会称作"善"的行动。极致的财富——与人民的贫困和对人民的剥削密不可分——自然会带来失败和伤害（第9章）。暴力无法持续，而且会给使用暴力的人带来灾难（第30、31章）。任何使人民贫困或加剧不平等和战争的统治者都将被推翻。我们应该避免采取这些行为，否则将受到伤害。墨家会说同样的话，同时称这种伤害是一种"罚"。细想一段似乎描述了三种美德的《道德经》段落：

> 我恒有三宝，持而宝之。一曰慈，二曰俭，三曰不敢为天下先。

102

> 夫慈，故能勇。俭，故能广。不敢为天下先，故能为成器长。

> 今舍其慈，且勇；舍其俭，且广；舍其后，且先；则死矣。

> 夫慈，以战则胜，以守则固。

> 天将建之，如以慈垣之。（第67章）

这三种"宝物"都可以用与自然模式相协调的自然主义的术语来详细分析，但是它们都接近于"美德"，并且所有这些都因其带来的结果，如能勇、能广、能成器长，而被证明是合理的。如果在没有这些宝物的情况下追求那些益处，后果简单明了——死亡。慈爱或仁慈作为一种成功的手段是最难被证明的，这可能就是为什么这一段落特别指出，慈能使人们在战争中获胜，守卫的东西也能牢固，甚至会获得上天的支持。

虽然这些段落几近于声称好人总是成功的,但是这些行为并没有被概念化为道德、人性或人仁。它们保证奖赏,是因为它们的有效运作与世界本身的工作方式相关。财富、暴力和剥削都会导致伤害,不是因为它们是**不道德的**,而是因为它们违反了自然的模式。第23章有助于阐明这种处理方法:

> 飘风不终朝,暴雨不终日。孰为此? 天地,而弗能久,又况于人乎?
>
> 故从事而道者同于道,得者同于得,失者同于失。
>
> 同于得者,道亦得之;同于失者,道亦失之。[55]

这段话的基本意思是,个人的道路决定了个人的得失、寿命的长短。因此,王弼注释说,道"同而应之"(楼宇烈 1999,58)。这可以被认为是另一种善行是有回报的说法,但是一开始的雷暴雨的例子表明这超出了人类道德伦理的范畴。一个人步上失去的后尘,不是因为他怀有不良的意图,而是因为他采取了无效的行为。这与墨家类似的主张有着微妙但极重要的区别,因为这意味着即使像墨子一样的好人也会与失去同路——不是因为他**不好**,而是因为他没有依自然行事。这一背景有助于解释《道德经》里的道德批判。孝、利和正在一些段落里受到批评,但在另一些段落里又受到重视。即使是受到最强烈批评的儒家美德——礼,也没有被完全否定,像战后的丧礼与维持对祖先的祭祀都得到了肯定(第54、31章)。对于这种术语两用,最佳的解释是,如果这些美德是自然产生的,那么它们是好的,但一个人如果直接将精力集中于提升美德——这违背了事物的自发性——那么实际上会导致伤害。[56] 对教化的这种批判是一种基于功效的攻击。

《道德经》通过限制行善能得到回报这一说法的范围和意义,

使其更加可信。换句话说，我们通常会把一个好人看作那些想要做好事的人，像伯夷、比干或者墨子这样的人。我们觉得在一个好的世道里，这样的人应会得到回报，当他们反而受苦时，我们就会遇到"恶的问题"。《道德经》会承认，这样的人经常会遭遇伤害和失败，但这一事实并不意味着行动和结果之间的联系是不确定的或无法控制的，结果是由一种无法解释的命或反复无常的神性决定的。只有了解如何有效地与自然相处，行善才会成功。此外，善不是唯一的目标。保护自己的生命甚至自己的位置也是有效的目标。《道德经》甚至说，只有把自己的生命看得高于一切的人，才足以成为王（第13章）。对于一位儒者或墨者来说，死亡的可能性更大，因为避免死亡不是他们主要关心的问题之一。综上所述，《道德经》能够合理地解释天如何"恒与善人"：一个通过最有效的行动来追求某种善，并以最有效的方式保护自己生命和地位的人，不会获得名声或巨大财富（这两者都是危险的），但他会长寿，并在追求中获得适度的成功。

这种观点的合理性仍然取决于人们视自然的力量与一种可持续的和令人满意的人类生活相一致，尤其是因为最有效的行动是无为（non-action），也就是说，不强制或强迫事物，而是让它们自己发展。自然之善以道为中心，将道作为生长、生成和生命的力量：

> 道生之，德畜之，物形之而器成之。
>
> 是以万物尊道而贵德。道之尊也，德之贵也，夫莫之爵也，而恒自然也。
>
> 道生之，畜之，长之，遂之，亭之，毒之，养之，覆之。
>
> 生而弗有也，为而弗恃也，长而弗宰，是谓玄德。（第51章）

"生"这个术语英译为"generate",我们已经看到它指的是生命的生成力（意思是生长、生存或出生）。其最初的字形描画了一种从土壤中生长出来的植物（《说文解字》6b.4a；段玉裁 1988, 274）。"畜"这个术语翻译成"raise"，字面意思是饲养或喂养牲畜。道的两个方面——生育和抚养——都隐含在对作为母亲的"道"的描述中。[57] 因为这种生成的功能，事物在没有被命令的情况下也会 *104* 自发地仰慕且尊敬道和德。值得注意的是，**事物**都如此，不仅仅是人；人在这一生成的过程中并不特别。另一段将水之道和"利"联系在一起，"利"是墨家的关键术语之一："上善若水。水善利万物而不争，处众人之所恶。故几于道。"（第 8 章）[58] 水通过养育事物并促使它们生长而获利，而且它不需要挣扎或争论就这样做了。将这种养育之力称为利，这样就把这一隐喻与通行文本的最后几句联系在一起，最后几句说天之道利而无害，而人之道为而不争（第 81 章）。

这种乐观的自然观主要依赖于生成和生长，但自然也有支持可持续人类生活的其他倾向。自然是公正的，没有亲疏之分（第 79 章）。这种公正包括包容善人与不善人，这就是圣人所仿效的慷慨（第 49、62 章）。道自然地寻求适度和平衡，这与它的可持续性和恒常性相关。这种趋于平衡的倾向促进了均等或平等。因此，有的文段将天之道与人之常道进行了对比：

天之道，犹张弓也。高者抑之，下者举之，有余者损之，不足者补之。

故天之道，损有余而益不足。

人之道，损不足而奉有余。

夫孰能有余而有以奉于天者？唯有道者乎？

是以圣人为而弗有，成功而弗居也。

若此其不欲见贤也。（第 77 章）

另外的一些段落说物所厌恶的是过度和浪费（第 24 章），而且对于在普通百姓缺乏必需品时拥有奢侈享受的一些人来说，这不是道而是"盗"，这里用了两个读音相同的术语（第 53 章）。

圣人与道之间的契合既解释了贤能政府的功效，也解释了圣人对无为的信任。贤能政府是可以实现的，因为它符合自然本身的倾向。圣人不需要努力去造福和培育事物，因为大自然本身就是这样做的。我们能在使用"自"这个词的各种短语中看到这一点：统治者若能守道，那么人们会自化，自正，自富且自朴，天下将自定（第 37、57 章）。另一段说统治者如能守"那个唯一"（道），那么"天地相合以降甘露。民莫之令而自均"（第 32 章）。这一文段很好地将自然的生成力与自然分布的公正性结合起来。

我们在这里看到了《道德经》和墨家之间的连续以及破裂。道的这种给那些鼓吹战争和不平等的人带来不良后果的倾向，实际上与墨家的观点是一致的。道造育生命的这一面呼应了墨家的主张，即天关爱且造福天下，它爱生（生命，生成，生长）（《墨子》26：193；Johnston 2010，26.2）。《道德经》甚至使用了墨家的关键术语——利，来谈论这种生成力。《道德经》关于道没有亲疏之分的主张，追循了墨家关于天的另一种主要主张，即天是公正的或包容的。当然，一个不同之处在于，在《道德经》里这些倾向摆脱了人格化的基础。它们不仅发生在没有任何意识的意愿或感觉的情况下，而且延及所有事物，而不仅仅是人类。但是与墨家最彻底的破裂来自对无为的抬升。《道德经》是强烈的反活动分子；而墨家则处于相反的极端。因为道本身倾向于利益、平等、平衡和可持续,一个好的(尽管简单的)人类社会自然会出现。圣人的主要作用是防止别人把事情弄糟。这种取向解释了在《道德经》里,为什么尽管自然被说成是利于事物,但利也是一个**被批评**的目标(第 19 章)。利是善的,但逐利会阻碍自然的过程,最终导致伤害。在这一点上,《道德经》具有更一致的立场,且似乎是从墨家自身的前提延伸出来的。如果天是善的,为什么我们需要采取行动?墨家的行动主义表明,他们不相信天会自己关爱自己的事物。而《道德经》则反映了对自然过程更深的信任。

乱道而违自然

围绕着世间的伤害这一现实,一系列问题仍然存在。第一个问题是,《道德经》关于人类行为功效的主张太过了。当然,一些好脾气的、过着健康生活的、善良的人仍然会得癌症且英年早逝,而一些鲁莽、固执的暴食者则快乐地活到老年。对此,最合理的回应是,促使人们遵循道才是《道德经》的主要关切,就像《论语》和《墨子》那样。为此,它可能会夸大其功效和可靠性。沿着这样的思路,刘笑敢处理恶的问题是通过论证恒和常不应该被理解为"每次都是"或"重复不断",而是指不那么严格的,如"经常的"情况,来解释为什么像伯夷这样的好人最终会过上糟糕的生活(2006,743)。即使如此,我们也不应忽视这样一种可能性,即《道德经》认为某种类似于神力的东西属于有道之人,以及道家后来发展出的一种对不朽的关注,可能都佐证了将《道德经》的主张视为表面意义上的功效。《庄子》的几个章节里都出现了拥有神力的圣贤,而且根据传说,《道德经》注家河上公能悬坐在离地数丈的半空中,通过这种方式,他在汉文帝那里确立了权威的地位(王卡 1997,4)。

更深刻的问题关系到自然本身。如果我们把道看作包含了作为一个整体的自然，那么声称道有益而无害的说法肯定是错误的。关于功效的整个讨论取决于这样一种观点，即不同类型的行为会达到不同类型的结果。如果伤害不是一种现实的可能，那么整个目的/手段的体系将是毫无意义的。更重要的是，自然创造了一切，但是——与大多数母亲不同——它也摧毁了它们。如果作为对自然的描述，《道德经》对道的描述是非常有选择性的：甚至连老年人的自然死亡也被忽略，更不用说癌症、风暴和雷击之类的事情。战国后期的文本则有所扩充，将自然的破坏性一面明确地纳入其中。例如，《吕氏春秋》说：

> 凡人物者，阴阳之化也。阴阳者，造乎天而成者也。天固有衰嗛废伏，有盛盈蚡息；人亦有困穷屈匮，有充实达遂；此皆天之容、物理也，而不得不然之数也。古圣人不以感私伤神，俞然而以待耳。（20/3：1355）

《韩非子》从《道德经》本身解读出了这样一种观点，因此对第67章评论道：

> 天地不能常侈常费，而况于人乎？故万物必有盛衰，万事必有弛张，国家必有文武，官治必有赏罚。（20：421）

这两段都利用自然破坏性的一面来得出《道德经》会反对的结论：在第一个文段里，生与死是平等的，从而导致对宿命论的屈从；在第二个文段里，自然的破坏性证明了使用系统暴力的正当性，这一结论也能在《吕氏春秋》（20/4：1369）里得出。因此，对自然破坏性这一面的边缘化在《道德经》里起着至关重要的作用，必须被认真考虑。

乍看之下,《道德经》关于生育的强调似乎很难被证明——考虑到没有什么东西会永远存在,自然创造的一面和破坏的一面似乎表现均衡。然而,优先考虑生命和生育是有一定原因的。如果 107 生与死相当,那么我们会期待像我们一样的生命阶段,但也会期待一个漫长的没有任何生命的绝对死亡阶段。而事实上,生命总是存在的,持续不断。因此,《系辞》将《周易》的基础解释为"生生"(高亨 1998,388),"生生"即"生成又生成""生长又生长"或"生活又生活",我们可以从字面上把它翻译为 *natura naturans*(创造自然的自然)。这个短语被用于对自然的著名描述之中,即"生生不息":生成,生成,永不停止! 鉴于自然不断的生命力,死亡并不等于生命,而是生命中的一个瞬间。事实上,我们可能只是把死亡看作新生命取代旧生命的过程。虽然在明显的方面有所不同,但优先考虑生命和生育的逻辑与欧洲哲学中优先考虑存在的逻辑相似,特别是我们在斯宾诺莎所说的 *conatus*(努力)的意义上理解存在,或在莱布尼茨把存在视为秩序和差异的动态最大化的意义上理解存在。对斯宾诺莎和莱布尼茨来说,任何事物存在的这个事实表明,存在比虚无具有绝对的优先权,因此破坏只能被理解为更多存在生成中的转变。尽管这些"存在"的概念仍然比中国的"生"的概念更为抽象,但欧洲的这一思想路线最终朝着更中国化的方向发展,通过尼采"权力意志"的生命观,然后进入柏格森(Henri Bergson)或德勒兹(Gilles Deleuze)的生机论。[59]

然而,生成性和生命力的优先并不能完全解决这个问题,因为从人类的角度来看,死亡和伤害仍然是实际存在的。那么这些死亡或伤害是来自道,还是背离了道? 如果是前者,那么道怎么能说是利而无害? 如果是后者,那么伤害又从何而来? 我们可以通过最重要的破坏点——人类自身——来最好地解决这些难题。正如我们在第一章中所看到的，在另一个被发掘的约公元前 300 年的宇宙创生文本《恒先》里，人类被明确地挑出来当作是具有破坏性的（季旭昇 2005，第 8 条）。[60] 在《道德经》里关于背离道的最直接的说法是第 53 章：

> 使我介然有知，行于大道，唯施是畏。大道甚夷，而民好径。朝甚除，田甚芜，仓甚虚。服文采，带利剑，厌饮食，财货有余，是谓盗夸。非道也哉。

人类可以而且确实背离了道。引文中的"我"害怕迷失于道，大多数民众喜欢走狭窄的小路而不是大道，而统治者的强盗行径被认为是"非道也"。同样地，第 41 章将那些能够小心地行道的人与那些闻道却不存道的人以及闻道却嘲笑的人进行了对比。正如我们已经看到的，第 77 章将天之道与人之道区分开来，讲到天减少有余来弥补不足，以此平衡事物，而人则相反。另一文段则用了更宽泛的术语来表达，当天下有道时，马匹会被用在田地上，但是当天下无道时，马匹则被养来用于战争（第 46 章）。

这种背离道的可能性在数个层面上引起问题。在心理层面上，引起的问题是：如果大道如此平坦和容易，为什么会有人选择不遵循它？借助于原罪或康德的"人心的根本恶"（*radicale Verkehrtheit im menschlichen Herzen*），就可以解决这个问题（Kant 1900，6:37），但是《道德经》里没有这样的内容。[61] 从某种意义上来说，直接的解释必然是人的选择，但这不是根据自由意志来解释的，而是通过一种欲望和知识的混合来进行解释。在《庄子》的"尚古主义"（Primitivist）篇章里，有一段特别有力的文字描述了人类如何破坏每一种生物的环境。然后它把这归因

为对知识的热爱,即"好知":

> 故上悖日月之明,下烁山川之精,中坠四时之施;惴耎之
> 虫,肖翘之物,莫不失其性。甚矣夫好知之乱天下也! (10:
> 359;参见 Mair 1994,89)[62]

在《道德经》的第 3 章里,知与欲的相交最为明显,这一章给出了
以下进一步的阐述:

> 不上贤,使民不争。不贵难得之货,使民不为盗。不见
> 可欲,使民不乱。
>
> 是以圣人之治也,虚其心,实其腹,弱其志,强其骨,恒使
> 民无知无欲也,使夫知不敢。
>
> 弗为而已,则无不治矣。

欲望是由事物如何被认识及标记形塑的。因此,知可以生成非自
然的欲望,从而导致不满与争斗。通过与语言和习俗的联系,知
的有害形式的兴起与文明和文化的发展密不可分。欲望、知识和
社会化的这种交集准确地解释了人的多样性,这是所有早期中国
哲学家都认同的观点。把欲望和知识联系在一起,我们可以说,
关于我们背离道的直接解释是,我们并不是自发或自然地行动, *109*
而是故意或有目的地行动。[63]

  然而,文明和非自然欲望的兴起趋势并没有解决更根本的本
体论问题:由道生成的东西怎么能违背道? 人确实背离了道,这
一点已经得到了上文所引段落的证实,而且如果《道德经》想要给
出任何指导,这一点也是必要的:如果道是不能不遵循的,那么劝
说人们遵循道又有什么用呢? 从欧洲哲学的角度来看,似乎有两
种途径可以处理这些关于道的背离问题。一种途径是区分自然
的因果关系和人类行为的因果关系,后者是由自由意志提供的。

另一种则是可能会存在一种与道相反的别的力量，这种力量起着类似于真实的恶（对于摩尼教而言）或真实的虚无（对于奥古斯丁或笛卡尔而言）的作用。《道德经》里没有任何类似的说法。此外，这两种途径都是二元论的，都提出两个截然不同的次序，而自发行为和故意行为之间的区别更多的是程度问题。

《道德经》不承认这方面的问题。这可能是其理论叙述中的一个空白，甚至可能是一个无法避免的空白。本杰明·史华慈指出了这个问题，但他只是简单地提到了"一种新的善恶观念难以解释地在那些被称为圣贤的人中兴起"（Schwartz 1985，210）。贺碧来（Isabelle Robinet）也提出了这个问题，但没有尝试去解决："然而，人们以一种令人费解的方式把自己与道'分离'开来……由于道无处不在，人们不能从中抽离，所以这种迷失的可能性是自相矛盾的；然而，中国人并没有尝试去解释这一点。他们只是跟随老子的观点做出观察。"（1999，149-150）正如贺碧来所指出的，《道德经》忽略了这个问题，可能是因为这个问题与其现实关切无关——我们知道所有事物都是由道生成的，同时我们也知道人会违反道且扰乱事物。为什么或怎么样都不重要。然而，在得出该文本在理论上前后不一致的结论之前，我们应该考虑到，它所用的可能是一种不同于从无创有（*creatio ex nihilo*）那样有着严格因果关系的生成的概念，这种生成的概念使得与道的背离是可预料的或是正常的，因而不需要解释。[64]

如果人类能够背离正道，那么事物（至少是人类的事物）就必然具有某种独立性。与我们对"道"的期望相反，《道德经》从来没有确认"道"与自然是同一整体。一些段落可能被认为暗示了道无处不在，但是即使道**在万物之中**，也不意味着道就**是万物**。[65]道不是以各种形式呈现或成为各种事物，而是把事物生产或生育出来。母亲和孩子的隐喻能清楚地表述这种关系:母亲生育并教导孩子,但这不意味着孩子就是母亲。尽管成书较晚,但《吕氏春秋》揭示了生命/生育之间的联系和分离:"夫物合而成,离而生。" [110] (13/1:662)事实上,事物被认为回归于道,这也暗指了某种(暂时的)独立——事物如果不可能离开,就不需要回来。这种道生成事物但不控制或支配事物的说法进一步表明事物本身具有某种独立性。道允许事物按自己的方式发展。

这种脱离道的独立性,在我们已经看到的一段关于事物生成的段落里,被提升到理论层面上讨论:"道生之,德畜之,物形之而器成之。"(第51章)"道"生成事物,而"德"养育它们,但这一过程并不就此结束。事物因为其他"物"而成形,"物"(things)是一个包含了事件和过程的术语,这里的"物"是广义的,是人们会说他们有"事"要做的那个"事"(things)。事物最终由"器"而"成","器"是一个与事物特定功能相关的术语,字面意思是工具、器具或容器。[66]"器"似乎已经是一个专门术语,《系辞》对道和器进行了区分,道是形而上的,而器是具体的物,是形而下的(高亨1998,407)。器也能表示局限的意思,正如孔子的名言"君子不器"(《论语》2.12),这里的器用作动词。[67]

"物形之"与"器成之"之间的明确差别尚不清楚,但这应该是一个渐趋规范的过程。在这个过程中,道和德的作为是善且有益的,器与其他事物的作为却未必如此,因为这一段落只提到了给予道和德自发的尊敬。每个事物都需要以一种形式来存在,但是这些形式也带来了局限和弱点。正如《道德经》所说,我们之所以有患,正是因为我们有身(第13章)。《庄子》里的一段将形和成放在了一起,我们从那一段里也能看到这一点:"一受其成形,不忘以待尽。与物相刃相靡,其行尽如驰,而莫之能止,不亦悲乎!"

(2；56；参见 Mair 1994，14)"成"，意指成为、成熟、成年或完成，通常带有积极的意味，但有时也表示封闭和失去潜能的意思，正如《庄子》关于"成心"的著名批评(2；56；Mair 1994，14)。《道德经》在说到圣人能"敝而不成"是因为他们并不渴望充盈时，也提出了封闭这层意思(第 15 章)。[68] 圣人仍像是未经雕琢的朴木，既未完成，也不被制成特定的工具或器皿。[69]

因此，圣人仍然接近于道及其效力，而大多数人却被固定在一种形式里，导致他们在与其他事物的斗争中筋疲力尽。这将解释人是如何脱离道的，但如果人只是无数事物之一，那么我们所期待的人与其他事物的差异只是程度上的不同。我们预料自然界的其他地方也会出现破坏。我们已经讨论过的一段文字能够支持这种立场。这一段的开头是："希言自然。飘风不终朝，暴雨不终日。孰为此？天地，而弗能久，又况于人乎？"(第 23 章)这段话紧接着是在前文被引用的几句，即"从事而道者同于道，得者同于得，失者同于失"。第一句将"自然"与"希言"(少说话)联系在了一起。最有可能的理解是，说太多必然包含对事物的标记，从而增加非自然的欲望和竞争。[70] 飘风和暴雨就像说得太多。这些都不能持续很长时间。这就引入了该章的后半部分——说得太多就是与失者同道，从而损失和迷失。飘风暴雨也面临同样的问题，这说明它们也不自然，天地有时也会像人一样偏离于道。[71] 尽管并不常见，类似的说法还确实出现在其他文本里，如最近出土的《仲弓》说："山有崩，川有竭，日月星辰犹差，民无不有过。"(季旭昇 2005，第 19 条)这对于人为什么应该容忍别人的错误来说似乎是种解释，因为这些错误是自然的。

飘风暴雨的例子表明，并非所有"自然"事物都是"自然"的。这一说法得到了一个关键段落的支持，该段落一开始是一个寻常

144

的建议,建议人们在问题变得严重之前采取行动,然后总结道:

> 圣人欲不欲,不贵难得之货,教不教,复众之所过,是故
> 圣人能辅万物之自然,而弗能为。(第 64 章)[72]

虽然没有采取强有力或强迫性的行动,但圣人会把大众从"过"
(过度或过失)中拉回,引导他们保持自然和满足。[73] 最后一句显
示,上一句只是圣人所发挥的更广泛作用——辅助万物的自发
性——的一个例子。[74]《韩非子》在解释这一段时用农民借助自然
模式以生产大量谷物的方式来说明这种"辅助"(20:451)。[75]"辅"
这个术语在当时可能有宇宙论的含义。《太一生水》使用了相同
的术语来解释生成了的事物是如何在生成的下一阶段中"反辅"
(刘钊 2003,第 1 条)。《周易》里有一种接近于《道德经》的用法,
其《泰》卦《象》曰:"天地交,《泰》。后以财成天地之道,辅相天地
之宜,以左右民。"(高亨 1998,113)王弼解释道,当上下大通,事 *112*
物往往会失去它们的节制或秩序("节"),所以圣人必须帮助这些
自然过程(楼宇烈 1999,276)。

如果圣人必须**辅**事物之自然,那么万物都包含着远离自然的
倾向,且因此离道。人的破坏性则会是万物内在倾向的一种极端
情况。考虑到《道德经》非人文主义的行为方式,这一结论正如我
们所料。对道的偏离至少有两种倾向。一种倾向于过度和狂暴,
就像狂风或者说得太多。这都包含了走向极端的倾向——道的
运动是可颠倒的,但事物在一个方向上能走多远取决于事物本
身。另一种倾向是趋向僵化,"形"与"成"。这种僵硬与死亡密切
相关,正如第 76 章所描述的:

> 人之生也柔弱,其死也腘信坚强,万物草木之生也柔脆,
> 其死也枯槁。故曰:坚强,死之徒也;柔弱,生之徒也。是以

兵强则不胜，木强则兢。故强大居下，柔弱居上。

这是一段规范性的文字，提倡柔弱，但就死亡对人类和植物来说都是正常的而言，它暗示了一种自然的僵化倾向。人们不禁会把这两种偏离方式视为对立的——狂暴来自过度的生成力，而僵化来自亏损。然而，情况并非如此。过度的力量只有在具有坚硬边缘时才是危险的。就其本身而言，生成力有一种灵活的力量，就像流水一样："天下莫柔弱于水，而攻坚强者莫之能胜也，以其无以易之也。"（第78章）水不能被确切地改变，因为就像道本身一样，它没有特殊的形状，没有坚硬的棱角。

我们现在可以回到道和伤害之间的关系上来。就道像母亲一样生产和养育事物而言，它是善的："天之道利而无害。"冲突、痛苦和死亡不是来自道本身，而是来自一个事物与另一个事物之间不可避免的摩擦。事物会给自己带来或好或坏的结果，这取决于它们的行为。这有助于解释第23章那令人困惑的结尾，其曰："同于失者，道亦失之。"那些追逐失的人实际上已经在道上迷失，失去了他们生命的根本，陷入事物与工具的相互影响中。然而，将道与僵硬、过度和死亡分开，这迫使我们区分通常所谓"自然"
113 （natural）、道（the way）以及自然（so-of-itself）。刘笑敢在反对将"自然"翻译成"nature"（大自然）时提出："二者在某些情况下虽然可以相通，但内涵、意义绝对不同。比如，地震、火山爆发，都是自然界之自然，但绝对不是老子所说的自然。"（2006，274）刘氏的观点是，如果我们认为狂风之类的事物是自然的，那么我们必须区分"自然"（natural）和自然（the self-so），从而区分大自然（nature）和道（the way）。除了恶劣天气之类的事情，从生到死的过程当然是自然的（natural），但有一句话重复了两次，表达衰退的过程不是道:"物壮则老,是谓不道。"(第 55、30 章)"壮",指事物处于盛壮期,此后便迈向老年。从上下文来看,这句话的观点是过度活跃的趋向会带来加速死亡的危险,但这是通过观察事物自然发展的方式所举的示例。[76]然而,这种走向死亡的运动"不是遵循道"(not following the way)的,进一步按照原文来说,是"不道"的。同样的观点也出现在把婴孩视作一种理想状态的时候——孩子自然会变老,但圣人仍保持童真。

我们现在可以了解圣人、大自然及道之间关系的复杂性。到目前为止,我们一直强调大自然与人之善之间的一致性。由于道本身倾向于生命、平衡和可持续,圣人的主要作用是不干扰这些自然倾向,让其在不控制或占有的情况下生成和培育,使事物进行自我转变和发展。然而,如果事物自然地趋向过度和僵化,那么圣人必须保持出生、成长和死亡这一自然过程的平衡,避免极端状况,以达到稳定与恒常。这就是"辅万物之自然"。对民众来说,圣明的统治者会"虚其心,实其腹,弱其志,强其骨"(第 3 章)。这是因为道的自然生成是足够的——如果能阻止对奢侈享受和极端行为的欲望——人们将变得充实、健康和满足。然而,为了让这种自然富足的状态出现并持续,圣人必须通过非自然的欲望和标记来检验人偏离道的那些倾向。他们必须确保将管理、控制和激励措施保持在最低限度,并且在智者希望有所行动的时候介入(第 3、37 章)。有时他们甚至可能被迫卷入战争(第 31 章)。抵抗僵化和死亡的自然轨迹是圣人最显而易见的活动。保持青春、自发性和寿命在某种意义上是"不自然"的,但这符合"道"和"自然"。[77]我们可以说,虽然任何活着的事物都在走向死亡,但人们要么追随僵化和死亡的倾向,要么成为"善于养生"的人。这种为了长寿而对自然模式进行的抵抗,在道教后来的发展中明确地

114 显现出来，正如人们在"顺为凡，逆为仙"这句名言里看到的那样。

最后，我们可以再次细想一下《道德经》是如何在某种意义上被视为人文主义的。圣贤并不只是顺其自然。他们仔细地指引和协助自然进程，以实现特定的人之善。"无为"的理想，并不是字面上的什么也不做。[78] 圣人的行动必须是不强制、不任性的，其中的困难是一个经常出现的主题。一系列的策略被提出。一些段落指出，人们可以通过做相反的事情来实现想要的结果，例如，人们可以通过加强某样东西来达到削弱它的目的（第 36 章）。刘笑敢认为，形式的升降可以通过将消极的方面融入积极的方面来部分地避免，例如，实际上处于强势的位置的人（作为统治者）可以采取那些处于弱势的人的态度（比如柔软和顺从）（2006，462—464）。抵抗过度和僵化自然倾向的需要有助于解释《道德经》对虚弱、柔软、女性、黑暗等的片面强调，这些后来被称为"阴"力。一种常见的解释是，一个人需要在硬与软之间取得平衡，但是因为我们倾向于关注硬的"阳"的一面，所以文本通过强调软的"阴"的一面来抵消这一点。[79] 我们现在可以了解到一个更根本的道理。事物自然地倾向于"阳"，因为"阳"能带来年轻的柔软和弹性。圣人专注于维持"阴"，以平衡这种自然倾向。[80]

圣人的工作需要时刻保持警惕，既要能够看到问题的细小发端，也要将这种仔细贯彻到底（第 64 章）。尽管强调无为，但这种警惕性仍在继续，并转变为我们在《尚书》里看到的谨慎意识。同样的小心谨慎，儒家称为"忧患意识"，是一种忧虑的关切和责任感。人类在这一努力中取得成功的能力——对人类行为功效的信心——也呼应了最初源于天命的"人文主义"转向。我们再一次可以看到《道德经》与墨家立场之间的相似之处。然而，《道德经》的立场要复杂得多。墨家把天意与人之善视为完全一致的，但是在《道德经》里，圣人的目的和自然的模式有所分离。这并不是说圣人**违抗**自然，违抗自然无疑会导致毁灭，而是圣人小心地使用和维持——我们甚至可以说是操纵——自然的模式来实现他们自己的目的。道本身倾向于圣人的大多数目标，这一事实解释了为什么圣人不用付出很大努力就能有效地实现目标，以及为什么圣人与道的关系，相比于欧洲人对自然的传统态度，不是从斗争和控制的竞争角度来看，而是从和谐甚至敬畏的角度来看。尽管如此，人之善不能被认为等同于自然或道。只要我们拒绝一种以人为中心的道的概念，道之善就不能与对我们特别有益的东西完全一致。从道本身来看，平衡最终总是得以维持，我们无法给任何事件贴上"坏"的标签，更不用说"恶"了。正如我们将看到的，《庄子》会揭示这种观点的后果。如果我们回想起我们先前在道的生成性与存在在欧洲思想里的优先地位之间的类比，那么这里的问题就类似于从任何单一的存在概念中获得一种可认知的人之善的困难，一个如莱布尼茨也费力解决的问题（Perkins 2007, 45 - 53）。然而，《道德经》并没有试图从道之中获得生命的目标。圣人的目标遵循于**人**的关切。

第四章 《孟子》的怨天与事天

《墨子》和《道德经》都声称我们拥有共同的目标,并且遵循自然规律的模式可以使我们有效地达成目标。从这个意义上讲,两者都被视为与春秋末期发展的宿命论相对立,从而恢复了一种类似于周代早期天命论的模式。然而,时代的混乱和苦难表明,天与人之间的契合并不那么简单纯粹。鉴于现实世界的状况,好人可能并不想遵循这样的模式——他们甚至可能感到有必要反对它。尽管《墨子》和《道德经》至少着眼于天与人的和谐或统一("天人合一"),当时的条件却更多地指向两者的分裂("天人之分")。我们已经在儒家早期的一些宿命论倾向中看到了这种立场的轮廓。孟子的哲学可以看作是对这种立场更为复杂和完善的解释,主要是增加了两种维度。一种是通过对"性"——我们自然或特殊的倾向和个性——的分析来详细说明人类的动机。另一种是尝试使我们与天的关系的核心从自然的外在模式转移到天赋予我们的这些自然个性上。总之,这两种维度使《孟子》比战国时期其他任何著名的哲学家都更加重视恶的问题,也使他最接近于一种悲剧世界观。

天与美德功效

确定《孟子》里的"天"的性质非常困难。与《墨子》或《荀子》不同,《孟子》不主张任何特定的关于天的想象。《孟子》的文本遵循了儒家常见的方法,即在不同语境中强调不同的观点,特别是在讨论命运和人类行为功效时。孟子明确表示,君子会根据最有助于自我修养的东西来将事物标记为"命"或人"性"(7B24)。《孟子》文本本身很可能包含了孟子门徒的观点以及引用了更古老的文本,而这些古老文本不一定都能被完全核准。[1] 由于孟子放弃了寻找统治者来制定计划的希望,他的个人观点很可能在以后的生活中变得更加悲观和宿命论。

我们可以从一个令人烦恼的问题开始:孟子是否将"天"当作有意识和有目的的?《孟子》中有几段文字将"天"和"人"并置在一起,好像它们是相似的。其中一段说"不怨天,不尤人"(2B13);还有一段说"仰不愧于天,俯不怍于人"(7A20)。这些文段表明,天是一种可能被指责或激起羞耻感的因素。其他文段运用了拟人化的语言,如有一句是"夫天未欲平治天下也"(2B13)。还有文段暗示了天的精心策划,比如"故天将降大任于是人也,必先苦其心志"(6B15)。很难找到反对人格化观点的直接证据,但是孟子强调天是通过自然过程起作用的,因此我们只能通过"行于事示之"(5A5)和"养其性"(7A1)来间接地了解它。[2] 但是,反对更人格化解读的一个更深层原因是,如果孟子相信天是有意图的,那么他从不分析或争论天的意图是很奇怪的,特别是因为这些问题是墨家明确讨论的。[3]

无论是从字面上还是以比喻来宣称天的意图,对于这里的关键点——天与儒家伦理之间的关系来说，都没有什么区别：天是仁的吗？天会奖励仁者吗？仁可以被证明是遵循天道的吗？这些问题很难回答，因为天的两个角色之间出现了矛盾。有些文段通过"性"——人类的"特质倾向"或"本性"——在儒家德行与天之间建立起联系。我们的本性是善的，应该遵循我们的本性，因为它是天赋而有的。这些文段似乎要求天的本身即是善的。然而，在其他文段里天也要为坏事负责，从个体的失败到普遍的混乱以及时代的痛苦。这些文段暗示了天是坏的，或者至少在道德上是冷漠的。天的这种两面性的矛盾是《论语》里天与命之间，或天的规范与描述功能之间通常存在的矛盾的另一种体现。冲突的核心是恶的问题：面对天所生成的所有坏事，我们如何坚持天是仁的？

结果是令人费解的天道观和人类的悲剧处境。一些注释者指出了这一悲剧成分。艾文贺写道："天鼓励人变得善，它为人提供善的天性，并且它有时在世界上发挥作用，以帮助善良的人们。但是，这也给世界带来了道德的光明与黑暗的循环……如果这也是'命'中注定，那么命运的确是残酷的。"（Ivanhoe 2002a，72）普鸣认为虽然天是道德规范的源头，但天本身违反了这些规范："孟子的主要矛盾是，尽管天是道德规范的最终源头，但它可以并且确实会任意地反对那些道德规范。但是我们必须接受天的命令。"（Puett 2002，144）陈大齐则写道："天以右手造之，又以左手毁之，天的意志不能统一。"（1980，104）

如果我们将这种矛盾视为恶的问题的一种变体，那么就会出现两种合乎逻辑的解决方案。[4] 第一种方案是，我们可能会依赖世界所呈现出来的方式，从而放弃天是善的这一主张。这可能导致把天当作反复无常的人格化的神，有时仁慈，有时则不然，正如

普鸣所指出的那样。[5] 或者,人们可以把天自然化为一种道德上
冷漠的力量。无论哪种观点,都需要以不要求天本身就是善的方
式,来解释天与我们自然倾向的善之间的联系。另一种解决问题
的方法是否认天的行为是真正有害的,假设表面上的坏事实际上
是按照某种更高的计划展开的。这是西方翻译者的普遍看法,但
孟子从未说过类似的话。这种看法的支持仅来自在没有这种假
设的情况下理解文本其他部分的困难。

我们可以首先通过考虑孟子对于恶的问题和美德功效的看
法,来探讨孟子的立场。在大多数情况下,孟子都属于"中国人文
主义"(Chinese humanism)的传统,该传统将权力归于人的美德,
使我们最终对有序和无序的社会负责。有一段很容易被当作墨
家的文本概括性地指出了这一点:

> 三代之得天下也以仁,其失天下也以不仁。国之所以废
> 兴存亡者亦然。天子不仁,不保四海;诸侯不仁,不保社稷;
> 卿大夫不仁,不保宗庙;士庶人不仁,不保四体。今恶死亡而
> 乐不仁,是犹恶醉而强酒。(4A3)

不仁的危害与醉酒的危害一样。随后的段落引出了其中的含义,
如果其他人对我们的行为没有反应,那么我们应该假设这是由于
我们自身的仁不足(4A4)。《孟子》的第一部分几乎全部是与政
治领袖的对话,这些对话赞扬了仁与义的力量能带来成功。还有
一些文段极端地宣称一个充满仁爱的人一定会成为真正的王者
(例如 1A7,1A6,2A6)。孟子更经常地提出两个更为限制的主
张,其一是:仁是统治者成功的最可靠途径,而且从长远来看,不
仁永远不会成功。

尽管美德与政治成功之间的这种联系符合早期的天命观,但 *119*

更令人注目的是《孟子》如何对其进行限定。美德的局限出现在孟子与滕文公之间的一系列越来越悲观的对话里。滕文公经过宋国时两次与孟子见面（3A1），后来他派出使者询问孟子如何最好地主持其父亲的葬礼（3A2）。最终，孟子搬到滕国，且可能一直居住到他生命的尽头；白牧之和白妙子认为，孟子的一群弟子可能已经在滕国定居（Brooks and Brooks 2002a，255）。滕文公是《孟子》唯一正面描述的活着的政治领袖，他似乎在美德方面享有广泛的声誉，从而吸引了其他诸侯国的学者（3A4）。尽管滕国是一个小国并且处在一个危险的地缘位置，夹在齐楚两个强国之间。在这系列对话的第一段，滕文公问孟子，他该与哪个国家结盟。孟子回应道："是谋非吾所能及也。无已，则有一焉：凿斯池也，筑斯城也，与民守之，效死而民弗去，则是可为也。"（1B13）尽管孟子的回答没有明确提及德，但是统治者说服他的人民在巨大危险中仍与他一起的唯一方法就是通过他的美德。

在下一段中他们继续讨论同一个话题，因为齐国已经开始在附近的城市构筑堡垒了，滕文公担心可能即将来临的袭击。孟子对此建议：

> 昔者大王居邠，狄人侵之，去之岐山之下居焉。非择而取之，不得已也。苟为善，后世子孙必有王者矣。君子创业垂统，为可继也。若夫成功，则天也。君如彼何哉？强为善而已矣。（1B14）

孟子的回应与他在其他地方的说法形成鲜明的对比，他声称仁者无敌，或者无法阻止施行仁政的人统治天下。而这些都并不特别现实。孟子承认滕文公无法控制胜负，因此应设法为自己摆脱关注。这就是天的作用——坚定地把成功置于人的控制之外，也置于我们的关切之外,让心灵平静坚决。结果的不确定性不会减少王者向善的需要,也不会使王者的努力没有意义。必须在黑暗时期保持善良,以便它可以再次出现并在将来蓬勃发展。[6]

这一系列对话的最后一段告诉滕文公,他只有两个选择,他可以仿效大王选择逃亡,并希望他的一些人民能追随,或者为保卫自己的国家而死(1B15)。滕文公陷入了两难困境:逃亡将挽救人民的生命,但背叛了他的祖先;留下来可以履行祖先的职责,但要付出无数的生命。两种选择都是不好的。[7] 这是《孟子》文本里最凄凉、最悲惨的段落之一。孟子本人似乎也不确定建议哪种选择。

孟子和滕文公的对话与孟子对关于宋国的几乎相同的问题的回答形成了鲜明对比,宋国很小,也位于齐国和楚国之间。当被问及宋国该如何生存时,孟子首先描述了圣王汤是如何从一片狭小的领土开始,最终利用仁道统治了天下。孟子总结道:"苟行王政,四海之内皆举首而望之,欲以为君;齐楚虽大,何畏焉?"(3B5)孟子基于宋和滕的不同回答的区别使人想起孔子对来自不同学生的相同问题的矛盾回答(《论语》11.22)。这里的区别可能来自两个国家的力量差异,但更可能的原因是,两个统治者需要听到不同的声音。孟子大概是在宋王偃(也被称为康王)统治初期居住在宋国,当时宋王的性格尚不明确。[8] 在这种语境中,孟子的第一个建议是介绍美德的力量,也许甚至夸大它。滕国的情况与之不同,因为滕文公似乎早已致力于美德。孟子对他的建议不是太着重于美德带来的力量,而在于如何应对其局限。最终,宋王拒绝了孟子的劝告,并得到了大恶的名声。[9] 除了荒淫无度的常见缺陷,宋王偃最著名的行为是他对天的公开蔑视:他在皮袋里注满了鲜血,将其悬挂于空中,然后向其射箭,直到鲜血滴落到地上。他的随从称赞他"胜天"（《吕氏春秋》23/4：1569）。具有讽刺意味的是，当滕国被摧毁时（公元前297年左右），侵略者并不是齐和楚这样的强国，而是孟子之前的赞助人宋王偃。最能接受孟子教义的诸侯被拒绝接受孟子教义的邪恶诸侯摧毁，这样的事实并不会被《孟子》的编纂者忽略。

如果我们从统治者转到权力结构的另一端，即普通百姓，那么恶的问题就更加明显了。在许多段落里都出现了对人们苦难和不幸的描述，这可能意味唤起同情和关注。这种痛苦甚至出现在那些强调公平对待统治者的段落里。例如，在与梁惠王的对话中，孟子提出了他的一个代表性论点，即国家人口的减少是因为君王的仁还不足：如果他是真正有德行的君王，那么他将获得更多的人口回报。（事实上）王的行动会将人民置于何地？（使他们）饿死在了路上（1A3）。这些段落表达了我们在这种天命观中已经看到的问题，即上天是通过将人们推向难以承受的苦难来运作的。然而在《孟子》里，人们对统治者的依赖进一步加深，因为统治者在很大程度上决定了人民的道德品质。这里有一段孟子与齐宣王的著名对话：

> 无恒产而有恒心者，惟士为能。若民，则无恒产，因无恒心。苟无恒心，放辟邪侈，无不为已。及陷于罪，然后从而刑之，是罔民也。焉有仁人在位罔民而可为也！（1A7）

如果统治者不能为人民提供稳定的物质基础，他实际上会使人民变得不仁。再因此惩罚他们，这是君王对人民犯下的双重错误。

这些受过教育的精英（"士"）渴望承担责任，在统治者（通常得到他们应得的东西）和人民（其苦难和繁荣来自他人的行动）之间担任职务。[10] 如果士人向统治者传达的主要信息是仁道的胜利,那么向个人传达的就是学会享受贫穷和默默无闻。在一个美好的世界里(就像墨家描述的那样),没有人必须在他们的幸福和他们的美德之间做出选择。我们的世界不是这样的世界:"志士不忘在沟壑,勇士不忘丧其元。"(3B1,5B7)[11] 如果个别士人不太可能获得应得的回报,那么他们仍会比普通百姓更不易受伤害,因为他们发展出一种自主性(autonomy),使他们摆脱了对外部条件的完全依赖。这种面对成功或失败、富裕或贫穷、平安或危险的境遇始终保持己"志"的能力,是《孟子》和早期儒家传统的核心主题之一。它和儒家对恶的问题的主要回应之一密不可分,后者将成功的意义转移到由美德带来的内在满足。孟子将这种满足感和对美德的承诺结合在他给另一位士人的建议里,使用了与《穷达以时》相同的术语"穷"和"达":

> 尊德乐义,则可以嚣嚣矣。故士穷不失义,达不离道。穷不失义,故士得己焉;达不离道,故民不失望焉。古之人,得志,泽加于民;不得志,修身见于世。穷则独善其身,达则兼善天下。(7A9)

这段文字假定士人不一定会因美德或努力而得到回报。但是在贫穷和默默无闻的时候接受并且延续美德可能是人们可以期望的最好的事情,也是唯一可以控制的事情。

天的在世作用

考虑到社会的各个层面,孟子认为成功取决于美德和权力。[122]像齐这样的大诸侯国的国君可能会得到他应得的一切,但是像滕这样的小诸侯国的统治者则不够安全。而其他人的命运几乎完全取决于外部因素，其中最主要的是其统治者的美德。孟子最终处于墨子和韩非子之间的中间立场，墨子似乎认为美德无论如何都会成功，而韩非子则认为成功完全来自政治权力。孟子的立场很可能接近周代早期的天命观，即尽管将天命解释为人文主义原则（humanistic principle），但实际上与统治者的命运有关。然而在这种情况下，最令人震惊的是，孟子以完全相反的方式明确地诉诸天的作用。"天"解释了美德的**失败**，而不是成功。当滕文公被迫逃亡或为捍卫国家而死时，那就是"天"（1B14）。与滕文公的一系列对话之后的段落以类似的方式使用了天。孟子的门徒乐正子解释说，鲁平公正准备拜访孟子，但最受他宠爱的小臣臧仓劝阻了他的行动。孟子回应道：

> 行，或使之；止，或尼之。行止，非人所能也。吾之不遇鲁侯，天也。臧氏之子焉能使予不遇哉？（1B16）

鲁平公应该前来，因为人民迫切需要且孟子也有帮助他们的美德。诉诸天，解释了为什么事情**没有**按照应有的方式进行。

相反，当美德导致成功时，诉诸天的行为也就消失了。例如，优秀统治者的成功是通过人类自然的心理倾向来解释的。这一立场发展了《尚书》里关于天像人一样看和听的主张，但把天当作中间人而排除了。有一段文字明显地消除了天的影响。公元前318年左右，燕王哙被说服将王位移交给他的大臣子之，以效仿将王位禅让给贤人的早期圣王。在燕王哙的儿子的带领下，一场灾难性的内战爆发了。齐国介入此事，孟子作为当时齐国的大臣，被视为容忍了齐国的进攻。[12] 入侵很快就成功了，齐宣王问孟子下一步该怎么做：

> 宣王问曰："或谓寡人勿取，或谓寡人取之。以万乘之国

伐万乘之国,五旬而举之,人力不至于此。不取,必有天殃。
取之,何如?"

　　孟子对曰:"取之而燕民悦,则取之。古之人有行之者,
武王是也。取之而燕民不悦,则勿取。古之人有行之者,文 *123*
王是也。以万乘之国伐万乘之国,箪食壶浆以迎王师,岂有
他哉? 避水火也。如水益深,如火益热,亦运而已矣。"
　(1B10)

齐宣王援引了传统的天命:天赐予他超出常人力量的援助,因此
必须让他控制燕国。拒绝天的命令会带来报应。[13] 孟子解释说,
君王的成功源于被压迫人民寻求解脱的自然诉求。孟子消除了
天的任何直接干预或故意手段,不管是协助君王取得成功或是批
准君王的控制权。齐宣王也许相信他的天命,确实设法用武力保
住燕国(1B11)。但齐国不久后被驱逐,燕国后来采取了残酷的
报复,几乎灭了齐国。

　　孟子与墨家保持一致,显示了美德与成功之间的自然因果关
系,但是排除了天的作用。只有在坏事发生时才调用天。因此,
要使天是善的,就需要将这些段落解读为它们所表达的相反的意
思。如果有人想把天当作一个任性的人格化的神,那么文本证据
则表明它是恶毒的或至少是反复无常的,且难以置信地破坏了我
们赖以生存的自然秩序。似乎更可能的是,孟子将"天"等同于
"命"。"天"只是代表了世界上无法解释和无法抗拒的力量或事
件。孟子这样解释天:"莫之为而为者,天也;莫之致而至者,命
也。"(5A6)在这里,"天"和"命"大致相等:朱熹说,就"理"而言,
它被称为"天",就人类事务而言则被称为"命",但它们所指是相
同的(2003,309)。"命"对"天"的功能性认同可以解释为什么人

们只有在恶劣的情况下才会倾向于诉诸天。把"天"降为盲目的"命"正是墨家反对的。

天与人之间潜在的紧张关系出现在一次对话里，这次对话是在孟子介入对燕国的入侵后离开齐国时发生的：

> 孟子去齐，充虞路问曰："夫子若有不豫色然。前日虞闻诸夫子曰：'君子不怨天，不尤人。'"
>
> 曰："彼一时，此一时也。五百年必有王者兴，其间必有名世者。由周而来，七百有余岁矣。以其数，则过矣；以其时考之，则可矣。夫天未欲平治天下也；如欲平治天下，当今之世，舍我其谁也？吾何为不豫哉？"(2B13)

这一段落很难解释，可以解读为辩解或者是拒绝沮丧。这主要取决于人们如何解读其中"彼一时（也），此一时也"（that was one time and this is another time）这一句，而这句话也可能理解为"彼一时就是此一时"（that one time is this one time）。[14] "时"是我们已经看到过的关于时间或季节的词，因此它并不意味着一个抽象的时刻，而是一个具体的时间结构或语境。对这段文字最自然的理解是孟子很沮丧，而他的弟子请教于他。也许孟子一开始是为自己的不满辩解，但随着他的讲话，他的感情变得更加矛盾。最后一句暗示他毕竟不应该感到不高兴。[15] 然而，把这段话理解为满足之论的问题在于，孟子仅描述了事情是多么糟糕。有些人认为孟子在这里呼吁人们相信天的善，但是很难理解天不希望和平实际上是有多好，如果这是这段文字的关键，那么孟子肯定会告诉正向他询问的弟子。[16] 最合理的解释是，一旦孟子提醒自己已经尽了最大的努力，他就会顺从于这种情况并接受它。[17] 这种回应符合《孟子》的其他段落，这些段落主张在自己的善良中获得安慰,同时接受超出自己控制范围的事情。这也使天人之间最初的相似性变得有意义:我们不应该责备他人,不是因为我们信任他们的善良,而是因为责备他人分散了我们对自我修养的首要任务的注意力。孟子对天的态度也是一样的。

我们仍然不应该完全排除孟子抱怨的可能性。如果抱怨在这里是合理的,那仅仅是因为孟子哀叹的不是自己的痛苦,而是人民的痛苦。[18]他的抱怨表达出一个有着良好修养的人自然而然的担忧。正如焦循所说:"则忧天悯人之意,不得不形诸颜色也。"(1987,309)陈大齐以父母作比喻:通常不应该责备父母,但是如果父母的错误确实很大,则批评父母是孝顺义务。他总结说:"'天未欲平治天下'是大过,不是小过。"(1980,107)

怨天的问题出现在关于圣王舜的类似故事中,舜的父母是出了名的恶毒(5A1)。据说舜跑到田地里,含泪呼唤着天。当学生向孟子质疑舜的不满是否适当时,孟子解释说这是用"怨"表示"怨慕"。[19]孟子继续解释说,舜拥有人们想要的一切——敬佩、美女、财富、尊贵——但他并不高兴,因为他没有得到父母的认可。[125]舜的痛苦被认为显示了孝顺之心的严肃性——简单地接受父母的不悦是不孝道的。我们可以在这些段落里看到悲剧性的成分。关于舜的这段文字说,他觉得自己像是一个无家可归("无所归")的人。"无所归"这个短语,我们可以从字面上将其翻译为"*unheimlich*"(无家的)。这两段文字之间的歧义和差异反映了儒家关于命运的讨论在根源上的矛盾,即对焦虑的关注与对我们无法控制的事物的接受之间的矛盾。在齐国陷入困境而燕国几乎被摧毁时离开,孟子此时应该充满对人民的担忧,还是因为知道自己已经尽力了而应该毫无波澜?我怀疑儒家会避免从理论上回答——人们有时需要沮丧,并促使其采取行动,有时却需要安慰。孟子最初对充虞的评论做出回应，说现在不是推辞的时候，但正如他所反映的那样，他意识到，事实上，是时候摆脱愤怒并走向接受了。

对孟子离开齐国的这段描述澄清了他对天的看法。当事情变得比预期更糟时，天再次被唤起。天违反了通常的模式而使人们陷入苦难的时间太久。然而，令人惊讶的是，即使是天通常的模式也不能被认为是**善**的。真正的王者每五百年出现一次，这意味着每五百年生活都会变得苦不堪言。自然带来有序时期**与无**序时期，在一定的规律性周期里，自然对于这两者没有偏好。其他段落重复了这种周期性的历史观："天下之生久矣，一治一乱。"（3B9）另一段文字则对比了天下有道和无道的时代：

> 天下有道，小德役大德，小贤役大贤；天下无道，小役大，弱役强。斯二者，天也。顺天者存，逆天者亡。（4A7）

在好光景里，美德盛行，在坏光景里，权力盛行。天决定了这**两个**过程，对天下是否有道漠不关心。

重要的是要看到这种周期性的历史观，如何从根本上改变了被视为正义原则（统治者在其中得到他们应得的）或仁道原则（受苦的民众在其中得到帮助）的早期天命论。历史使这种观点几乎不可能维持。[20] 对于孟子而言，天仍对统治者成败与否负有责任，但保持"天命"不再仅仅取决于应得的"命"，还取决于在历史周期中的正确位置。这一立场发展了《穷达以时》的观点，在这种观点里，成功取决于拥有适当的"时"（right time）和出生在适当的"世"（right age）。孟子把这个时代的混乱和苦难看作圣人出现的恰当时机，从而缓解了这种立场可能带来的宿命论（2A1）。[21] 这种信念奠定了孟子在政治层面上对仁的功效的信心；在另一个时代,他可能就不那么乐观了。实际上,通常认为孟子最终放弃了政治上的成功,而辞职去教学——他在齐国的失败可能是一个关键的转折点。[22]

要完整地叙述孟子对"天命"的看法,就必须解决关于早期圣王尧、舜、禹之间权力传递的两个问题段落。根据传说,这三位是没有亲缘关系的,舜和禹因其贤能而被授予王位。将王位传给儿子的习俗仅始于禹,此后建立了夏朝。尧将权力传给贤能的舜,这一传说对于遵循遗传继承的战国统治者来说显然是个难题,现在我们从出土文本中得知,将王位传予贤人是由与儒家思想密切相关的人公开倡导的。[23]燕国内战使这一争论变得更加复杂,如上所述,这场内战是在燕王哙将王位让给他所谓贤能的大臣时引发的。[24]考虑到孟子参与了齐国的干预行动,他显然在这一争论中有其个人的利害关系,但孟子否认人类有权决定这一重要议题:

> 万章曰:"尧以天下与舜,有诸?"
>
> 孟子曰:"否;天子不能以天下与人。"
>
> "然则舜有天下也,孰与之?"
>
> 曰:"天与之。"
>
> "天与之者,谆谆然命之乎?"
>
> 曰:"否;天不言,以行与事示之而已矣。"(5A5)

接下来的段落继续这样的讨论,万章反复批评说,由于禹将王位传给了他的儿子而不是最贤的人,因此美德自禹开始衰微了。孟子再一次将责任转移到天,基于他声称的人不能以天下与人:"天与贤,则与贤;天与子,则与子。"(5A6)在这些段落里,孟子支持遗传继承的原则,而他给出的理由是这是天设定的。尽管如此,孟子反对将权力传给贤人的论点似乎并不在于这是错误的，而在于这不是事物运作的方式。"天"具有描述性的职能，以指示权力传递的方式。[25]

这些段落阐明了确定天的作用的困难。天的"与"天下至少呈现在三个层面上。在礼的层面上，必须正式地将新的统治者推荐给天，而天必须通过接受此人的献祭来表示对他的接受。在另一个层面上，天通过人民行事，所以，当尧死后，那些需要做出决定的人民跟随了舜而不是尧的儿子。相反，禹死后，人民跟随了他的儿子而不是他的大臣。这两个层面都是"天命"说的传统层面，但是孟子添加了第三个层面，其中天包含了所有条件。在前两个案例里，人民追随了最有价值的贤人，而在第三个案例中，追随禹的儿子具体有赖于两个因素：每个大臣任职时间的长短，禹的儿子恰好是贤人。这些条件都归因于天。因此，天是每个人任职多长时间，他们的工作水平如何，他们的孩子有多贤能以及人民如何回应他们的原因。尧的儿子不如禹的儿子贤能，这一事实似乎是尧的儿子的错，但在这里被归因于天。将人类行为归因于天也出现在其他段落中。实际上，陈大齐指出，在《孟子》里几乎每一次诉诸天都是在解释人的事件（1980，101）。庞朴则进一步把天等同于群体社会，他写道："（天）并非真是什么异人的力量，而只不过是异化了的人力，是表现为'天'了的'人'；准确一点说，它是人的群体之力，或者叫做社会力。"（2005a，87）[26]

如果我们把天当作有意识、有目的的存在，我们就会有一种令人不安的观点，那就是天通过决定人类的性格和选择来操纵人类。更有可能的观点是，天被等同于世界的力量，因此将人类的行为归因于天只是说，这些行为是由于偶然事件（例如寿命的长短）和自然心理定律（人们趋向于将他们对圣王的感情转移到他儿子身上）。在形而上学的层面上，所有事件都将归因于天，孟子确实在其他地方说过，没有什么不是注定或命定的，但"天"只是狭义地用来标记我们无法控制且必须单纯地接受的东西。其中包括洪水等自然事件，但有时也包括其他人的行动。[27] 此外，归因于天的事物将与某个特定代理人可以控制的事物相对应。因此，例如，第一段声称，如果舜试图通过抢夺王位而不是等待尧死后退位而继承的话，那将是"篡也，非天与也"（5A5）。当尧死后，舜的表现可以自行掌控，他的选择可以受到赞扬或指责。同时，有人怀疑，从被统治的人们的角度来看，舜的行动仍将归因于天，因为这是他们无法控制的。[28] 对天的这种功能性使用解释了为什么将其主要用于解释坏事。当我们遇到意想不到的或不应承受的灾难时，我们必须提醒自己，并非一切都在我们的控制范围内。

从天到人

孟子认为天下遵循治乱循环而并不特别地关注人类福祉，这一观点与《庄子》《荀子》里关于天的看法相近，也与《道德经》声称"天地不仁，以万物为刍狗"（第 5 章）的主张相一致。使孟子的立场变得困难、有趣又悲剧的是，他同意这一前提，而反对其结论"圣人不仁，以百姓为刍狗"。《孟子》承认，一种以人类的善为目标的道德伦理，与一个在好与坏之间冷漠运转的世界之间，存在根本的冲突。许多段落设法解决生活在这种分歧里的挑战，提出了一些策略，例如学会欣赏简单的快乐，或者发展出"时"的意义。有一个文段对比了圣王禹与颜回的时代，前者生活在一个和平的时代并能够统治天下，后者则生活在贫困昏暗的混乱时代（4B29）。这个对比的关键在于，一个好人处于历史周期的恰当时间，会取得成功。但在其他时间，他们不会。圣人始终如一——禹和颜回遵循相同的方式，相同的道。其中的不一致来自天，它擢升了禹，却阻碍了颜回，它给了禹应得的，却以贫穷和死亡回报有着同样奉献的颜回。

如果天在秩序与混乱之间分配力量，那么孟子就不能主张直接效仿天。成为一个坚决的士人需要一些近乎挑战的东西。如果天不想要和平，那么无论如何将生命奉献给和平似乎都是傲慢而愚蠢的，这样的行为如同《庄子》里的螳螂挥舞着手臂去抵御即将来临的战车一样（4：167；Mair 1994，36）。正如《庄子》所说："且夫物不胜天久矣。"（6：260；Mair 1994，58）但这是孟子为促进和平与秩序所做的努力。与自然的这种奇怪的近乎悲剧的关系可以追溯到对孔子的描述，孔子正是一个"知其不可为而为之"的人（《论语》14.38）。孟子的立场提出了两个问题。首先，如何激励人们去做那些不会得到回报甚至可能导致死亡的行为？其次，为什么我们会（或应该）采取似乎违背自然规律的行动？孟子的答案在于，从天的本身转向天所命于我们的——人性。

孟子以主张"性善"（human nature is good）而闻名。"性"这个术语通常译为"（human）nature"，复杂且常常含糊不清。[29] 它通常指的是事物天生而具有的倾向或个性，但是许多文本允许事物的性发生改变，特别是经过修养或怠惰。[30] 性通常用作物种概念，正如孟子将人之性与狗之性进行了对比（6A3），但有些文本又提到不同的人具有不同的性，并且有几句的思路与《庄子》的每个个体自有其独特之性的看法相关。[31] "性"是个体化的一种单元，是以过程为导向的对物质概念的替代，但是这种个体化是临时性的和关系性的，并且可以在"性"的内部讨论"性"，正如孟子既谈到一座山的生态系统的性（6A8），也涉及一棵树的性（6A1）。

"性"与"生"息息相关,且源于"生"。"生"这个术语我们已经在前文见过,意指生活、成长、生育或生成,而孟子的竞争对手告子认为人性在于食与色(6A4)。由于我们的个性包含了行为、成长和改变的内在倾向,所以我们也可以说"性"是一种以某种方式成长或发展的倾向。因此,孟子认为,在给予足够滋养的环境里,我们的"性"会自然地朝着美德发展。类似地,荀子将性视为自然地扩张,但他主要把"性"等同于感官欲望,因此这种扩张会导致混乱和纷争。由于"性"是指趋于自然反应的个性,因此将其翻译为"nature"具有误导性——我们有反思能力和刻意行事的能力无疑是我们天性(nature)的一部分,但这不是我们"性"的一部分。我通常会将"性"翻译为"natural dispositions"(自然的个性)或"characteristic tendencies"(特质倾向),但有时为方便起见,仍简单地译为"nature"。

性是孟子最重要的概念,填补了我们迄今为止所见立场的两个空白。首先,《墨子》和《道德经》都理所当然地认为人类具有某些动机和欲望,而对它们的分析却很少。性(伴随着"情",对刺激的情感反应)成为分析人类动机的主要概念。这种对动机更具体、更专业的描述使得孟子认为人类具有直接趋向美德的自然动机,因此美德无须被证明是一种有益或长寿的手段。其次,性的引入将焦点从自然的一般过程转向既定事物的特定本质。它使孟子可以讨论人可能的独特之处(像《墨子》和《论语》一样),同时又留在关于什么是自然的更宽宏的语境里(像《道德经》一样)。通过对人性的强调,孟子试图维持一种人文主义,这种人文主义与人类在自然界中只是万物之一这一事实是可以共存的。

通过最近发现的成书于孟子生活时代的文本,我们对于孟子有关性的讨论的语境的理解得到了极大的扩展。[32] 其中最重要的文本被命名为《性自命出》，可译为"Dispositions come out from what is allotted"。[33] 我们可以从该文本得出几点，来帮助为孟子和荀子设置语境。它是这样开始的：

> 凡人虽有性，心无定志，待物而后作，待悦而后行，待习而后定。喜怒哀悲之气，性也。及其见于外，则物取之也。性自命出，命自天降。道始于情，情生于性。始者近情，终者近义。知情者能出之，知义者能入之。好恶，性也。所好所恶，物也。善不善，性也，所善所不善，势也。（刘钊2003，第1—5条）

前几行介绍了人类心理的基本模型。人类拥有一种天性或性，由以某些方式做出反应的倾向组成。当受到外部事物的刺激时，"性"作，并发生特定反应，是为"情"。因此，具体的心理状态是由我们自己与事件之间的相互作用产生的，且这个基本模型涉及三个要素：我们的天性或特质倾向，外部事物或事件，具体的反应（情感、欲望等）。这些反应不仅包括愤怒和悲伤之类的情绪，还包括欲望（好恶）和判断（善不善）。[34]

这些个性和反应通过"气"而联系起来。气是一种生命力或能量，能流动以及被引向（从字面上看是流向外界）与外界事物的相遇。气的这种运动构成了特定的欲望和情绪（愉悦、愤怒、悲痛、感伤等）。[35] "性"和"情"因此表现为同一事物的两面或两种状态，《中庸》将之区别为情绪未发与已发两种状态（朱熹2003，18），而《乐记》则是对比受到事物刺激（"感"）所引起的性的"静"与"动"（孙希旦1988，984）。[36] 到了荀子的时代，这两个词合并为词组"性情"。区分性和情解决了个性或倾向的地位问题，使在某个特定时刻未能积极表露出来的特质或品质得以存在。从西方哲学来看,很难不将性与情之间的关系视为可能性(potentiality)与现实性(actuality)之间的关系,而正是由于这种相似性,这些术语可能会产生误导。在本体论层面上,这种运动不会将某些东西从潜在存在转变为现实存在,而是将现实的力量引导到各个方向。此外,不涉及目的论,关于"现实化"(actualization)、"实在化"(realization)或"实现"(fulfillment)的论述将是不恰当的。对于我们的性的一些反应是好的,一些则是坏的;认为好的反应实现了我们的性而坏的反应没有实现是没有意义的,因此判断这些行为的合理性是没有意义的,因为它们都实现了我们的性。与《性自命出》有所不同,孟子认为性是善的,但几乎没有证据表明他基于可能性引入了另一种本体论。[37]

开头几行设定了此文本的主要关注点:如何从我们对发生的任何事情都做出反应的自然状态转变为我们有稳定决心的状态。我们已经见过"志"这个术语,指的是心的动向,有时被翻译为"will"(意志)(如墨家的惯用短语"天志"),但在这里它表示决心或承诺。自我修养要求稳定和塑造我们的性,以便我们始终以适当或正确的方式回应世界。我们在一段关于"性"受影响的方式的段落里看到了这一点: ₁₃₁

> 凡性,或动之,或逆之,或交之,或砺之,或出之,或养之,或长之。凡动性者,物也;逆性者,悦也;交性者,故也;砺性者,义也;出性者,势也;养性者,习也;长性者,道也。(刘钊2003,第9—12条)

尽管人们对如何理解它的许多术语存在分歧,但这段文字描述了一个总的进程,即始于事物引发即时反应的方式,进而节制或磨炼我们的性,然后以养性和长性而告终。

《性自命出》是以理论化自我修养过程中涉及的问题为方向的，这源于两种信念之间的矛盾：道德行为必须真正基于我们的性，以及正确的行为涉及遵守圣人制定的关于我们周遭世界的需求和结构的规则。我们的性必须被转变的事实表明，修养必须以超出我们自然反应的某种外部事物为指导。从我们的自然反应到义的发展进程被认为取决于道，不是自然界的宇宙之道，而是儒家的人道：经典、礼和乐。义与道的联系和仁与自然情感的联系是对立的。正如有一句是这样说的："爱类七，唯性爱为近仁。"（刘钊 2003，第 40 条）其他类型的爱没有被具体说明，但是出自我们"性"中的爱很可能是指在家庭关系中自发产生的爱。仁与义之间的区别导致了这句著名的格言：仁内义外。[38] 然而，至少在《性自命出》里，仁与义之间的对比提及的是那些美德的**来源**。义必须内在化。这种关系符合在另一个郭店文本《语丛（一）》里给出的关系："人之道也，或由中出，或由外入，由中出者，仁、忠、信。［由外入者，义、礼，……（?）］"（刘钊 2003，第 18—21 条）[39] 虽然义植根于外，仁植根于内，但最终的目标是所有美德都由内部所激发。

在这种语境里，我们可以看到孟子声称人性善，这实际上是主张我们的情（当受到刺激时我们的性的自发反应）是善的，或者至少它们有助于使我们变得善。孟子就是这样解释他的主要主张的："乃若其情，则可以为善矣。"（6A6）[40] 孟子举了几个例子说明这种反应。最著名的例子是看到一个孩子处于危险之中：

> 所以谓人皆有不忍人之心者，今人乍见孺子将入于井，皆有怵惕恻隐之心，非所以内交于孺子之父母也，非所以要誉于乡党朋友也，非恶其声而然也。（2A6）

孟子明确指出一个人是突然看到孩子,并且担忧的感觉会先于所有的利益计算。这种担忧是对世界中某个事件的自发反应,不是出于任何特定原因而产生的。这个主张是描述性的;这不是关于我们应该如何感受的规定性主张,因此孟子没有给出任何理由。

另一个著名的例证出自与梁惠王的对话。在论证梁惠王有能力成为仁君的过程中,孟子复述了他从惠王的大臣那里听到的故事:

> 王坐于堂上,有牵牛而过堂下者,王见之曰:牛何之? 对曰:将以衅钟。王曰:舍之! 吾不忍其觳觫,若无罪而就死地。对曰:然则废衅钟与? 曰:何可废也,以羊易之。(1A7)

王的行为显然毫无意义——羊肯定会像牛一样受惊——王也承认他本人不明白为什么这样做。惠王的行为甚至可能是不正确的,因为他破坏了仪式的正确执行。就《性自命出》而言,我们可以说梁惠王缺乏“定志”,这使他受制于任何碰巧遇到的情况。在这一事例里,惠王看到牛会激发他的“性”,其结果就是生出一种担忧之感。

一个关于葬礼起源的故事提供了类似的例子,说明了不同类型的感情:

> 盖上世尝有不葬其亲者,其亲死,则举而委之于壑。他日过之,狐狸食之,蝇蚋姑嘬之。其颡有泚,睨而不视。夫泚也,非为人泚,中心达于面目,盖归反蔂梩而掩之。掩之诚是也,则孝子仁人之掩其亲,亦必有道矣。(3A5)

像梁惠王和牛一样,葬礼源于人们碰巧发现尸体被吃这一偶然事实。反应再次是自发的,没有特殊原因。尽管此处人们的反应结果是一次非常简单的葬礼,但另一段文字暗示,在这种自发情感 ¹³³

的激发下，丧葬习俗逐渐演变，以至于有理由相信厚厚的双层棺材是充分表达人心的一种方式（2B7）。孟子再一次仅对人类的自然感情做出描述性主张，而没有提出任何论据证明不举行葬礼在某种程度上是**错误的**。实际上，就"利"而言，丧葬显然是浪费时间和资源的，这一点在作为墨家"十事"的"节葬"中就已被提出。孟子的这个故事发生在与一位墨者的争论中，这表明我们有时会想做一些事情，即使它们不会带来具体的好处。

这些不同的自发反应作为美德的四"端"（"beginnings"［开端］或"sprouts"［萌芽］）汇集在一起。这些都是根据孩子落井的故事来解释的：

> 由是观之，无恻隐之心，非人也；无羞恶之心，非人也；无辞让之心，非人也；无是非之心，非人也。恻隐之心，仁之端也；羞恶之心，义之端也；辞让之心，礼之端也；是非之心，智之端也。人之有是四端也，犹其有四体也。有是四端而自谓不能者，自贼者也。谓其君不能者，贼其君者也。凡有四端于我者，知皆扩而充之矣，若火之始然，泉之始达。苟能充之，足以保四海；苟不充之，不足以事父母。（2A6）

对这"四端"的详细讨论会超出本章的范围。[41] 所有这些似乎都是关于"情"的例子，"情"是当我们的"性"受到世事刺激时自发的流露。[42] 这些感情包括同情和担忧，羞辱和厌恶，崇敬和尊重，以及对事物对错、"是非"的肯否。这些感情不会使一个人变得善或有德，因为一个人必须养成"定志"，并将这些反应"扩而充之"。此外，这些感情并不会导致个人了解社会中适当行为所必需的所有复杂细节（例如对礼仪或经济政策的了解）。尽管如此，"四端"会自然地引导任何一群人发展出仁、义、礼、智。而且，这"四端"是促使人们培养儒家式美德的动力。[43]

在这种语境里,我们可以看到与其说孟子关注于证明人类是**善的**,不如说他关注于证明所有的美德都源自我们的自然倾向,都是根植于**内心的**。另一份关于导致美德的情感清单是这样总结的:"仁义礼智,非由外铄我也,我固有之也,弗思耳矣。"(6A6) *134*
孟子在这里运用其性善的理论来拒绝上述《语丛(一)》里提到的立场,即某些美德是从外部来的。

孟子的"四端"相对于郭店文本里的观点引入了两个重要的变化。第一个是为更传统、更规则导向的美德,例如义和礼,奠定了一个内在的基础。两段难解的文本叙述了两种观点之间的论辩,一种观点认为"义"和"礼"是外在的(以告子为代表),而孟子则声称所有的美德都是内在的。这些争论不可能再确定地重现,甚至在到底是什么问题上也没有达成共识。[44] 然而,以郭店文本的语境来理解孟子"义礼内在"的主张,其最合理方式是认为尽管这些美德需要后天习得的行为,但它们受到我们自然感情的激发——羞恶之心以及敬慕之心。[45] 孟子的第二个创新是解释了仁的内在基础。尽管早期儒家也认为仁是从关爱的自然感情中发展而来,但这些感情仅起源于家庭。《孟子》则增加了对陌生人的孩子甚至对动物的一种直接自发的关注。[46] 对陌生人的这种自然的爱有助于解释我们的自发反应本身如何使我们能够从珍惜我们的家人转向对所有人的仁。在这两种情况下,孟子的创新的主要意义在于自我修养的方法,这些方法着重于扩充、滋养和发展我们自然的感情,而不是抑制或磨炼它们。在更深的层次上,使所有从我们的自发反应中流淌出来的美德,与天、与气以及与自然本身的生成过程联系起来。

现在,我们可以看到《孟子》与《墨子》和《道德经》有多么不同，后两者都聚焦于生存和长寿所需的基本的善的动机。《孟子》表现出对感官欲望的矛盾心理。《孟子》里有一段文本强调了使我们的欲望变少的重要性（7B35），但另外的段落则鼓励君王的欲望，只要王与人民分享他的快乐（1B1,1B4）。一些段落使用墨家术语"利"来批评利益，而另一些段落则指出了仁政带来的利益。这些矛盾的说法源于根据特定语境来处理欲望的战略方法。以下这个段落清晰地表现了这种战略性的谈论方式：

> 口之于味也，目之于色也，耳之于声也，鼻之于臭也，四肢之于安佚也，性也，有命焉，君子不谓性也。仁之于父子也，义之于君臣也，礼之于宾主也，知之于贤者也，圣人之于天道也，命也，有性焉，君子不谓命也。（7B24）

严格来说，对愉悦感的渴望与导致美德的感情具有相同的地位。它们都是我们的性的自发反应，但是我们对这些反应所采取的行动是否成功则取决于命。不同之处在于人们应该如何**谈论**这两种动机。说它们是性，是强调它们是自然的和不可避免的。说它们牵涉了命，则会降低我们的动机并导致接受，正如我们已经看到的那样。朱熹引用他老师李延平的话，很好地指出了这一点：

> 此二条者，皆性之所有而命于天者也。然世之人，以前五者为性，虽有不得，而必欲求之；以后五者为命，一有不至，则不复致力，故孟子各就其重处言之，以伸此而抑彼也。（2003,370）

正如这段话引导我们去猜想的那样，孟子简单笼统地说我们的性是善的，仅是指心之所向。然而，其他段落则将感官欲望作为我们自然动力的一部分。最明确的讨论开始于说"人之于身也，兼所爱。兼所爱，则兼所养也"，但后来转向了我们所谓的"有差等的爱"（graded care），说"体有贵贱，有小大。无以小害大，无以贱害贵。养其小者为小人，养其大者为大人"（6A14）。身之小者是指感官的欲望，身之大者是指心的反应。身之小者的欲望并没有被反对——正如孟子所说，我们所有人都在全心全意地关爱着我们的整个身体——但绝不能让它们有损于心。下面这一段解释了两者之间的关系：

> 耳目之官不思，而蔽于物，物交物，则引之而已矣。心之官则思，思则得之，不思则不得也。此天之所与我者，先立乎其大者，则其小者不能夺也。此为大人而已矣。（6A15）

事物"引"出感官的意思接近于《性自命出》所指的事物对我们的"性"的"取"或"动"。心通过"思"的能力来抵抗这一情况，对应地建立起"定志"以实现心之一贯和自我控制。如果心得到了修养，其他的欲望自然就会与它保持适当的关系。

天人之分

在理想的世界里，那些修养自己内心并变得有德的人将得到 *136* 回报，他们身体各个部位的欲望也能得到满足。墨家声称这就是世界的运作方式。然而，逐利的危险在于两者（德与利）并不**总是**一致的；对于处于混乱时代的个人来说，他们很少这样做。这种分歧解释了孟子反对墨家的一个方面，即他对"利"的严厉批评：

> 鸡鸣而起，孳孳为善者，舜之徒也。鸡鸣而起，孳孳为利者，跖之徒也。欲知舜与跖之分，无他，利与善之间也。（7A25）

孟子可能会利用"利"一词的歧义，"利"可能包含自利的意思，在这样的情况下，这种对墨家的批评是不公平的，因为墨家只提倡兼利。[47] 但是，如果我们看到"利"和"善"之间的区分对应于身体之小和大之间的区分，则可以将其视为对墨家立场的实质性批评。孟子并不反对利或小体，但是如果一个人靠计算利益来生活，那么不可避免地会有人在做错事时证明自己是正确的（还有很多人认为一个人这样做是合理的）。虽然墨家以能够为了兼爱牺牲自己的利益而闻名，但他们对恶的问题的否认，等于拒绝承认在什么是正确的和什么有利于我们之间做出选择的可能性。这种拒绝使他们无法解释这种牺牲在心理上是如何可能的，也无法指导自己如何进行修养，从而做出牺牲。

相反，在心的感受和其他感官的欲望之间进行选择的需要贯穿于整部《孟子》。有一段文字明确地提出了这种选择：

> 孟子曰："鱼，我所欲也。熊掌，亦我所欲也。二者不可得兼，舍鱼而取熊掌者也。生，亦我所欲也。义，亦我所欲也。二者不可得兼，舍生而取义者也。生亦我所欲，所欲有甚于生者，故不为苟得也。死亦我所恶，所恶有甚于死者，故患有所不辟也。如使人之所欲莫甚于生，则凡可以得生者，何不用也！使人之所恶莫甚于死者，则凡可以辟患者，何不为也！由是则生而有不用也，由是则可以辟患而有不为也，是故所欲有甚于生者、所恶有甚于死者，非独贤者有是心也，人皆有之，贤者能勿丧耳。"(6A10)

137　对鱼的爱，对熊掌之类美食的爱，对生的爱，以及对义的爱，都是人类对世界的自然反应，而且都是善的。然而，人类的悲剧就在于我们必须在美好的事物之间做出选择。在这种冲突中，我们应该跟随心，而非身体的小部分，把义置于先，甚至先于对生命本身的渴望。

虽然这需要牺牲,但这仍然是我们**想要**去做的事情。一个有修养的人遵循他或她的欲望,是因为心的感受始终占主导地位。即使是普通百姓也意识到,对心灵的关爱有时比生命本身更重要。如果我们最深的欲望是活着,那么我们将期望人们为了活着去做任何事情。不过,大多数人都有局限性。孟子在这段文字中所举的例子(乞丐不食嗟来之食)相当无力,但另一段文字则给出了一个更强有力的例证,在那个例子里,有人试图说服孟子的弟子屋庐子,认为礼不如食物或繁殖重要。这个提出异议的人是这样问的:如果避免饥饿的唯一方法涉及不礼貌地进食,那么人应该挨饿吗?如果结婚和有孩子的唯一方式是需要忽略新娘的迎亲礼仪,那么人不应该结婚吗?屋庐子无法回答,因为我们的直觉是在这种情况下应该牺牲仪式。当屋庐子向孟子询问这个问题时,孟子解释说,人们不能将生存中的最重要问题与礼仪中的次要问题相比较。那就好比总结说,黄金比羽毛轻,因为金扣的重量不如一大车羽毛。然后孟子举出自己的例子:

> 紾兄之臂而夺之食则得食,不紾则不得食,则将紾之乎?
> 逾东家墙而搂其处子则得妻,不搂则不得妻,则将搂之乎?
> (6B1)

生命和后代是重要的,可以合理地与礼的要求相权衡。然而,有些事情对我们来说比生命和繁衍更重要,因此有些事情我们是不愿意实现的,例如使我们自己的兄弟饿死或是强行娶妻。孟子认为,即使是普通百姓也是如此,这说明了他的主张,即我们自然的个性是善的。尽管这些段落仅是描述性的主张,但它们确立了将美德作为我们最高目标和最大快乐的可能性,表明这是在遵循我们的自然动力而非与之相抵触。

当我们必须在我们内心想要的东西与另一种感官想要的东西之间做出选择时，宿命论和诉诸天是一种应对所涉及的损失的方式。在这种语境里，我们可以处理孟子的这些难以理解的概念："正命"（7A2），"立命"（7A1），或"俟命"（7B33）。孟子关于"正命"是这样说的："莫非命也，顺受其正。是故知命者不立乎岩墙之下。尽其道而死者，正命也；桎梏死者，非正命也。"（7A2）这是《孟子》里最难理解的段落之一。这似乎在说一切都注定的，但我们还是可以掌控发生在我们身上的事情——尤其是我们可以避免因站在即将倒塌的墙下或作为罪犯而死亡。[48] 这种控制的成分威胁到"命"的功能，这种功能原本可以帮助我们接受某些超出我们控制范围的结果。更大的问题是，这三个例子——死于危墙，尽道而死，死于犯罪——似乎具有完全相同的状况。在每种情况下，结果都来自环境和选择。如果第一个和最后一个例子的要点是结果不是命定的，原因在于它们是可以避免的，那么这同样也适用于居中的这个例子。显然，尽道而死的人可以通过放弃尽道，成为隐士或违背他或她的原则来避免死亡。[49]

我们已经看到，儒家对命运的诉求必须从修辞和语境上来考虑，这是理解孟子"正命"观的最合理的方法。严格来说，这些事件涉及我们自身动作的某些要素以及许多我们无法控制的因素。所有这些都可以归类为命，因为我们的行为和言语也要视情况而定。因此，第一句是这样说的：没有什么不是命定的（"莫非命也"）。但是，实际上归于天或命运的东西取决于语境，其余的段落区分了**诉诸命**的正或非。第一个例子说，我们不应该基于这样的信念而掉以轻心，这种信念认为由于万事万物都注定了，我们做什么都不重要。实际上，如果我们迷失思想而愚蠢地徘徊在危墙下,我们可以说这是命运,但是诉诸命运以免除对工作和注意力的需要则是错误的。这种推理过程在欧洲思想中被称为"懒惰的谬见"(lazy fallacy),并引起了对决定论与人类作用之间关系的复杂分析。[50] 对于孟子来说,这个问题比理论上的更实际——这只是一种谈论命运的愚蠢方式。

最后两种情况之间的区别更加复杂和有趣。死于桎梏者一定是指做了错误的行为,换句话说,死于桎梏是应得的。[51] 在这两种情况下,结果都来自选择和我们无法控制的因素。从严格的意义上讲,要么都是命定的,要么都不是。我们可以首先考虑孟子所举的为生存而偷兄弟食物的例子。一个对自己的行为有限制的人可以正当地说,在这种情况下,死是他们的命,但是当然,他们没有**必要**去死。他们可以把食物拿走然后活下去。然后他们可能会说死是他们兄弟的命。他们的命是偷他们兄弟的食物。这就像一个罪犯说死于桎梏是他的命,因为满足他的欲望的唯一方法是偷窃。从某种意义上说,所有这些主张都是正确的——"莫非命也"。那么,说一个是"正命"而另一个不是的基础是什么呢?从表面上看,我们可以说善行之后的结果可以被称为命,恶行得出的结果却不能,但"命"不是一个规范术语,并不对应于"正确的事情"。将事件标记为"命"唤起了某种态度,即不可避免地接受事件。但是,要想将某些事件视为不可避免的,就需要排除其他行为是不可能的。它要求拥有别人不会去做的事情。因为我把拿走我兄弟的食物视作不可能,所以我认为饥饿是无法避免的,就像"命"一样。正命区分了那些不能如此却因此正确的人遇到的命。具有讽刺意味的是,正命比非命更容易避免。一个罪犯可能会尝试一切可用的手段来避免死于桎梏,尽道而死的君子却留下许多未曾用过的选项。由于这些甚至不能被视为选项,因此

139

结果也似乎不可避免。

因此，对"命"合理的标记只能在道的范围之中被揭露。我们在《语丛（一）》的一句话中清楚地看到了这一点："知天所为，知人所为，然后知道，知道然后知命。"（刘钊 2003，第 29—30 条）知道天之所为和我们人之所为之间的区分，就已经认识到某些事情是我们人无法控制的，但这不是命之所在。认识天人之分使得我们追求人道，这对孟子而言就是意味着发展自然的倾向以使我们成为人。只有在我们踏上那条成人之道时，出现的阻碍才可以被恰当地标记为"命"。"道"作为"（正）命"出现的条件也出现在其他文段中，如我们看到有一段说："求之有道，得之有命，是求无益于得也。"（7A3）从严格意义上讲，外在于我们寻求力所能及的一切都可以归因于"命"，但孟子指定，"命"是指那些无法在**"道"的范围内控制**的事件。"命"的类似用法出现在描述孔子旅行的一段文字中："孔子进以礼，退以义，得之不得曰'有命'。"（5A8）孔子在"礼"和"义"的范围中对无法避免或控制的事物以"命"称之。[52]这段文字发生在这样一个时期，卫国一名腐败的大臣声称他可以使孔子成为一名有权势的大臣。孔子婉言辞谢并离开了卫国，这导致了在宋国针对他的刺杀企图。孔子最终陷入危险和痛苦是没有被决定的或必要的。孔子本来**可以**留下来，也许最终会变得富有、有权势和安全。尽管如此，他说自己的麻烦是注定要发生的（"有命"），而且如果他和一个不正派的人待在一起，那将是"无义无命"。从理论上讲，这没有任何意义——两种结果都会涉及孔子的选择和他无法控制的情况。不过，关键是孔子如何设想自己的可能性。一些在某种意义上可以选择的事情，例如为腐败的官员服务，不在可能性的范围之内，甚至没有作为选择出现。后来发生的坏事似乎是不可避免的、注定的。这种对"正命"的描述解释了为什么一些注释者将"命"视为对应该做什么具有规范性的意义。[53]虽然"命"简单描述了无法避免的事情,但它出现在规范性的语境里。在说离开卫国是命定的时,孔子并不是说这是**正确的**,而只是说这是不可避免的,没有做**错**什么。

孟子关于"性"的描述,是通过表明奖惩对君子而言并不是至关重要的,来解释反抗天的心理可能性,君子爱某些事物比爱生命更多,而厌恶某些事物比厌恶死亡更甚。内心的自发反应驱使我们在世界上行动而不管后果如何。因此,孔子知其不可为而为之。这种从对奖惩的担忧中解脱出来的自由,通过从受制于命运到内在的且完全由我们自己控制的转变,导致了一种自主——在这个范围内,如果你寻求它,那么你就能得到它,而如果你放弃它,那么你就会失去它。这种取向使一种"定志"得以形成,在"定志"中,人们不会被世上的事情"引"离或"取"去行动方向:

> 居天下之广居,立天下之正位,行天下之大道,得志与民由之,不得志独行其道,富贵不能淫,贫贱不能移,威武不能屈,此之谓大丈夫。(3B2)

在讨论儒家对恶的问题的回应时,德效骞将儒家比作斯多葛学派:"这是高尚灵魂的享受,不借助于有利环境而满足于美德——一个真正崇高的理想。美德就是其自身的奖赏。"(Dubs 1927,289)然而,对于孟子而言,自我控制从自发的反应扩充至世界,这源于我们的身之大体,即心。因此,这不是完全的自主。相反,变得更加的仁意味着让自己对世界的痛苦**更加敏感**。

与天和解

我们已经看到了君子与天之间的对立,或者至少是分歧,就如孟子寻求和平,尽管他认为天不想要和平,或是君子一直致力于人类的繁荣而天却规定了治乱的循环。孟子对于"性"的描述解释了这种对立在心理上是如何可能的,但也为这种对立提供了基础。我们的行为不是效仿自然规律,而是遵循人类特有的自然倾向。这种转变对于稳固儒家立场至关重要,因为自然的模式充其量只会支持诸如墨家的"兼爱",而在最坏的情况下则需要在促进治乱之间进行交替。通过转向人性,孟子可以承认,自然界中没有必须掩埋尸体或从井中救出孩子的客观原因。不管他们在自然界中的地位如何,这些事情**对我们而言**都很重要。向作为道德基础的人性的这种转变是对恶的问题的一种常见的反应。尽管存在差异,斯宾诺莎和休谟都采取了类似的做法。实际上,一旦人们承认宇宙本身(或其创造者)是非道德的,就很难再看到其他任何的道德基础。

然而,《孟子》里的天人之分无法被鲜明地描写出来。孟子特别强调我们的自然倾向与天之间的联系,称我们的自然能力为"天之降才"(6A7)、"此天之所与我者"(6A15)和"天性"(7A38)。如果我们的"性"的反应和倾向来自天,那么导致我们在世界上反对天的道德决心(当天不想要和平时寻求和平)本身就是天的一种表达,一种天对其本身的转向。因此,首先出现的天人之分,实际上是两种与"天"相关的道之间的分歧——因为它表现在自然世界的冷漠循环中,又表现在我们的"性"的自发反应中。这种通过"性"与天达成的和解在下面这一段落中最强烈地显现出来:

> 尽其心者,知其性也。知其性,则知天矣。存其心,养其性,所以事天也。夭寿不贰,修身以俟之,所以立命也。(7A1)

"尽"的意思是推进、使用或充分扩展,或者如江文思所说,是"要最大程度地利用"(Behuniak 2004,113－114)。通过充分扩展或发展心的自发反应,我们逐渐了解自己的"性",从而了解"天"。通过保存这些反应,我们"养性"而"事天"。这促进了人与"天"的一贯性,但是这段话最终以提醒我们此两者的分歧而结束。尽管我们设法知天和事天,但我们的成功和未来是不确定的。孟子没有给出我们"事天"将得到回报的安慰。他只是告诉我们不要被失败的可能性迷惑。

从"天"那里获得我们的自发反应,至少可以确定它们是自然的且不可避免的。正因如此,《性自命出》(刘钊 2003,第2—3条)和《荀子》(22:428;Knoblock 1988 22.5b)都将"性"与"天"联系起来。[54] 然而,通过孟子与这两个文本之间的主要分歧,可知孟子比起其中任何一个文本,都更依赖于这种联系——他坚持认为所有的美德都源于我们的"性"的自发倾向,这意味着它们都可以 *142* 追溯到天。为什么与天的联系如此重要? 从西方(基督教)的角度看,这种联系是显而易见的——天是善的,我们应该做任何天想要做的事情。如果天赋予我们这样的本性,那么我们必须遵循或发展它。艾文贺这样陈述了这种立场:

> 对于孟子而言,孔子学说是唯一的解决方案;对于经典的主题,不可能有重大的变化。其他的生活方式则更少改变。它们无法适应我们本性的充分发展;它们阻碍或扭曲了它的自然生长。这违背了天意,并妨碍了世界的本来面目。(Ivanhoe 2002a,17)[55]

这种观点将为儒家之道提供强有力的理由(如果现在是不可信的话)——我们应该遵循这种道,因为那是天要我们做的。孟子立场的基本结构与墨家的相同,仅有的不同在于天希望我们做的事情(优先家庭而非兼爱,举行盛大而不是简单的葬礼)和我们如何知道这一点(从我们的自然冲动而不是观察自然规律中)。正如我们已经看到的,问题在于孟子从来没有说过这样的话;相反,有充分的证据表明孟子没有把天当作促进天下仁政的手段。实际上,尽管其他早期儒家著作始终主张性自天降,但没有一个将性与天的意志联系起来,也没有证明性对于天的意图的重要性。当然,孟子的立场很可能是不寻常的尝试,以儒家对性的讨论来调和墨家的天志,但尽管告子和荀子都批评孟子的人性观,他们却都没有将此论争与孟子对天的观点联系起来。

这些问题促使我们为天与我们的自然倾向和反应之间的联系寻求另一种解释。解决这个问题的一种方法是考虑人类在自然中的位置。将天与性之间的联系作为天之仁与遵循儒家之道的必要性的纽带,需要一种对天的人格化概念和一种以人为中心的自然的概念。宣称天是仁的,就是宣称天具有**我们**的倾向和目的,而不是其他自然事物的倾向和目的。因此,它要求对人与自然界的其他部分进行**不同**的类比。孟子确实强调了人与其他动物之间差异的重要性:我们应该爱物、仁民、亲亲(7A45)。保持人禽之辨是君子的标志:"人之所以异于禽兽者几希,庶民去之,君子存之。"(4B19)如果我们的动物需求符合我们身之小体的需求,那么与动物保持差异就意味着保持心(身之大体)的优先。因此,缺乏"四端"的人被认为"非人也"(2A6)。正如上面的文段对"爱"的使用所暗示的那样,墨家的基本问题之一是他们只解决我们的动物需求,即人之小体的需求。

然而,孟子坚持人与动物之间的差异,恰恰是因为这种差异很微小。人与其他生物之间的类比或一致性对于孟子的论证而言更为基础。例如,孟子告诉我们,种植大麦时,所有大麦的生长都一样,如果有些大麦的生长比其他的好,那是由于环境的差异。他总结道:"故凡同类者,举相似也,何独至于人而疑之?"(6A7)这种类推论证基于这样一个假设,即我们都是自然的一部分,正如万百安所说的那样,"事物的本质之间存在着潜在的本体论对应"(Van Norden 2007,322)。甚至论证人类独特性的段落也都是通过类推来实现的,例如在一个段落里,人类必须具有独特的性,因为每种动物的性都是独特的(6A3)。人类的独特性不在于性与天之间的联系,而在于性将任何物种个性化的方式,在于我们的感官愉悦以及心灵反应的特殊性。孟子的论点表明,万物无不通过表达其"性"而"事天"。

《孟子》对性的提升解决了《道德经》里出现的自然主义观点的空白。我们已经看到,与孔子或墨子相反,《道德经》是在适用于所有事物的一般因果模式的语境里处理人的行为:天气、水、植物、人类、国家等。这种朝着自然的一般解释的迈进,标志着早期中国哲学的一个发展阶段,并且此处考虑的所有其他哲学家都是从自然作为一个整体的语境来看待人类的。然而,《道德经》里缺少的是关于各种事物自然**差异**的任何说明。这正是《孟子》的补充,它使孟子在接受我们只是万物之一的同时,仍保持孔子或墨子的人文主义内核。填补这一观念上的空白可能是当时的普遍关注点。尽管《孟子》探讨的性是作为将人类动机的分析置于自然语境里的一种方式,但《恒先》从相反的方向得到了相同的联系。这一文本给出了与《道德经》大致相似的宇宙论,但随后转向事物的特殊性:

> 异生异,归生归,违生非,非生违,袭生袭。求欲自复,复

生之生行。浊气生地，清气生天。气信神哉！芸芸相生，信盈天地，同出而异生，因生其所欲。（季旭昇 2005，第 3—4 条）[56]

复原这段文字有许多困难，但其主要的关注点是要说明事物生活方式的差异仍来自同一源，均来自"气"的产生。我们已经遇到过术语"生"，指"生活"（living）或"生长"（growing）。与"同出"相对，"异生"必然指的是不同事物生活的特殊性。实际上，大多数学者在这里把"生"当作"性"，即"自然倾向"。[57] 类似的联系也出现在另一个更明确关注人类生活的文段里："有出于或[58]，生出于有，意出于生，言出于意，名出于言，事出于名。"（季旭昇 2005，第 5—6 条）随着"有"的出现，个体拥有特定的生活形式或事物的特质倾向。[59] 这些自然反应和倾向产生意图或欲望，从而导致交流、命名以及不同任务和职责的社会组织。

"同出而异生"这一观点对于孟子来说至关重要，他用"性"描述了一种特定的人类生活，而这种人类生活仍然表达着自然的共同生成力。通过提倡在滋养、生长和扩展（而不是雕刻、削磨或束缚）方面的自我修养概念，孟子将仁与义的发展牢牢地置于自然本身的生成力之内。这种联系被后来的《孟子》解释者明确指出。例如，朱熹将孟子的"不忍人之心"理解为天地所生之物的一种延续物（2003，237）。

性、自我修养和自然生成力之间的联系贯穿于孟子的隐喻和类比，特别是关于流水和植物生长的隐喻。[60] 当被问及孔子对水的称赞时，孟子解释说："原泉混混，不舍昼夜，盈科而后进，放乎四海。有本者如是，是之取尔。"（4B18；参见 7A24）[61] 赋予这种无穷力量的根源在于我们的"性"，这就是为什么一个人如果知道扩展德之"四端",就会"(若)泉之始达"(2A6)。在与告子的辩论里,流水的这种形象与我们的自然倾向明确地联系在一起,孟子在此将我们对善的倾向与水总是努力向下流的方式进行了比较(6A2)。

自然植物生长的隐喻更为重要。当告子把人性比作柳树,把义比作用木制作的器皿时,孟子简单地回应说,如果义要求戕害我们自己,那么这将是一场美德的灾难(6A1)。他的替代方法是将我们的自然之情当作"端",一个包含了植物在地上生根发芽的形象("耑")的文字。[62] 这些"端"自然生长成美德,就像植物在适当的环境里自然生长一样:"故苟得其养,无物不长;苟失其养,无物不消。"(6A8)孟子向一位统治者解释说,人民对仁君的渴望就如同干旱的草地对及时雨的渴望,进而得出结论:"民归之,由水之就下,沛然谁能御之。"(1A6)这段文字呈现出的"天命"版本,不是通过人格化或目的论的术语而是通过自然的内在自发过程给出的。当自然之力受到激发和协调时,没有什么可以阻止它们。

145

水和根的隐喻在《道德经》里以类似的方式起作用,但是孟子更强调必须表现出这些自然之力的关爱和保护程度,这可能解释了孟子为什么更注重植物隐喻。[63] 如我们所知,《道德经》并没有主张简单地放任自然——圣人必须"辅万物之自然"。这种辅助和人类目的的转向在《孟子》里更为核心。一个典型的例子就是大禹治水的技巧。禹在塑造自然以支持人的善的同时,通过使用"水之道"(6B11)和"行其所无事也"(4B26)来做到这一点,"无事"这一短语也出现在《道德经》里,"取天下常以无事"(第48、57章)。像水一样,我们既不能让植物缺少培养也不能强迫它们生长(2A2),而是要滋养和引导它们的自然倾向。关于自然生成力及其被破坏的方式的最好描述是著名的牛山之喻。最初,这座山林木茂盛，但由于它处于大国附近，人们前来砍伐树木。即使这样，雨露水仍致草木萌芽生长，直到人们把牛和羊赶到那里吃草。最终，这座山变得光秃秃，但正如孟子所说，那不是山之性。然后孟子转向人：

> 虽存乎人者，岂无仁义之心哉？其所以放其良心者，亦犹斧斤之于木也。旦旦而伐之，可以为美乎？其日夜之所息，平旦之气，其好恶与人相近也者几希。则其旦昼之所为，有梏亡之矣。梏之反覆，则其夜气不足以存。夜气不足以存，则其违禽兽不远矣。人见其禽兽也，而以为未尝有才焉者，是岂人之情也哉！（6A8）

自然的周期性过程推动着持续的生长，但是这种生成力可以被抵抗和挫败，如果这种破坏持续足够长的时间，任何事物都会死亡。孟子担心社会力量会破坏我们对世界自然的善的回应，但是通过否认或挫败我们的自然倾向来变得善的努力也会导致衰弱和死亡——这就是为什么告子把义视为外在的观点将是灾难性的，就像试图通过抵抗水的自然流动来避免洪水一样。

关于这种生成力的最专门的讨论是在一段难以理解的文字里，该段文字讨论了"不动心"，这似乎是《性自命出》所称的"定志"。[64] 我们可以跟随这个对话的几个步骤，从孟子解释"气"与"志"之间的关系开始："夫志，气之帅也。气，体之充也。夫志至焉，气次焉，故曰持其志，无暴其气。"（2A2）我们已经看到，"气"被用来解释各种动态的过程，并且它经常代表自然的生成力，就如上文牛山之喻的段落里所述。在这里，气据说是充满了身体，相同的术语"充"曾用于表述对四端的"充盈"（2A6，7B31）。像水和植物生长的生成力一样，这种力量必须以我们的"志"为指导，但不能被强迫或压制。没有修养,气的力量会使我们难以承受。
孟子解释说:"志壹则动气,气壹则动志也。今夫蹶者趋者,是气
也,而反动其心。"(2A2)《性自命出》明确地把情感和欲望视为
"气"的运动,并给出了一个不同的例子:"目之好色,耳之乐声,郁
陶之气也,人不难为之死。"(刘钊 2003,第 43—44 条)当这样的
运动集中而激烈时,气就会主导并导致"动心"。只有通过修养
"壹志"和"不动心",才能避免被事物吞没。

当接下来被问及他在哪些方面胜于告子时,孟子回答说,他
"知言",且善于养"浩然之气"。孟子解释说:

> 其为气也,至大至刚,以直养而无害,则塞于天地之间。
> 其为气也,配义与道。无是,馁也。是集义所生者,非义袭而
> 取之也。行有不慊于心,则馁矣。我故曰告子未尝知义,以
> 其外之也。(2A2)

为了使我们的"志"变强,必须通过我们的自然反应来得到这些
"气"的支持。然而,该段令人困惑的是,它不是说没有气,义就馁
了,而是说没有义,气就会馁。这意味着,气并不是一种被我们的
"志"引导的无动于衷的力量(正如告子所描述的"湍水"),而是它
本身对义有所需求。如果考虑到我们本性的情感反应被认为是
气的运动,那么就可以得出这样的结论。充满义的羞耻和厌恶之
心是气的构造,一旦被激发,它就变成了实际的羞耻和厌恶之感。
如果这些倾向受到挫败而不是顺其流淌——"不慊于心"——那
么气本身就会消减。[65]

这一文段中关于"气"的描述没有被纳入《孟子》的其余部分,
尽管它可能为孟子的思想提供了隐性基础。这一基础在与孟子
思想紧密相关的帛书《五行》说文里变得很明确。[66] 我们在前文已

147

经提过《五行》，围绕内外之分进行构建，主张形于内并与圣人相和谐的善行是德行，也是天道（刘钊 2003，第 4—5、19—20 条）。这是一种理想：我们的行动遵循我们的情感和内心的统一焦点，从而产生美德，自发地进行，并与天相连。《孟子》的立场与《五行》不同，但两者有许多相似之处。对于子思和孟子提倡《五行》理论，《荀子》进行了批评（6：94；Knoblock 1988，6.7）。马王堆帛书《五行》所附的说文，显现出《五行》与《孟子》更紧密的联系。尽管我们无法得知说文写于何时，但它使用了若干《孟子》特有的术语，例如充端，或不让身之小体损害大体（庞朴 2005b；《说》21，22）。[67]

在对"气"的明确整合上，《五行》说文超越了《孟子》。《五行》列出了情感或态度的演变来说明美德的内在延伸。我们可以细想一个例子："不直不肆，不肆不果，不果不简，不简不行，不行不义。"（刘钊 2003，第 21—22 条；庞朴 2005b；《经》11）[68]"义"的解释主要通过公共行为来进行，例如惩罚或批评犯下重大罪行的人，以及尊重真正的贤人，所有这些都需要果断和勇气。"义"必须植根于"直"，它是内在的，并且被解释为发自中心的正行（刘钊 2003，第 33—34 条）。

这段话里对"直"的使用与孟子声称的以直养浩然之气联系在了一起，而且《五行》说文举出一个不愿接受嗟来之食的例子（庞朴 2005b；《说》15），这与孟子为取义之心所举的例子相同（6A10）。在说文里，这种"直"被称为"义气"（庞朴 2005b；《说》11）。"直"会滋养这种特定的气，从而导致果断、勇敢和做出明确决定的能力。其他美德也以类似的方式描述，并总结为一系列的词汇：

148

190

　　　　"见而知之,智也":见者,[明]也;智者,言由所见知所不
见也。

　　　　"知而安之,仁也":知君子所道而恕然安之者,仁气也。

　　　　"安而行之,义也":既安之矣,而杀然行之,义气也。

　　　　"行而敬之,礼也":既行之矣,又愀愀然敬之者,礼气也。

　　　　所安、所行、所敬,人道也。(庞朴 2005b;《说》19)[69]

仁、义、礼,只要是内在的和真诚的,都是"气"的形式。当这些
品质得到培养时,它们会产生一种能够影响和改变他人的道德
力量。这便是"德之至"(the utmost of *dé*),具有在全天下促进
仁和义的能力,以一种像神一样的方式改变他人(庞朴
2005b;《说》18,21)。

　　在这条说文里,我们看到了一种理论,即我们的真实反应是
发展或充实成美德的气的形式。这种气的力量——它是自然的
生成力——成为塑造我们周围世界的力量。《孟子》用相似的术
语描述了化成之民:

　　　　王者之民,皡皡如也。杀之而不怨,利之而不庸,民日迁
善而不知为之者。夫君子所过者化,所存者神,上下与天地
同流,岂曰小补之哉!(7A13)

短语"皡皡"与孟子的"浩然之气"相呼应,而短语"上下与天地同
流"则与他的气"充塞天地"相呼应。术语"化"(transform)和
"神"(magical,像神一样),都通常与自发性和自然的生成过程
相关。这一段与《道德经》非常相似。在不知道原因的情况下
变得善良的人民,就像《道德经》里那些依赖于统治者,但认为
社会秩序的和谐来自他们自己的自发性的人民一样(第 17
章)。与天地合一的君子的"大补",即《道德经》里的"辅物之自

然"（第 64 章）。[70]

这些段落表明，孟子对于人的美德与天的调和不是沿着墨家"天志"的思路，而更像是《道德经》里人的关切与一个有益而道德冷漠的世界的和解。[71] 这不是要服从一种神力所设定的目标，而是要利用我们内在的自然之力或天赋之力。然而，与《道德经》相反，孟子强调了一个事实，即每种事物——从高山到狗，再到人——都有其特定的需求、反应、欲望和发展方式。无论"天"自身的目的如何，我们都有着这些自然的倾向和欲望。"天"使大麦努力生长，使山上树木茂盛，使人类拥有仁义。这样的一种主张绝非要求"天"确保（或甚至更喜欢）高大的大麦和仁慈的人。实际上，天无法做到这一点——一个仁慈的人肯定也会收割大麦，并屠宰牛以食用（即使君子远庖厨）。尽管"天"本身是不仁的，但"天"赋予人的"性"引导我们走向仁，就像牛山的性是使树木生长一样，即使"天"本身并没有林木。在将人类行为的相关领域从"天"转移到我们自己的"性"时，孟子使"天"的目的变得无关紧要。

从自然的一般模式向各种事物特定倾向的转变，使孟子产生了一种冲突是必然的观点。大麦自然地努力成长，即使其他事物自然地与之斗争。人类努力为世界带来和平与秩序，尽管其他事物，甚至历史周期也在与人类作斗争。努力对抗"天"自身的循环并不意味着对"天"的拒绝，因为"天"自身也会产生这些抗争。这种斗争是生命的本质。正如尼采在《善恶的彼岸》中所说："'剥削'并不属于一个腐败或不完美的原始社会：它属于作为基本有机功能而活着的本质；这是真正的权力意志的结果，这就是生命的意志。"[72] 尼采在取向和性情上与孟子相去甚远，为了更接近孟子的自身语境，我们可以细想一下《吕氏春秋》：

> 天为高矣,而日月星辰云气雨露未尝休矣;地为大矣,而
> 水泉草木毛羽裸鳞未尝息也。凡居于天地之间、六合之内
> 者,其务为相安利也,夫为相害危者,不可胜数。人事皆然。
> (20/8:1421—1422)[73]

这种对自然的看法将使人类的状况在某些方面成为悲剧,但这不
足为奇。天使草生长,但也会用天气使它干燥,让牛和兔子来吃
掉它。正如这些类比论证使我们怀疑的那样,人类的处境同样艰
难。一个有修养的人有时不得不抱怨或至少哭泣。通过我们的
"性",天将我们引向仁,而仁者关心人们是否遭受苦难;然而,天 150
决定人民受苦已有数百年之久。不关心会违反我们的天性
(heavenly nature);关心则意味着与天本身作斗争。通过展示天
人和谐不是经由直接模仿天的模式而是发展它赋予我们的独特
倾向,孟子维护了与天和谐这一基本使命。就这样,发展我们的
"性",在一种对我们在整个自然里的角色的关注以及对整体的天
的原则的崇敬中得以概念化。

第五章 《庄子》中对人的超越

与迄今为止所考虑的任何文本相比,围绕恶的问题的一系列重要议题对《庄子》而言更为核心。在其中,我们找到了对该问题最尖锐的表述之一:

> 子舆与子桑友。而霖雨十日,子舆曰:"子桑殆病矣!"裹饭而往食之。至子桑之门,则若歌若哭,鼓琴曰:"父邪!母邪!天乎!人乎!"有不任其声而趋举其诗焉。子舆入,曰:"子之歌诗,何故若是?"曰:"吾思夫使我至此极者而弗得也。父母岂欲吾贫哉?天无私覆,地无私载,天地岂私贫我哉?求其为之者而不得也。然而至此极者,命也夫!"(6:285;参见 Mair 1994,64-65)

整部《庄子》包含了十多次对坏事发生在好人身上的讨论,从而拉出了整个让人伤心的角色阵容:伍子胥被杀且被裹着麻袋扔进河里;比干活活被剖心;伯夷和叔齐饿死;孔子困于陈蔡之间,又有宋人伐木、卫国被围之危。对这些事件的回应几乎代表了战国时期的所有可用选择。一些人回避了这个问题,认为所谓的好人实际上是坏人或只是关心名誉,而另一些人则声称坏事是命中注定的,一个好人必须只是保持善良并忍受。[1]一些人声称通过保持低调和顺从,人们一定会获得长寿,而另一些人说这没法保证,因为"外物不可必"。[2] 有些段落认为危险和痛苦显然是坏的,而另一些段落将快乐从物质环境中分离,还有一些段落则质疑我们是否能够给任何事件贴上好或坏的标签——通过否认我们可以将任何事情称为坏事的立场来否认恶的问题。[3]

这一系列的观点使得《庄子》难以解释。每个人都同意,已有的通行文本包含了多种观点,并经手了几位编辑,且至少其中的一位编辑将一个已失传的五十二篇本组合在了一起,然后由郭象在 3 世纪时编为今传的三十三篇本。我们通常通过将书中的篇章分为四五种不同的思考方式或"流派"来驾驭这个多样性和丰富性占绝对优势的文本,每种思考方式或"流派"都代表了一种连贯的视角。其中最具影响力的两种分析来自葛瑞汉和刘笑敢。[4] 庄子本人的观点被认为出现在所谓的"内篇"中。其他系列的章节则被认为发展了内篇的思想,归于庄子后学。葛瑞汉将剩余的章节分为三组:其思想与《道德经》相联系的"原始主义者"(Primitivist)的篇章,出自杨朱追随者的"杨朱学派"(Yangist)篇章,出自文本原初版本编辑者"调和论者"(Syncretists)的篇章。刘笑敢则将原始主义派和杨朱学派的篇章合在一起,作为"无君"派思想的代表,并将调和派与现在被称为"黄老"思想的联系起来。

虽然这种划分派别的方法对于文本的定位十分有用,但它模糊了文本中不同观点**之间**的连续性和交叉点,同时夸大了每种观点**之中**的统一性。作为处理整体文本的一种方法,它几乎可以肯定是错误的,因为一些篇章是按主题而不是流派或思考方式组织的。[5]"内篇"的状况更难解决。各篇中的重复、矛盾和松散联系表明它们是一部选集,且没有令人信服的理由让人去怀疑这种形态。[6] 我在这里的解释是试图从"内篇"中形成一种立场,以第 2

152

篇《齐物论》为中心，同时不坚持这些篇章里有一个连贯的立场。接着，我将展示这一立场的要素在其他篇章里是如何表达、发展和变化的。[7]

在开始研究《庄子》之前，我们应该重新审视迄今为止确立的语境。尽管它们存在差异，但《墨子》和《道德经》在结构上也确立了相似的立场。我们可以说两者都建立了一种有限命令：如果你想要长寿、和平与可持续繁荣之类的某些事情，那么你应该与"天"或"道"保持一致。基于他们的共同假设，即所有人都确实渴望这些事情，这种命令就变得不那么有限了。但是，如果将其映射到恶的问题上，我们将看到这两种立场之间的差异。墨家否认了这个问题，声称好人总是得到回报。而根据《道德经》，自然不是直接根据我们的价值观来构成的。这为我们常规的以人为中心的伦理道德问题提供了更为脆弱的基础，因为它承认光靠善良不足以取得成功或自我保护。尽管如此，那些做了我们通常认为是坏事——比如使用暴力或蓄积过多——的人，最终反受其害，这便是自然的模式。道德和自身利益一致的原因是自然本身是公正和有益的，即使这些倾向仍然必须得到辅助和调整，才能最好地提供人类想要的东西。

从孟子的角度来看，墨家对天的看法太乐观了：好人并不总是得到回报，这一事实已被时代的痛苦和颜回甚至孔子的生活证明。孟子对自然的看法更接近《道德经》，但这种自然观尚不足以证明儒家之道的行动主义和人文主义。从一种儒者的角度来看，《道德经》——相信通过极小的人为努力就能自然形成一种体面的社会秩序——也显得过于乐观了。面对恶的问题，孟子被迫打破了《道德经》和《墨子》的基本结构。这一突破沿着两个方向出现。一是转向对人类欲望的详细描述，认为某些特定的社会或

153

伦理道德欲望是为全体人类所共享的。第二个突破是自然（例如天）的作用，自然不再直接作为一种规范。所以，孟子证明了一些事情的合理性，例如在天本身不想要和平时努力争取和平，或者即使面临确定的死亡也要遵循自己的价值观。对自然模式的这种不信任，加上对人内在的依赖，使得儒家趋向于对整个自然模式不感兴趣。这种漠不关心正是墨家对儒家使用"命"的批评的核心所在。

《庄子》拒绝了这些立场的某些方面，而继承了一些其他方面。与《道德经》和《孟子》一样，《庄子》认为自然对人类的关切和价值漠不关心。然而，与《道德经》不同的是，《庄子》对提炼指导我们行动的自然模式并不关心，表现出一种接受的取向和更接近孟子观点的内在观。但是与《孟子》不同的是，《庄子》以与"天"保持一致为目标。这种与完全非人格化的自然/天的概念的统一导致了其对人文主义的根本拒斥。

天还是人

《庄子》是最早和最彻底的尝试之一，它把人类视为无数事物中的一种，正如尼采所说的，把人类还原（*zurückübersetzen*）为自然状态。[8] 其大部分文本都可以看作一种试图淡化我们自我重要性的尝试，以表明尽管我们的交谈和辩论多么严肃认真，但我们的声音与鸟鸣并没有太大不同。《庄子》经常通过把人类与其他动物放在一起的方式，将人类置于自己的位置。其中最动人的段落之一是啮缺与王倪之间的对话。[9] 对话始于一系列怀疑的主张，其中王倪否认知道万物有什么共同点，否认知道他不知道，并否认知道没有什么可以被知道。然后，他开始对不同动物之间的 *154*

分歧进行描述，首先是何为"正处"和何谓"正味"，然后说：

> 毛嫱丽姬，人之所美也；鱼见之深入，鸟见之高飞，麋鹿
> 见之决骤。四者孰知天下之正色哉？（2：93；参见 Mair
> 1994，21）

啮缺以一种特定的方式表达了最初的问题，以共识为方向："子知
物之所同是乎？"[10] 王倪的回应转向了客观条件："四者孰知天下
之正色哉？"因此，这段话在两个层面上起作用，表明我们既无法
知道我们的价值观就自然本身而言是否正确，也无法在万物之间
寻求共识。

王倪的观点应用于房屋和食品标准时显然是正确的，在其他
文化中也出现了类似的论点。[11] 在美的标准中的应用也很有说服
力——特别是如果我们考虑到情色之美（这一段落里"色"的含
义）。然而，结论还更进一步。王倪首先说："自我观之，仁义之
端，是非之涂，樊然殽乱，吾恶能知其辩！"（2：93；参见 Mair 1994，
21）王倪接着用墨家的关键术语"利"和"害"继续他的观点，他说
甚至无法知道它们，因为即使是最终的伤害——死亡——可能也
不是一件坏事。这里使用"端"与《孟子》（2A6）的术语相呼应，暗
示至少是有间接联系。术语"是非"也可以回溯到孟子，其所说一
个拥有"是非之心"的人，从字面上看，是"是非"之"心"而不是
"人"。从广义上来说，"是"和"非"是肯定与否定的标准指称，可
以将事物归类为是与否、此与彼，包括但不限于对与错的道德判
断。《齐物论》的大部分内容旨在通过展示"是非"区别总是与一
种相对的有限视角相关，来动摇其客观性。

尽管这种论证破坏了任何关于世界本身以人的价值观为中
心的看法，但并不一定会取代人**对我们**的重要性。我们通过孟子

也提及的事实,看出了这一观点的有限含义。在一个非常相似的段落里,孟子首先解释了人们根据环境而变得善或恶,就像大麦在不同条件下会有所不同。孟子接着用大麦对各种事物提出一种更宽泛的见解:

> 故凡同类者举相似也,何独至于人而疑之,圣人与我同 155
> 类者。故龙子曰:"不知足而为屦,我知其不为蒉也。"屦之相
> 似,天下之足同也。口之于味有同耆也,易牙先得我口之所
> 耆者也。如使口之于味也,其性与人殊,若犬马之与我不同
> 类也,则天下何耆皆从易牙之于味也!至于味,天下期于易
> 牙,是天下之口相似也。惟耳亦然。

他经历了每种感官,然后得出结论:

> 至于心,独无所同然乎?心之所同然者何也?谓理也义
> 也。圣人先得我心之所同然耳。故理义之悦我心,犹刍豢之
> 悦我口。(6A7)

与王倪一样,孟子指出正味的种类因物种而异,因此狗和马的口味根本不同。从自然本身的角度来看,没有任何东西可以被标记为好味道或者坏味道。孟子也像王倪一样,将品味的分析扩展到伦理道德范畴——我们对义和理的品味来自人心的构造。"义"和"理"不会对鱼或马有任何影响,这也暗指它们在自然界本身并没有客观地位。孟子同意王倪对世界本身以人的价值观为中心的否认,但这并没有破坏孟子的人文主义。由于人在本质上与其他动物不同,因此某些事物对我们来说是——而且应该是——重要的,无论它们在作为一个整体的自然界中的地位如何。简而言之,没有跨物种的味或色的标准,但这并不意味着我们人类应该开始(像猫一样)吃老鼠或(像鹿一样)爱上鹿。

王倪和孟子的这两段言语都指出了作为整体的自然与人的视角之间的差异，是另一种"天人之分"的说法。用普鸣的话说，这两个文本"揭示了此时天人之间出现的巨大张力"（Puett 2002,27）。用一种简单的方法来描述这两个文本之间的冲突就是，《孟子》坚持了人类的物种观点，而《庄子》则站在天的一边。这符合荀子对庄子的批评：庄子只看到天而不知人，这导致他只强调任其自然（21:393;Knoblock 1988,21.4）。

然而，这一差异并不是那么简单。正如我们所看到的，孟子并没有拒绝与天的和谐，而是使"天"内接于"人"，声称"事天"的方法是"存心"和"养性"（7A1）。尽管《庄子》有时以使天享有特权的方式将天与人并列，但有些段落主张维护双方，而另一些段落则削弱区分它们的可能性。例如，其中一段文字以呼应我们在《穷达以时》（刘钊 2003，第 1 条）以及《语丛（一）》（刘钊 2003，第 29—30 条）里看到的那几句开始，声称知识的极点在于知天之所为与人之所为。然而，它又以质疑自身而结束："庸讵知吾所谓天之非人乎？所谓人之非天乎？"（6:225;参见 Mair 1994,51 - 52）

正如人们所预料的那样，鉴于文本证据的不明确，在解释《庄子》时，很多分歧都集中在如何理解天与人之间的关系上。然而，粗略地看一下二次文献，就会发现分歧比实际存在的更多。[12] 人们普遍认为"天"是指自然本身，而不是某些独特的神力。这与郭象的理解相近，郭象将"天"与万物的自发性联系在一起：

> 自己而然，则谓之天然。天然耳，非为也，故以天言之。〔以天言之〕所以明其自然也，岂苍苍之谓哉！而或者谓天籁役物使从己也。夫天且不能自有，况能有物哉！故天者，万物之总名也，莫适为天，谁主役物乎？故物各自生而无所出

焉,此天道也。(郭庆藩 1978,50)[13]

在这一解读中,与天和谐或与天为一意味着对事物的独特性进行一种巧妙且和谐的协调。庖丁最能说明这种巧妙的协调,他遵循"天理"来屠宰一头固有结构完美的牛(3:119;Mair 1994,26)。与天和谐相处,可以使人过上更加和平、熟练与和谐的生活。即使天没有设定道德规则,但它仍然可以作为指导。

天和人之间的关系存在更多分歧。天的中立性或公正性在某种程度上削弱了我们对人的依恋,但问题是:人在何种程度上会被放弃? 这一答案在很大程度上决定了庄子是一个怀疑论者或相对论者。对人的拒绝越多,对人类范畴和道德的怀疑就越多。在诠释《庄子》的学者中,艾文贺和康思藤(Steve Coutinho)是更重视人的两位代表。艾文贺认为,天的视角仅具有治疗价值,他说:"根据我们不同的性质和环境,我们每个人在天的伟大计划中都有特殊的角色要履行。我们不是要放弃自己的个人角色,而必须在了解更大的自然形态的情况下发挥它们的作用。"(Ivanhoe 1996,201)康思藤保持着同样的基本立场,他说:"庄子对我们的视线离开人类时所呈现的事物的连续性的洞察应保持在理论欣赏水平。"(Coutinho 2004,165)不足为奇,艾文贺和康思藤都反对庄子是怀疑论者的说法。

而伊若泊和李亦理,则是认为庄子更支持"天"的最佳解读代表。伊若泊认为,技可使人达"道,或自然",因此庄子的立场从根本上讲是非道德的,甚至可以与酷刑等"技能"相兼容。伊若泊明确地将此立场与强调物种限制的儒家观点进行了对比(Eno 1996,141-143)。李亦理则反对将庄子解读为向人们建议一种"务实的方式"(pragmatic approach),这种方式会使我们过上相

157

当正常的生活，还具有多一点的容忍和怀疑态度。[14] 尽管不诉诸天的视角，他这样描述了庄子的理想状态：

> 当价值解体时，心灵并不会组织其感知，认为这是好的，那是糟糕的，这是可取的，那是可恶的。相反，它只会反映它面前发生的事情。例如，面对一宗谋杀案，你会查看这一行为和你的情绪，但你不会通过关于行为的价值、你应该做什么、凶手为什么那样做或者是什么导致受害者出现这种情况的想法来过滤这些感知。（Yearley 1983, 133）

伊若泊和李亦理所说明的令人震惊的后果表明了为什么注释者希望避免更激进的庄子。尽管如此，我们应该怀疑一个看起来与宽容的美国左倾知识分子持大致相同立场的庄子。[15] 同时，即使我也会信从李亦理称为"激进的庄子"，我们也应该期待许多其他更温和的视角融入文本里，甚至内篇里。在本章里，我将主要关注《庄子》中较为激进的部分，这部分把对恶的问题的回应推到了一个极端。

与其直接考虑人与天之间的关系，我们不如更方便地，通过关注人的问题化，来接近《庄子》的激进性。这一论证分为两个部分。一是强调人类的多样性，消解了孟子关于我们作为一个物种共有某些欲望或视角的说法。二是强调人类欲望的灵活性，最终允许人保形而无情。随着人类价值观的地位和范畴的厘清，我们便可以看到《庄子》是如何解决恶的问题的。

人的规范化问题

158 令人惊讶的是，表示事物特质倾向或本性的术语"性"从未出现在《庄子》的内篇里,然而内篇对于与"性"密切相关的概念"情"(真实或自然的情感)则有一个明确的拒绝(5:217—222;Mair 1994,48-50)。"性"这个术语在儒家的哲学讨论中很盛行,不仅见于《孟子》和《荀子》,而且见于最近出土的文本如《性自命出》,这表明,《庄子》内篇中"性"的缺失可以被看作刻意而为。

对人性的规范性概念最明显的攻击来自各种身体异常的人的出现:脚缺失的,体态扭曲的,脖子肿胀的,可怕丑陋的。这些故事提出了几种相关但截然不同的观点。[16] 从表面上看,他们通过赞美被视为弃儿的人,颠覆了社会整合的优先顺序。由于截肢是一种常见的惩罚,因此其中的一些人物代表了作为罪犯而被惩罚的人。在另一个层面上,这些故事强调了根据身体外形("形")来判断他们的德行("德")的困难。这里最切题的一点是这些故事如何挑战正常人的观念。为了阐明这一方面,我们可以从孔子(这里称为仲尼或孔丘)、叔山无趾和老子(老聃)之间的一个讨论开始:

> 鲁有兀者叔山无趾,踵见仲尼。仲尼曰:"子不谨,前既犯患若是矣。虽今来,何及矣!"无趾曰:"吾唯不知务而轻用吾身,吾是以亡足。今吾来也,犹有尊足者存,吾是以务全之也。夫天无不覆,地无不载,吾以夫子为天地,安知夫子之犹若是也!"(5:202;参见 Mair 1994,45)

孔子为此道歉,但当无趾离开时,孔子明褒暗贬,告诉他的弟子,如果像无趾这样的人都能够如此一心一意向学,更何况那些全德之人。无趾然后与老子讨论这件事:

> 无趾语老聃曰:"孔丘之于至人,其未邪? 彼何宾宾以学子为? 彼且蕲以諔诡幻怪之名闻,不知至人之以是为己桎梏

邪？"老聃曰："胡不直使彼以死生为一条,以可不可为一贯者,解其桎梏,其可乎？"无趾曰："天刑之,安可解！"(5:204—205;参见 Mair 1994,46)

159　从这些对话我们可以得出重要的几点。一是孔子因无趾的身体缺陷而对他产生歧视,因为缺陷本身就象征着他曾因违反社会规范而受过惩罚。这里将脚与正常状态联系起来,与上述《孟子》(6A7)段落(关于龙子为屦)的关联紧密得不像巧合。孟子提出的常人之心共享某种品味的论点取决于这样一个事实,即我们可以清楚地认识到由什么构成"正常的"人体。叔山无趾和所有有着畸形身体的角色都在质疑识别一个常人之体的易见性,从而质疑一颗常人之心的易见性。

　　第二个需要注意的点是将孔子判断为"为己桎梏"。尽管叔山说孔子因其对声誉的渴望而受束缚,但老子提出了更宽广的视点——孔子因其"可与不可"的类别区分而受到束缚。孔子的问题不仅在于他根据外表来判断人物,还在于他坚持对一切进行判断。用出自"内篇"其他地方的一个短语来说,孔子受判断和类别的束缚,以至于他不能"见独"(see singularity)(6:252;Mair 1994,57)。这一文段包含了一个具有讽刺意味的倒置,此处赞扬了因受到惩罚而被砍掉一只脚的人,同时把执行社会规范的人描述为真正受束缚和惩罚的人。尽管叔山为社会所缚,但孔子为"天"所缚。在另一个文段中也出现了类似的倒置,使天与人形成对比："畸人者,畸于人而侔于天。故曰,天之小人,人之君子;人之君子,天之小人也。"(6:273;参见 Mair 1994,61)

　　这一主张使我们从这个文段里得到第三点,即天与接受事物是其所是之间的联系："天无不覆,地无不载。"这种关于天的公正性延续了从《道德经》到《墨子》以来的主题。在这里,天覆盖了所有事物,没有正常与不正常的区别。天、公正性和独异性的这种联系出现在另一个类似的片段中:

> 公文轩见右师而惊曰:"是何人也? 恶乎介也? 天与,其
> 人与?"曰:"天也,非人也。天之生是使独也,人之貌有与也。
> 以是知其天也,非人也。"(3:124;参见 Mair 1994,27)

这段话的意思很难确定。"介"和"独"这两个汉字在这里的意思是单一的、唯一的或不同的,可以简单地指该官员只有一只脚,但是"独"的惯常用法是指事物的唯一性或独异性,这暗示了该段落更广泛的一层含义,即通过说天使事物变得独特(而不是与种类相符),以及通过暗指天接受了人们本来的样子,来肯定天与独异性之间的联系。[17] 关于人的外貌的这句话则比较晦涩,其含义只能被猜测。大多数人认为这句话是说人的外貌是由天赋予的,这里可能包括两种意思:他天生奇特,或尽管他的奇特是来自人或人的惩罚,但这最终仍然可以追溯到天。[18] 葛瑞汉对这句话的解释有所不同,他强调了天对独异性的接纳与人对一致性的向往之间的对比,并将其译为"When Heaven engenders something it causes it to be unique; the guise which is from man assimilates us to each other."(天生成某种东西时会使其变得独特;来自人类的伪装却将我们彼此同化)(Graham 2001,64)。[19] 无论如何,这段文字将天对独异事物的生成与公文轩狭隘的视角进行了对比。人类趋于一致的倾向在随后的一段文字中显而易见:"世俗之人,皆喜人之同乎己而恶人之异于己也。"(11:392;参见 Mair 1994,100)我们如果细想这种趋于一致的倾向,那么就可以看到最初那段话里的讽刺意味:正是人类倾向于强迫每个人遵循一种

单一的规范，导致他们砍掉了像右师这样的人的脚，使其显得"介"或"独"。

一种不同的处理方式出现在一系列无用古怪的角色中。[20] 其中一些角色涉及树木，比如有一位出色的木匠（匠石）路过一棵巨大无比的树。当他的弟子惊叹于大树时，匠石却解释说这棵树一文不值：用其所造的船会沉没，棺材会腐烂，容器会漏水，楼房会衰朽。那天晚上，这棵大树在木匠的梦中出现，且主动提出一番辩解：

> 女将恶乎比予哉？若将比予于文木邪？夫柤梨橘柚，果蓏之属，实熟则剥，剥则辱；大枝折，小枝泄。此以其能苦其生者也，故不终其天年而中道夭，自掊击于世俗者也。物莫不若是。且予求无所可用久矣，几死，乃今得之，为予大用。使予也而有用，且得有此大也邪？且也若与予也皆物也，奈何哉其相物也？而几死之散人，又恶知散木！（4：172；参见 Mair 1994，37 - 38）

这棵巨树是个怪异的事物，而且这个故事的迭代版本开头便提到大木"有异"（4：176；参见 Mair 1994，38）。支离疏的故事与巨树的故事相类似，支离疏因身体"残疾"使其无用，却能被赐予粮食和免除兵役劳役（4：180；Mair 1994，39 - 40）。[21] 对于木匠根据与其他事物的比较而对它做出的判断，巨树有所质疑。巨树指出树和人都只是事物之一，这再次诉诸我们已经看到过的公正性，即所有事物都是平等的，因此不能被排序，并且由于彼此平等，一个事物（正常的人）没有立场去评判其他事物（巨树或支离疏）的价值。

那么匠石判断的依据是什么呢？可以说，他将巨树与健康繁茂的树木进行了比较,这呼应了孟子用植物隐喻来确立物种规范的想法。但是,什么才算健康或繁茂,这一点就如此明确吗?那些健康的树木给自己带来了毁灭。支离疏的故事也说明了这一点,他异常的身体可以被视为残疾的标志,但这恰恰是让他过上舒适和平生活的原因。在这些故事里,形体上的缺陷反映了道德或心理上的缺陷。在下一个无用之树的故事里,其结尾总结道,神人使自己像大木一样"不材"(4:177;Mair 1994,39),而支离疏的故事则以赞美那些"支离其德"的人来结束(4:180;Mair 1994,40)。所有这些段落都颠覆了一种物种规范或范式的想法,但它们也进一步揭示了我们在将奇特事物正常化时的一种偏见:规范偏向于有用的事物。一棵对我们无益的树似乎是有缺陷的或不正常的。

这对于人的地位又意味着什么?如果我们将"人"作为基于家族相似性的临时标记,那么人类多样性的事实并不一定会消除人的概念。然而,关于人的概念,不能以某种方式作为必要条件,这种方式要求将像叔山无趾或支离疏这样的人界定为没有达到为人的规范。这样一种规范必须指定某些人,比如尧和舜,作为比其他人更完全或更完美的人,以便所有的其他人都可以被劝导变得像他们一样。这种观点存在一种循环性:我们从人类的实际多样性中归纳出一个关于人的概念,然后却又用这个概念把那些不适合的人排除在外。[22] 在《庄子》中,这种批评的基础是从天本身的角度来看,事物就只是它们本来的样子:"天无不覆,地无不载。"因为从天本身的视角来看客观的规范并不存在,所以**我们**制定的规范不可避免地会偏向我们自己的视角。另一个关于格格不入的人的故事很好地说明了这一点。卫灵公长时间听了闉跂支离无脤的劝说后,所谓正常人的腿在卫灵公眼里都是干瘦的。

齐宣王*和一个名叫甕盎大瘿的人一起后，正常人的脖子在齐宣王看来都很细小（5：216—217；Mair 1994，48）。[23]

诉诸人的规范性不仅是毫无根据的，而且是危险的。有一个片段描述了一个男人善于使自己在丧期憔悴消瘦，同乡的其他人则在效仿他禁食时死了（26：943—944；Mair 1994，276）。在以孔子担心他最喜欢的弟子颜回的生存为开头的一个故事里就解释了这种比较带来的危险，那时颜回将去齐国说服其统治者进行改革。孔子解释说：

> 吾恐回与齐侯言尧舜黄帝之道，而重以燧人神农之言。彼将内求于己而不得，不得则惑，人惑则死。（18：620；参见Mair 1994，171）

孔子用两个关于物种区别的隐喻——人与海鸟以及人与鱼之间的区别——来说明这一点。这些物种**之间**的差异是为了说明物种**内部**的差异，在这个例子中，就是齐侯和圣贤尧舜之间的差异。孔子总结道："鱼处水而生，人处水而死，彼必相与异，其好恶故异也。故先圣不一其能，不同其事。"（18：621；参见 Mair 1994，172）唐代注家成玄英解释道："彼之人鱼，禀性各别，好恶不同，故死生斯异。岂唯二种，万物皆然也。"（郭庆藩 1978，623）

模仿榜样所造成的主要伤害是努力变得像他们一样所产生的忧和悲。这种对悲和忧的强调出现在海鸟的故事中：

> 昔者海鸟止于鲁郊，鲁侯御而觞之于庙，奏九韶以为乐，具太牢以为膳。鸟乃眩视忧悲，不敢食一脔，不敢饮一杯，三日而死。此以己养养鸟也，非以鸟养养鸟也。（18：621；参见

---

*《庄子集释》原文为齐桓公。——译者

Mair 1994,171)

这样的文段几乎是把孟子的说法作为批评对象,孟子曾经将他的整个学说总结为解释人性的善,并且总是提及尧和舜(3A1)。孟子解释道:

> 是故君子有终身之忧,无一朝之患也。乃若所忧则有之:舜人也,我亦人也。舜为法于天下,可传于后世,我由未免为乡人也。是则可忧也。忧之如何? 如舜而已矣。
> (4B28)

孟子的论证明确地基于人性的共性:因为舜和我都是人,所以我可以像舜。因此,我不像舜这样的事实应该成为我们"忧"的一个持续来源,"忧"是我们已经看到过的儒家关键术语。这种不断忧 *163* 虑的生活对一个可以自由地、轻松地在世界上漫游,把每个事物都当作它自身独异性的人来说几乎没有任何吸引力。实际上,一些文段还取笑了儒家是如此忧虑,如将孔子比作一位在世上游荡的父亲,打着鼓寻找失散多年的儿子(14:522;Mair 1994,140)。然而,为儒家目标而做的努力并不是《庄子》唯一的攻击目标。《逍遥游》里的一个文段首先列出了不同寿命的生物对时间的不同经历,然后提到彭祖,他以寿命极长而闻名。他的名字与对长寿的追求有关,这一段的结尾是:"众人匹之,不亦悲乎!"(1:11;参见 Mair 1994,4)[24] 用彭祖的标准来要求我们自己,并不比将自己与蝉或古龟进行比较来得更有意义。每一样事物都是不同的。

规范的最终问题是社会对规范的强制执行。《庄子》用暴力的隐喻描述了这种规范化的过程。当尧的弟子告诉许由,他被教导要服从于仁与义,并以对与错来标明事物,许由回答道:"而奚来为轵？夫尧既已黥汝以仁义，而劓汝以是非矣，汝将何以游夫遥荡恣睢转徙之涂乎？"(6:279;参见 Mair 1994,62 - 63)黥和劓是用于惩罚的专门术语，前者指面部文身，后者指割掉鼻子(生动地体现在字形本身，字形左边是鼻，右边是立刀旁)。对尧的模仿以及对道德准则的服从被呈现为毁损肢体的一种形式。与先前主张孔子应受"刑"(另一个带有立刀旁的文字)的说法一样，具有讽刺意味的是，接受社会道德的人被**隐喻**受到残毁，同时他们也会为了执行这些规约而**确实地**残毁他人。正如这所表明的，与一致性相关的暴力不仅仅是隐喻性的：

> 今世殊死者相枕也，桁杨者相推也，刑戮者相望也，而儒墨乃始离跂攘臂乎桎梏之间。意，甚矣哉！其无愧而不知耻也甚矣！吾未知圣知之不为桁杨椄槢也，仁义之不为桎梏凿枘也。(11:377;参见 Mair 1994,94)

就其所有的象征意义而言，独腿的圣人提醒着人们，好人也会对那些被贴上坏人标签的人施加残忍的行为。这些惩罚并不罕见——那些失去一只脚的人在齐国非常普遍，以至于有专门为他们出售的鞋子。[25]《庄子》中表现出义愤的段落为数不多，其中一个以老子的一名弟子遇到一具被处决的罪犯的尸体为开头。他把尸体翻过来，用长袍遮盖住，然后向天哭喊，谴责他的时代及其统治者积聚财货、别立荣辱(25:901;Mair 1994,260 - 261)。

　　我们似乎已经远离了恶的问题，但还记得，孟子试图调和人类价值与一个似乎对他们漠不关心的天，而这种尝试取决于阐明某些作为人的价值观。《庄子》则质疑对人做出论断的真正可能性。这种对《孟子》的批评更确切地出现在《庄子》的所谓原始主义篇章对"性"这一术语的挪用里，这是一种由郭象这样的古典《庄子》注家所遵循的转变。[26] 原始主义篇章与内篇相区别的一点是,基于对事物本质的诉求,原始主义篇章自信地断言什么是"臧",或什么是"正":遵循我们本性的就是正确的。虽然这种说法类似于《孟子》里对"性"的使用,但它们通过将"性"置于个体而不是物种或种类的层面来颠覆它。它们没有鼓励关于作为人类的意义的一致性,而是通过诉诸任何个体的独异性来攻击一致性。

我们可以细想《骈拇》篇,开篇即道:"骈拇枝指,出乎性哉!而侈于德。附赘县疣,出乎形哉! 而侈于性。"(8:311;参见 Mair 1994,75)我们的手指和脚趾遵从我们的"性"自然而然地生长。大部分人最终长出十个手指或脚趾,但并非人人如此。因此,从一开始,该篇就否认会存在**一种**人"性"。此外,这种差异与个人"德"的程度无关,因为"德"来自遵循任何一个人恰巧拥有的"性"。在该篇中,"骈"和"枝"的修辞用法很复杂,因为它具有两种含义:一个人有多少脚趾或手指的纯粹描述性含义,以及该数字不自然或不合适的规范性含义。我们在"合"和"骈"之间以及"枝"和"跂"之间的对比中看到了这种区别。在每对词语中,前一个是中性描述,后一个是规范性描述:

> 彼正正者,不失其性命之情。故合者不为骈,而枝者不为跂;[27] 长者不为有余,短者不为不足。是故凫胫虽短,续之则忧;鹤胫虽长,断之则悲。故性长非所断,性短非所续,无所去忧也。意仁义其非人情乎! 彼仁人何其多忧也? 且夫骈于拇者,决之则泣;枝于手者,龁之则啼。二者或有余于数,或不足于数,其于忧一也。(8:317,319;参见 Mair 1994,76)

165

与一种基于普遍规范的一致性的正确性截然不同，此文段提出了一种基于每一事物本质的正确性的概念。

这同样是郭象对《庄子》整体哲学的解释的核心，他在对《齐物论》的注释中运用了这一对比：

> 若各据其性分，物冥其极，则形大未为有余，形小不为不足。〔苟各足〕于其性，则秋豪[28]不独小其小而大山不独大其大矣。若以性足为大，则天下之足未有过于秋豪也；（其）〔若〕性足者（为）〔非〕大，则虽大山亦可称小矣。（郭庆藩 1978，81）

对于郭象而言，过多或过少的规范性主张是可以被提出的，但这只能通过诉诸相关特定事物的性质来实现。因此，对于一个"性"是拥有十二根手指的人来说，只有十根手指就太少了。正如《庄子》所说，咬掉一个会引起痛苦，且从众的渴望会导致忧与悲。[29]虽然"内篇"破坏所有的规范，《骈拇》一篇却愿意说强迫事物的自然倾向是**错误的**。但是，由于事物的天性各不相同，因此对于任何特定事物都无法预先知道什么是自然的。那么，遵循事物天性的命令要求的只是不干扰，使每件事物都能顺其自然地发展。实际上，《骈拇》建立了一种反对规范执行的规范。

人的灵活性

到目前为止，我们已经看到《庄子》中的一种思路是通过攻击**关于**人的统一性来削弱人类中心主义。相反，我们所拥有的是具有不同程度共性和差异的个体，每个个体的独异性都是由"天"生成的。第二种攻击思路是人类通过改变他们视角的能力，从而超越他们任何恰巧拥有的"性"的局限。这种对灵活性的强调也许可以解释为什么内篇甚至没有像原始主义篇章那样使用"性"这一术语,因为对于人这样一种事物而言,拥有某种天性并不是那么重要。关于克服人的局限性的最明确的段落出现在《德充符》一系列格格不入的人的故事的结尾:

> 故圣人有所游,而知为孽,约为胶,德为接,工为商。圣 166
> 人不谋,恶用知? 不斫,恶用胶? 无丧,恶用德? 不货,恶用
> 商? 四者,天鬻也。天鬻者,天食也。既受食于天,又恶用
> 人! 有人之形,无人之情。有人之形,故群于人,无人之情,
> 故是非不得于身。眇乎小哉,所以属于人也! 謷乎大哉,独
> 成其天! (5:217;参见 Mair 1994,49)

圣人既是人,又不是人。他们没有成为神灵;他们保持人的形态,并与其他人聚在一起。然而,他们缺乏基本的人的情感或特质("情")。他们所克服的人性在两个层面上得到了阐述。首先是把人性跟知、胶、德、商联系起来,所有这些都从努力强迫事物成为某种方式中得到价值,这些方式即谋、斫、丧、货。这四种可能代表着主要的儒家美德,以知作为谋划的手段,以礼的纽带作为黏合剂,以仁作为从社会互动中受益的手段,以守义的规则作为维护商业秩序的方法。[30]《骈拇》篇提到了几个相同术语,但强调了它们的暴力性——规矩"削其性",胶漆"侵其德"(8:321;Mair 1994,77)。圣人不需要那些经常占据人们生活的知、德或胶。他们受食于天,与物偕行。"食"的用法,即"喂养"或"被喂养",可能呼应了《墨子》的主张,即天兼食于天下百姓。

在一个更技术的层面上,人是根据"情"来表达的。我们已经将术语"情"视为受我们"性"的刺激而产生的真挚情感。然而,

"情"也有更广泛的意义：真正的、自然的或基本的东西。这段话对于这两个方面都有所涉及。它提出一个令人震惊的主张，圣人不再具有人类真正的或基本的特征，这一点在随后的段落里使庄子的朋友惠子感到困惑。同时，他们所缺乏的基本人类品质是固定的情感反应。这种从"情"中解放出来的自由意味着远离"这样"和"不这样"、"对"和"错"、"是"和非"的标签，不让它们影响我们，更照字面地说，是让它们"不得于身"。这个段落中的"情"和"是非"之间的确切关系很难确定，而且随后似乎有意解释这一点的段落，进一步使这种联系难以理解：

> 惠子曰："既谓之人，恶得无情？"
>
> 庄子曰："是非吾所谓情也。吾所谓无情者，言人之不以好恶内伤其身，常因自然而不益生也。"（5:221；参见 Mair 1994,49）

主要困难在于如何为庄子回应的第一句话断句，这句话既可以译为"affirming [shi] and negating [fēi] are what I mean by qíng"（是和非是我所谓的情），也可译为"this [shi] is not [fēi] what I mean by qíng"（这不是我所谓的情）。在后面的这种断句方式上（为王先谦、陈鼓应、梅维恒和华兹生所遵从），这段话将情感和欲望（好与恶）联系在一起，但没有赋予"是"（so）和"非"（not-so）这对标签任何重要的作用。另一种读法（为郭象、成玄英、葛瑞汉和任博克所遵从）则认为这段话显示了情感（情）、欲望（好-恶）与分类标记（是-非）的相互蕴含。这种联系可以是从把它们都归为一类，以此作为对世界上事物反应的区别而得出的，正如孟子将心的"是非"反应与同情和羞耻感放在了同一类别中（《孟子》2A6,6A6）。同时，它可能表达了情感嵌入内隐评价的方式,因为我们必须首先将一个事件视为有辱人格或不公正的,才能以羞耻或愤怒做出反应。在这种读法中,没有"是非"标签就意味着没有"情",反之亦然。成玄英这样解释:"吾所言情者,是非彼我好恶憎嫌等也。若无是无非,虽有形貌,直是人耳,情将安寄!"(郭庆藩 1978,222)考虑到第一段的"是非不得于身"与第二段的"不以好恶内伤其身"之间的类比——两者都解释了无人之情,这种读法似乎更合适。

圣人缺乏人之"情"的主张与孟子的说法是直接对立的,孟子主张对人类至关重要的是在见到处于危险中的孩子时会有同情,会感到羞耻和厌恶,会希望服从和表示尊重,以及会标记事物的是与非(2A6,6A6)。庄子则把这些当作圣人会避免的事情:喜好和厌恶会伤害我们,因为它们会使我们忧虑(在无法成为舜的时候)和悲伤(当父母去世时),而且它们会导致我们生命和自由的危险(当担任政治职务时)。这些人之"情"迫使我们改变世界,这需要知识、公约、美德和技巧。放弃"情"则会"受食于天",且无须"益生"。

人类视角的灵活性和可变性与《庄子》的怀疑论密切相关,尤其是在《齐物论》中。与其全面地描述这些论点,我们不如遵循一条主线,以"心"的概念为中心。这就需要将两个关键的段落联系起来,一个是对"成心"的讨论,另一个是对"心斋"的讨论。我们可以从"成心"开始:

> 夫随其成心而师之,谁独且无师乎? 奚必知代而心自取 *168* 者有之? 愚者与有焉。未成乎心而有是非,今日适越而昔至也。(2:56;参见 Mair 1994,14)

我们已经在第三章中讨论了"成"这个术语,看到它具有成功完成的积极意义，但也具有限制潜力的形式形成的意义。"成"的这种含义在《庄子》有关"道"的一句名言中得到了很好的说明：

> 道行之而成，物谓之而然。恶乎然？然于然。恶乎不然？不然于不然。物固有所然，物固有所可。无物不然，无物不可。（2：69；参见 Mair 1994，16）

想象一片可以以各种各样方式穿越的旷野。如果几个人一起穿过，脚下的草被弯曲和折断，从而留下痕迹。下一个人将其视为小路的起点，而且不久之后一条规则的道路便形成了。当后来的人们到达时，他们不再看到曾经存在的可能性。同样地，心对于世界的可能反应是无限不同的，但通过惯例形成了一个特定的视角，这限制了我们自由漫步的能力。

由于"成"暗示了随着时间的流逝而形成，因此"成心"的视角不是天生的，而是通过经验、语言和对社会规范的吸收形成的。我们不必将《庄子》推到声称（人类）视角完全是武断的极端立场。我们的视角来自我们的特定的天性和我们生活的具体环境。关键是，没有一种普遍的、先天的或自然的人类视角可以用来判断所有的事物。没有一种观点是没有出处的——个人只有在形成特定的视角**之后**，才能判断是非。这就是为什么不能由所谓的公正人士解决争端——任何可以解决争端的人都必然会从特定的视角来解决，即特定的"成心"（2：107；Mair 1994，23）。人类视角的实际多样性表明，人类在标记相同事物的方式上存在很大差异，而且《庄子》为我们所提供的各种奇特角色表明，人类几乎可以采用任何视角。通过强调多样性，这再一次使人的类别成为问题，并且这可以被认为与孟子关于我们作为人类的共同天性的某些主张直接相反。[31]

由于这些分歧的视角需要经过发展时或完成时的形成阶段，因此似乎有可能改变或逆转该过程，从而解构或重塑我们的视角。《庄子》内篇的许多内容都是针对这一点的。我们可以专注于讨论"心"的另一个关键段落。孔子的弟子颜回打算使卫国的年轻君主改革，并向孔子提出了各种计划。孔子将这些计划一一驳回，最后说颜回计划太多且"犹师心者也"（4:145；参见 Mair 1994,32），这一术语在有关"成心"的文段中也同样被使用。[32] 当颜回问该怎么做时，对话继续：

> 仲尼曰："斋，吾将语若！有〔心〕而为之，其易邪？易之者，皞天不宜。"颜回曰："回之家贫，唯不饮酒不茹荤者数月矣。如此，则可以为斋乎？"曰："是祭祀之斋，非心斋也。"回曰："敢问心斋。"仲尼曰："若一志，无听之以耳而听之以心，无听之以心而听之以气！听止于耳，心止于符。气也者，虚而待物者也。唯道集虚。虚者，心斋也。"（4:146—147；参见 Mair 1994,32）

孔子首先警告说，"有心"时很难采取适当的行动。[33] 然后，他解释了问题的根源，即心局限于符号或记号（"符"）。"符"的字形来源于一套用于保证命令真实性的制度。它指的是一块竹子，被分成两半后各给一方；如果这两半能合在一起，则命令的真实性得以被确认（在此，它与单词 *sumbolon*〔symbol〕的原始希腊语含义非常接近）。正如该"符"的一半只能匹配与之相应的另一半，"心"只能识别与其类别相符的内容。所有这些批评都反映了使用一颗固定的成心的问题。另一种可供选择的方法是"心斋"：使心虚空。这种虚空使人们对事物做出协调一致的反应。"待"是《庄子》中的一个重要术语，具有一种开放的响应意义。在《性自命出》中，"待"与我们的"性"有关，它等待/依赖/响应外部事物，然后引起情绪、欲望和判断（刘钊2003，第1条）。这里说气为空并等待事物意味着一种纯粹的响应能力，其反应完全来自所遇到的事物，就像镜子一样，这是虚空响应能力的一种常见隐喻。优先考虑气而不是心，可以看作对孟子（2A2）论点的一种拒斥，孟子认为"气"必须跟随心之"志"，但是在《庄子》的描述里，心仍然居于中心——使志必须集中并且心必须保持虚空。

这段话指出了一个激进的结果，在这个结果中，心的唯一作用是把道拒之于外。拥有一颗虚空、未成形的心，人们就可以简单地体验事物的独异之处，而不受判断、语言和视角的影响。《庄子》中的一些圣人可能已经达到了这样的水平，例如"古之真人"：

> 古之人，其知有所至矣。恶乎至？有以为未始有物者，至矣，尽矣，不可以加矣。其次以为有物矣，而未始有封也。其次以为有封焉，而未始有是非也。是非之彰也，道之所以亏也。道之所以亏，爱之所以成。（2：74；参见Mair 1994，17）

此段描述了通过形成一种整全的视角而失去事物的原始潜力、相互联系和独异性的过程。"成"与伤害、分裂以及"是非"的标记相联系。所以"成"的那种爱——或者我们最好在这里将"成"译为"fixated"（固恋）——将会站在一种激进的包容性的对立面，这种激进的包容性能接受一切事物和人的本来面貌。

通过"古之真人"，《庄子》指向人性的彻底超越，并与天和万物相融。超越人也将超越伦理，这可能是与自然世界相融的最终结果，而自然世界本身绝非以人类为中心。任何道德伦理要求都用不同的价值观来标记事物，尤其是，重利而轻害，重生而轻死。

这是人们找到的《庄子》最激进的一面,不是质疑义与仁,而是质疑利和害。再细想一下啮缺和王倪之间关于动物口味的对话。当被问及利害时,王倪回答:

> 至人神矣!大泽焚而不能热,河汉冱而不能寒,疾雷破山〔飘〕风振海而不能惊。若然者,乘云气,骑日月,而游乎四海之外。死生无变于己,而况利害之端乎!(2:96;参见Mair 1994,21)

尽管"利"和"害"这两个术语可能是对墨家的具体引用,但这一信息具有更广泛的含义,因为从《道德经》到杨朱,再到与彭祖有关的长寿实践,保存生命是许多早期中国思想的核心。《庄子》内篇中接受死亡的论证可能是针对那些将保存生命作为最高利益的群体。《庄子》拒绝这些立场的基础是,在自然界本身,死亡和苦难就像生命和成长一样自然——天无不覆,地无不载。更为激进的一点是,至少在某些时候,我们人类可以采取相同的立场,即"齐物"。归根结底,似乎不可能给任何行为都贴上好或坏的标签,因此也就没有道德的可能性。恶的问题消除于好和坏的范畴划分中。

171

对人的维护

对生死、利害的这种接受,从根本上改变了我们在《墨子》和《道德经》中看到的模式。此二者都是基于这样的观点,即我们生活在一个有序的世界中,如果我们掌握其模式或规律并按照它们来行动,就可以实现我们所寻求的基本的善。《孟子》通过将我们动机的基础从奖励和惩罚转向与美德相关的内在善,从而与这种模式有所不同。《庄子》则——至少沿着我们一直遵循的激进部分——朝着一个不同的方向突破，通过对人的欲望的分析，表明它们不是固定的或不可改变的。我们可以摆脱人"情"。这种转变的后果是深远的，因为其根本问题不再是我们如何才能有效地实现自己的欲望，而是我们如何才能改变自己的欲望以享受世界的现状。审慎地对自然亦步亦趋被取代了，我们可以"逍遥游"。[34] 圣人受食于天，而不是通过谋、斫和货等手段谋食。他们使自己无所用。

　　相对缺乏按自然模式成功行事的关注，《庄子》同时接受了人类力量的极限和对命运的认知。内篇中的两段明确地将德与接受命运联系起来，比如这句归于孔子的话："知其不可奈何而安之若命，德之至也。"（4：155；参见 Mair 1994，34）平静地面对无法改变的事物是一个共同的主题，特别是关于死亡，正如庄子解释说哀悼死去的妻子会无法理解或看透命运（18：615；参见 Mair 1994，169）。另一条归于孔子的引文给出了"命"的范围，包括"死生存亡，穷达贫富，贤与不肖毁誉，饥渴寒暑"（5：212；参见 Mair 1994，47－48）。根据这些文段，郭象认为《庄子》提倡彻底的宿命论。郭象对这段话的注释为：

> 天地虽大，万物虽多，然吾之所遇适在于是，则虽天地神明，国家圣贤，绝力至知而弗能违也。故凡所不遇，弗能遇也，其所遇，弗能不遇也；〔凡〕所不为，弗能为也，其所为，弗能不为也；故付之而自当矣。（郭庆藩 1978，213）[35]

172　《庄子》中许多最具宿命论的段落都出自对陷入困境的孔子的讨论。当孔子在匡地被围时，他解释说：

> 我讳穷久矣，而不免，命也；求通久矣，而不得，时也。当

> 尧舜而天下无穷人,非知得也;当桀纣而天下无通人,非知失
> 也;时势适然。(17:596;参见 Mair 1994,160)

这段文字在措辞和内容上都与《穷达以时》极为相似,可能是一个儒家文段被并入了《庄子》中。在另一则"陈蔡之间"的故事中,孔子解释说,成功和失败像季节的炎热和寒冷一样相互接替,但有道之人在两种情况下都会感到快乐(28:981—983;Mair 1994,293 - 294)。类似的话也出自庄子本人之口(20:688;Mair 1994,194)。在这一点上,《庄子》与儒家的共性反映了这样一个事实:双方都根本不关心在世界上有效地采取行动——儒家是因为他们关注采取行动的内在必要性而不考虑后果,而《庄子》则是因为质疑我们所努力追求的目标和愿望。在这两种情况下,宿命论成为一种在失败和麻烦中变得满足的方式。

如果说《庄子》——即使是在最激进的时候——放弃了对人们所有有效行动的关注,那就太过了。整个文本的主要分歧之一是围绕生命的价值。我们已经看到一些段落质疑生命相对于死亡的优越性,但另一些段落则偏爱于活着。人们把活着等同于最大的快乐:"天下是非果未可定也。虽然,无为可以定是非。至乐活身,唯无为几存。"(18:612;参见 Mair 1994,168)这段话似乎故意与《齐物论》中是非取决于视角的主张相对。至乐和长寿提供了一个固定的标准。许多段落证明了某些行为方式是合理的——保持低调,与他人相处,保持平静,拒绝政治,避免奢侈和过度,甚至成为无用之人——因为这些方式会保存人的生命。就像对接受任何结果的关注与对这些结果的宣称超出了我们所控制的范围一样,对生命的强调也包括支持人类行动的有效性:

> 以道观言而天下之君正,以道观分而君臣之义明,以道

观能而天下之官治，以道泛观而万物之应备。(12：404；参见 Mair 1994，103)

173 关于孔子困境的讨论也出现了类似的观点。尽管有些段落将这些描述为不应遭受的苦难的实例，但它们更多地指责孔子自作自受，炫耀，使自己过于有用或将其过时的范畴分类强加于人。其中一段甚至一开始就问孔子："子恶死乎?"孔子承认自己确实厌恶死亡(20：680；Mair 1994，191)。这些文段重视生命并强调人的功效，其立场与我们在《道德经》里看到的非常接近。

关于生命价值的矛盾观点是用来区分《庄子》不同部分属于不同"学派"的主要标准之一，但矛盾的根源在于内篇。反对生活欲望的论证是明确而频繁的，但也有一股对生活的关注的潜流：围绕政治参与的对话是基于避免伤害，而反复出现的"无用之树"则因长寿而受到赞扬。第 3 篇《养生主》的标题受到这个故事启发，它的建议是合理的，因为它使人们"可以保身，可以全生，可以养亲，可以尽年"(3：115；Mair 1994，26)。类似地，内篇并没有完全放弃对有效行为的关注，因为我们看到了从养猴到宰牛再到在政治机构里生存的各种建议。

我们如何将这种对长寿和成功的关注，与所有结果都同样是好的，即死亡应该和生命一样被接受的明确论点相调和呢?[36] 我们必须回到我们在其他章节中已经讨论过的一种观点上，即主张的立场与主张该立场的效果之间的区别。内篇所主张的立场认为，我们的区别和价值观是强加的，它们掩盖了事物的独异性、相互联系和可变性，这些区别往往使我们忧虑和悲伤。"古之真人"秉承着这种立场，与自然保持一致；他们甚至看不到事物，更不用说对它们进行排序了。然而，这些人并不是文本的重点，文本认识到我们一开始就已经有了视角、关切和许诺。《庄子》的主要焦点在于我们碰巧拥有的视角与认识到这种视角缺乏最终有效性和稳定性之间的相互作用。实际上,《庄子》必须考虑到多种层面和方法。它不能说我们**应该**达到万物齐等的状态,否则就会**不利**于我们。尽管文本建议了某些生活方式,但它只能通过向我们展示这样的生活有多吸引人来做到这一点。如果有人更喜欢悲伤、忧虑和奋斗,那么作者就没有反对的理由。[37] 因此,《庄子》中的故事和见解就可以在许多不同的层面上发挥作用,这取决于我们身在何处和想要什么。该文本甚至对像养猴子或卖手霜这样的普通人也有好处,他们都主要是出于对利润的关注,因此仍然容易受到压力和伤害。文本的重点是在"道的纯粹战略使用"和"什么都不看重的圣人"之间的中间地带。在这个中间地带上,我们有一个视角,但要使其具有暂时性和灵活性,以保留通常在完成或固定过程中失去的潜力。

174

这种理想在《庄子》的许多故事里得到体现,且在《齐物论》里以两个关于旋转或转动的隐喻——钧和枢,而有所阐述。[38] 其中一个是对养猴人故事的评论。当养猴人提出让猴子在早上吃三颗橡栗,晚上吃四颗橡栗时,猴子变得生气。因此,他提出改为早上四颗,晚上三颗,结果猴子们很满意。养猴人能够转变他原来的观点,以便与猴子的观点相协调,而无须改变每天七颗橡栗的基本条件。这个片段总结道:

> 名实未亏而喜怒为用,亦因是也。是以圣人和之以是非而休乎天钧,是之谓两行。(2:70;参见 Mair 1994,17)

这段话有几个难点。"因是"这个短语可能是指用猴子肯定为"是"的东西,即从它们的角度进行。然而,葛瑞汉将其作为一个专门术语,是调整上下文语境的一种肯定用法,将此短语翻译为"the 'that's it' that goes by circumstances"(因情况而定的"就这样")。[39]无论我们采用哪种观点,这个文段都肯定了"是非"(so and not-so, right and wrong)的某种用法。"两行"一词也很难理解,但应指的是认识到任何事物都可以"是"或"非",允许一个人将此两者一起使用。[40]这段话利用了我们在《墨子》中看到的一个类比,其《非命》上篇有这样的警告:"必立仪,言而毋仪,譬犹运钧之上而立朝夕者也,是非利害之辨,不可得而明知也。"(35:265;参见 Johnston 2010, 35.3)要想通过论证达成共识,首先必须确立一种固定的观点,从这种观点来评价论证。对于墨家而言,这个固定的观点部分被认为是显而易见的(利即是善),部分是模仿天的兼爱,部分是基于政治上强制执行的"尚同"。在《庄子》中,这些无非是试图将一个偶然的有限的观点(一种特殊的"成心")强加给他人。相反,《齐物论》包含了墨家担心的立场——陶轮在任何情况下都会转动,没有留下固定的或最终的标准。

另一个段落使用了"枢"的隐喻:

> 是亦彼也,彼亦是也。彼亦一是非,此亦一是非。果且有彼是乎哉?果且无彼是乎哉?彼是莫得其偶,谓之道枢。枢始得其环中,以应无穷。是亦一无穷,非亦一无穷也。(2:66;参见 Mair 1994, 15)

与"钧"一样,"枢"的转动涉及标记和判断的使用,但具有完全的灵活性。"枢"指向无穷的响应,其基础是认识到从正确的视角来看,任何事情都可以肯定,任何事情都可以反对。这里的"穷"(limit)一词在其他地方被翻译为"failure"(失败),因此"无穷"也有一种避免痛苦、失败和阻碍的意思。[41]在这两个段落里,认识到

224

关于天没有什么是"是或非"的并不能消除标记的使用,而是允许它们具有完全的灵活性。圣人会采取**任何**视角,而不是**没有**视角。

由于我们总是在从特定视角来处理天(heaven/nature)的根本包容性和公正性,因此《庄子》可以让圣人以一种相当正常的方式度过一生的大部分时间——吃喝,避免疾病,不与有权势的人为敌,等等。尽管圣人视生死为均等,但他们仍然采取措施维持生命,例如为旅途准备充足的食物,使自己变得毫无用处以避免危险。圣人的灵活性可以适用于任何情况或碰巧而有的追求,其中一些甚至可能归属于我们的道德伦理概念。例如,《庄子》通常呈现出友谊和关爱的关系。如果圣人留心于生存,人们期望他们也尽可能地关心他人的生活,并尽可能帮助他们周围的人,就像孔子劝告颜回使其能避免被杀或受到惩罚,就像子舆会在一场持久的暴风雨期间将食物带给他体弱的朋友子桑。《庄子》至少含蓄地促进了对他人的宽容和接受,批评那些基于外表、残疾甚至过去犯罪记录的歧视。正如我们所见,这种宽容和公正性不仅仅是拒绝公然的武力,甚至延伸到对道德化危险的认识。[42] 在更深层次上,《庄子》(与《道德经》一样)将天视为公正和有益的,自发地倾向于创建可持续的系统。倡导非胁迫,使自然本身的生成性功能得以自由发挥。[43]

对生活、可持续性、平稳性和心灵安宁的关注限制了人们的各种追求和目标。正如我们在《道德经》中所看到的那样,暴力和过度使得自我挫败。政治通常因为太危险而被拒绝;相反,无用性被重视起来。一个人不会将观点强加于他人,也不会为改变世界而斗争。因此,即使共同关心日常生活,圣人也会与普通人不同。然而,当这些日常追求崩溃时,当其他人与我们争夺一些好处或我们遇到失败、伤害或死亡时，真正的差异就会出现。在那些情况下，圣人可以颠倒或旋转其视角，改变他们的标记和目标，以肯定发生的一切——"齐物"。之所以具有这种能力，是因为他们知道任何事件都可以被标记为"是"或"非"，善或恶。甚至死亡实际上也可能是一件好事。这样，圣人在继续使用标记的同时，可以防止它们进入己身来伤害他们。虽然儒家也把接受和宿命论联系起来，但他们的方法仍然从根本上不同。孟子认为某些失败是真正糟糕但不可避免的，留下了类似顺从的意见。在《庄子》中，没有什么本身是坏的或好的，因此任何事件都可以被肯定。与其顺从，不如享受自由自在的逍遥之乐。

这种进行日常追求而又不会受其所困的能力很难想象，但是米切尔·克莱代尔（Michael Crandell）借鉴了汉斯-格奥尔格·伽达默尔（Hans-Georg Gadamer）的游戏概念，给出了最有用的类比之一。他引用伽达默尔的话说："更准确地说，游戏本身就具有一种独特的，甚至神圣的严肃性。只有严肃地游戏才能使游戏完全发挥作用。谁不严肃地对待游戏就是游戏的破坏者。游戏本身对玩家来说是一次冒险。人们游戏时只有严肃的可能性。"（Crandell 1983，108）[44] 使游戏变得奇怪的是，这种严肃性与游戏本身是随心所欲的和毫无意义的——它只是一场游戏——的认识同时存在。带着这种态度，当游戏结束或中断，或甚至当它不再有趣时，我们继续做其他事情。对于庄子而言，我们无论发现自己身在怎样的游戏之中都会严肃地玩，但如果出错了，我们就会转向一个新的游戏。在面对冲突、伤害或失败时，重点不是不惜一切代价坚持不懈地英勇斗争，而是改变视角，以便在新的条件下找到快乐。游戏概念在《庄子》中的应用有一定的文本基础，表现在"游"这个术语上，我一直将其翻译为"wandering"，但延伸出一种安逸和玩耍的意思,正如在一个段落里,云将遇到一个名叫鸿蒙的圣人,他像鸟一样拍打着股部跃行(11:385—386;Mair 1994,97)。当云将问他在做什么时,鸿蒙回答说:游。

我们可以用一个最明白无疑的例子来总结灵活视角与克服人类情感之间的相交,这个著名的故事描述了庄子对其妻之死的反应。他的朋友惠子前来慰问,发现庄子在鼓盆而歌。当惠子批评他不悲痛时,庄子回应道:

> 不然。是其始死也,我独何能无概然! 察其始而本无生,非徒无生也而本无形;非徒无形也而本无气。杂乎芒芴之间,变而有气,气变而有形,形变而有生,今又变而之死,是相与为春秋冬夏四时行也。人且偃然寝于巨室,而我噭噭然随而哭之,自以为不通乎命,故止也。(18:614—615;参见 Mair 1994,169)

庄子从多个方面得到安慰。死亡是不可避免的,人们应该平和地接受命中注定的一切。死亡也是自然的——反对死亡就像反对季节的变化一样。最后,这段话把庄子之妻的死置于一个更广阔的视野。虽然他的妻子对他来说可能是有意义的,但她的"无形"只是这个充满变化、生成和消解的无限自然世界中的一瞬间。从天的视角来看,这一实例并无真正的意义,就与王骀视丧足如遗土是一样的(5:187;Mair 1994,43)。这段文字最重要的是说明了视角的故意改变,庄子通过"自以为"一语来对此加以强调。庄子对悲伤的直接反应没有得到任何解释,但这表明他最初的观点是一个特定的人与其他特定的人有着具体的关爱关系,在这种情况下,妻子就是抚养他的孩子并与他偕老的人。从这个视角来看,生被标记为好事,死则被标记为坏事。因此,他最初很痛苦。

然而，从天（或鱼或螳螂）的视角来看，他妻子的死既不是好事也不是坏事；只有出自偶然且不变的视角，这些标签才是可能存在的。庄子以这样的视角和悲伤的感觉开始，但随后想到了自然的过程，重新标记了这个事件，最后唱起了歌——自由自在地与物偕行。

这个关于死亡的描述使我们可以更准确地看到庄子和孟子之间的对比。随着妻子的去世，庄子暗示他最初的反应是平常的或正常的。我们可以把他一开始回应惠子的这句话翻译为"How could I be so singular [*dú* 独] as to not feel distress?"（我怎么会这么独特而不感到悲伤呢?）。主张哀悼是内心的一种自然反应，这对于早期的儒家而言是基本的。在一个解释他为母亲精心准备葬礼的段落里，孟子诉诸哀悼背后的共同情感，并以几乎相同的表达总结道："吾何为独不然?"（2B7）孟子从这种自然情感出发，认为所有人都**应该**哀悼并举行葬礼（以一种非常确定的方式，内棺外椁，三年之丧，等等）。庄子拒绝了这个从**实然**到**应然**的转变。《庄子》杂篇中的一段与《孟子》形成了鲜明对比，以至于有人怀疑这是故意的。庄子在临终前听到弟子们为他精心策划的葬礼后，告诉他们只管将他的尸体暴露于野：他将以天地为棺，以日月星辰为饰，以万物为随葬品。当他的弟子回答说野鸟会吞食他的身体时，庄子回答说："在上为乌鸢食，在下为蝼蚁食，夺彼与此，何其偏也!"（32：1063；参见 Mair 1994，332）无论我们的直接反应或偏好是什么，我们都能够明白，一具尸体是天葬，被秃鹫吃，还是埋在地下，被虫子吃，其实并不重要。这就是看到了事物与天的包容性之间的关系。

孟子和庄子的立场表达了两种貌似合理的视角之间的分歧——人类的视角和自然的视角。我们当然希望为我们的父母

（以及我们自己）举行葬礼，但是我们也能明白从自然本身的视角来看，这毫无意义。这使我们回到了天与人之间最初的对比，但现在我们可以看到孟子尝试从人的角度来制定规范的困难。第一个问题是，鉴于人与人之间实际存在不同的反应，因此我们无法选择出一种最显示人本性的反应。庄子不介意暴露自己的尸体，且妻子去世后不久，他就感到快乐。他具有人的形态并与人类交往——人们基于什么基础能给他贴上非人的标签呢？第二个问题是，即使哀悼三年并花钱买一副好棺材对我们来说是自然的事情，但人类也并没有受到我们本性的束缚。我们可以转换视角，把死亡看作是自然的，且不是坏事。我们可以在缺乏固定的人类反应的同时保持人类的形态。孟子必然接受这种可能性，但会把它视为破坏我们之所以为人的特殊性的东西。庄子无疑会回应一句：那又怎样？如果我们有可能接受死亡是自然的，而且这更符合死亡的本来面目（本身既不好也不坏），那么人们如何证明维持一个导向悲痛的人类视角就是必要的呢？不这样做的原因很明显：难道我们不是宁愿歌唱也不愿哭泣，宁愿自由自在地漫游，也不愿忧心忡忡地满世界游荡，好像要敲着鼓去寻找丢失的儿子吗？当然，如果一个人要悲痛，庄子没有办法声称这样做是错误的。《庄子》只是破坏那些宣称我们都**应该**哀悼的规范性举动。儒家的那种方式清楚地表现在《论语》（17.21）中，在这段文字里，宰我提议将三年的哀悼期缩短至仅一年。孔子问他这样做是否会安心，宰我说会。所以孔子告诉他去做，他应该真诚地行事。然而，这里的要点并不是人各有志，做你觉得自然的事；相反，宰我走开后，孔子批评他，称他不仁。

在庄子的立场上，我们可能会看到一种战国时期观点的最终结果，即认为世界本身越来越不以人类为中心，这一发展是由人们意识到坏事会发生在好人身上这一事实所驱动的。墨子可以证明"人的"回应是有理由的，因为天本身强制了他们，孟子却缺乏这些资源。最后，他只能退回到一个简单的偏好上——我们希望保持自己的特殊地位。我们不喜欢被告知我们就像狗、狼或蚯蚓一样。从哲学上讲，很难获知我们对于成为人的执着应该被赋予什么样的地位，特别是如果我们考虑到庄子并不认为这样的执着是错误的，只是不那么有趣。无论如何，孟子比庄子更有吸引力可能最终源于我们对**真正**重要事情的渴望，至少这些事情对我们比对鱼、鹿或猴子更重要。《庄子》不仅表明我们对于自然界本身而言并不重要（孟子会承认这一点），而且我们甚至不需要那么看重自己。

这样的结果可能令人震惊。细想一个由李亦理给出的例证，他将逍遥游推到了极端的境况：

> 我和妻子穿过一片森林。天格外晴朗，微风轻柔，阳光温暖，空气清新。我与妻子恩爱有加，浓烈的欢快洋溢在我们亲密的相处和融洽的沟通中。倏忽间，一棵树倒在了她身上。我猛然感受到一阵心如刀割的悲痛和震惊。但是很快地我就从悲伤中走出，开始享受一番非同寻常的新景象。现在，美丽的红色与棕色混同着落叶和泥土铺染一地；四散的碎骨以独特且让人愉悦的角度长眠于大地。（Yearley 1983, 135）

尽管看起来让人震惊，但这样一种理解的准确程度并不亚于我们所预期的恐惧和悲伤，因为事件本身既不好也不坏。从某种意义上讲，这样的理解似乎比随之而来的创伤和噩梦更可取。这样的反应看似几乎是不可能的，甚至是不人道的——从我们所看到的故事来看，庄子本身也远没有到达这种程度。然而，我们可能会想知道，如果树倒在了子舆的某位朋友身上，子舆将如何反应。

一个类似的观点在伦理道德层面上也有所应用。即使是以最极端的种族灭绝为例，庄子也可能会指出，大量人类的死亡并不比大量的牛或公鸡的死亡更重要。从自然本身的角度来看，我们整个物种的消亡并不一定是一件坏事，约翰·格雷（John Gray）在他的书中很好地表达了这一点，书名（*Straw Dogs*，《刍狗》）来自《道德经》：

> 几乎所有的哲学、绝大多数的宗教以及大量的科学研究都证明了一种不顾一切、坚持不懈的关于拯救人类的关切。我们如果从唯我论转向，就不会那么关心人类动物的命运……掠夺者（*Homo rapiens*）仅仅是众多物种中的一种，且显然不值得保全。它迟早会灭绝。当它消失时，地球便会复原。在这种人类动物的最后踪迹消失很久之后，许多它一心想要毁灭的物种，连同其他尚未出现的物种，仍将存在。地球将忘记人类。生命的游戏还会继续。（2003，151）

我们可能会在一些理论层面上就我们在自然界中的地位达成一致，但会回应说，人类的死亡对作为**人类同胞**的我们来说是意义重大的。《庄子》的回应则很简单：不必这样。当然，这些事件对于大多数人而言并不重要，他们几乎不会因为遥远地方的战争而失眠。所以，我们仍须小心，不要把《庄子》过于理论化。如前所述，我们仍然会关心我们日常生活中的人，而且如果这个文本所提倡的立场被广泛接受，它们将能防止战争和种族灭绝的发生。尽管如此，《庄子》是深刻且不可否认的反行动主义者。当坏事发生时，我们不要与这些事情进行艰苦激烈的斗争，而是改变我们给它们的标签并肯定世界本来的方式。在这种立场下，《庄子》在

180

可被视为解郁安神的同时，也是惊人地激进。

超越好与坏

人们发现，在整部《庄子》中，有许多关于坏事发生在好人身上的回应，但基于我们从内篇发展出来的回应是明确的：恶的问题是被锁入一种人类中心观的"成心"的残余。从"天"本身的视角来看，没有什么是好或坏的。事物本就是千奇百怪的。更重要的是，我们人类在采取视角上拥有灵活性，也许并不总是或立即转换视角，但是我们通常可以重新描述事件，以便与发生的一切保持一致。这可能是彻底反思恶的问题的最终结果：根据我们的范畴区分，世界是坏的，这一事实最终否定了恶的真正范畴。对恶的问题的这种怀疑性回应并非《庄子》所独有。像塞克斯都·恩披里柯（Sextus Empiricus）这样的人也会说同样的话。[45] 实际上，在欧洲关于恶的问题的讨论中，怀疑主义与人类中心主义之间的张力一直存在。诉诸恶的问题可以打破人格化的上帝概念，但这些诉求正是植根于对以人类为中心的价值观的惊人信心。在《自然宗教对话录》里，这两个方面都清楚地出现在斐罗的论点中。尽管斐罗批评克里安提斯（Cleanthes，自然神学的倡导者）坚持不懈地提出"拟人论"（anthropomorphism），但斐罗关于上帝如何创造一个更美好的世界的傲慢暴露出一种深刻的人类中心观（Hume 2007, 73, 81 - 85）。同样地，神义论的尝试——旨在维护一种人格化的上帝概念——经常会回到对人类中心主义的批评上。例如，当皮埃尔·培尔（Pierre Bayle）认为一个好人给人类带来的苦难不会像上帝给我们带来的苦难那样多时，莱布尼茨的回应是指责他"通过没完没了的拟人论来摆弄上帝"

(*Theodicy* § 122；Gerhardt 1978，Ⅵ. 177)。莱布尼茨对恶的问题的主要回应是认为人类太局限了，无法对世界的特质做出经验性的判断，而且人类并不是确定哪个世界最美好的唯一考虑因素。[46] 于莱布尼茨而言，人类的善是秩序、多样性与和谐性等更主要的形而上学的善的衍生。

与《庄子》对话的一个更有趣的背景是欧洲哲学里强调人类 [181] 处境悲剧性的那一脉。[47] 我们已经在第一章中为这种讨论设定了背景。我们也已经看到，孟子把人类处境描述成某种意义上的悲剧，这在他为实现和平与秩序而从未停止的努力中表现得最为清晰，尽管天本身并不想要和平与秩序(2B13)。这种认识产生了类似双重束缚的东西——我们受制于自己的本性，这导致我们寻求和平，但也受自然本身的约束，自然本身抵制和反对我们的努力。[48] 悲剧表现在人的视角与人的视角在整个自然界中的地位之间的分歧。我们不必将孟子扯得太远，从而认为悲剧在于我们关心发生在人身上的事情的同时，也意识到天对此的不在乎。

就像悲剧的世界观一样，《庄子》拒绝将世界视为符合人类关切的乐观主义。其文本强调死亡的必然性和我们道德计划的失败，其最终根源在于人类种别与世界自身的复杂和冷漠之间的不可通约性。然而《庄子》彻底的非人类中心视角克服了悲剧的可能性，就像它克服了恶的问题一样。[49] 用现代汉语里的术语来说，他通过消除"悲"(sadness)来消除"悲剧"(sad drama)，"悲剧"这个汉语词汇常用来翻译"tragedy"。悲剧的发生需要在两条不可避免的路径之间或一个双重束缚之间发生碰撞，但对于没有路径、自由轻松地漫游着的人或已经摆脱所有束缚的人而言，这样的冲突是不可能的。《庄子》拥抱了绝境(aporia)——不是一种悲剧性绝境，涉及不可通约但同样具有约束力的路径，而是一种更彻底的绝境，从字面上看是**无路可走**（*a-poros*）的绝境，用庄子的术语来说即是"不道之道"（2：83；参见 Mair 1994，20）。[50] 这种**绝境**，或**无路可走的境地**，会使人完全自由地漫游。如果悲剧在于人的视角与我们在自然界中的实际位置之间的分歧，那么《庄子》所主张的只是放弃人的视角，至少在冲突出现时是这样。[51] 人类有足够的灵活性来接受自己的微不足道。

《庄子》有助于阐明欧洲哲学中所采用的悲剧世界观是如何在深刻的人类中心主义传统的支配下继续存在的。悲剧继续**严肃地**对待人类。正如亚里士多德所说，悲剧模仿"严肃的人物（*spoudaiôn*）"（*Poetics* 1449b10）。就连尼采在讨论悲剧时似乎也被严肃精神附身，哀叹希腊文化沦落为"新喜剧"，认为这是"对严肃恐怖事物的女人气的逃离"。[52] 在严肃对待人的过程中，我们看到悲剧的悲观主义是如何与乐观主义和人文主义的残余保持联系，而这正是《庄子》所要削弱的。最终，彻底地拒绝人文主义也会导致拒斥悲剧，从而导致更近于喜剧，或更确切地说，更近于

182

游戏。实际上，庄子激化了黑格尔的一种喜剧范式，其中的角色热切地追求本质上是"微小而空虚"的事物，但"当他做不到这一点时，他不会经历任何真正的损失，因为他意识到自己追求的目标并不重要，所以能够以自发的娱乐超越失败"。[53] 对于庄子而言，人类的**一切**追求都可以被看作是微小而空虚的，这就是圣人总可以自发地愉悦或快乐的原因。这种彻底滑稽或可笑的观点使我们再一次想到尼采，他要求我们"杀死庄重之神"，就在他表达了自己对蝴蝶异想天开的喜爱之后："甚至对我来说，作为热爱生活的人，蝴蝶和肥皂泡，以及跟它们类似的世人，似乎最了解幸福。看到这些轻盈、傻气、纤弱、动人的小生灵四处飞舞——引得查拉图斯特拉又哭又唱。"[54]

将《庄子》置于悲剧的背景下有助于阐明另一个重要的对比点。正如我们已经看到的，对于在欧洲传统中强调悲剧的那些人来说，人的视角植根于一种自由，这种自由使我们能够超越眼前的状况，从而对我们自身的存在负责。而孟子有着一种更为悲剧性的观点，这种观点不是基于自由，而是基于我们作为人的本性的不可避免。对于孟子而言，我们为世界带来和平的努力与任何生物的奋斗方式都没有什么不同——与陆地上挣扎求生的鱼（6：242；Mair 1994，53）或挥动手臂抵挡迎面而来的战车的螳螂（4：167；Mair 1994，36）没有什么不同。相反，虽然《庄子》最彻底的工作是将人类复归到万物之一的意义，但人类最终在改变视角的能力上与众不同。细想一下啮缺和王倪之间关于动物口味的对话。王倪假设其他物种，如鱼、鹿或猴子等，都有固定的视角：它们必须将某些事物视为正处或正味，美丽的或可怕的。这些反应遵从基本的生物本能，这一切都可能会变成对生命的热爱和对死亡的厌恶。如果我们认为人类和其他动物是一样的存在，我们会期望我们也有最终基于生存的固定标准，但《庄子》将人类描述成能够从根本上改变他们的标准，成为"道枢"。[55] 这样的人在任何地方都像在家（永远不会"无所归"）——即使死亡也可能是回到一个久被遗忘的家中（2：103；Mair 1994，22）。圣人变得无懈可击，因为他们"藏天下于天下"（6：243；参见 Mair 1994，55），且"官天地，府万物"（5：193；参见 Mair 1994，43-44）。

我们在《庄子》中看到了欧洲悲剧概念的倒置，悲剧英雄坚持自己及其意志去反抗世界或众神而不顾确定无疑的毁灭。对庄子而言，不顾命运对单一目标挑战式的承诺——例如，亚哈对鲸鱼的追求——不是对自由的认定，相反地，是对一个固定视角的盲目限制，虽比螳臂当车更为复杂和自觉，但没有根本上的不同。

实际上，螳螂主要象征着这种一心一意的专注，正如我们在一个关键段落中所看到的那样，有些人将这段文字看作描述了一种转换体验。在那个文段中，庄子跟随着一只奇怪的鸟进入了君王的私家园林。当他拉开弹弓准备射鸟时，他发现那只鸟静止不动，原来是因为鸟正准备捕食一只螳螂，而螳螂却因为想要捕捉一只蝉而被分散了注意力，而蝉又因享受树荫被分散了注意力。庄子惊呼："噫！物固相累，二类相召也！"（20：695；参见 Mair 1994，196）于是庄子迅速逃离，守园人紧追其后。在这种情况下，庄子对王权的故意违抗表现为专注于一个目标而忘记了其他可能性，就像螳螂一样。尽管《庄子》展现了人类在转变视角、改变反应和情绪的能力上具有某种独特的自由，但也正是这种自由使我们能够克服悲剧，使我们能够接受世界的本来面目。视角自由非但没有给我们带来无限的道德负担，反而让我们认识到不存在这样的负担。这似乎是一个幸福的结果，使我们能够快乐并自在地在生活中徜徉，但与此同时，这要求我们放弃我们在世界上的重要性。我们不愿意接受这一点，去超越悲剧，去游戏或逍遥游，可能恰恰揭示了要摆脱我们自己的人类中心主义是多么困难。

第六章　荀子与人的脆弱性

　　孟子和庄子都接受这样一个事实：美德并不总是得到回报， ¹⁸⁴但他们这样做能使问题变得更少。孟子通过将如何行动的问题与哪些行动会得到回报的问题分开来做到这一点。有些事情是我们要去做的，即使它们会导致我们的死亡。对于庄子，我们可以认识到，只有从某些有限的视角，即一些"成心"来标记事物，结果才是糟糕的。我们如果足够贤明，便可以改变视角并肯定所发生的一切。相比之下，《墨子》和《道德经》必须将恶的问题最小化：他们推荐的方法被证明是合理的，因为它们可靠地使我们得到想要的善——像食物、和平和长寿这类的事物。《荀子》将我们带回到这个更早的模式。[1]事实上，《荀子》可以被视为解决了墨家立场中固有的许多问题，同时其目标也是把责任放在人类身上。荀子关于恶的问题的立场最独特和最有趣的方面是，他在支持墨家认为美德是有回报的同时，又拒绝了墨家认为天赏善罚恶的主张。这些立场之间的明显矛盾是通过自然作为人类生活中的主导力量被彻底取代来避免的，取而代之的是从历史的角度构建的人类社会。在转向这一立场之前，我们可以首先细想一下我们在《墨子》中已经看到的一种基本主张的荀子版本——美德是实现所有人都想要的善的最可靠方法。

237

自然的规律性与人的行为功效

《荀子》中最核心的关注之一就是证明和解释人类决定自己成功和失败的力量，这种关注贯穿于对伦理、政治、天和人性的讨论之中。与墨家一样，这种对人类力量的强调是面向人类责任的，旨在表明一切都取决于我们。在政治层面上，荀子保证了儒家之道将带来好的结果：它是不断地或有规律地（"常"）发生的，结果必然（"必"）随之而来，而且从来没有发生过其他情况。在个人层面上，荀子的叙述稍弱，但仍然包含许多美德导致成功的有力论断。这是《荣辱》篇的一个中心主题，其中说道：

> 荣辱之大分，安危利害之常体：先义而后利者荣，先利而后义者辱；荣者常通，辱者常穷；通者常制人，穷者常制于人：是荣辱之大分也。材悫者常安利，荡悍者常危害；安利者常乐易，危害者常忧险，乐易者常寿长，忧险者常夭折：是安危利害之常体也。（4：58—59；参见 Knoblock 1988，4.6）

术语"常"可译为"regularly"，可能有更强烈的含义，而诺布洛克将其译为"invariably"（一贯地）。我们已经看到"常"在联系宇宙规律性与人类行为功效方面的突出表现。将"义"放首位会带来荣誉、成功、权力、安全、利益和长寿。

这种说法直接反对"穷"和"达"取决于时机或命运的主张。《荀子》（和《道德经》一样）并没有诉诸天的意志，而是将人的行为功效置于一般因果原则的规律性之内：

> 物类之起，必有所始。荣辱之来，必象其德。肉腐出虫，鱼枯生蠹。怠慢忘身，祸灾乃作。（1：6—7；参见 Knoblock

1988,1.5)

羞辱与恶行之间的联系只是因果网络的一个实例,该因果网络将同类事物联系在一起。

荀子强调产生好结果的方法的有效性,同时也将决定"穷"和"达"的其他作用力减至最弱。以上思想最明确的段落读起来像是对《穷达以时》的直接批评:

> 治乱天邪? 曰:日月、星辰、瑞历,是禹、桀之所同也,禹以治,桀以乱,治乱非天也。时邪? 曰:繁启蕃长于春夏,畜积收藏于秋冬,是又禹、桀之所同也,禹以治,桀以乱,治乱非时也。地邪? 曰:得地则生,失地则死,是又禹、桀之所同也,禹以治,桀以乱,治乱非地也。《诗》曰:"天作高山,大王荒之,彼作矣,文王康之。"此之谓也。(17:311;参见 Knoblock 1988,17.4)[2]

荀子采用了与宿命论相关的关键术语,并赋予它们具体的自然主义含义:天指天体的运动,时指季节的轮转,而地指生长和生命所需的土壤。

荀子的论点与墨家用来反对命运的论点几乎相同,它们有着相同的潜在目标,以表明对秩序的解释完全属于人类。荀子的目的出现在一个用韵文写就的著名文段中:

> 大天而思之,孰与物畜而制之?
>
> 从天而颂之,孰与制天命而用之?
>
> 望时而待之,孰与应时而使之?
>
> 因物而多之,孰与骋能而化之?[3]
>
> 思物而物之,孰与理物而勿失之也?
>
> 愿于物之所以生,孰与有物之所以成?

> 故错人而思天,则失万物之情。（17：317；参见
> Knoblock 1988,17.10）

与往常一样,天、命和时代表了人类无法控制的事物,但是对于荀子而言,它们并不能决定人的行为功效。它们只是提供了我们使用的原材料。在儒家更为宿命论的元素中,对寻找和等待正确时机的批评有着一个明确的目标。这些文段也可以被当作针对孟子的主张,即和平是不可能的,因为天不想要和平（《孟子》2B13）。

"天"在这些列举事物中的位置标志着荀子有别于墨家的一个巨大突破。这一点在第 17 篇《天论》的开头几行中得到了延伸,其中的这段话会使迄今为止讨论过的任何思想家惊愕：

187

> 天行有常,不为尧存,不为桀亡。应之以治则吉,应之以乱则凶。强本而节用,则天不能贫；养备而动时,则天不能病；修道而不贰,则天不能祸。故水旱不能使之饥,寒暑不能使之疾,祆怪不能使之凶。本荒而用侈,则天不能使之富；养略而动罕,则天不能使之全；倍道而妄行,则天不能使之吉。故水旱未至而饥,寒暑未薄而疾,祆怪未至而凶。受时与治世同,而殃祸与治世异,不可以怨天,其道然也。故明于天人之分,则可谓至人矣。（17：306—308；参见 Knoblock 1988,17.1）

荀子在这里拒绝了墨家所主张的天可能会用洪水或饥荒来惩罚坏人,或者天会干预以帮助好人。荀子继承了墨家对人类行为功效和人类责任范围的关注,但他将天视为我们无法控制和关注的一种非道德力量。墨家认为人的行为之所以有效是**因为**天帮助了他们,而荀子则认为**不管**天如何,人的行为还是有效的。如果

我们采取正确的行为,天就无权伤害我们;如果我们采取错误的
行为,天也无权拯救我们。我们已经看到,在春秋末期,支持美德
的道德力量更多地与天相关,而盲目的力量与命相关。在这种背
景下,我们可以说,虽然墨家试图通过将天与命分离来保存天,但
荀子保持两者的关联并将之一同拒绝。虽然这与墨家纲领的要
义之一相矛盾,但这样做是为了更好地实现墨家自己的目标。荀
子为自然提供了一种更似合理的解释,并且解决了我们在墨家立
场中已经看到的一个悖论:如果天真的兼爱所有人,我们还需要
做任何事情吗?《荀子》清楚地表明,除了我们自己,没有什么可
以拯救我们。

正如《道德经》里的那样,荀子对人类功效的强调导致了对预
言的拒绝和与之相关的术语的选择,而这正是他最为人所知的。[4]
这种立场在《非相》一篇中最为突出,所谓"相"即利用人的身体特
征来确定吉凶的做法。荀子写道:

> 术正而心顺之,则形相虽恶而心术善,无害为君子也;形 　188
> 相虽善而心术恶,无害为小人也。君子之谓吉,小人之谓凶。
> 故长短、小大、善恶形相,非吉凶也。(5:72—73;参见
> Knoblock 1988,5.1)

这里所使用的术语"吉"和"凶"是《周易》中的关键术语,并且很重
要的一点是,《荀子》没有在经典中列出《周易》,仅在三个地方提
到它,其中一处说:"善为《易》者不占。"(27:507;参见 Knoblock
1988,27.81)[5]像日食和流星这样的"祅"(不祥的预兆)被解释为
自然模式中毫无意义的变化。人类的行为才是值得担心的"祅":
混乱的治理,压迫人民,扰乱农时(17:313—314;Knoblock 1988,
17.7)。有人可能会补充说,荀子反对声称宗教仪式和祭祀能够

影响天或其他神灵，因为他认为求雨仪式无法影响天气。实际上，他说相信这些是为了神灵而举行是"凶"的（17：316；Knoblock 1988，17.8）。荀子与墨家的分歧再一次更好地实现了墨家的目标。尽管墨家认为，只有不偏不倚的爱才能获得神的奖赏，但由人格化的神灵统治世界的想象难以避免地诱使人们做出特殊的恳求。荀子反对一切形式的拟人论则消除了这种可能性。

《荀子》倾向于重新诠释宿命论的儒家传统，而不是明确地拒绝它。与其他儒家文本相比，"命"这一术语在《荀子》中的作用微乎其微，通常出现在强调功效而非顺从的语境中。[6]例如，有两个文段使用了这个短句："故人之命在天，国之命在礼。"（16：291，17：317；参见 Knoblock 1988，16.1，17.9）然而，这两个例子都仅强调第二个短句，表示国家秩序完全在于人的掌控。与其他儒家文本一样，《荀子》也为陷入困境的君子提出了建议，但这样的段落与《孟子》或《论语》中的类似段落有着微妙的区别。它们强调的不是接受失败，而是灵活性和适应性。同样地，虽然以上段落中的"天人之分"暗示了一种熟悉的远离对外部结果的关注的儒家转向，但荀子的观点有很大的不同：取得成果的唯一机会是专注于我们力所能及的东西。即使在困难中，人们仍然可以取得一些成果。孔子就是一个例子：他过着艰难的生活，从未获得稳定的职位或财富，但他最终为世世代代所尊敬（6：96—97）。孔子因此从一个遭受苦难的好人变为必然成功的典范。

荀子确实承认生活并不**总**是公平的："楚王后车千乘，非知也；君子啜菽饮水，非愚也；是节然也。"（17：312；参见 Knoblock 1988，17.6）因为这些模式中存在不规则性，所以坏事有时会发生在好人身上。这些被描述为"节然"，华兹生和诺布洛克都将其译为"accidents of Circumstance"（境况的不测），而伊若泊则译为

"rhythms of circumstances"（境况的节律）（Watson 1967,83；Eno 1990a,200）。类似地,荀子在一个列举了各种定义的段落的末尾将"命"定义为"节遇"（22:413；Knoblock 1988,22.1b）。我们已经看到过"遇"这个术语,意思是遇到一个机会。"节"这个术语的使用尚无先例,这使得其含义无法确定,但它必然带有"意外的"或"偶然的"之类的意思。无论其确切意思如何,"命"这个术语的转变有助于回避两种重要的含义:这种不规则性来自天的命令,它们是我们必须被动接受的东西。对荀子而言,"命"指的是我们必须应对的残酷事实,这可能就是他说我们应"制天命而用之"的意思（17:317；参见 Knoblock 1988,17.10）。认识到一般模式存在例外的情况对我们行为的影响并不大:

> 仁义德行,常安之术也,然而未必不危也;污慢、突盗,常危之术也,然而未必不安也。故君子道其常而小人道其怪。
> （4:62—63；参见 Knoblock 1988,4.8）

一个相似的文段说:"天有常道矣,地有常数矣,君子有常体矣。君子道其常而小人计其功。"（17:311；参见 Knoblock 1988,17.5）美德不一定是获得长期利益的某种途径,但它仍然是最可靠的途径。君子走最常有成效的道路;而小人算计每一个行为,并希望获得好运。

得人之所欲之道

荀子坚持奖赏要从道,这与他认为人主要是为了奖赏而行动的观点密不可分。从反复出现的箴言到篇章标题,他与孟子在"性恶"这一点上的分歧众所周知。从广义上讲,人类本性是自私的。《荀子》经常提到"好利而恶害"（例如 4：63；Knoblock 1988，4.9），"欲安荣而恶危辱"（例如 8：144；Knoblock 1988，8.11），以及"饥而欲食，寒而欲煖，劳而欲息"（例如 5：78；Knoblock 1988，5.4）。但是，当涉及对自然欲望的特定分析时，其重点则是感官的愉悦：

190

> 若夫目好色，耳好声，口好味，心好利，骨体肤理好愉佚，是皆生于人之情性者也，感而自然，不待事而后生之者也。
> （23：438；参见 Knoblock 1988，23.2a）

感官欲望的自然性遵循感官知觉的本质，感官知觉的本质已经涉及偏好，例如鼻子区分香与臭（22：416—417，4：63；Knoblock 1988，22.2d，4.9）。感官欲望在受到外部因素的刺激时会自发地产生，它们不需要学习、练习或操作。它们来源于天且是自然的（23：435，22：412；Knoblock 1988，23.1c，22.1b）。

"心"在荀子所列名单里的位置很能说明问题。孟子会同意荀子对眼睛、耳朵等感官的描述，但孟子添加了一些特别属于心的欲望——对义和理的喜好（6A7）。然后，孟子围绕着心的欲望优先于其他感官的欲望，建立了关于人性的主张。在荀子的列举中，"心"只说是"好利"。然而，"利"最终是以其他感官的愉悦来解释的。心似乎并没有自己的欲望，而是通过想要某物且计算出随着时间的推移感官满意度的最大化来发挥功能。这种对比伴随着另一种对比：孟子强调心的自发情感反应，而荀子强调心的认知能力。

人类渴望感官愉悦的动机基础，进一步导致了这样一种主张，即欲望是自然无限的，它们具有史大海所说的一种"激增膨胀性"（proliferating expansiveness）（Stalnaker 2006，62）。即使拥有天子的所有利好，我们的欲望也不会得到完全满足（22：428；Knoblock 1988，22.5b）。这一立场必须在战国后期更广泛的辩论背景下加以理解。荀子明确地以欲望自然地寡少的主张作为他的目标，这可能是基于这样的观点，即我们的自然欲望是为了生命，因此指向食物、居所和性等事物。我们在《道德经》中已经看到过这样的观点，墨家在基本需求方面对"利"的定义就暗含了这种观点。《吕氏春秋》为我们提供了一个时间上更接近荀子的立场：

> 天生人而使有贪有欲。欲有情，情有节。圣人修节以止欲，故不过行其情也。故耳之欲五声，目之欲五色，口之欲五味，情也。此三者，贵贱愚智贤不肖欲之若一，虽神农、黄帝其与桀、纣同。圣人之所以异者，得其情也。（2/3：86）

来自我们真实本性的欲望天生就是有节制的。这种观点可能源于这样一个事实：饥饿、口渴和性欲天生就受到限制——至少在一段时间内，一旦得到想要的东西，你就会得到满足。[7] 这与社会建构起的欲望形成了对比，比如金钱或声望，它们本质上是无限的。

相反的观点声称，我们的自然欲望是为了享乐，而非生活。我们在《庄子·盗跖》篇里无足和知和之间的对话中一睹这场争论，后者主张自我节制以"长生"。[8] 没有充分的回应表明，所有人类都是依其性而自发地、不被教导地想要感官的愉悦。他总结说："必持其名，苦体绝甘，约养以持生，则亦久病长厄而不死者也。"（29：1012；Mair 1994，310）没有乐趣的漫长人生不值得一过。类似的立场也出现在《吕氏春秋》中，其中的一个文段将感官不愉快的生活排在比死还要低的位置上（2/2：76—77）。

在这场争论里，荀子站在了感官愉悦的一边。他在与宋子的对话中提出了自己的论点，宋子似乎是齐国的一位杰出的哲学家：

> 然则亦以人之情为目不欲綦色，耳不欲綦声，口不欲綦味，鼻不欲綦臭，形不欲綦佚。此五綦者，亦以人之情为不欲乎？（18：344；参见 Knoblock 1988，18.10）

如果欲望的基础是对感官的刺激，那么这些欲望应该与刺激感官的方式一样无限。对荀子而言，我们对感官愉悦的无限渴望意味着人类无法为仅仅提供其基本需求的简单生活所满足，这种观点奠定了他社会政治理论的大部分基础，也是他与墨家的主要分歧。

尽管荀子对人性的明确分析集中在感官上，但文本提到了其他动机。最重要且不可或缺的是对荣誉的渴望，这一渴望在整个文本中都显示为一种激励因素，对于荀子声称美德带来回报的主张至关重要。从概念上讲，这种对荣誉的渴望具有一定的问题，这既是因为它并不能归纳为感官愉悦，又是因为它类似于孟子的说法，即所有人都拥有"羞恶之心"（2A6）。不幸的是，荀子从未将对荣誉的爱置于对人性的分析中。

一个更大的复杂性问题出现在荀子关于音乐和礼仪的篇章中，这些篇章假定了人类的一系列复杂情感是从我们的性情中自发产生的。例如，关于音乐的一篇说："故人不能不乐，乐则不能无形，形而不为道，则不能无乱。"（20：379；参见 Knoblock 1988，20.1）关于礼的章节则更多地关注悲伤，例如说丧礼切断了原本可能无尽的悲伤（19：372；Knoblock 1988，19.9a）。强调"乐"和"礼"以表达复杂的人类情感是自公元前 4 世纪后期起儒家观点的核心,例如《性自命出》中所见,但它们在《荀子》的其余部分中则没有发挥任何作用,在《荀子》中,"礼"被证明是可以带来感官愉悦并标记社会等级的,这个论点与荀子对人性的分析更加一致。关于礼的篇章中的另一段内容则诉诸对家人甚至普遍动物的自然的爱:"凡生乎天地之间者,有血气之属必有知,有知之属莫不爱其类。"(19:372;参见 Knoblock 1988,19.9b)尽管在早期的儒家文本中,家庭感情被认为是很自然的,但它们在《荀子》中没有发挥进一步的作用。实际上,荀子明确指出,自然的感情会导致家庭成员之间的敌意:

> 夫好利而欲得者,此人之情性也。假之人有弟兄资财而分者,且顺情性,好利而欲得,若是,则兄弟相拂夺矣;且化礼义之文理,若是则让乎国人矣。(23:438—439;参见 Knoblock 1988,23.2a)

家庭的关怀源于外在——这并非遵循我们对世界的自然反应,而是背道而驰。这也许可以调和自然的家庭关切与荀子对人性不良倾向的讨论,但它会使荀子在其他篇章中对人类动机的描述不完整且具有误导性。[9]关于"礼"和"乐"的篇章中对人的影响的复杂解释在其他篇章中基本上是缺失的,这一事实可以通过根据修辞要求而有选择性地强调来解释,或者它可能反映了荀子思想随时间推移而发展。但是,鉴于有关礼和乐的篇章与公元前 4 世纪晚期的儒家讨论更为相似,而不是与《荀子》的其他篇章更相似,因此这些篇章可能包含了来源时代更早的资料,这些资料可能只是部分或选择性地被纳入荀子的整体哲学中。[10]

现在,我们可以看到荀子立场的结构——由于人类的动机主要是出于对感官愉悦的渴望,因此遵循儒家之道必须被证明是实现这些渴望的最佳方式。我们再次看到了其与墨家立场的基本相似之处，尽管是感官愉悦而非基本需求的首要地位具有深远的影响。荀子进一步提供了对认知能力的分析，认知能力使我们能够为了欲望的长期满足而谨慎行事。这种能力是通过"虑"而在一般层面上进行讨论的。其中一段文字描述了普通人如何处理他们的欲望。这段文字首先说人的自然之"情"是想吃炙肉、穿花样的衣服以及骑马和乘马车出行。人们尽管有方法实现，却没有做这些事情。荀子解释说：

> 是何也？非不欲也，几不长虑顾后而恐无以继之故也。于是又节用御欲，收敛蓄藏以继之也，是于己长虑顾后，几不甚善矣哉！（4：67—68；参见 Knoblock 1988，4.11）

普通人为了确保自己的未来而戒绝他们自己当下的一些欲望。他们之所以能做到这一点，是因为他们具有深思熟虑和长期考虑的能力。这一文段将这些人置于不计后果的糊涂人与先王之道之间，糊涂人尽可能多地消耗粮食，最终变得寒冷和饥饿，而先王之道则包含了天下之"大虑"，使人民"长虑顾后而保万世"。

在《正名》篇的定义列表里，"心"的这种思考和深思熟虑的能力被放在了人性的背景下：

> 生之所以然者谓之性；性之和所生，精合感应，不事而自然谓之性。性之好、恶、喜、怒、哀、乐谓之情。情然而心为之择谓之虑。心虑而能为之动谓之伪。虑积焉、能习焉，而后成谓之伪。正利而为谓之事。正义而为谓之行。（22：412—414；参见 Knoblock 1988，22.1b）

该模型与《性自命出》中的模型相同，在该模型中，事物将我们的"性"激发为特定的欲（"好恶"）和"情"。基于这些动机，内心做出选择,这被称为"虑"。当我们按照这些"虑"行动时,我们就有了"伪",而从"伪"发展出基于"利"的"事"的概念和基于义的"行"的概念。同一篇的另一段给出了一个稍微不同的版本:

> 性者,天之就也;情者,性之质也;欲者,情之应也。以所欲为可得而求之,情之所必不免也;以为可而道之,知所必出也。故虽为守门,欲不可去,性之具也。虽为天子,欲不可尽。欲虽不可尽,可以近尽也;欲虽不可去,求可节也。(22:428—429;参见 Knoblock 1988,22.5b)

尽管"虑"未出现在这里列举的事物中,但它对应于"以……为可得",这使我们可以节制我们的追求。能够很好地"虑"是"知",这使得我们可以找到正确的方式去行动。

这段文字介绍了"欲"和"求"之间的关键区别。"欲"自然且自发地源于我们的"性"。无论我们变得多么富裕或贫穷,都无法消除或完全满足它们。但是,我们**渴望**某种东西并不一定意味着我们**寻求**它。我们所寻求的取决于心之所虑。当生活贫困时,我们不能摆脱对获得更多快乐的渴望,但我们可以抑制和节制对这些渴望的追求(22:429;Knoblock 1988,22.5b)。"欲"和"求"之间的这种分裂解释了好人与坏人之间的区别,他们具有相同的欲望,但试图以不同的方式实现它们。荀子在一段话中谈到了这种差异,批评了消除或减少欲望的尝试:

> 有欲无欲,异类也,生死也,非治乱也。欲之多寡,异类也,情之数也,非治乱也。欲不待可得,而求者从所可。欲不待可得,所受乎天也;求者从所可,所受乎心也。所受乎天之一欲,制于所受乎心之多,固难类所受乎天也。(22:426—427;参见 Knoblock 1988,22.5a)

治乱与我们欲望的力量无关，而是与我们如何寻求实现它们的方式有关，即我们在"心"之所"虑"的指导下所遵循的"道"。

这些文段的第二个关键点是对"心"所考虑的内容的解释，即某样事物是否"可得"，或有时仅仅是"可"。"可"的含义是模棱两可的，就像英语中的"can"一样：当我们说"你不能这样做"（you can't do that）时，我们的意思可以是它是**不可能的**，或者它是**不允许的**。这种模糊性生成了对荀子体系的主要分歧之一。[11] 刘殿爵甚至指责荀子依靠这种模糊性，从声称我们从未尝试过我们认为不可能的似是而非的说法，滑落到声称我们从未尝试过我们认为错误的难以置信的说法中（Lau 2000, 211, 216n43）。然而，贯穿《荀子》全书的关于人类行为的讨论清楚地表明，对一个行动过程的"可"就是确认它最有可能满足我们的欲望。对"可"的这种用法出现在另一个关于长远考虑的段落中：

> 易者以一易一，人曰无得亦无丧也；以一易两，人曰无丧而有得也；以两易一，人曰无得而有丧也。计者取所多，谋者从所可。以两易一，人莫之为，明其数也。从道而出，犹以一易两也，奚丧！离道而内自择，是犹以两易一也，奚得！其累百年之欲，易一时之嫌，然且为之，不明其数也。（22：430—431；参见 Knoblock 1988, 22.6c）

此段落使用了较早前曾被引用过的短语"所可"，但此短语在这里显然是指计算长期利益——谋者所从。对于荀子而言，每个人都希望以少换多。这就是我们的天性。包含着天下之大虑的儒家之道，是做到这一点的最可靠方法。

将这些段落放在一起，我们可以区分出三种生活方式。选择最低级生活方式的人会立即做他们想做的事，而不受约束或考虑未来。选择较高一级生活方式的人是那些为了拯救未来而克制自己眼前欲望的普通人，他们意识到抑制和克制是可持续实现他们所追求的目标的唯一途径。选择最高级生活方式的人是遵循"礼"和"义"的君子，因为他们相信这是一生中满足欲望的最可靠方式。不同类型的人之间的一般层面上的区别在另一段话中也使用了"可"来表达："人伦并处，同求而异道，同欲而异知，生也。[12] 皆有可也，知愚同；所可异也，知愚分。"（10：175；参见Knoblock 1988，10.1）所有人都有相同的动机，都追求自己渴望的东西，并且都基于自己认为最有效的东西。智者的不同仅在于他们选择一种更有效的方式。鉴于智者和愚者的共同动机，人们可以说荀子的体系最终是一种审慎的行动，而不是道德规范。虽然如此，君子和小人之间有着根本的区别。君子放弃对利益的计算，且依靠常常能带来成功的模式，即由儒家历经千年来建立并坚持的道。他们**直接的**目标是道，即使他们最终是为了利益而选择这个目标。相比之下，小人总是计算利益。如前所见，君子坚持通常带来成功的道，而小人则希望例外。[13]

我们可以看到为什么荀子必须将恶的问题最小化。如果未来是不确定且不可控的，稍纵即逝，如奔腾的骏马驰过缝隙（如盗跖所说），那么明智的人将尽可能地寻求快乐。如果未来是可控的，但会奖赏狡猾和力量，那么为未来而储蓄并关心我们的健康是有意义的，但不会致力于成为君子。儒家之道只有在它最经常地导致最大的感官满足时才有吸引力。就其本身而言，这种说法对于人类状况产生了极为悲观的印象。我们如果享受眼前的快乐，就不可避免地会遭受痛苦和不幸。避免灾难的唯一办法是不断地与我们的欲望作斗争，迫使自己努力工作并为未来而储蓄（像普通人那样做），或者遵循"礼"和"义"的苛刻道路（像贤人和

196

君子那样做）。

尽管这种动机的描述简练且容易理解，但自我修养会改变我们欲望的建议使其变得复杂。细想一下关于君子如何修养自身的这种描述：

> 使目非是无欲见也，使耳非是无欲闻也，使口非是无欲言也，使心非是无欲虑也。及至其致好之也，目好之五色，耳好之五声，口好之五味，心利之有天下。是故权利不能倾也，群众不能移也，天下不能荡也。生乎由是，死乎由是，夫是之谓德操。德操然后能定，能定然后能应。能定能应，夫是之谓成人。（1：19—20；参见 Knoblock 1988，1.14）

这一文段不是说眼睛不**求**于看什么不适当的东西，而是说眼睛不**欲**看。五官的感觉本身已经改变。这种修养使一个人在目标上变得稳定，因为通常的诱惑甚至不再是他们所渴望的。同样的主题出现在《荀子》的其他段落中。其中一段评论了我们可以称之为意志力强大的三个模范：一个叫觙的人住在一个山洞里，闭目清耳以专心；孟子认为妻子做了不合于"礼"的事，就离开了她；有子烧伤他的手掌以保持清醒和学习。所有这些都被评为"自强"或"自忍"的例子。相反，圣人"纵其欲，兼其情"，做正确的事而没有勉强和隐忍（21：404；参见 Knoblock 1988，21.7d）。在这里，荀子坚持了孔子生命最后阶段所例证了的儒家理想："七十而从心所欲，不逾矩。"（《论语》2.4）

这些段落暗示了发展的两个普遍阶段。在一个层面上，我们强迫自己做正确的事情，因为我们知道这会带来更持久的愉悦，但在更高的层面上，我们消除了破坏性的欲望，而真正想要做正确的事情。有一段文字明确表达了变化的两个阶段："习俗移志，

197

安久移质。"(8:144；参见 Knoblock 1988,8.11)修养的第一阶段是"移"我们的"志"，使其致力于学习。第二阶段是"移"我们的"质"。还有一些段落说"化"我们的"性"(例如 23:435；Knoblock 1988,23.2a)。其他段落则使用较弱的术语来描述我们对"性"所采取的行为："正"，"治"，"矫"，"饰"或"扰"(23:435；Knoblock 1988,23.1b)。

这种认为自我修养改变了我们本性的说法很难与荀子经常声称的所有人都具有相同的性和相同的欲望相协调，但关键是，具有相同的欲望意味着什么，这是一个模棱两可的问题。说我们的嘴有着相同的欲望，其意思可能是我们所有人都想要相同的食物，但更可能是我们所有人都想要我们认为最美味的食物。换句话说，声称我们都渴望最大的感官愉悦与在不同事物中找到愉悦是可以共存的。这种区别出现在《吕氏春秋》中，该书指出，尽管蛮夷有不同的习俗、生活方式以及对声音、视觉和口味的偏爱，但他们在满足自己欲望方面的行为是一样的——这即使是圣王也无法改变(19/6:1303)。对荀子而言，修养的过程并不会减少感官欲望，而是训练感官在更具建设性和可持续的事物中获得乐趣。有一段话是通过与味觉的类比来说明这一点的，将桀、跖之道比作豆叶糟糠之类的蔬菜粗食，将先王之道比作精细的炙肉(4:65；Knoblock 1988,4.10)。一个只知道粗食的人可能会满足，一开始他们会觉得精细的炙肉有点奇怪。然而，他们一旦习惯了，就再也不会回去吃粗食了。荀子再一次采用但修改了一般的儒家立场。虽然孔子和孟子都主张在简单的事物中找到乐趣，但荀子的君子们仍被鼓励着走向感官愉悦的极端。他们只是训练自己在支持和谐与社会秩序的"礼"和"乐"中找到这种乐趣。荀子更有趣的见解之一是，统治阶级贪得无厌的欲望应该从积累越来越多的财货转向越来越精致的审美乐趣，审美乐趣需要更少的资源，并有助于加强适当的社会关系。

宜用自然

荀子对恶的问题的回应可能比墨家的回应更现实，但他对人文主义的儒家伦理力量的强调似乎仍然需要一个远比实际看起来更人道和公平的自然世界。为了掌握荀子立场的力量，我们必须看到他如何将恶的问题置于一个全新的领域。到目前为止，我们所有的问题都是关于被认为是"天"或"道"的自然的问题：自然的模式是规律的吗？它们是否一直奖励人类的美德？问题是，任何提高人类种别和价值观功效的观点都需要一种对自然（或其创造者或神力）进行不切实际的人格化的观点。《庄子》就展示了对后者的彻底拒斥是如何推翻前者的。

荀子的立场最独特和有趣的是，虽然他像《庄子》一样坚决拒绝任何一种拟人论，但他仍坚持最强烈的人文主义。与其他儒家学者一样，荀子从人与天的统一转向它们的分裂："故明于天人之分，则可谓至人矣。"(17：308；参见 Knoblock 1988，17.1)然而，荀子再一次给儒家立场以新的含义。当《穷达以时》说一个知道天人之分的人懂得如何去行动时，其关键在于我们必须认识到人类力量对于外部世界的无能为力。相反，对于荀子而言，这句话是对人的力量和人的独立的宣言。如果人类遵循礼和义，那么即使天也无法伤害他们："通则一天下，穷则独立贵名，天不能死，地不能埋，桀、跖之世不能污。"(8：139；参见 Knoblock 1988，8.9)这段文字的语言风格与《太一生水》的语言风格非常接近，但在《太一生水》那里，"天之所不能杀，地之所不能埋"的是四季转变中隐含

198

的兴衰(刘钊 2003,第 7—8 条)。对荀子而言,这是礼和义的力
量。知道天和人之间的区别就是知道控制我们生命的力量在于
我们自身,而不是天。就像天不再是我们生命中的主导力量一
样,天也不再是行动的榜样。[14] 重要的"道"不是宇宙之"道",而是
先圣所发展的文化体系:"先王之道,仁之隆也,比中而行之。曷
谓中? 曰:礼义是也。道者,非天之道,非地之道,人之所以道也,
君子之所道也。"(8:121—122;参见 Knoblock 1988,8.3)[15] 最后
的短句使用"道"作为动词来表示"君子之所道"不是天之道或地
之道而是人的传统。[16]

对于沉浸在欧洲思想中的读者来说,荀子立场里最深刻的挑
战和最大的微妙之处可能不会立即显现出来。奇怪的是,荀子的
一些主张对我们来说可能比它们对孟子、墨子或庄子而言更正
常。我们非常熟悉拒绝神的影响以支持人类的力量,这在许多方
面都是启蒙运动的核心。荀子对"迷信"的批评很容易由大卫·
休谟或本杰明·富兰克林来撰写。在欧洲,这种从神到人的转变
与对恶的问题的觉察相互联结,使人们对人类理性和科学掌握并
控制自然世界的力量充满信心。如果我们用更容易理解的文字 *199*
来意译上述荀子的话,那就是人定胜天,这样我们就有了一个可
以被现代欧洲接受的格言。思想家们强调这种相似之处,认为荀
子是中国科学思维的来源。胡适将荀子的立场等同于培根的"戡
天主义"(Conquest of Nature)(2003,239)。[17] 陈大齐也将荀子与
培根联系在一起,然后解释说:

> 荀子这一番话,可说是其自然学说中最精彩的言论,亦
> 最值得后世所重视。荀子欲物蓄天地而役使之,欲骋人的智
> 力以增益生产,此与西洋人所向往的征服自然,初无二致,与

现代自然科学的精神,亦甚切合。(1954,21)

他接着又说,如果荀子不曾被忽视,那么中国的科学就不会落后得那么远。

荀子与欧洲启蒙运动之间的一些相似之处是不可否认的,但这具有误导性。差异的根源在于如何证明人的力量是合理的。无论其逻辑基础是什么,现代欧洲对人类力量凌驾于自然之上的信心的历史基础都来自一种基督教观点,这种观点的极端人类中心主义在于一种同样极端的拟人论。尽管大多数哲学家和科学家已经放弃了将人类视为根本上超自然的观点,而赞成将人类视为复杂进化的动物,但这种观点的遗产在很大程度上仍然完好无损。即使到今天,大多数人仍理所当然地认为,我们是自然界中唯一的,自身运动不是由物理或生物规律决定的,而是由自由意志决定的事物。认为人类的认识能力与自然世界的复杂性唯一相称的信念也在很大程度上仍然被假定。在这种背景下,《荀子》最有趣的一点是,他让我们瞥见了,证明人类功效合理性的尝试,在没有根植于将人视作上帝形象(imago dei)的观点的情况下,可能会是什么样子。最深刻的区别是,他的人文主义失去了与个人的联系,断言人类几乎完全依赖于历史共同体。这是一种为该共同体的脆弱性以及一种在第一章中讨论过的"忧患意识"所深深困扰和缠绕着的人文主义。

因此,荀子在将人与自然联系起来时所面临的挑战是欧洲哲学中这个问题的反面。启蒙思想家和后启蒙思想家面临的挑战是,如何将人类作为自主的概念与我们作为万物之一的地位相调和。对于荀子而言,问题反而是作为万物之一的人如何分离自身,塑造自己的世界并最终获得自治权。道德如何在根本不道德的世界中出现且变得有效？这个问题是人们普遍对荀子提出批评的核心：如果人性是恶的，并且只能通过服从礼和义而变善，那么礼和义如何能在一开始就出现呢？[18] 荀子的明确回答是这些做法是由早期圣王创造的，但所有人都被说是具有共同的天性，且圣人拥有的任何才能本身都必须出自天性。即使（与荀子的说法相反）我们认为圣人在某种意义上是超**人**的，也没有可能将他们视为超**自然**的。

我们可以首先通过考虑荀子的自然观来解决这个问题，荀子的自然观必然结合了他对自然界的看法以及他对我们的"性"的解释。荀子关于"天"的看法与《庄子》相似，可以简单地翻译为"nature"（自然）或"the order of nature"（自然秩序）。[19]"天"没有意识，也不是任何字面意义上的行为主体。它的模式是非道德的，且对人类没有特别的关注。归根结底，天并不是恶的，因为它不会伤害我们，但也不是好的，因为它也不能帮助我们。

荀子对于天所赋予我们的"性"的看法更为消极。他为人所熟知的格言是"性恶"，"恶"（bad）这一术语，我们也可以将其翻译为"ugly"（丑陋），还有一些人将其翻译为"evil"（邪恶）。汉字"恶（惡）"的字形结合了"头（亞）"的变形与"心"的形象。作为动词的"恶（wù）"，表示讨厌或憎恶。因此，我们也可以将"恶"翻译为"revolting"（使人厌恶的）或"detestable"（可憎的）。尽管荀子言辞激烈，但"性"并不是真的恶，而是非道德的，我们的"性"为我们留下了足够的空间去成为好人或坏人，就像天不会阻止我们的成功或失败一样。然而，我们与"天"的关系和我们与"性"的关系之间存在一个重要的区别，那就是虽然"性"使我们能够成为善人，但我们仍必须与它的自然倾向作斗争。如果我们不积极抵制对更大的感官愉悦的自然冲动，我们将变得危险且具有破坏性，我们会伤害和抢劫他人，甚至从我们自己的兄弟手中夺走食物。因此，荀子的观点比《孟子》里告子所表达的观点更为悲观，告子认为我们的性是中立的，可以变善，也一样容易变坏(6A1,6A2)。

当我们把荀子对"天"的看法和他对"性"的看法综合在一起时，我们就会看到他对自然的想象是多么暗淡。荀子没有明确地讨论自然状态，但他描述了没有礼和社会结构的生活会是什么样的：我们如果在自然状态下独处，会因力量太弱而无法满足需求，最终陷入绝境和贫困；我们如果在自然状态下群居，会在逐利的争斗中残酷对待彼此，最终招致祸患（10：176—177；Knoblock 1988,10.1）。我们的处境就像叔本华（Schopenhauer）笔下的刺猬那样，挤在一起取暖，在躲避严寒和躲避同伴的刺痛之间左右为难。同一篇中的另一段总结了没有政治秩序的生活会是什么样的：干力气活的人没有成效，人们群居却不和睦，财富无法积聚，地位没有保障，人民不长寿，父子关系疏远，兄弟间不和顺，年少者得不到成长，年老者得不到赡养。男人和女人甚至不能快乐地在一起！（10：182；Knoblock 1988,10.6）人类在自然状态下的绝望和痛苦源于人类欲望的"激增膨胀性"与自然所能提供的有限资源之间的冲突："欲恶同物，欲多而物寡，寡则必争矣。"（10：176；参见 Knoblock 1988,10.1)

在一个没有"礼"和社会角色的世界中，生活对每个人都是有害的，但对弱者是最糟糕的。在自然（"天"和"性"合称）本身，强胜弱败，并伴随一定的运气作用。人类过上体面生活的唯一可能，更不用说美德能得到持续的回报，就是从根本上重新调整我们生活的世界。上面提到的那些描述了没有政治秩序的生活的段落，其核心是荀子所说的"分"，意指"划分"或"分离"，通常具有区别和划分等级角色的特定意义。这些"分"使我们能够以最小

201

的冲突进行合作(9:164—165;Knoblock 1988,9.16a)。[20] 这些角色是通过礼确立的,且需要有辨别的能力(5:78;Knoblock 1988,5.4),以及有义(9:164;Knoblock 1988,9.16a)。这种等级化的社会组织使我们在力量和价值上都优于动物。[21]

通过社会分化来重构世界是一个宜用(appropriation)的过程,这包含了两个方面的意义,既吸收事物为我们所用,又制定了什么是宜与不宜的概念:"万物同宇而异体,无宜而有用为人。"(10:175;参见 Knoblock 1988,10.1)李涤生用《庄子》来解释这句话:"宜与不宜,不在于物,而在于人,譬如水火,可以利人,亦可以害人。"(1979,196)"宜"在自然本身没有根据,也没有意义。正如《庄子》所说,事物就是其所是,它们仅在特定的视角下具有意义和价值。

术语"宜"与"义"紧密相关。这两个汉字有时可以互换使用,并且早期文本有时将"义"定义为"宜"。[22] 因此,荀子首先认识到道德和宜是人类建构的,而不是自然本身固有的。在这种意义上,"物"类似于"名":"名无固宜,约之以命。约定俗成谓之宜,异于约则谓之不宜。"(22:420;参见 Knoblock 1988,22.2g)如果我们认为荀子将"加诸万物"的"名"与涉及社会地位和文化角色的"名"区分开,则名称系统与物的宜用之间的联系更加复杂。[23] 在后一种情况下,命名这一行为会同时创建命名的对象,这就是说"分"(社会角色)不是我们命名的预先存在对象,而是由命名这个行为创建的。事物或名称变得适宜的方式当然不是武断的。[202]"宜"来自事物形式的差异,这使得它们可以以不同的方式和不同的目的使用。荀子的观点与庄子的说法相距不远,即我们所标记的"是与非"倾向于我们认为有用的东西。虽然上述段落暗示了对自然世界万物的排序,但我们人类是这种宜用的首要对象。礼和义正是作为这些不守规矩和起初非道德的生物维持秩序与合作的机制出现的。

当我们用社会的形式组织自己时，我们利用自然的能力得以增强：

> 水火有气而无生，草木有生而无知，禽兽有知而无义，人有气、有生、有知，亦且有义，故最为天下贵也。力不若牛，走不若马，而牛马为用，何也？曰：人能群，彼不能群也。人何以能群？曰：分。分何以能行？曰：义。故义以分则和，和则一，一则多力，多力则强，强则胜物。（9：164；参见 Knoblock 1988，9.16a）

当人们按照适当的方式聚集在一起时，他们既彼此相宜又与万物相宜。在一段引人注意的有关贸易的段落中，荀子想象将整个世界都带入这种人类秩序："故天之所覆，地之所载，莫不尽其美，致其用，上以饰贤良，下以养百姓而安乐之。夫是之谓大神。"（9：162；参见 Knoblock 1988，9.14）一开始的这个短句与自然的公正性相关，但是当天地平等地包容万物时，人类根据自己的需要安排世界。这种对世界秩序的重新调整解释了荀子所主张的"君子生非异也，善假于物也"（1：4；参见 Knoblock 1988，1.3），或"君子役物，小人役于物"（2：27；参见 Knoblock 1988，2.5）。其结果是从专注于自然转向在我们自己创造的媒介中生活，包括物质景观、复杂的社会等级、语言、礼仪等等。这样的世界取代了遍布于自然状态中的不公正，因此，在一个良序社会中，没有人可以靠运气（"幸"）获得权力或生存（9：159；Knoblock 1988，9.12）。这就是荀子"人之命在天，国之命在礼"这句话的深层含义。没有国家，每个人的命运都取决于天和运气，但是随着礼和社会等级制度的建立,我们可以掌控自己的命运。其结果是一个不断奖励美德的世界。这个世界不是建立在天意的基础上,而是由人类的努力和技艺所建立的。

这种人类秩序相对于天的地位是《荀子》注释者之间的分歧之一。我们已经看到中国学者,如胡适和陈大齐,把这一秩序作为对自然的强加,使荀子看起来更具科学性。然而,最近英语学界的观点趋于相反的方向:强调与天的连续性,使荀子看起来更具宗教性。[24] 后一种观点更强有力的表述之一来自史大海:"天对于荀子而言就像圣明的统治者,它不采取明显的行动,却统治和命令整个天下。然而,在隐喻的这个层面上,人类必须充当忠实的大臣,执行政策并遵循自己的方式,积极地建立宇宙的秩序。"(Stalnaker 2006,71,126)一些学者运用了实现说,如艾文贺说:"荀子相信'礼'向人类展示了与天地合作以满足天地人三者的独特方式,这种方式实现了宇宙本身固有的设计。"(Ivanhoe 1991,309-310)其他学者则使用目的论术语,如普鸣说,文化是"天的目的论(若非即时的)产物"(Puett 2001,70)。金鹏程(Paul Goldin)指出,人类必须在天"颁布"的"计划"中发挥自己的作用(1999,74)。

显然,人类创造的秩序满足了我们自己的目的,并且相对于我们的需求而言是好的。问题的关键在于这一秩序是否还提供了自然本身所需要或想要的东西。[25] 后一种说法的唯一直接证据是《礼论》篇中的一个有问题的段落,该段谈到了礼:"天地以合,日月以明,四时以序,星辰以行,江河以流,万物以昌,好恶以节,喜怒以当。"(19:355;参见 Knoblock 1988,19.2c)如果这段文字声称人类创造的"礼"为自然界带来了秩序,那么它就完全与《天论》篇矛盾,后者说天的恒常不会因为最圣贤的人或最邪恶的人而有所改变（17：306—308；Knoblock 1988，17.1）。自然的独立规律包括季节性的正常生长周期："万物各得其和以生，各得其养以成。"（17：308—309；参见 Knoblock 1988，17.2b）相反，如果该段落声称礼不是由人类创造的，而是自然界中的，则与许多声称礼仪是由圣人创造的说法相矛盾（例如 23：436，23：437；Knoblock 1988，23.1b，23.2a）。鉴于此段在《荀子》中是独一无二的，并且与文本中更整体的立场相矛盾，因此很少有人会单独以此为依据。[26]

　　除了这一段，关于人类秩序的地位的问题还在于《荀子》对这一秩序所用术语的模糊性。"物无宜"的主张足够清楚地表明，"宜"并不涉及自然界事物之间的关系，而仅涉及它们与我们之间的关系，这关系到的不是什么在客观上是正确的，而是什么是有用的。表示这一秩序的另一个术语"治"，通常是指政治秩序，而不是自然秩序。这是由荀子在天的规律性（"常"）与取决于我们的社会治乱之分间的对比得出的。最成问题的术语是"理"，我一直将其翻译为"coherent patterns"（连贯的模式）。[27]《荀子》是最先赋予"理"重要作用的文本之一，但它可能还不是一个专业术语。[28] 它的含义多种多样，而且尽管荀子注意定义和正名，但他从未解释过"理"。几个世纪后，"理"被用来指代客观且适当的自然秩序，其中包括正确的人际关系。在这种情况下，通常将其翻译为"principle"（原理）。在《荀子》中的某些情况下，"理"指的是自然界中的纹路，例如皮肤上的纹路（4：63，23：439；Knoblock 1988，4.9，23.2a）或眼睛可辨别的颜色纹路（22：416；Knoblock 1988，22.2d）。尽管如此，《荀子》普遍使用这个词的方式很难与客观上适当的秩序相协调。当被规范性地使用时，"理"并不被说成是我们**遵从**的东西，而是我们**贡献**的东西。正确的行为据说可以"成"或"有益于"理,而不好的行为则会"乱"理。[29]

其关键的一段说:"无君子则天地不理,礼义无统。"(9:163;参见 Knoblock 1988,9.15)在此之前有这样的主张:"天地生君子,君子理天地。"这些句子似乎清楚地表明,"理"与"宜"一样,在自然界没有基础,而是人为构造。因此,陈大齐将这段话当作天本身没有终极目标(*telos*)的证据(1954,4)。[30] 这几句把"理"用作动词,这遵循了它最早的用法:根据地形的轮廓来规划场地的边界。"理"含有"玉"的部首,指向另一种早期的动词用法:根据其固有的纹理来抛光或雕刻玉。如果我们遵循这种早期的使用方式,那么"理天地"就会使万物变得适宜,根据它们的不同品质和我们的需要将事物安排成理。实际上,一个类似的段落也指出了相同的观点,但使用了更人类化的术语:"辨","分",以及"治"(19:366;Knoblock 1988,19.6)。在所有情况下,为了人类生活而产生的秩序都要考虑到事物之间的内在差异与自然世界的规律模式。作为名词,"理"是指根据我们的需要整合自然的人类秩序,而《荀子》中"理"的最普遍用法确实与人类产物有关:义,礼,分,以及文理。

声称人类安排自然服务于自己的目的,并不一定会使我们回到胡适"戡天主义"的主张。荀子保留着一种谦卑,甚至可能是对天的崇敬,这使他主要专注于顺应自然的过程。[31] 他对不审视天的关注反映了这样的态度: ₂₀₅

> 不为而成,不求而得,夫是之谓天职。如是者,虽深,其人不加虑焉;虽大,不加能焉;虽精,不加察焉,夫是之谓不与天争职。天有其时,地有其财,人有其治,夫是之谓能参。舍其所以参而愿其所参,则惑矣。(17:308;参见 Knoblock

1988,17.2a)

荀子使用了标准短语来表示成功行动所必需的三个因素：天时，地利，人和。[32] 不过，荀子的观点是，我们只需要关心其中一个因素——人，这样我们就可以与其他两个因素一起形成第三个因素。使用作为动词的"参"（three）来强调区分，与"一"（one-ing）或"体"（形成有机体）形成对比，但它确实将人类置于更广阔的自然背景中。[33] 尽管文本对人可胜天的能力做出了一些非凡的陈述，但荀子的焦点其实是不干扰自然的循环——有些段落读起来像是为可持续农业而开的处方，其中有只在特定的季节才去砍柴或捕鱼的规则，这样万物得以有机会成长（9：165—171；Knoblock 1988,9.16b - 9.17）。其结果是人类秩序以可持续且和谐的方式使自然适宜我们的需求：

> 群道当则万物皆得其宜，六畜皆得其长，群生皆得其命。故养长时则六畜育，杀生时则草木殖，政令时则百姓一，贤良服。（9：164—165；参见 Knoblock 1988,9.16a）

这一秩序的结果是以我们自己的利益为导向的，因为事物的"宜"在于它们对我们的有用性，但是这种秩序必须与自然界的其他部分相协调。因此，即使以人类的善为基础，其结果仍被艾文贺很好地描述为一种"大生态伦理"（grand ecological ethic）（Ivanhoe 1991,309 - 310）。

明天人之异

鉴于缺乏彻底的超越性，人类世界从自然界中出现在某种意义上必须是辩证的。这一辩证运动很好地体现在荀子为自我修养所作的比喻中："青,取之于蓝而青于蓝。"(1:1;参见 Knoblock 1988,1.1)人类来自自然,但变得越来越人性。人类最初是利用 ²⁰⁶ 自身的自然能力在自然界中创造一些狭小的自治空间。在这些狭小的空间中,允许更大空间的社会制度出现了,从而让这些制度得到完善和发展,进而允许了更大的空间,依此类推,直到我们生活在我们自己创造的道德有序的世界中:

> 天地者,生之始也;礼义者,治之始也;君子者,礼义之始也。为之,贯之,积重之,致好之者,君子之始也。故天地生君子,君子理天地。(9:163;参见 Knoblock 1988,9.15)

此段描述了两个辩证过程。从广义上讲,人类治理天地,但其本身是天地的产物。在另一个层面上,礼与义始于君子,但君子又始于对礼与义的内化。荀子通过圣人的行动来解释这个过程:

> 圣人积思虑,习伪故,以生礼义而起法度,然则礼义法度者,是生于圣人之伪。(23:437;参见 Knoblock 1988,23.2a)

"伪"先于"礼"和"义"的创造,这意味着从"立即追求欲望"到"对未来的审慎计划",再到认识到"礼"和"义"是确保长期利益的最佳手段的发展过程(4:67—69;Knoblock 1988,4.11)。

由于人是由天所生,因此,天人之分的真正所在必然在人的自身之内。我们可以从重新考虑前面讨论的关于动机的段落开始。我们的"性"来自"天",自发地做出反应,不需要学习或努力取得,这是所有人的共同点。"情"和"欲"也是"性",是随着"性"对世界事物做出反应而发生的变化。所有这些都直接源于自然。因此,真正显示人的特点的在于"伪",即深思熟虑的行动,这是由心的作用来限定的,解释为在考虑选择的基础上为感觉做出选择,且判断出可能达到的目标。"伪"是一个复杂的术语,具有两个重叠的维度：有意识地选择或深思熟虑的行动，以及为了长期实现而抵制眼前愿望的行动。第三种"伪"的含义延伸到故意行动的结果，这种结果来自学习和努力、积累思虑以及践行深思熟虑的行动（23：436—437；Knoblock 1988，21. 1c‑23.2a）。从这个意义上讲，"伪"也指人为的。[34]"性"与"伪"之间的区分就是天与人在人自身内部的区分。《五行》以类似的方式得出这句话："天施诸其人，天也。其人施诸人，习也。"（刘钊 2003，第48—49条）[35]对"性"采取行动就是停留在非道德自然的范围内，尽管这会导致一种我们都认为是不好的悲惨状况。社会制度和道德仅来自"伪"，以至于第23篇《性恶》的每个论点都以重复格言"人之性恶明矣，其善者伪也"来结尾。

我们与自然的最初分离来自心具有对未来行动进行思考的自然能力和对即时感官欲望的判断的主导地位，所有这些都引起了"伪"——深思熟虑的行动。因此，天人之分出现在心与其他器官的分离中。即使如此，遍及《荀子》的段落表明，所有人都是知道（"知"），然后尽可能确认选择（"可"），并由他们的心指引。思虑的能力本身必然来源于天且是自然的。有一长段文字谈到了这一点：

> 天职既立，天功既成，形具而神生，好恶、喜怒、哀乐臧焉，夫是之谓天情。耳目鼻口形能，各有接而不相能也，夫是之谓天官。心居中虚以治五官，夫是之谓天君。财非其类，以养其类，夫是之谓天养。顺其类者谓之福，逆其类者谓之祸，夫是之谓天政。[36]暗其天君，乱其天官，弃其天养，逆其天政，背其天情，以丧天功，夫是之谓大凶。圣人清其天君，正其天官，备其天养，顺其天政，养其天情，以全其天功。如是，

则知其所为,知其所不为矣,则天地官而万物役矣。其行曲治,其养曲适,其生不伤,夫是之谓知天。(17:309—310;参见 Knoblock 1988,17.3a)

乍一看,这段文字似乎将人类完全纳入"天"或自然界之中。心自然地像君主一样控制着身体的其余部分。人类自然地通过使用其他东西("非其类")来维持自己,并通过相互协调彼此("其类")来找到秩序。然而,关键是这些关系本质上是空虚和不确定的。[37] 心的判断和控制是自然的,但决定这些判断的内容是偶然的,取决于我们通过经验和学习积累的东西。实际上,荀子与《庄子》相呼应,认为心是"虚"的。类似地,我们通过利用其他东西来满足我们的需求并遵循我们自己的方式组成社会来生存是自然的,但这些形式则取决于经验、历史和传统。

归根结底,让人类回归并塑造自然的是心积累了知识,人类作为一个整体积累了文化。现在,我们可以更清楚地看到这一辩证过程。起初,我们内心决定选择的这个自然事实只能由我们根据自己在自然界中的位置所碰巧遇到的事情来指导。但是随着知识的积累,我们的经验将变得更加有针对性,我们的行动将对我们的环境产生更大的影响。这将使得我们对自然界有更多的了解和更进一步的宜用。如果我们不是从一个个体的角度,而是从一个由数千年来劳作的人们组成的社会的角度来看这个过程,那么我们可以看到人类世界将如何出现。

天人之分指向两种截然不同的发展形式。一种来自事物自然和自发的反应、事物之间规律的因果作用以及天地的总体周期性模式。另一种来自积累。荀子使用的主要术语是"积",意指"聚集"或"积累",且最初可能与收获有关,因为这个汉字以禾木旁为部首。积累是渐进的，而不是周期性的。在这里可能会出现明显的偶然性，因为积累的内容将取决于我们在自己的特定处境中遇到的经验。多样性也随着积累而出现。荀子说："干、越、夷、貉之子，生而同声，长而异俗，教使之然也。"（1:2；参见 Knoblock 1988,1.2)[38]《荀子》再次与《庄子》从相同的基础出发。心的本质（由"天"赋予）是虚空的，其视角是通过经验的积累而形成的。《庄子》以此来表明我们可以摆脱"成心"，而《荀子》则认为心随着时间的推移而不断积累经验，这最终可以使我们克服对自然的直接服从，并根据我们的需要重构世界。

荀子对知识形成的描述有助于阐明这一积累的过程。知识的起源是在感官知觉中，感官知觉总是包含对多样性和差异的认识。根据感官经验的异同，我们对事物进行分类，并就"名"达成共识（22:415—416；Knoblock 1988,22.2c)。更高的知识水平取决于跨类别应用和扩展的能力，这就是柯雄文（Antonio Cua）所说的"类比投射"（analogical projection)(1985,78‑86)。这种投射允许我们的知识扩展到我们立即感知的范围之外，从而预测未来的后果：

₂₀₉

> 圣人何以不可欺？曰：圣人者，以己度者也。故以人度人，以情度情，以类度类，以说度功，以道观尽，古今一也。类不悖，虽久同理，故乡乎邪曲而不迷，观乎杂物而不惑，以此度之。（5:82；参见 Knoblock 1988,5.12)

这种能力被描述为"统类"，一种整合类别或系统化类别的能力。它使圣人改造其所学以有效地应对任何情况（8:140—141；Knoblock 1988,8.10）。

然而，知识的形成远比这个简短的概述所暗示的要困难得多。鉴于任何事件的独异性，经验可以通过无限多种方式进行分类，其中大多数都将被证明不是很有用。正如《庄子》所表明的，事物可以被认为是相似或不同，大或小，是或非。开发一个能够根据我们的需求稳定且有效地安排世界的名称和类别系统，是一项极为艰巨的任务。希望通过自己的观察和理性来实现这项任务的人，与自然界中希望满足感官愉悦欲望的个体一样，成功的机会微乎其微。人与自然之间的不可通约性与《庄子》中的思想具有相似之处："吾生也有涯，而知也无涯。以有涯随无涯，殆已；已而为知者，殆而已矣。"（3：115；参见 Mair 1994，25）荀子提出了几乎相同的主张："将以穷无穷，逐无极与？其折骨绝筋，终身不可以相及也。"（2：31；参见 Knoblock 1988，2.8）

荀子的立场在一段话中得到了进一步的解释，这段话从知识的可能性开始，但随后又转向了它的局限：

> 凡以知，人之性也；可以知，物之理也。[39] 以可以知人之性，求可以知物之理而无所疑止之，则没世穷年不能徧也。其所以贯理焉虽亿万，已不足以浃万物之变，与愚者若一。学，老身长子而与愚者若一，犹不知错，夫是之谓妄人。故学也者，固学止之也。恶乎止之？曰：止诸至足。曷谓至足？曰：圣也。圣也者，尽伦者也；王也者，尽制者也。两尽者，足以为天下极矣。故学者，以圣王为师，案以圣王之制为法，法其法，以求其统类，以务象效其人。（21：406—407；参见 Knoblock 1988，21.9）

我们之所以能够了解世界，是因为我们天生具有学习能力，且我们的世界拥有可以被人们了解的规律。然而，世界和我们的能力之间实际上是不匹配的，因为我们的能力是有限的，而可被认知的规律是无限的。一个人可以一辈子学习并获得真正的知识，但仍然是愚者。荀子和庄子持相同观点，理由相同。人类只是万物之一，在自然界中没有特权地位。这样的人类如何能理解这个无限且不断变化的世界呢？

对于自然如何无限地超越个体的深刻认识塑造了荀子思想的许多方面。这解释了为什么他坚持认为我们应该只学习对成为君子有用的东西，而避免诸如察天或像惠子这样的人的巧辩。这还要求我们保持一心一意的专注。鉴于世界的无限大，我们可能永远在漫游，却到达不了任何地方。荀子对比了螃蟹和蚯蚓，有着八足两螯的螃蟹却无法挖穴居住，因为它的心是躁乱的，根本没有四肢的蚯蚓却可以在地上钻孔，因为它"用心一也"（1：8—9；Knoblock 1988，1.6）。类似地，一组向不同方向拉的骏马无法和坚持用心一处的跛脚龟到达一样远的地方（2：30—31；Knoblock 1988，2.8）。

我们最大的局限是试图抓住任何时刻的多样性。因为任何时刻都会有多重的感知，所以当我们看到一件事时会遗漏其他事物："凡万物异则莫不相为蔽，此心术之公患也。"（21：388；参见Knoblock 1988，21.2）"蔽"可译为"conceal"（掩盖），是《荀子》中关于偏见的关键术语。尽管有时也译为"obsession"（迷念），但这忽略了"蔽"的作用方式。[40]"蔽"这个汉字本身包含象征"竹"的符号，且最初指的是竹屏风，因此承担了"隐藏"或"遮盖"的意思。如果人有所"蔽"——偏见、痴迷或迷念——他们只会看到他们所偏向的事物，就像一道帘子或一座屏风，掩盖或挡住了其他一切。[41] 因此，荀子批评其他哲学家的"蔽"，将其用作动词，而我将其翻译为"could see only"（只能看到）：

> 墨子蔽于用而不知文,宋子蔽于欲而不知得,慎子蔽于 211
> 法而不知贤,申子蔽于埶而不知知,惠子蔽于辞而不知实,庄
> 子蔽于天而不知人。(21:391—393;参见 Knoblock 1988,
> 21.4)

这些哲学家并非因为做出糟糕的**判断**而是因为他们的**感知**受到批评:在他们注意到一个想法时,他们看不到别的东西。在《解蔽》篇中,荀子描述了三种理性的美德,所有这些美德都与不让事物相互阻挡或掩藏有关:人必须使心空虚,这样已经储存在心中的知识就不会掩盖当下将要接受的知识;使心专一,这样经验的一个方面就不会掩盖其他方面;使心平静,这样内心的躁动就不会引起谬见(21:395—397;Knoblock 1988,21.5d)。这反映了荀子认识到经验不仅客观地反映出现实,而且也反映出感知者本身,这也是《荀子》接受《庄子》的另一点。《荀子》中有一段列出了人们发生经验扭曲的原因,包括物理条件,如距离、眼部的紧张和醉酒,以及诸如恐惧之类的心理障碍(21:405—406;Knoblock 1988,21.8)。

对某一事物一再地视而不见的问题在于自然的无限性。在《非十二子》一篇中,荀子简要概括了其竞争者的哲学立场,并在每一个批评中重复了相同的说法:"然而其持之有故,其言之成理,足以欺惑愚众。"(6:91;参见 Knoblock 1988,6.2)从某种意义上说,没有一种立场是错误的:每种理论都有其理由("故"),并形成("成")连贯的模式("理")。每个哲学家都关注到真正重要的事物:功用、欲望、法律、技艺、文辞和天。这正是他们令人信服的原因。然而,由于他们无法了解全部,他们的理论导致了伤害和混乱。对于这个问题,荀子给出了一些普遍性陈述:

此数具者，皆道之一隅也。夫道者，体常而尽变，一隅不足以举之。曲知之人，观于道之一隅而未之能识也，故以为足而饰之，内以自乱，外以惑人，上以蔽下，下以蔽上，此蔽塞之祸也。(21:393；参见 Knoblock 1988,21.4)[42]

对于荀子而言，哲学的挑战不是找到真理。真理是容易的，因为我们拥有可以了解世界的本性，而且我们生活在一个能被了解模式和差异的世界中。问题在于如何使知识与自然本身的无限复杂性相协调。库蒂斯·哈根(Kurtis Hagen)很好地指出了这一点："荀子并不认为我们简单地构造了一个结构来描述本身松散自由的世界。相反，世界并不是松散自由的，而是组织得过于精心。如果我们尝试在其接合处进行切割，那么每切割一次都会限制下一次的切割。"(2007,28)[43]

权威与人的脆弱性

个体与自然之间的这种不可通约性，解释了荀子与大多数欧洲启蒙思想家之间最明显的差异——他对个体判断的怀疑。尽管荀子的行为像哲学家，但他的哲学是针对个人思维的攻击。其他哲学家之所以最终只能举道之一隅，是因为他们依靠自己的判断。荀子反复使用"擅"一词来批评那些自行创新的人，"擅"在这里意味着篡改、独断或自以为是。[44] 前面引用的一段文字对比了从道的特定好处与那些离道而"内自择"的人(22:430；参见 Knoblock 1988,22.6b)。这里的"择"是一个同样用于"心"利用其"知"来处理与"情"相关事情的术语(22:412；Knoblock 1988,22.1b)。损失的可能性来自任意个体的局限，但由于导致成功的

212

事物往往是反常的，反而增加了损失的可能性——直接追求生命会导致死亡，只追求享乐也会导致痛苦。只有先王之道足以克服这些悖论。而一个孤立的个体是没法解决的。

就个体而言，荀子的立场与《庄子》非常接近。[45]《庄子》并不否认经验中所揭示的差异可以指导我们的行动，也不否认标签和类别可以在特定情况下有效地用于特定目的。问题在于构建一组能够可靠地指导我们跨越不同的视角和背景的标签。一个人从自身经验局限中积累的知识将他或她锁定在一个狭窄的视角中，这个视角最终与自然和他人的视角不可通约。荀子也会同意这一点。这种意见一致源于他们共同拒绝将自然的概念定义为类人的（拟人的）或人本的（以人为中心的），而且，他们因此意识到作为万物之一的人类与自然本身的可怕力量和复杂性之间存在着巨大的鸿沟。然而，荀子认为，只有通过大规模的人类合作，才有可能过上体面的人类生活。因此，他不能接受这些结果。他的解决办法是从个体转向社会。如果我们转向一个数千年来共同努力的大型人类社会，那么单个人类与无限自然之间的不可通约性就会降低。如果世界有一个可以把握的秩序，而人类有一定的把握能力，那么即使每个人掌握的秩序很小，它最终也可能积累成重要的知识体系。通过将人类组织成复杂的结构化社会，可以完全克服个人有限的理解自然的能力，就像克服个人有限的自然生存能力一样。

我们可以通过标准的问题来看荀子在《墨子》和《庄子》之间 213 找到一种中间立场的这种方式。墨家首先提出了关于标准的问题，指出我们不能以统治者、父母、老师或风俗作为我们的标准，因为这些事物彼此之间意见分歧（且很少是正确的）。墨家的替代方法是基于自然建立客观的标准，以表达"天志"。更具体地讲，墨家的主张是综合了圣人的观点、人民的经验和对产生效益的事物的分析。《庄子》也认识到分歧的问题，并转向了天，却将自然的包容性推到了甚至对生死都公正的地步，将自然排除在伦理道德模范之外。对于《庄子》而言，一旦我们陷入争议，就没有解决它的标准。《荀子》综合了两者的立场。他的认识论发展了墨家的标准，其中对感官的无偏见证据进行了分类，以指导我们实现人类利益的最大化。这个基础使得一种有效的传统随着时间的推移而发展。同时，荀子在很大程度上接受《庄子》对个体判断的怀疑态度，也接受了天无法提供道德标准的主张。结果是荀子几乎从不诉诸经验或"类比投射"作为解决分歧的标准。[46] 圣王之道才是"规矩"（19：356；参见 Knoblock 1988，19.2d）。还有一些段落宣称，礼和传统是**唯一**的标准：

> 礼者，所以正身也；师者，所以正礼也。无礼何以正身？无师，吾安知礼之为是也？礼然而然，则是情安礼也；师云而云，则是知若师也。情安礼，知若师，则是圣人也。故非礼，是无法也；非师，是无师也。不是师法而好自用，譬之是犹以盲辨色，以聋辨声也。（2：33—34；参见 Knoblock 1988，2.11）

自我修养在于严格按照礼的规定行事，并准确按照老师所说的说话，直到我们适情于礼并像老师一样思考。无论我们凭自己获得什么样的知识，都算不了什么——因为我们就像是一个要辨别颜色的盲人。

因此，荀子所描述的知识的客观基础不足以让个人做出好的决定。从这个意义上说，荀子更接近庄子而不是墨子。同时，经验和判断中的知识根基足以在数千年积累中发展出一种有效的方式。荀子希望通过援引历史来避免《庄子》的怀疑论。随着时间的流逝，人类建立了一套名称和实践系统，尽管这套系统没有抓住或代表自然的无限复杂性，但至少提供了一种可靠的应对方式。这一人类文化体系离不开将万物挪进一个根据人类需求建构的世界，而社会分化是这两者的核心。天在自然状态下的统治地位被历史社会的统治地位取代，就像我们与自然的物质关系被复杂的贸易和分工体系取代一样。我们构建了一个好人最终住进宫殿，一边听着管弦乐一边喝着猿肉羹（5：78—79；Knoblock 1988，5.4）的世界，而不是奖赏给强者，生存取决于运气的非道德秩序。恶的问题通过人累积的努力而得以消除。

荀子置于人身上的价值是惊人的。我们已经看到，荀子拒绝天的力量而赞成人类的力量，这至少与欧洲启蒙运动有一些相似之处。在欧洲，这需要从对自然的恶转向对由人类造成的道德的恶的关注。从某种意义上说，荀子会同意——如果天不再是主导力量，那么责备就必然落在我们人类身上。此文本将自然灾害减至最少，并将所有坏事归因于人的行为。然而，令人惊讶的是，这种从自然的恶到人类的恶的转变并未被概念化。相反，荀子将恶等同于人的缺失。坏就是缺少教养，缺少人为。尽管这样的看法在欧洲思想中并不陌生，但它们与"根本恶"的观念形成了深刻的对比，在那种观念里人之所以为人在于自由意志是善恶的根源。荀子的看法反映了早期中国思想中更加自然主义而更少人类中心说的语境。因为我们是由天所生，所以我们行为中至少有一些要素必须归因于天本身。但是对于荀子而言，最能表达我们与天和自然的联系的是我们身上的**恶**。

荀子的一个伟大见解是，任何足以指引我们穿越无限自然的人类系统自身都必然变得过于复杂，以至于个人无法掌握。有限个体与无限自然之间的鸿沟转移为个体与历史社会之间的关系。这种转变在关于探量深水的隐喻关系中有所表现：

> 水行者表深，表不明则陷；治民者表道，表不明则乱。礼者，表也。非礼，昏世也。昏世，大乱也。（17：319；参见 Knoblock 1988，17.11）

治民好比探量深水。经过数千年的发展，礼已经成为衡量自然深度的一种充分标准，但结果，礼本身也变得太深而无法测量："小人不能测也。"（19：356；参见 Knoblock 1988，19.2c）那些攻击或拒绝礼的人会被礼的复杂性淹没：

215

> 礼之理诚深矣，"坚白""同异"之察入焉而溺；其理诚大矣，擅作典制辟陋之说入焉而丧；其理诚高矣，暴慢、恣睢、轻俗以为高之属入焉而队。（19：356；参见 Knoblock 1988，19.2d）

这不是礼对于针锋相对的争论做出回应，而是批评者们淹没（"溺"）于它的广大之中，就像他们淹没于自然本身一样。

尽管人类的文化和传统秩序超越了个体，就像自然本身那样，但是我们与它的关系有很大的不同。自然的秩序对于我们是中立的，而且——如果我们考虑到我们自己的自然性情——我们可以说它是怀有敌意的。因此，个人必须抵抗和控制它。相比之下，传统包含着一种道德秩序，使每个人都能蓬勃发展。它要求信任和服从而不是挑战。自然与人类秩序之间的这种差异也势必造成对我们自己的不同立场。面对自然，我们仍坚持自己的观点和欲望，尽管它具有压倒性的巨大力量。与自然并进会比我们抵抗自然的微弱尝试更快地导致毁灭和不幸福。相反，对于传统，我们放弃了自己的观点和欲望，与其相随而行。因此，当我们的老师在我们看来出现错误时，我们认为错误在我们这边，然后追随他们。上面这段关于需要礼宪之道作为一种标准的文字，其结尾说遵循礼而不理解，总比凭自己做出好的判断要好（1:17；Knoblock 1988,1.11）。如果不完整，即使是真理也可能是不好的，而且个人没有机会独自掌握完整的情况。

传统之道超越个人所掌握的道，解释了荀子现在最令人不安的一面：他对权威的依赖。绝大多数人永远无法理解他们赖以生存的礼和社会结构（22：422；Knoblock 1988,22.3e）。这种不理解不是由于天生缺乏能力（因为任何人都可能成为圣人），而是由于环境和分工的要求。最终，有些人会盲目地遵循该体系，而另一些人会遵循该体系以获得实质性的奖励，但是很少有人遵循该体系是因为他们看到了它的正确性。甚至那些人也必须在他们真正理解之前就服从。史大海说得很好：

> 对于荀子来说，只有当我们确信我们需要外部帮助才能成为真正的人类时，我们才能获得我们所需要的东西。只有我们能够找到合适的老师，并努力地追随他，通过那些我们只能慢慢掌握的困难，从无知、焦虑和质疑，到更深的理解、承诺和平静，我们才会成功。（Stalnaker 2006,159）

我们智力的局限和欲望的力量引出一种立场，史大海称其为"受限的理智主义"。这种观点破坏了自主自立，将"个性的形成看作对权威教义的自愿服从"（Stalnaker 2006,279）。[47]

然而，《荀子》中对权威的强调符合荀子的个人实践。从文本中我们可以看出，荀子不屈从于任何政治权威；相反，他批评了他们所有人。他之所以这样做，是因为——基于他自己的（见多识广的）判断——当前的统治者是不好的。尽管他从不怀疑圣人，但他确实主张某些记录应该被信任,而另一些则不应该。同样地,他对儒家传统的拥护并不能阻止他反对和批评儒家的主要人物,尤其是孟子和子思。他显然相信自己的判断甚于相信他们。虽然他诉诸历史权威,但他也根据理性和经验提出论点。最近出土的文本表明,荀子比以前想象的更接近儒家传统的主流,但正如他确为人知的,他的许多想法显然是创新的。荀子批评那些被过去蒙蔽双眼("蔽")的人和那些痴迷于新事物的人(21:388;Knoblock 1988,21.2)。在所有这些方面,荀子似乎都在做他反对的事情——用他自己的判断反对独立判断,用哲学拒绝哲学。

在某种程度上,荀子的方法举例说明了当一套连贯的传统被打破时,一个人所必须做的事情。在一个不太高明的段落中,他解释说,如果君子有权力,他们就会惩罚那些传播邪说的人,但由于君子缺乏权力,他们被迫与那些人辩论并试图说服(22:422,6:98—99;Knoblock 1988,22.3e,6.9)。在这种辩论中,人们不能简单地诉诸权威,就像其中一段接着解释的那样:

> 实不喻然后命,命不喻然后期,期不喻然后说,说不喻然后辨。故期、命、辨、说也者,用之大文也,而王业之始也。
> (22:422—423;参见 Knoblock 1988,22.3f)

当语词和事物之间的关系破裂时,必须回到共识和讨论。另一个针对特定悖论的段落更详细地解释了,在名称已经被混淆或引起争议的地方,人们必须在经验中考查这些语词,澄清感官所认知的区别,或考虑已经达成共识的传统(22:420—421;Knoblock 1988,22.3a - c)。

然而,问题不仅仅在于传统的崩溃。荀子必须在个体判断力上走一条精细路线。如果他允许太多,他会诱使我们自己弄清楚这个世界：如果像大禹这样的圣人做到了，我为什么不能呢？但是，如果他完全消除了个体判断力，那么整个系统就会崩溃。如果这个传统有任何效用，那是因为它积累了个体的努力。这两方面之间的张力表明了辩证过程的复杂性，通过这一辩证过程，自然的一部分出现，并根据自身需要回归到适宜的自然。从某种意义上说，使自然世界适宜或人化的过程源于人类与自然其他部分之间的对话——允许人们从眼前的感知、分类和欲望向着一个越来越能够重构我们所处世界的系统发展。但是，这种对话不是个体与自然之间的对话，而是自然与历史构成的人类社会之间的对话。对于个体而言，对话主要是与这个社会而不是与自然本身进行的。然而，这两种辩证运动——一种在人与自然之间的运动，另一种在个体与传统之间的运动——不能完全分开。除非根据我们的生活经验使传统有意义，否则传统的体现和内化过程就不能发生。一个人掌握越多的传统，就越有能力根据新的条件应用、适应和发展传统。

现在，我们可以通过考虑这两个领域来概括荀子的立场。一个是共同习俗（shared convention）的领域，这是由圣人历经千年发展而来的。它是人类的领域，这一领域允许宜用万物并将控制权从天转移到人。在理想情况下，人们遵循这一领域的规则，使用一种共同的语言，享用共同的礼和乐，遵循传统典范所体现的道德，并在多元的经济环境中努力完成自己的特定任务。通过不断的学习，其中一些人发展了使这个领域回到与世界本身对话的能力，这种能力包括对这一领域的应用、解释和扩展。这些人教导那些想加入的人，并且他们对传统、政治权威以及彼此进行批判性讨论。荀子可能将自己视为这个群体的一员。一旦出现重大的时刻，一个卓越非凡的人，一个圣人就会出现，并且从根本上通过"统类"，即类别的整合，做出重大的改变。荀子将儒家传统视为这一变化过程的顶峰。[48]

在这个人类体系之外，仍然存在着无限的非道德自然世界，以及我们从中获得的非道德而具破坏性的倾向。荀子的哲学是以对人类的脆弱性有着深刻理解为特征的。在一个冷漠的世界中寻求无限乐趣的这些动物如何能够实现一个允许它们蓬勃发展的体系？难怪这么多文明把这种成就归功于神灵！然而，如果没有神的支持，我们不羁的本性和有限的理解总是威胁着吞噬这一宝贵的成就。荀子的威权主义有时被认为是为了表明他相信儒家之道在客观上是真实的或完美的，但相反的可能性更大。[49]

如果儒家之道是完美的，并以某种方式成为宇宙的客观组成部分，那它将更加牢固。正是因为社会生活在很大程度上取决于习俗，以至于这些习俗必须受到保护，必要时可通过暴力予以保护。[50]为了理解荀子的忧虑之深，回顾一下《庄子》中关于不可能解决争端的说法是有帮助的：任何能解决你我之间分歧的人，要么从我的角度，要么从你的角度，要么从其他角度，都无法真正解决争议。这是由于自然界本身缺乏固定标准。分歧只能在假定某些常见常规角度的情况下解决。荀子几乎完全同意庄子的观点，正如我们在他对"名"的讨论中所见：

> 故王者之制名，名定而实辨，道行而志通，则慎率民而一焉。故析辞擅作名以乱正名，使民疑惑，人多辨讼，则谓之大奸，其罪犹为符节、度量之罪也。（22：414；参见 Knoblock 1988，22.1c）

度量是任意设定的，但度量的设定确立了使沟通和解决纠纷成为可能的通用标准。如果我们对一袋谷物的重量有分歧，可以将其放在秤上。但是,如果我们对秤本身有怀疑,我们的争执将永远无法解决,或只能通过暴力解决。文化和传统同样提供了一套通用的标准,使我们能够交流和辩论。如果不依靠它们,社会秩序就会崩溃。荀子有充分的理由认为他正处在这些共同传统的支离破碎和崩溃中,这使得我们有必要压制那些会进一步破坏传统的人。这种威权主义是荀子的人文主义与欧洲版本的人文主义形成最鲜明对比的地方,但当我们严肃地只把自己看作万物之一,且由不仁天地所生的时候,那么这可能是唯一可能的人文主义。

结　论

　　中国有一首著名的小诗，直到今天我们依然可以听到：

> 善有善报，
>
> 恶有恶报。
>
> 不是不报，
>
> 时候未到。[1]

人们发现类似的看法可以追溯到在战国时期被广泛引用的《诗经》里的几句诗：

> 无言而不雠，无德而不报。
>
> 投我以桃，报之以李。[2]

这样的叙述并不是一种哲学上的主张，而是一厢情愿的表达，恰恰当事情进展得不太顺利时，我们重复这些话来安慰自己或他人。它们类似于我们告诉某人"那是注定好的"，或"最终一切都会解决的"。事实上，我们在遥远的时代和无关联的文化中找到这样的表达，这表明我们对坏事发生在好人身上感到非常不安。中国的哲学家们首先关心的是，我们如何为世上明显的道德冷漠所困扰，以及我们可以说什么和做什么来处理它。同时，这种道德上的冷漠导致了早期中国的天、人观念及其之间关系的断裂和转变，从而产生了各种哲学难题。

282

我的目标并不是要找到恶的"问题"的"解决方法",而是要阐明坏事发生在好人身上这一事实可能成为问题的多种方式,并探讨中国战国时期的哲学家是如何处理其中的一些问题的。其中一些立场是欧洲哲学所熟悉的,而另一些则不是,但是在早期中国思想更为自然主义的语境中,它们都具有不同的意义。战国哲学的发展以及本书对思想家们大致按时间顺序的介绍可能暗示了,我认为荀子是最可信的,但事实并非如此。战国哲学的结构可能倾向于在庄子和荀子之间进行选择,但是本书介绍的每一种立场都包含重要而宝贵的洞见,正如每一种立场都有关键的弱点和问题一样。现在,任何对恶的问题进行充分思考的尝试都需要从各种立场汲取要素,并用其他视角(包括欧洲哲学的视角)加以补充。那样的工作最好是留给读者。这一结论将只是引出一些关于早期中国问题构造的普遍观点。

当人们寻找中国人对恶的问题的类比时,最引人注目的一点是,一方面,早期中国哲学家很快就放弃了这样一种观念,即有一个善的、神圣的存在决定了道德伦理的内容,并确保好人得到奖励,坏人受到惩罚。我们可以为这种意愿给出许多理由,最明显的是,神和自然世界从未明确分离,且来世也没有惩罚的概念。由此产生的这种世俗取向使得好人有时会以糟糕的生活告终这一事实几乎无法得到解释。然而,另一方面,中国哲学家们对自然保持着一种普遍积极的观点——保持着一种敬畏、谦卑和感恩之情。他们所有人都同意,自然可以为人类提供足够的资源以过上体面的生活。唯一的分歧是,人类还必须贡献多少自己的力量。这无疑反映了当时政治局势的残酷:一个只有自然的恶的世界会看起来相当不错。这可能反映了一个农业社会的价值观,一种对任何事物都在增长的事实的感激之情。人们还必须再次考

220

虑缺乏彻底超越性的问题——虽然神灵无法摆脱自然界显而易见的道德冷漠，但自然世界也无法摆脱对神灵持续不断的敬畏感。

因此，早期中国哲学家采取了中间路线，一方面否认恶的问题，这使我们能够坚持认为，有一位上帝设计了世界并基本上分享了我们的价值观；另一方面，又接受恶的问题的存在，从而导致一种对自然的彻底觉醒，使自然成为我们必须反对和控制的一种非道德力量。我们可能会说这既没有"上帝"也没有"上帝之死"。在这种中间立场上，一个中心问题是人类之善如何或是否可以与自然本身的倾向联系在一起。《墨子》和《庄子》可以被置于两端——墨家把自然本身视为以人类为中心，而我所强调的《庄子》的激进部分则完全放弃了人类中心主义。两种观点都将人类之善与自然本身联系在一起。这种联系并不像我们预期的那样是基于自然的秩序或和谐，而是基于自然朝着永无止境的出生和生长的生成力，这种倾向与自然的包容性密切相关。这种立场的根源出现在《墨子》中，在那里，天的兼爱体现在自然在没有任何偏见的情况下为我们创造资源。同样的倾向也是《道德经》的核心，其方式是万物生长的自发力量，没有任何依附或偏见。这种对生命的强调与欧洲哲学里对存在的优先有些相似，而且将自然生成力与人类之善联系起来的这种尝试在某些方面类似于斯宾诺莎通过存在的天性"努力"（*conatus*）来解释人类行为，莱布尼茨通过存在复杂性的最大化（最大可能的多样性和可能最大的秩序）来解释人类之善，甚至是尼采通过所有生物共同的"权力意志"来思考人类动机的尝试。

如果生命是人类之善的中心，那么这种善与自然对生命的优先保持了一致，而圣人在养育生命时，只是继续自然本身的过程。

但是,一旦人们拒绝了墨家的以人类为中心的天的概念,使人类之善与自然中的生命力保持一致的尝试就会失败。如果天支持生命,那么它支持万物的生命,而对人类没有任何特别的偏好。一些思想家的确主张把生命提升为最高价值,正如我们在惠施的说法中所看到的那样,我们应该泛爱万物,与天地一体(《庄子》33:1102;Mair 1994,344)。类似的立场也出现在《吕氏春秋·本生》中,该篇开头的一段是这样的:"始生之者,天也;养成之者,人也。能养天之所生而勿撄之谓天子。"(2/1:21)这种观点的问题在《庄子》中得到了充分的阐述。如果我们区分生与死,那么自然就是一个过于包容的模型,因为它平等地包含了这两者——出生的一切最终都会死亡。相反,如果我们将生与死视为更具包容性的生成性之中的转变瞬间,那么死亡和损失将完全消失,而且我们没有了可抗争的东西。

避免通往《庄子》所说的这种发展轨迹的一种方法是保持与天的生成性的联系,同时避免其包容性。一种简单的可能性是转向个人利益。这样一种观点以其最基本的形式出现于我们在《庄子》中已经看到过的由盗跖所倡导的立场里:我通过自己为生存和繁盛而做的奋斗来表达自然的性情。这种观点与杨朱有关,杨朱以"拔一毛利天下而不为"的立场而闻名。这一说法再次最清晰地出现在《吕氏春秋》中:"道之真,以持身;其绪余,以为国家;其土苴,以治天下。"(2/2:76)[3] 在这段话之前的另一段文字为这种"重己"的观点提供了一个论据:虽然别人的手可能比我的手熟练得多,但我更珍惜我的手,因为它们是我的,而我从中受益(1/3:34)。斯宾诺莎采用类似的方法来调和作为万物天性的"努力"和个体之间的矛盾:作为一种无限实体的模式,将我的利益与生活或一般实体的利益区分开来将是一个范畴错误。我的利益在

222 于与其他模式进行斗争，并与之抗衡，所有模式都以自己的方式表达了奋斗或"努力"。尽管斯宾诺莎将这种"努力"带入一种相当传统的开明的利己主义伦理中，尼采却揭示了这样一种对生命的解释会在多大程度上推翻我们通常的道德观念。人们在战国晚期的思想中发现了类似的变化，《吕氏春秋》的许多段落都强调了审慎和节制，然而盗跖鼓吹尽可能地享受生活和权力（他在把人肝当小吃时提出了这个论点）。

通过孟子对"性"（自然个性或倾向）的强调，我们可以认为孟子在自然的彻底包容性和个体的利己主义之间采取了中间立场。孟子坚持将"性"与天联系起来，其重点恰恰在于展示我们对世界的自然反应是如何引导自然的生成力的。就像转向利己主义一样，孟子表明，继续生命的过程并不需要自然本身的彻底包容性，而是遵循生命的特定形态，这种生命的特定形态使得我们成为现在的样子。对于人类而言，这需要建立起关爱的纽带（"仁"），由羞耻感强制执行的道德规则（"义"），表达敬畏、欢乐和悲伤的仪式（"礼"），以及某些智慧的躯体（"智"）。孟子的观点似乎有理，也很有吸引力。主要的问题来自《庄子》，正如我们所看到的，《庄子》认为人类不受其自然自发反应的束缚，而是可以从自然本身的包容性来看待事物。

针对这些问题，《荀子》着重强调了自然倾向与人类的善之间的脱节。尽管我们依靠自然生成的资源，但我们的首要任务是抵制我们内在的自发自然倾向，即我们"性"的反应。是和庄子一起遵循自然的彻底包容性，还是和荀子一起打破自然、构建人类世界，两者之间的选择为联合人类与自然的新尝试的出现奠定了基础，这一次是通过强调和谐与秩序，而不是（或除此以外）强调生成性。尝试将人类伦理道德看作自然**秩序**的延续是汉代的主导方法,其形式被称为"关联性宇宙论"(correlative cosmology)。统一帝国的合理化需要进一步推动了这种转变。强调自然仅仅是创造生命——还有其创造力和包容性——可能从根本上破坏了政治等级制度。然而,这种向和谐与秩序的转变应被视为战国时期争论的结果,而不是一种默认的"中国"世界观。

我们现在可以转向人类。如果自然为我们过上体面生活提供了足够的条件,那么无序的责任就在于人类。荀子最大程度上支持这一点,他主张如果人类行为得当,即使是天也不能伤害我们。在早期现代欧洲,恶的问题的加剧引发了类似的变化,促使人们从关注"自然的恶"转向关注人类所犯下的"道德的恶"。但是,这种转变所采取的形式上的差异是惊人的。这些差异的根源在于,在早期中国语境中,人类本身被视为自然的一部分。我们可以说,从严格的意义上讲,没有道德上的恶,人类所作的恶仅被看作一种特别具有破坏性的自然的恶。我们应该记住,尽管孟子和其他一些早期儒者认为世界的混乱是由天周期性地决定的,但是他们并不认为天主要是通过自然力量如干旱和洪水来行动,而认为是通过人类自身来行动。如果我们在治乱的历史周期之间交替,那是因为我们人类自然地将它们带到了我们自己身上。一个有趣的结果是,好与坏之间的区分不仅被视为人类选择的范畴,而且被映射为人类与自然之间的关系。这在《荀子》中再一次表现得最为明显,道德的恶来自与我们的"性"的接近,而道德的善则由于远离我们的"性"。荀子对于文化有着非常积极的看法。尽管他肯定会声称某些文化要比其他文化好,但他几乎不关心被教导做坏事而带来的恶。即使是他批评的哲学家,也不是因为观点错误而遭到拒绝,而是因为观点过于片面和零碎。在这一点上,孟子比我们想象的更接近荀子。孟子"人性善"的主张并不是一种保持接近自然的论点。他声称人性是善的，这意味着人会自然地发展文化，包括道德准则、礼仪、知识等等。令人惊讶的是，孟子将发展**文化**的倾向当作向**善**的倾向。对于荀子和孟子而言，任何文化都比没有文化要好。

《道德经》和《庄子》原始主义篇章颠倒了这一立场——善源于与自然的亲密关系，而恶在于文化发展所产生的人为的欲望。《庄子》内篇比较复杂。"古之真人"超越了所有的区分，摆脱了文化的束缚，能够与自然融为一体。同时，只要我们仍处于语言和文化范围之内，其理想状态就是使这些语言和文化尽可能灵活和具有适应性。这种能力有点像一种高度文化适应（hyper-enculturation），在这种文化适应中，文化的传统性被推进到任何事物都可以被视为好或坏的程度，这取决于人们采取的是哪种传统视角。这种灵活性似乎是人类特有的，但它使得人与天保持一致。在任何情况下，除了墨家，这里所有的思想家都认为好与坏是与自然的亲近和远离相对应的，问题是亲近或远离自然，哪个是好的，哪个是坏的。战国思想家们对于特定文化是否是好的表现出很少的关注。争论的焦点是文化的总体地位，以及最终的焦点是人的地位。因此，尽管在欧洲和中国，恶的问题都集中在人类责任上，但在中国，这一责任更多的不是人类应该如何行动，而是我们应该如何成为人。

远离自然并变得更人性化的可能性表明，我们不能简单地摧毁道德的恶和自然的恶。在这项研究的发展过程中，我们已经看到人类与其他动物不同的方式越来越具体。《道德经》认为人类在故意行动的能力上具有过度破坏性，却很少关注这种独特性，只是将其视为趋向僵化和过度的自然倾向的一种更极端的形式。《孟子》最强调人类与其他动物之间的类比，人类的不同之处仅在于其自发反应的特异性。《庄子》的部分内容引入了一种更激进的区分。人心从根本上说是空虚的,这意味着我们没有自然的视角,相反因惯例和经验而彼此大不相同。此外,通过"心斋",我们可以从任何特定的角度变得不受束缚——甚至是生是好的,死是不好的这个视角。因此,与其他动物不同,人类可以自由、轻松地接受任何变化。

在《荀子》中,人类也显得很特殊。除了人类,自然界的其他部分似乎都是自发地以有序和可持续的方式进行生长和衰退,每样事物都遵循其天性的反应。然而,如果人类以同样的方式行事,将导致痛苦、冲突和混乱。对于《道德经》而言,挑战在于解释人类(不同于其他自然事物)如何以及为什么无法自然地行动。对于《荀子》而言,挑战在于解释为什么人类(不同于其他自然事物)必须避免自然地行动。虽然《道德经》强调人类的破坏性,但是《荀子》强调我们的优势。大自然作为一个整体是有序和可持续的,但是大自然中单个事物的生命总是脆弱且满是争斗。人类的自然生活可能比其他动物更糟,但只是程度不同。我们有意识地行动和积累文化的独特能力并没有使我们回到其他动物天然具备的和谐状态。相反,它使我们能够通过重塑我们周围的世界而占据独特的强大位置,真正地使世界本身以人为中心。

人类在这些文本中以不同的方式表现出独特性,这表明,即使在缺乏任何彻底超自然事物的完全自然主义的语境里,人类也显得奇特。无论是我们以人为价值观破坏自然的倾向,还是我们独特的"藏天下于天下"和拥抱死亡的能力,或是我们根据自己的需要重构世界的积累的力量,人类似乎是——用《安提戈涅》里的话来说——既美妙又可怕的(deinon)。恶的问题,即坏事发生在好人身上这一事实,有助于阐明这种根深蒂固的奇特性。当然,225

相信我们是按照上帝形象创造的，或者相信天与我们拥有共同的基本价值观，可以确保我们在世界上的特殊性。面对一个既不人性也不仁慈的世界，这些信念变得难以维持，而中国的哲学家们比欧洲哲学家更快地放弃了这些信念。然而，我们有能力接受这一点——接受我们只是万物之一——这表明我们**不**仅仅是万物之一。我们与世界之间的冲突对于我们而言仍是一项重要的议题和挑战，无论这一挑战是要改变世界还是要改变我们自己。意识到我们与世界之间的这种冲突，意识到"天人之分"，对于人类而言可能是常见的，至少在某些情况下是如此。如果没有一些共同点，这些早期中国讨论将完全无法理解且毫不相干。它们显然不是这样。不过，我希望说出关于这一分裂在中国战国时期是如何出现并被理论化的独特性。这份独特不在共性或差异上，而在其自身。说出这一独特性既有可能阐明思考的新可能性，也有可能揭示欧洲思想中的局限和束缚。如果没有对比，这些局限和束缚可能是不可见的。

注　释

引言:跨文化语境中的哲学

1. 罗多尔斐·伽塞(Rodolphe Gasché)对胡塞尔(Husserl)、海德格尔、 ²²⁷
帕托什卡(Patočka)和德里达的作品中欧洲独特开放的思想很好地进行了
调查和分析。伽塞写道:"只有在欧洲,普遍性的概念才需要负责任的自我
解释,并因此要求彼此之间构成性开放。毫无疑问,这种普遍性的概念是一
项仅在欧洲出现的哲学发明。"(Gasché 2009,341)

2. 安靖如(Stephen C. Angle)最好地阐述了这种方法,他称为"有根的
全球哲学"。安靖如解释道:"'有根的全球哲学'意味着在一种特殊的生动
的哲学传统中工作——因此它是有根的——但是这样做的方式是对来自其
他哲学传统的刺激和见解开放的——因此它是全球性的。"(2009,6 - 8)

3. 肖恩·柯克兰(Sean D. Kirkland)称这种方法为"疏离的诠释"
(hermeneutic of estrangement)(2012,xix)。柯克兰写道,解决苏格拉底悖
论最有启发性的方法"涉及认识到他者**与我们**之间深刻而根本的疏离,因此
解决悖论需要我们进行彻底的转变"(2012,xvii)。当然,让早期中国思想显
得奇怪,这不需要太多的工作。我们必须警惕这样一种普遍的偏见,即中国
思想太奇怪、不可理解,根本不值得参与(见 Billeter 2006,49 - 50,81 - 82)。
这需要在"疏离"(estrangement)和"驯化"(domestication)之间进行巧妙
平衡。

4. 我认为比较哲学是一个自我转化和混合的过程,这在很大程度上归
功于杰森·希尔(Jason D. Hill)对"激进世界主义"(radical cosmopolitanism)
的看法(1999)。

5. 我通过德勒兹从柏格森那里得出这一点。柏格森写道:"事实是,在
哲学乃至其他领域,**发现**问题并由此**提出**问题,甚至比解决问题更重要……
但是指出问题不仅是揭露,而且是发明。发现或揭露与实际上或虚拟中已
经存在的事物有关;因此,它迟早会发生。发明赋予了不存在的东西;这可

能永远不会发生。"(Bergson 1946,58-59)德勒兹评论道:"从这个意义上来说,人类的历史,无论从理论还是实践的角度来看,都是关于问题的建构。正是在这里,人类创造了自己的历史,对这种活动的意识就像是对自由的征服。"(Deleuze 1988,16)

6. 我的方法深受普鸣的论点影响,他认为我们最好通过关注讨论和问题而不是共同的假设来进行比较(Puett 2001,2002)。关于古希腊和中国之间的比较,普鸣写道:"当然,这并不是说两种文化中采取的立场是相同的,或者争论的过程是相似的。相反,我的论点是,讨论在激发关注和紧张方面是可比的。从比较的角度来看,有趣的问题在于发现在两种文化中的讨论是如何以及为什么就像在两种文化中进行的那样。"(Puett 2002,95)

7. 我遵循了现在普遍使用中文术语"Ru"(*Rú*,儒)而不是"Confucianism"的做法。使用"Ru"来指儒家,避免了误导性地将儒家定义为"Confucius(孔子)"的追随者,这也是为什么本书使用"Kǒngzǐ"来指孔子,而不是拉丁化的"Confucius"(同样地,我将使用"Mèngzǐ"而不是"Mencius")。关于儒家身份认同和"Confucianism"一词问题的精彩讨论,见Csikszentmihalyi 2004,15-32。

8. 关于将中国思想构建为"中国哲学"所引起的一些问题的讨论,见Zheng 2005。

9. 这种说法会因《周易》的加入而变得更加复杂,因为《周易》通过随时间推移而增加的注释层次,将占卜和哲学问题结合在了一起。在恶的问题的语境中考察《周易》会使人有所启发,但该文本的复杂性将超出本书所能容纳的范围。

10. 在这一点上,我再次受到普鸣著作的影响,尤其是 Puett 2002。

11. 见 Csikszentmihalyi 2004;Defoort 2004;Brindley 2010,230-236。关于将划分问题转为战国时期"学派"问题的更多尝试,见 Csikszentmihalyi and Nylan 2003。

12. 最重要的是《道德经》(郭店楚简本、马王堆帛书本和其他几种传世本),《缁衣》(意指深色长袍,有郭店楚简本和通行《礼记》本),《性自命出》(郭店楚简本、上海博物馆藏战国楚简本,上博简本也称《性情论》),《周易》(上博简本、马王堆帛书本以及传世本),以及《五行》(郭店楚简本、马王堆帛书本,帛书本有"说"的部分)。

13. 我得出的这些观点主要来自刘笑敢 2006,1—42。

第一章 恶的问题的形成

1. 在某些情况下,"我们"似乎仅限于欧洲人及其后裔。例如,奈曼证明了她对现代欧洲的关注是有道理的,因为这是"我们开始最清楚自己是谁的时期"(Neiman 2002,10)。然而,其他时候,"我们"似乎更宽泛,奈曼至少有一次提到"人类需要"将恶视为恶(Neiman 2002,316)。

2. Yearley 1988,432 - 433;Eno 1990a,27;Chen 1994;Csikszentmihalyi 2004,43.

3. 我的表述呼应了彭国翔的说法:"儒家非人文主义非宗教,而亦人文主义亦宗教。"(2007,11)他对在中国语境中使用这些术语的利弊的敏锐讨论有助于更广泛地思考概念的跨文化应用(2007,1—15)。

4. 在这一点上,我受到了比尔·马丁(Bill Martin)的影响,他直截了当地说:"神义论可以而且应该以道德为由被拒绝(它颂扬了一个可怕的、可恶的上帝,并且以远超出偶然宇宙的'客观'的方式来绝对诋毁了人类)。"(2008,413)

5. "天人之分"这个短语出现在公元前 4 世纪晚期的郭店简《穷达以时》中(刘钊 2003,第 1 条)。关于这一点的讨论,见梁涛 2008,447—467。短语"天人合一"出现得更晚,出自 11 世纪的宋代儒家哲学家张载(1978,64)。我们可以说,这个短语所描述的话语体系出现得比较早,主要是在汉代。关于汉代哲学家董仲舒思想中从对"和"的关注转变到对"合"的关注的精彩讨论,参见 Wang 2005。关于回顾战国时期"合"的观点的评论文章,参见 Billeter 2006。

6. 我在这里的分析未必是不同意普鸣的观点,他认为中国哲学家通常从不连续的假设开始,然后努力实现连续性与和谐,这是普鸣的基本立场(Puett 2001,2002)。正是人与天之间的冲突和张力导致并制约了各种试图与天和谐共处的尝试(无论是在理论上还是在实践中)。最终,尽管如此,我 *229* 不认为有任何中国哲学家考虑过一种彻底分裂的本体论或者彻底超越自然世界的力量的可能性。

7. *Novissima Sinica*(《中国近事》) § 10;英文译文来自 Cook and Rosemont 1994.关于莱布尼茨呼吁中国传教士有关理论与实践之分的讨论,见 Perkins 2004,146 - 157。

8. 唐君毅认为墨家代表了"次人文主义",庄子代表了"超人文",法家代表了"反人文",驺衍代表了"非人文"(1958,16—19)。

9. 关于这两个事件重要性的讨论,见 Neiman 2002,238 - 258。

10. 我知道战国时期没有大规模死亡的案例,这被认为是一个问题,但是汉代的文献描述了历阳之都,一宿沉而为湖,城中居民瞬时丧命。《淮南子》说,勇敢的、聪明的人会和懦弱的、愚蠢的人一样死去,这表明成功不完全取决于我们自己的努力,还需要生于治世(何宁 1998,2:160;Major et al. 2010,2.14)。王充用同样的故事来表明,外部事件有时会战胜个人命运,因此一个注定要长寿的人可能年纪轻轻就在大灾难中死去。在同一文段中,他提到了秦国将军白起活埋 40 万名赵国降卒之事(6:44—45)。

11. 伍子胥的故事出现在几种战国文本中，包括《左传》《国语》和《吕氏春秋》。我主要关注的是《史记》(67.2171—2184；Nienhauser 1995, Ⅶ.49 - 62)中的故事版本。关于他人生的一种更长(更有趣)的版本出现在成书于公元 1 世纪的《吴越春秋》中。有关不同版本的详细讨论和比较，请参阅 Johnson 1980, 1981；邵鸿 2007, 3—12。

12. 《史记》64.2180。另见《左传》哀公 11；杨伯峻 1990, 1664—1665。

13. 根据司马迁的说法，整个系列事件都是由孔子通过他的弟子子贡策划的，作为从更强大的齐国中拯救他的母国鲁国的一种方式。司马迁这样总结子贡的成就："故子贡一出，存鲁，乱齐，破吴，彊晋而霸越。子贡一使，使势相破，十年之中，五国各有变。"(《史记》7.2201；参见 Nienhauser 1995, Ⅶ.71 - 74)

14. 《吕氏春秋》14/5.2:798。吴王希望不攻击顺从的敌人是正确的，帮助有需要的人也是仁慈的。文章最后指出，不到三年，吴国发生了饥荒，当请求越国的帮助时，越王勾践反而发动了袭击。《吴越春秋》中所描述的越国的行为甚至更加狡诈：当越国偿还吴国谷种时，他们是用蒸过的谷来偿还的，这样的谷无法生长。吴人种植了这种谷，从而导致了饥荒(Johnson 1981, 141)。

15. 王充针对这些超自然事件提出了一长段反驳，这一事实显示了这些事件在当时的重要性(16:180—187)。关于围绕伍子胥而进行的祭拜活动的讨论，见 Johnson 1980, 465 - 500。

16. 该文本于 1983 年在张家山发现，是一组汉代早期墓葬文本中的一种。人们对它的年代起源有不同意见，邵鸿认为其成书不早于战国中期的末尾，距离伍子胥之死已过了很久(2007, 3)。关于文本的重建和解释，见邵鸿 2007。

17. Epicurus A86；英文译文来自 Inwood and Gerson 1988, 64。伊壁鸠鲁生活在公元前 341—前 271 年，但是这段引文只出现在大约六个世纪后拉克唐修(Lactantius)的《论上帝的愤怒》(On the Anger of God)中，并被认为是伊壁鸠鲁的论述。塞克斯都·恩披里柯(约公元 2 世纪)采用了同样的论点。他总结道："如果说上帝提供了一切，他们会说这些是恶的根源；如果说只提供了一些东西，甚至根本不提供，那么他们也一定说神是存有恶意的，或者说是软弱的——而任何这样说的人显然是不敬的。"(Outlines of Scepticism [《皮浪学说概要》]Ⅲ.iii；英文译文来自 Annas and Barnes 2000, 146)

18. 王充定义了三种命运：正命，即只要付出很少的努力便可获得美好的人生；随命，即命运无论好坏，都是自己努力的结果；遭命，即不管一个人做什么，都只有一个糟糕的结果(6:49—50)。

19. 这段对比干的叙述主要基于《史记》(3.91—110；Nienhauser 1995，Ⅰ.41 - 54)。

20. 该叙述主要基于《史记》(61.2121—2129；Nienhauser 1995，Ⅶ.1 - 8)。

21.《史记》61.2124；参见 Nienhauser 1995，Ⅶ.4。引文以相同的句式出现在《道德经》第 79 章，但这可能是一句俗语。与上文引用的《盖庐》相似，《左传》引用了《尚书》中类似的一句话："皇天无亲，惟德是辅。"(《左传》僖公 5；杨伯峻 1990，309)这一句话出现在《尚书·蔡仲之命》中，此篇被认为是后来伪造的篇目。

22. 参见 Brindley 2010，234；李锐 2009。

23. "士"这个术语指受过教育的阶层，他们当中有可能成为政治或军事上的领导者，通常可以被翻译成"officers"或"aspiring officers"。与此同时，它经常指那些值得被授予官职的人，即使他们已经决定辞职且不谋求职位。在这种情况下，它的含义更像是"worthy people"(贤人)。我一直把"士"翻译成"scholars"(学者)，这不是指学术意义上的学者，而是应该理解为有潜力成为领导者的，受过教育、有教养的人。

24. 梅维恒(Victor Mair)删去了第五章中的一段，而陈鼓应和其他人认为这一段是从后一章转来的(陈鼓应 1983，203—204)。关于这段文字的另一种解读，见 Ziporyn 2009，41。一些人声称，胥余就是伍子胥，但这是不确定的(郭庆藩 1978，233—234)。

25. 这段文字来自《墨子》的第一章，有可能是后来添加的。这段话中表达的想法与《道德经》，特别是与其第 9 章的意思相近。

26.《鬼神之明》将伍子胥与荣夷公并列，荣夷公据说是造成了国乱却很长寿的人物(马承源 2005，第 3—4 条)。荣夷公的身份是不确定的，并且这是不是对人物的正确再现也存在争议。王充有时会把庄蹻和盗跖并提(例如 6：51)。关于他身份的争论，见黄晖 1990，51；陈奇猷 1984，638—639。

27. 胡适列举了与春秋乱世有关的五种态度，其一是与其担心世事，不如一有机会就尽情享受。胡适引用了这一首诗以及《诗经》(85，114)作为证据(2003，30—31)。

28. 子路之死再次说明了当时的境况有多糟糕。卫灵公似乎过度宠爱他的夫人南子，孔子曾因与这位夫人见面而受到批评(《论语》6.28)。公元前 496 年，太子蒯聩企图暗杀南子，失败之后被迫逃亡。当卫灵公去世后，蒯聩的儿子取代蒯聩登上王位。蒯聩于是试图入侵卫国，废黜自己的儿子。两人来回争斗了二十多年。有关情节，见《左传》(哀公 15；杨伯峻 1990，1695—1696)和《史记》(7.2193；Nienhauser 1995，Ⅶ.68 - 69)。黎辉杰(Loy 2008，225 - 226)和艾兰(Allan 2009，121 - 123)对这一情节有所讨论。

29. 陈鼓应(1983，435—436)和郭庆藩(1978，513)对这些事件有所解释。

30. 关于陈蔡之厄的各种体现，见 Makeham 1998；Chen 2003；李锐 2004。

31. 在《庄子·山木》中，孔子说，他的弟子和朋友在他遇到如此多的困难后都已经散了（20：684；Mair 1994，192 - 193）。孔子在《论语》（11.2）中说"从我于陈、蔡者，皆不及门也"，可能就是指这个。

32. 这种情况，见如《荀子·宥坐》（28：326—327；Knoblock 1988，28.8）。关于《穷达以时》和孔子在困境中的故事之间的关系，见李锐 2004。

33. 我在这里遵循惯例，用"gentlemen"这个词来指代君子。"君子"最初指的是贵族（字面上是指君主之子），而后用于指那些有道德修养的人。这样，它类似于英语中的术语"gentlemen"（绅士）或"the noble"（贵族）。然而，这两个英语术语都不完全合适，从上下文中应该可以清楚地看出，"君子"是一个比"gentlemen"更强有力的概念。安乐哲将"君子"翻译成"exemplary person"（模范人物），这可能更接近儒家的定义，但失去了其原有的阶级内涵。

34.《庄子》14：511—112，20：680—685，31：1031；Mair 1994，136 - 137，191 - 193，321。

35. 尽管哲学文本对这一问题大多保持沉默，但丧葬习俗和祖先祭祀表明了对某种来世的广泛信仰，包括一些人会变成鬼魂的信仰（正如我们在《墨子》中看到的）。尽管如此，来世并不被认为是一个可以得到奖赏和惩罚的地方，墨家也从来不诉诸来世，尽管它会大大加强他们的地位。来世缺乏奖励和惩罚，部分解释了为什么许多哲学家如此迅速地放弃了对上天之善的信仰（参见徐复观 1969，41；Dubs 1958，243）。关于战国时期来世观的讨论，见 Poo 1998，62 - 66。个人死后的褒贬被认为是一种惩罚和奖赏的形式。徐复观认为，尽管大多数宗教在天堂提供审判，但早期中国已转向历史审判（1969，56）。一些篇章暗示奖励和惩罚可能落在个人的后代身上，比如《孟子》（1B14）和出土文献《三德》（马承源 2005，第 2—3 条）。这发展成《太平经》的"承负"说（Hendrischke 1991）。陈宁将此称为"后代神义论"（posterity theodicy），并给出了更多的例子（Chen 1994，60 - 61）。然而，墨家并没有以此为论点，表明此观点在当时并不常见。

36. 对这段文字的细节有许多不同意见。见陈奇猷 1984，1570—1574。

37.《尚书·康诰》；顾颉刚、刘起釪 2005，1299—1300；Karlgren 1950，39。对于篇章的年代，我以夏含夷的说法为依据（Shaughnessy 1993）。

38. 尽管我对商代晚期和周代早期观点的概述被广泛接受，但我特别引用了陈来（2009a，110—129）和徐复观（1969，15—35）的观点。陈宁（Chen 1997c）更直接地关注神义论问题，立论更佳。关于上帝及其与"天"的关系的观点，另见 Eno 1990b；Shih 1969/1970。

39. 类似地,蒲慕州写道:"甲骨文中没有细致的情感表达。一切都很公式化。此外,也没有道德问题。人和人以外的力量之间的交流,至少从表面上看,并不包含任何道德或伦理条件。例如,人们不会问某个灾难是否与自己的道德或政治行为有关。"(Poo 1998,28)

40. 关于天的概念和天文观测之间的联系的有趣讨论,见Pankenier 1995。

41. 《尚书·康诰》;顾颉刚、刘起釪 2005,1336;Karlgren 1950,42。

42. 《尚书·酒诰》;顾颉刚、刘起釪 2005,1381;Karlgren 1950,43。

43. 见陈来 2009a,199—206。

44. 通行本《尚书·泰誓》一般认为是后人伪作,但这两句都在其他战国文献中被引用。第一句出现在《孟子》(5A5)中。第二句出现在几个地方,例如《左传》(襄公 31;杨伯峻 1990,1184)。关于这些篇章的讨论,见陈来 2009a,206—208。 *232*

45. 施省三称,因为周王朝的国土比商王朝更大,更多样化,所以它无法通过求助于与自己祖先相关联的神灵来确保自己的权威。周代宗教因而将重点转移到"天"与"地"上(Shih 1969/1970,114‐115)。班大为很好地阐述了这一点:"上天主宰世界并为各种现象提供合拍应和,在努力仿效上天的过程中,周人再次强调了普遍性和包容性的首要地位,这与之前商王朝过分沉溺于排他性霸权形成了明显的对比,后者本身就是他们占统治地位的对皇室祖先崇拜下的逻辑产物。"(Pankenier 1995,175‐176)

46. 《尚书·君奭》;顾颉刚、刘起釪 2005,1554;Karlgren 1950,59,61。

47. 这句话引自《尚书》,载《墨子》(27:206—207;Johnston 2010,27.9)。这些句子的一种版本出现在通行本《泰誓(一)》篇中(Legge 1985,285‐286)。

48. 高亨 1998,435。关于"忧患意识"的讨论,见徐复观 1969,20—24。相关的英文讨论,以及与希腊哲学神奇起源的有趣对比,见 Wang 2008。

49. 《岳阳楼记》;范仲淹 2002,195。

50. 《尚书·酒诰》;顾颉刚、刘起釪 2005,1408;Karlgren 1950,45。

51. 《尚书·吕刑》;顾颉刚、刘起釪 2005,2055;Karlgren 1950,78。这篇文章的观点很清晰,但是它的确切含义不清楚。我在这里遵从顾颉刚和刘起釪的解释。关于另一种解释,见 Karlgren 1950,78。

52. 《尚书·顾命》;顾颉刚、刘起釪 2005,1712;Karlgren 1950,70。伊若泊从青铜铭文研究中,联想到"授权"说可能只是在周代早期被部分阐述,即规定君王必须努力工作才能配得上授权,授权可以被撤销,但没有强调说明如果"天"撤销授权,就意味着君王不值得被授权。如果"天"在伦理道德上是不完美的,这就不是必要的暗示,后世的君王显然不愿意说明,而是暗示"天"意难料(Eno 1990a,213‐214)。

53. 对于天命，德效骞写道："这意味着当人们被统治不当时，天会给他们带来内乱，以改变王朝。天为了有罪的统治者犯下的罪行而惩罚无辜的人民，在内乱中受苦的正是这些无辜的人。所以天不可能是公正的。"（Dubs 1958，243）陈来还指出，苦难的重担落在普通民众身上。他的结论是，这是因为西周的神是统治阶级的神（2009a，240）。

54. 普鸣写道："那么，支配一切的假设似乎是，如果没有这种仪式行为，人和神之间的关系是竞争性的，并且存在潜在的危险；因此，我们的目标是驯化这些神，从而使它们可控。"（Puett 2002，54）虽然普鸣在这里描述的是商代的情况，但他表明，类似的观点在周代也一直存在（Puett 2002，61-68）。

55. 伊若泊写道："然而，有证据表明，在西周时期，天作为仁慈的国家之神的概念可能与流行的农业传统并存，极可能非常古老，这使得天成为天空不可预测的统治者，其一时的想法也可能是有恶意的。"（Eno 1990a，26）另见 Poo 1998，30，38。

56. 关于如何阅读最后一句，有许多分歧，但我信从周振甫的观点（2002，303—307）。高亨认为这首诗谴责了天，但认为"弗图"的是统治者（1980，286）。

57. 《尚书·召诰》；顾颉刚、刘起釪 2005，1442；Karlgren 1950，51。关于类似观点的篇目列举，见 Chen 1994，53。

58. 德效骞对这首诗的评价是："一旦高高在上的君主被认为拥有天赐的关怀，这样的抱怨是不可避免的。最终，聪明的中国人会怀疑任何至高无上的上帝的存在，这令人惊讶吗？恶的问题伴随着高级的宗教而来。"（Dubs 1958，243）

59. 尤锐总结了春秋时期的情况："对一些人来说，天仍然是正义的有力象征，是弱者和被压迫者最后的办法；另一些人认为天是客观的法律，可能缺乏道德特征；还有一些人简单地认为天道是遥远的，谜一样的天意不能成为日常事务的可靠指南。"（Pines 2002，207）

60. 尤锐认为，天越来越多地与实际事件联系在一起，所以"按照天意行事意味着仅仅抓住适当的机会"（Pines 2002，64）。我们已经从"时"的重要性上看到了这种观点的痕迹。

61. 伊若泊使用术语"规定性"（prescriptive）和"描述性"（descriptive）来将天的两个功能标记为给予道德命令和指代我们无法控制的事情（Eno 1990a，102）。这可以追溯到葛瑞汉对"事实的"和"规范的"天的划分（Graham 2002，44）。信广来（Kwong-loi Shun）也接受了这一区分（1997，17-18）。

62. 关于"天命靡常"观念出现的精彩解释，见 Chen 1997c。另见徐复观 1969，39—40。

63. 例如，徐复观将他关于春秋时期的章节命名为"以礼为中心的人文世纪之出现,及宗教之人文化"(1969,36—62)。尤锐也强调了这一点(例如 Pines 2002,88)。

64. 我主要借鉴近代哲学对这个问题的处理方法,特别是莱布尼茨和休谟的方法。关于当代有影响的讨论的汇总,见 Adams and Adams 1991。

65. 关于这个问题及其前提的更精确的分析,见 Adams and Adams 1991,1-24。

66. 努斯鲍姆讨论了希腊人将尊重所有神的责任和这些神强加各种不同甚至冲突要求的事实相结合(Nussbaum 1986,30)。根据努斯鲍姆的说法,苏格拉底拒绝承认真正的悲剧性冲突,这促使他修改传统宗教信仰,以利于一个统一标准的善(Nussbaum 1986,25-26,30)。

67. 参见 Perkins 2007,43-54。

68. 阿方索的主张见于莱布尼茨《神义论》(*Theodicy* §§193,194; Gerhardt 1978,Ⅵ.231-232)。关于阿方索及其重要性的进一步讨论,见 Neiman 2002,14-18。

69. 作为对恶的问题的回应,这一立场当代最有影响力的支持者是阿尔文·普兰丁格(Alvin Plantinga)。关于他的观点的简要说明,参见《必然性的本质》(*The Nature of Necessity*)节选,载 Adams and Adams 1991,83-109。

70. 康德写道:"人类必须或已经使**自己**成为或应该成为道德意义上的善或恶。这两者必须是他自由选择的结果,否则就不能归咎于他,由此,他在道德上**既**不是善的,**也**不是恶的。"(Kant 1900,6:44;英文译文来自 Wood and di Giovanni 1998,65)

71. Kant 1900,6:23-24;Wood and di Giovanni 1998,49.奥古斯丁同样声称意志只能通过自己的选择才能被过度的欲望所奴役(*On Free Choice of the Will* [《论自由意志》];Augustine 1993,17)。

72. Kant 1900,6:41;英文译文来自 Wood and di Giovanni 1998,62-63.

73. *Ethics*(《伦理学》),Ⅲ,preface;英文译文来自 Curley 1994,152-153.

74. 关于这一点的精彩讨论,见 Nussbaum 1986,4-5。

75. Stanzas 332-334(诗节 332—334).译文在梅内克和伍德拉夫的逐字翻译上进行了细微修改,见 Meineck and Woodruff 2003,62。关于"deinon"含义的精彩讨论,见 Nussbaum 1986,52-53。

76. *Principles of Nature and Grace*(《以理性为基础的自然与神恩的 *234* 原则》)§15;Gerhardt 1978,Ⅳ.65;英文译文来自 Ariew and Garber 1989,212.

77. *Birth of Tragedy*(《悲剧的诞生》)§17;Nietzsche 1988,1.114.

78. *Poetics*(《诗学》)1453a4-5;英文译文来自 Barnes 1984.

79. *Meditations on First Philosophy*(《第 一 哲 学 沉 思 集》),

Meditation 3；英文译文来自 Cottingham，Stoothoff，and Murdoch 1985，35.

80. *Birth of Tragedy*（《悲剧的诞生》）§1，Nietzsche 1988，1. 28. 关于与悲剧相关的"骇异"（*das Ungeheure*）一词的讨论，见 Heidegger 1996，70 - 71.

81. *Birth of Tragedy*（《悲剧的诞生》）§9，Nietzsche 1988，1. 70.

82. Hegel 1952，334；Paolucci and Paolucci 1962，278.

83. *Birth of Tragedy*（《悲剧的诞生》）§9，Nietzsche 1988，1. 68；英文译文来自 Guess and Speirs 1999，49.

84. *Birth of Tragedy*（《悲剧的诞生》）§22，Nietzsche 1988，1. 141.

85. 王氏引用这句话时脱离了原来的语境，原文是一个垂死的人向别人解释他为什么不难过："夫大块载我以形，劳我以生，佚我以老，息我以死。故善吾生者，乃所以善吾死也。"（《庄子》6：242；参见 Mair 1994，59）

86. Puett 2002，68 - 76. 普鸣写道，这两个故事都包含"人的罪过和反复无常的神"（Puett 2002，75）。这首诗是《生民》（245）。普鸣所著《作与不作》（*The Ambivalence of Creation*）的最后一章标题为"创作的悲剧"（"The Tragedy of Creation"）（Puett 2001，177 - 212）。

87. Hegel 1955，Ⅰ. 422；Paolucci and Paolucci 1962，165.

88. 王怀聿对这种对比有着精妙的讨论："与希腊人心目中的英雄形象相比，早期中国人对自我的看法要谦逊得多。但是，我们不能把这种谦卑与奴性、胆怯或自我否定混为一谈。早期中国人对人自身怀有深深的敬意，虽然不是把人看作一个以自我为中心的、自大的、凌驾于其他人和自然事物之上的主宰，却看作一个机警的、勤勉的正道追随者和维护者，一个在天地间诞生的至关重要的生命。"（Wang 2008，149）

第二章　人类行为功效与墨家对命运的反对

1. 例如，葛瑞汉写道："墨家来自比其他学派更低的社会阶层，他们的独特之处在于对传统价值观进行尖锐批评的同时，坚持属于民间宗教的神灵奖惩信仰。"他接着补充道，墨家"另有前瞻性思维"（Graham 1989，47）。相似地，丁为祥认为墨家反映了"原始宗教"（Dīng 2008，411）。墨家关于天的观念有时会受到更严肃的对待，最好的例子是周幼伟（Augustinus Tseu）把《墨子》解读为哲学神学著作（1965）；另见 Lowe 1992。关于墨家对鬼的讨论被忽视或被批驳的方式的总结，见 Wong and Loy 2004。

2. 《论语》在传统上被认为是孔子观点的权威来源，但这一地位是值得怀疑的。几乎可以肯定的是，在整个战国时期流传着大量的孔子语录，而《论语》是在汉代早期从这些语录中编纂出来的（对于这一观点的令人信服的论述，见 Makeham 1996；Csikszentmihalyi 2002；另见 Eno 1990a，239 - 240n2）。出于本书引言中解释的原因，我假设大部分（但肯定不是全部）归于孔子名下的语篇有可能是他本人所说的话,但是文本的任何部分都不能被认为是逐字"真实的"。关于区分哪些内容是真实的,哪些内容是混入《论语》中的著述,最彻底的尝试参见 Brooks and Brooks 1998。关于其他观点的概述,见 Brooks and Brooks 1998,201‑204;Van Norden 2002,13‑18;Lau 1979,220‑233。当我谈到像孔子这样的特定人物时,我指的是文本中的人物,而不是历史人物。*235*

3. 该短语源自《周易·系辞》(高亨 1998,388)。

4. 在《论中国人的自然神学》(*Discourse on the Natural Theology of the Chinese*)中概述了对儒家思想的看法后,莱布尼茨总结道:"我自己认为这一切都很崇高,与自然神学符合……事实上,上述的原文的真意将铭刻在我们心中的自然律重新复原了——所以,除了启示和神恩所能加上以改良我们的性格,这些道理实在就是纯粹的基督教。"(*Discourse*〔《论中国人的自然神学》〕§31;英文译文来自 Cook and Rosemont 1994)关于莱布尼茨将儒家思想解释为自然神学的讨论,见 Perkins 2004,191‑194。关于沃尔夫立场的讨论,见 Louden 2002。

5. 顾立雅对中国人解释中的这些变换进行了出色的分析,包括 20 世纪的趋势(Creel 1932)。齐思敏概述了汉代的解释(Csikszentmihalyi 2002)。另见 Ivanhoe 2002b。

6. 这些评论很可能是在孔子逝世后才发表的,时间上也许要晚得多。《论语》(5.13)还提到了"性",这一术语直到公元前 4 世纪中叶才具有哲学意义。在这种情况下,"天道"可能意味着与"人道"相对,正如威利所认为的(Waley 1989,110)。有关后世中国人对这一文段的解读的讨论,参见 Ivanhoe 2002b。众所周知,《论语》(9.1)很难理解,因为它也列出了"仁"这个孔子经常讨论的术语。有关应对这一问题的各种尝试的概述,参见 Brooks and Brooks 2002b。有关一种替换式的解读,参见 Slingerland 2003,86。

7. 虽然一些现代读者用这段话来说明孔子关于神的不可知论,但古典注家通常不会这样解释。例如,朱熹引用了程颐的话说:"知生之道,则知死之道;尽事人之道,则尽事鬼之道。死生人鬼,一而二,二而一者也。"(2003,125)齐思敏揭示,汉代注家认为孔子非常关心神(Csikszentmihalyi 2002)。关于这一文段的一些更人文主义的评注,见 Slingerland 2003,115。有两个文段暗示神的确存在(2.24,6.6),另一段则赞扬圣王禹对神的虔诚(8.21)。然而,在另一个文段中,孔子说,祭神**如神在**(3.12),这可能是暗示了对神的不可知论,或者至少是对祭祀的关注。关于孔子确实相信神灵的讨论,见 Creel 1932。

8. 关于儒家文本的总体情况,伊若泊特别清楚地指出了这一点:"因此,我们放弃了寻找术语'天'的连续参考意义的任何努力——任何可以为每个文本中的这一术语提供词典风格注释的稳定的图像或概念——而是决定寻找工具关系中的一致性,儒家学者关于'天'的陈述可能对学派实践核心的保存和发展起到了促进作用。"(Eno 1990a,11)

9. 指责的内容是关于孔子与卫灵公那个声名狼藉的夫人南子会面。卫灵公的儿子试图刺杀南子,从而引发了导致子路死亡的内战,本书第一章曾论及此事。

10. 《说文解字》1a.12b;段玉裁 1988,6。郝大维和安乐哲将"罪"翻译成"guilt",并认为这一术语总是"表明违反了某些既定标准"(Hall and Ames 1987,174)。

11. 因此,伊若泊主张这些对天的提及只表明"孔子运用传统宗教修辞的熟练能力,来谈论'天'之外的事情"(Eno 1990a,96)。我认为这些段落确实反映了孔子对于天的观念,但是这些段落的主旨并不是表述一种天论,这至少具备开放讨论的可能性,正如伊若泊总结的那样,"'天'在孔子的哲学中可能没有发挥重要的作用"(Eno 1990a,96)。

12. 汉代注家何晏解释说"若丧己也"(刘宝楠 1990,447;Slingerland 2003,114;另见朱熹 2003,125)。关于这一点的精彩讨论,请参见 Olberding 2008,147。

13. 朱熹在这里说的是伯牛的死(2003,87)。

14. 有两段文字非常重视"天命"这个短语(《论语》2.4,16.8),但是在这些文段中,这个短语的意思无法确定,不足以作为证据。因此我避免揣测它们的意思。

15. 见李亦理的精彩讨论(Yearley 1988)。陈宁为类似的观点提供了一个很好的例子,他指出,既相信上天庇护,也相信盲目的命运,这在文化中是很常见的(Chen 1997b,335,346 - 347)。

16. 普鸣持这种观点:"因此,应该指导人类行为的模式可以追溯到天——它们是圣人观察到的模式,是从天上带到人间的。然而,上天的命令不一定包括支持那些遵循这些模式的人。"(Puett 2002,100;关于"命"一词的类似表述,见 Puett 2005,52 - 53)

17. 李亦理(关于《孟子》)在区分"已知"和"未知"授权时提出了类似的观点,后者反映了一个无法觉察的道德计划(Yearley 1988,438;参见Yearley 1990,167)。

18. *Discourse on Metaphysics*(《形而上学论》) §3;Gerhardt 1978,Ⅳ.429;英文译文来自 Ariew and Garber 1989,37。

19. 关于一件明显不好的事情被解释为实际上是好的,《论语》里有一个可能的例子,即守门人对孔子政治上失败的解释(3.24)。《孟子》里也仅仅举了一个这样的例子,即孟子说天有时会给人带来痛苦,是为了让一个人为伟大做好准备(6B15)。考虑到这两个文本中提到的所有不好的事件,这些事件都不能被视作暗示了对恶的问题的彻底否认。相反,它们提出的是一种常识,即有时糟糕的事情实际上会带来好的结果,这会给我们一些安慰。

20. 德效骞强调了《论语》中的有神论因素,因此,他认为墨子是孔子的真正继承者,而其他一些儒家学者则背离了他们老师的观点(Dubs 1958,253)。

21. 陈汉生用不同的术语表达了这一点:"他(墨子)接受自然关于命名的永恒标准的意愿,但不接受自然固定名称的观念。社会使用自然认可的标准来确定名称……除了'利害'这对名称,自然不会将名称系统锁定在固定的位置,也不会将名称神圣地分配给人们。"(Hansen 1992,122)

22. 《成之闻之》《唐虞之道》和《尊德义》看起来都是偏向儒家的,但它们所呈现的立场和使用的术语比其他通行的儒家文本更接近墨家。关于这一点与《唐虞之道》的联系的讨论,见 Defoort 2004。戴卡琳(Carine Defoort)认为,这是一个明确包含墨家和杨朱学派立场的儒家文本。我倒是怀疑,一些被我们与这些学派联系在一起的想法,在当时并没有被如此清晰地标示出来。

23. 我遵循刘钊(2003)将"厇"读为"度",而翻译为"measure"(衡量)。然而,其他人认为这个字是"宅",意思是"休息"或"依赖"。丁四新认为这个字包含这两重意思(2000,304)。关于"天心"这一术语的例子和分析,见丁原植 2000,183—184。应该注意的是,该术语是与已不再存在的文本中的引文相关的。因此,丁原植认为这个字源于"原始宗教",但从人文主义角度来说,仅指协调万物运动的导向力量(2000,184)。这可能是个例,但是通过假设儒家不会诉诸天的意图来回避这个问题。

24. 关于《子羔》这一文本以及对这一特殊观点的翻译和讨论,见 237 Allan 2009。

25. 出土文本可能不代表主流的儒家观点,但这种对比有趣地表明,通行文本可能故意省略了更明显的有神论的儒家材料。

26. 一般认为司马牛是桓魋的弟弟,桓魋据说是一名腐败受宠的王公贵族,是在宋国企图暗杀孔子的幕后黑手(《论语》7.23)。由于子夏最后总结说,司马牛应该把所有人都视为他的兄弟,这段话可能是利用了事情的现状(他有很坏的兄弟)和对这些境况的解释(没有兄弟,或者视所有人为兄弟)之间的对比。从这段话中,罗思文和安乐哲总结道:"这段话非但没有证明宿命论的合理性,反而展示了境况的流动性以及在描述相同境况时,事实和价值的不可分割性。"(Rosemont and Ames 1998,250n192;另见 Hall and Ames 1987,214-215)然而,从相反的角度来看,这段文字更有意义,因为它主张区命中注定的(外部的,系于天)和我们控制的(内部的,系于人)。森舸澜是这样理解的:"如果君子专注于他所能控制的事情(自我修养),他不需要为自己无法控制的事情感到焦虑或担心。"(Slingerland 2003,127)关于郝大维和安乐哲对这段话有说服力的批评,见 Chen 1997b,329 - 332。杨伯峻认为,这里的司马牛不是桓魋的兄弟,而且可能实际上没有兄弟(2002,125)。

27. 有关这个文本不同版本之间的关系的详细讨论,见李锐 2004。

28. "遇"在关于贤能和成功之间联系的讨论中,成了一个突出的术语。《论衡》第一章的标题为"逢遇",第一句话是"操行有常贤,仕宦无常遇。贤不贤,才也。遇不遇,时也"(1:1)。《吕氏春秋》也有一章题为"遇合",其结论是"遇合也无常"(14/7.3:823)。

29. 孟子对"忧"和"患"这两种感觉进行了专门的区分,称君子有"终身之忧",但无"一朝之患"。他们从不烦恼是因为对自己的美德有信心;他们一生都在担忧,是因为他们知道自己还没有成为圣人(4B28)。尽管如此,这种术语上的差异甚至在《孟子》里也没有得到严格保留,而且其他文本也倾向于同时使用这两个词的两种含义。

30. *Ethics*(《伦理学》),V,Proposition 6;英文译文来自 Curley 1994,249.

31. 这几条竹简因损坏缺少了三个字。第一个字应该是第一句的结束,指一些与失败相关的负面感觉。李零认为是"怨"(2002,86);刘钊认为是"困"(2003,174—175)。我遵循刘钊的意见,认为第二句的缺文与第一句开头意思相近。

32. 我同意丹·罗宾斯的观点,如果我们把《墨子》看作一部主要目的是与其他哲学家进行理论辩论的著述,那么这是对《墨子》的误读(Robins 2008,385)。然而,罗宾斯承认,墨家关于命、天和鬼的讨论是针对其他理论主张的(尽管是出于实际的考虑)(Robins 2008,397)。罗宾斯认为,这些关切在墨家学派中出现得较晚,但是没有什么证据能证明这一点,并且我们已经看到早在春秋时期就有人鼓吹命以及对天的善持怀疑态度。鉴于这种语境,最早的墨家不可能对天与命没有看法。

33.《墨子》的文本导致了许多理解困难的出现,因为它分成了风格和内容不同的几个部分。文本的核心部分由十个主题组成,每个主题有上中下三篇(其中一些篇目已经亡佚)。一些人解释说,这些篇目代表墨家内部的不同派别,而其他人则将其解释为更早或更晚的说法。某种组合可能是真的,但证据不足,无法判断。《非儒》篇通常与这些内容组在一起。文本的另一部分(第 46—49 篇)由类似于《论语》或《孟子》那样的简短对话组成。这些似乎更多是为了学派内部的人而作,而且由于这些篇目经常回应挑战,所以它们必然比各种纲领更晚。即便如此,这些篇目提出的反对意见还是相当明显的,且很可能是在墨子的有生之年就已经出现。我正是依靠这些对话篇章和核心篇章的不同篇来重现早期墨家的观点。然而,这些观点

238

不能合在一处代表一种观点,一旦相关联便会出现分歧或张力。前七篇混合了来自不同来源的材料,我只是用它们来厘清或阐明文本其他部分所确立的观点。我假设具逻辑性的篇章(第 40—45 篇)代表了墨家后期的思想,所以只用它们来预测墨家后期可能采取的方向。关于文本性质和真实性的讨论,见 Fraser 2010;Graham 1989,35-37;Mei 1934,52-58;胡适 2003,115—116。

34. 周幼伟直言不讳地表达了这一点:"对于任何读过墨子原著的人来说,很明显,墨子从未因为自己的父亲而削弱特殊的情感。"(Tseu 1965,245)关于这一点的证据,见 Tseu 1965,250-254;Robins 2008,386-388;Fraser 2010。

35. 在重视家庭关系和视人如己之间,至少存在一种张力,但墨家明确主张两者兼顾。人们可以把这比作基督教中家庭之间的张力,以及耶稣向他追随者建议的那样,应该像爱自己一样爱他们的邻居(Mark［马可福音］12:28-31)。尽管这引起了教会内部关于家庭的争论,但实际上,很少有基督徒认为这会使家庭消失。即使在基督教范围之外,人们现在也普遍认为所有人都有同等的道德价值,**并且**认为我们对家人和朋友负有特殊的责任。墨家持有类似的观点。在这一点上,我感谢方克涛和丹·罗宾斯的讨论。

36. 第一种责任几次出现在《兼爱》下篇中(例如 16:116;Johnston 2010,16.4)。第二种责任的例子是,墨子告诉之前的学生"多财则以分贫也"(49:477;参见 Johnston 2010,49.16)。第三种责任的例子是,墨子说:"仁人之所以为事者,必兴天下之利,除去天下之害。"(15:101;参见 Johnston 2010,15.1)

37. 另外的灾难性的两政是提倡长时间的丧礼和过度的音乐表演。

38. 早在墨家之前,就已经有暴虐君王与对"命"的仰赖之间的这种联系,因为《墨子》引用了《尚书·大誓》中的一段话,据说纣不顾他的职责,因为他确信他有命(27:206—207;Johnston 2010,27.9)。伊若泊引用了春秋时期的几段青铜铭文,其中统治者将灾难归咎于上天,而不是他们自己的无能(Eno 1990a,24-26)。这可能抓住了墨家的想法。

39. 虽然关于时的主张必然早于墨家的论证,但《穷达以时》很可能写于《墨子》的这段话之后,或许部分内容是对《墨子》的回应。它可能故意颠倒墨家的论点,声称在德行或智慧没有改变的情况下,同一个人有时获得成功,有时遭遇失败。

40. 见 Fraser 2008。陈汉生可能是第一个强调仿效作用的人,他说,对天的服从依赖于威胁与仿效前人的某种自然倾向的共同作用(Hansen 1992,121)。欧文·弗拉纳根(Owen Flanagan)也讨论了仿效的作用,他认为仿效对墨家来说具有重要意义,但相较于对儒家所起的作用,其对墨家的作用更为有限(2008)。

41. 正如我们所看到的,有关对家人的关爱的假设出现在墨家的若干论证中。在反对进攻性战争的论证中,墨子说,如果有人闯入邻居的果园并偷了他们的水果,每个人都会谴责这种行为,因为这个人为了自己的利益而损害了别人的利益(17:128—129;Johnston 2010,17.1)。对话篇章里的某一段说,人们会为正义牺牲生命(47:439;Johnston 2010,47.1)。墨家在《尚同》篇开篇对原生状态的描述中假设每个人都有自己的正义感,他们会照此行事,并希望其他人也这样做。从动机角度对这些段落的分析,见Fraser 2008,441 - 444。应该注意的是,尽管那些段落假设我们自然地按照我们认为正确的事情去做,但是它们也暗示了我们对于什么才算正确并没有共同的标准。

42. 关于这一点,见 Flanagan 2008。

43. 这种对基于生存所需的动机的关注,再加上对感官愉悦的普遍忽视,表明墨家持有类似于《道德经》的观点,认为人类本能地渴望生活基本所需,对奢侈品的渴望要么微不足道,要么是人为的。这些观点将在后面进一步明确,并在第六章得到更详细的处理。尽管如此,墨家的观点似乎是对大多数人行为方式的概括,而不是有关人性的严谨主张。倪德卫(David Nivison)提出了一种很有影响力的看法,认为墨家是"唯意志论者",他们认为人类可以根据命令改变他们的动机(1996a,130 - 132)。万百安发展并支持了这一观点,他说墨家认为"人类动机与意向的结构具有高度的可塑性"(Van Norden 2007,195)。这种看法有一定的根据,但我们必须区分基本的动机结构和具体的内容或规则。墨家无疑假设了自然激励结构,最主要的是对奖惩的反应,但是这些结构是内容中立的。也就是说,仿效和奖励可以用来引起广泛的行为。类似地,尽管我们本能地进行我们认为正确的事情,但是我们的道德准则并没有固有的内容。

44. 墨子所呈现出的是他不为奖励所驱动(49:474—475;Johnston 2010,49.14),而且他期待他的弟子也是如此(49:478—479;Johnston 2010,49.20)。《庄子》说墨家"多以裘褐为衣,以跂蹻为服,日夜不休,以自苦为极"(33:1077;Mair 1994,337)。《孟子》也批评墨家过度自我牺牲(7A26)。《吕氏春秋》讲述了墨家钜子孟胜守诺保卫城池,选择和一百八十名弟子一起殉城,而不愿逃离的故事(19/3.4:1266)。但正是因为早期墨家否认恶的问题,他们也避免了为了善而牺牲自己利益的问题。对于后来的墨家来说,这种自我牺牲的因素可能变得更加突出。例如,《经》上篇解释"任"(最初指在扁担上负载某种东西),意指"义务或责任",是"士损己而益所为也",后来又进一步解释为"为身之所恶,以成人之所急"(40:314,337;参见 Johnston 2010,40.19)。

45. 王充对《论语》和《孟子》字面上的矛盾之处给出了最具体的分析,主要在他所写的《问孔》和《刺孟》篇中。他指出的许多矛盾都与宿命论有关——例如,当孟子准备离开齐国,他盼望着齐王能改变心意,还为此多逗留些时间(2B12),但是当一名大臣劝说鲁平公不要来见孟子时,孟子却将此归因于天,并立即放弃(1B16)(30:455—457)。王充还指出了孔子诉诸上天惩罚(6.28)和他将颜回之死归咎于命(6.3)之间的矛盾(28:410—412),以及孔子声称子贡不受命却被允许在财富增长方面获得成功(11.19)之间的矛盾(28:418—419)。

46. 斯多葛派哲学家爱比克泰德(Epictetus)写道:"有些事情是属于我们权能之内的事情,有些事情却不是属于我们权能之内的事情。属于我们权能之内的事情包括看法、行为驱动、想要得到东西的意愿、想要回避东西的意愿,等等所有由我们自己做出来的事情。不属于我们权能之内的事情包括肉体、财产、名誉、职位,以及所有不是由我们自己做出来的事情……假如你只把属于你自己的东西当作是你自己的东西,把不属于你自己的东西当作是别人的东西,——其实,实际情况本来就是这个样子的——那么,谁都无法强迫你、阻碍你,你既不会挑剔别人也不会指责人,你就不会做任何违背自己意志的事情,你也不会有敌人,所以谁也不会伤害你,因为没有任何伤害能够碰得到你。"*(*Enchiridion* [《道德手册》]§ 1;Epictetus 1983,11) *240*

47. 万百安很好地表述了这一点:"(一个)有道德的人不会(不同于西方的斯多葛学派)努力不受世界的罪恶和苦难的影响。"(Van Norden 2007,116)奥伯丁(Olberding)在这一点上也说得很精彩:"在孔子看来,体验强烈悲伤的能力是一种值得称赞的特质,这是因为我们能够在繁荣的生活中认识和尊重他人的重要性。"(2008,139)关于孟子,李亦理说,关于内心平静存在两个限制——对他人避免痛苦的愿望,以及对没有被尽可能细心照料的担忧(Yearley 1990,160)。

48. 森舸澜试图在早期儒家文本中找到一种关于"命"的一致的理论来解释,他写道:"命指的是位于外部领域的力量——也就是说,超出人类努力范围的领域,或者是'求无益于得'的生活领域。这种外部世界不是君子所关心的,他的努力集中在自我——一个'求益于得'的内部领域。"(Slingerland 1996,568)刘殿爵也有一种宿命论的解读:"一个人是否会以富贵和长寿终其一生,这是命运使然。他的任何努力都不会对结果产生任何影响。"(Lau 1979,29)

49. "怃然"一词含义广泛,可以从一系列翻译中看出:"was lost in thought for a moment"(一时陷入了沉思)(Slingerland 2003),"with some frustration"(有些沮丧)(Rosemont and Ames 1998),"said ruefully"(懊恼地

---

* 中文译文引自[古希腊]爱比克泰德:《爱比克泰德论说集》,王文华译,北京:商务印书馆,2009年,第578—579页。——译者

说）(Waley 1989)。

50. 关于这种解释最清楚的例子,见吴进安 2003,344—347。齐思敏明确表示,儒家认为有些结果是命定的,而另一些则不是(Csikszentmihalyi 2004,39 - 41)。顾立雅否认孔子相信命运,但接受后来的儒家相信命运。他认为孔子自己是用"命"来指称我们受限的东西,而不是没有控制权的东西(Creel 1960,120 - 121)。郝大维和安乐哲声称:"尽管命对可能的未来设定了一定的限制,但没有一个特定的因素在任何意义上都是不容置疑的。"(Hall and Ames 1987,211)

51. 《论语》里的几个文段表达了对统治者能够改造人民的强烈信心(例如 2.19,2.20,9.14,12.18,12.19,13.4)。有几段文字表达了孔子对自己如果能被任用,可以给天下带来秩序的信心(13.10,17.5)。然而,他没有得到一个职位,这被归因于天或命。

52. 清代注家刘宝楠以非常墨家的方式解释了这段话,他总结道:"非有上罚,必有天殃。其能免此者,幸尔。"(1990,235)

53. 我遵循了曹峰(2006,173—192,第 2—3 条)的中文文本;参见马承源 2005。顾史考对最后一句的理解稍微有些不同:"他们不会随着你的结束而结束,而是直到你的后代。"(Cook 2010,110)

54. 关于《三德》和其他文本之间的联系,见 Cook 2010;曹峰 2006,241—266。

55. 例如,王充将"福"和"祸"定义为来自运气("幸"),并解释道:"得非己力,故谓之福;来不由我,故谓之祸。"(2:10)王充认为"禄"是一个专门术语,用来描述我们命定的盛衰兴废(6:55)。关于"祟",《韩非子》解释为鬼通过使人生病而伤害人(20:403),《说文解字》将其定义为"神祸"(1a. 16b;段玉裁 1988,8)。

56. 将墨家的"天"与"上帝"和"自然"的范畴联系起来,似乎会是既赞同墨家又赞同有神论的一个结果。其中一种最具有神论意味的解读,见 Tseu 1965。而其中一种最具自然主义意味的解读,参见 Hansen 1992(陈汉生始终将"天"翻译为"nature")。

57. 在这一点上,我们可以以周幼伟的说法为依据,因为他在其他方面致力于展示墨子与基督教的一致性:"任何进一步的关系,如启示、沉思、陶醉或某种自然的物理混合,对他来说都是绝对陌生的。这使他绝对地被列为哲学家,而没有进入神秘主义的领域。"(Tseu 1965,44)

58. 关于正常模式的破坏,《尚同》中篇极端地列出了以下灾祸作为天的降罚:寒热不节,雪霜雨露不时,六畜不遂,贫瘠的土地和瘟疫,飘风苦雨(12:82;Johnston 2010,12.7)。《非攻》下篇对随着像桀和纣这样的暴君倒台而出现的神迹,进行了大段的详细描述,包括鬼魂呼唤,女人变成了男人,天上下起了肉雨(19:145—153;Johnston 2010,19.5 - 7)。然而,这些描述是为了限制那些以"人道主义干预"之类的名义发动进攻性战争的论点。墨家声称,这种战争只能通过大量不平常的且确凿的神迹来证明是正当的。问题是,在实际中,这样的战争是不被允许的。对于这个更重视神迹作用的论点的讨论,参见 Wong and Loy 2004。

59. 在《耕柱》篇里,墨子认为鬼神比圣贤更有见识,他用古代占卜的准确性来支持这种观点(46:422—426;Johnston 2010,46.2)。司各特·洛(Scott Lowe)认为这表明墨子"非常相信帝国的圣哲是与鬼神交流的一种方法"(1992,165)。然而,这段话的重点不是关于圣哲,而是神灵有意识,没有其他证据表明墨家将占卜作为有效的知识来源。

60. 基于对出土文献《日书》的分析,蒲慕州写道:"《日书》里的神、鬼、怪并非道德伦理上的仲裁者,它们不是风俗习惯的一部分,换言之,不是使用这种手册的人的道德标准和行为。因此,它们的行为不是对人类行为的反应,而是对超人类意图的表达,不管为善还是作恶。"(Poo 1998,82)

61. 即使鬼神不在意(或不存在),祭祀也必须进行,这一主张在《荀子》里有明确的论述(19:376—377;Knoblock 1988,19.11)。尽管一些墨者可能持有相同的立场,但是《公孟》篇里的一段认为,如果神灵不存在,那么祭祀就非事出有因,正如没有鱼时制作渔网一样(48:457;Johnston 2010,48.9)。

62. 这句话含糊不清,可以被解读为说他们离仁义非常远,艾乔恩(Johnston 2010,243)和艾文贺(Ivanhoe and Van Norden 2005,94)就是这样翻译的。这是可能的,但是这段话强调的是观点的多样性,而不是无人正确的事实。华兹生(Waston 1967,83)的翻译和我一样。*

63. 其中一段说,圣王禹**以天为榜样(《论语》8.19),在另一段中,孔子把他不想说话的愿望和天做了比较,因为天建立宇宙秩序却无须发号施令(《论语》17.19)。这两段都提到了天的影响力和微妙莫测,而不是遵循自然的具体模式。

64. 例如,《非儒》篇里的一段以儒者声称君子必须追随古人为开始,接着又回应说古人在那个时候做的事情都是新的。所以,这样看来古人本身并不是君子(见 Puett 2001,42-51)。孔子主张的述而不作也受到了明确的批评(46:434—435;Johnston 2010,46.17)。

65. 江文思强调,传统的每一次制定都发生在新的情况下,因此有一种独异性或唯一性(Behuniak 2008)。陈素芬强调了应用传统所需的创造力和批判性思维(Tan 2008)。两人都不认为孔子从根本上改变了传统,而是

---

* 作者将此句译为"Yet in their rightness and humaneness, they are very far apart."。——译者

**《论语》原文为尧。——译者

242 传统本身需要独特性和创造性。郝大维和安乐哲都指出了这一点，他们认为创造力必须被理解为对经验和传统的采纳与改变，而不是一种无中生有的创造（见 Hall and Ames 1987，16 - 17，78）。

66. 黎辉杰（Loy Hui-chieh）写道："坚持天志作为正确行为标准的一个重要方面是，标准变得公开且无关个人，在这个程度上是客观的。"这满足了"提供**公开可评价**的理由"的需要（2008，463）。方克涛指出，墨家的自然状态意味着，人们认为"义"是"一种公开的、客观的行为标准，每个人都应该遵守，而不仅仅是他们自己"（Fraser 2008，441）。对于这种普遍化倾向的一种否定性看法，参见丁为祥的讨论，他认为墨家以一种倾向于极权主义的方式把人类客观化和标准化（Ding 2008，411 - 415）。

67. 尽管《法仪》篇的地位尚不清楚，但这段文字本身与核心篇章的立场是一致的，至少在这一点上是如此。

68. 弗拉纳根对这段话给出了一种更独特的解释，他认为在当时的社会条件下，仿效无法发挥根本作用，因为积极榜样的数量太有限。因此，他认为这是对儒家依赖于榜样仿效的批评（Flanagan 2008）。

69. 早期对话中的苏格拉底可能不会说这样的话，柏拉图作品中神与传统之间的关系比这里所能传达的更微妙。尽管如此，想到《会饮篇》里，第俄提玛首先告诉苏格拉底："但是，在我们看来，如果有人看到了美的本身，绝对的、纯洁的，未被人的肉体或颜色，或是任何其他关于死亡的胡说八道的东西污染的，但如果他能看到美本身的一种形式，那将是怎样的呢？……只有在这种生活中，当他以一种只有在那时才能看到美的唯一方式看待美时，他才有可能不产生美德的形象（因为他与任何形象都没有联系），而产生真正的美德（因为他与真正的美有联系）。"（*Symposium* [《会饮篇》]，211e - 212a；英文译文来自 Cooper 1997，494）

70. 海德格尔解释道："作为物与知的符合（*adaequatio rei ad intellectum*）的真理（*Veritas*）并不就是指后来的、唯基于人的主体性才有可能的康德的先验思想，也即'对象符合于我们的知识'。相反，它暗示了基督教的神学信仰，关于它是什么和它是否是一个被创造的事物（*ens creatum*），只有它对应于神智（*intellectus divinus*）中，换言之，上帝之精神中预先设定的理念，才可符合这一观念（是正确的），并且在这个意义上是'真实的'。"（"On the Essence of Truth"[《论真理的本质》]；英文译文来自 Heidegger 1993，118）

71. 周幼伟甚至开始构想一个基督教的墨子，认为天符合上帝所有必要的标准，除了一样——上帝是"事物和人类思想相对应的理由"（Tseu 1965，89 - 90）。

72. *Meditations on First Philosophy*（《第一哲学沉思集》），Meditation 6；英文译文来自 Cottingham，Stoothoff，and Murdoch 1985，57.

73. 有关在孟子和墨子冲突背景下对这些问题更全面的直接讨论,参见 Perkins 2011a。

74. "义"一词可译成"rightness",在这种情况下,墨家的主张是,在自然状态下,每个人都有自己的道德准则。然而,"义"有时在《墨子》中也用来代替"仪"(36:273),《说文解字》将其定义为标准或度(8a. 21a;段玉裁 1988,375)。因此,自然状态下的冲突可能是由于缺乏明确的标准——包括但不限于道德。方克涛解释了"义"在这里的可能含义,即"一种准则或道德规范,表示一个人认为什么是合适的"(Fraser 2008,441)。艾乔恩将其翻译为"principles"(原则)(Johnston 2010,11.1),华兹生翻译为"views"(看法)(Waston 1967,34),而艾文贺的翻译是"norm for deciding what was right *243* and wrong"(用以判断是非的准则)(Ivanhoe and Van Norden 2005,65)。

75. 方克涛指出,在不共享规范的情况下,人们甚至无法同意将天视为规范(Fraser 2008,453n30)。

76. 如果每个人都不同意,很难想象一位贤明的领导人最终会如何控制局面,并且墨家自己似乎也不确定。《尚同》上、中两篇说值得尊敬且有能力的人被选中了,但是没有给出做选择的主体(11:75;12:78;Johnston 2010,11.2,12.2)。下篇进一步说道:"是故天下之欲同一天下之义也,是故选择贤者立为天子。"(13:91;Johnston 2010,13.3)"天下"字面意思是天之下,这可以指所有的人,但孙诒让认为这个主体可能原本只是指天(2001,91)。这一点得到了《尚同》中篇里的一句话的支持,这句话解释了一句古老的格言,声称上帝和鬼神为人民确立了国家和统治者(12:86;Johnston 2010,12.9);还有一段文字也说天为人民确立了统治者,这段文字是关于天为了人类的利益而命令自然(27:202—204;Johnston 2010,27.6)。关于人民确立统治者的讨论,见 Hansen 1992,131;关于天选择统治者的讨论,见 Van Norden 2007,164-166。

77. 有关这些术语的讨论,请参见 Loy 2008,456-457。.

78. "明"在这里的含义是不明确的。我将这一句翻译为"By its inclusively illuminating them.",是因为"兼而明之"与太阳和月亮不偏不倚的光照相关。华兹生将"明"翻译为"enlightens"(启蒙)(Waston 1967,82),艾文贺则翻译为"sheds light upon"(照亮)(Ivanhoe and Van Norden 2005,93)。然而,"明"也用于表示天和鬼神在奖惩中的明辨能力,所以艾乔恩将其翻译为"completely understands them"(完全懂得他们)(Johnston 2010,239niii)。这两种意思很可能都是"明"这个术语想要表达的。

79. 神灵接受献祭的类似内容也曾出现在其他文本里。在《论语》(6.6)中,孔子将其与公正性联系在一起,指神会接受一头好牛作为牺牲,尽管这头牛的父母做牺牲并不合适。这里的关键是要接受一个好人,尽管他的家庭背景不合适。《孟子》解释舜从尧那里取得王位的合法性,部分是因为神灵接受了他的献祭(5A5)。

80. 艾乔恩把"食之"翻译成"provides food for them all"(为所有人提供食物)(见 Johnston 2010,267ni)。这有助于我的整体理解，但是将此翻译置于关于祭祀的下一个句子里就很难理解。华兹生和艾文贺都认为这是指接受献祭(Waston 1967,82;Ivanhoe and Van Norden 2005,93)。

81. 普鸣这样解释墨家的论证，认为天"如果接受了所有人的献祭，会向所有人降福"(Puett 2002,104)。

82. 我遵循孙诒让把"德"理解为"息"。另一种可能性是"德"(virtue)应该理解为"得"(to attain)，意思是天慷慨地给予而不求获得。艾乔恩将"德"理解为美德，并将"不德"翻译为"without considering itself virtuous"(不自以为有美德)(Johnston 2010,4.3)。这一段不在《墨子》的核心篇章中，且可能反映了道家的影响。

83. 陈汉生很好地指出了这一点："当墨子将'天'引入其论证的证明阶段时，利用的就是自然与恒定性、可靠性、客观性和公平性的关联。"(Hansen 1992,100)

84. 根据胡适的说法，惠施给了兼爱主义"一个科学——哲学的根据"。他解释道："'泛爱万物'，即是极端的兼爱主义。墨子的兼爱主义，我已说过，是根据于'天志'的。墨家的'宗教的兼爱主义'，到了后代，思想发达了，宗教的迷信便衰弱了，所以兼爱主义的根据也不能不随着改变。"(2003,179)

85. 虽然这段话的意思很清楚，但它的细节并不清楚。我的翻译遵循了曹锦炎的解释(马承源 2005,316—320)；关于另一个版本，见廖名春 2006。相关英文译文及讨论，请参见 Brindley 2010。

86. 钱德梁(Erica Brindley)将"明"翻译为"perspicuity"(明晰)，并解释道："所有的三方面，视觉、道德知识和补偿性行为都因此联系在一起，就像看到某样事物的这个行为本身就包含了它们。"(2010,220)

87. 见 Brindley 2010；李锐 2009。

88. 虽然我同意钱德梁的观点(Brindley 2010)，即我们将文本归于一个特定的学派时必须谨慎，但我认为这一文本与《墨子》对话篇章的分歧并不像钱德梁所说的那样大，李锐(2009)在这一点上更激进。钱德梁认为，《鬼神之明》与《墨子》的不同之处在于"表明人类有时既不应该也不能为他们的遭遇受到责备"(Brindley 2010,227)，但是《公孟》篇里墨子有疾的故事恰恰表明，墨子的疾病并不归咎于他自己的行为。

89. 墨家看到这一点，是因为他们试图用这一点来说服鲁阳文君不要入侵郑国(49:468—469;Johnston 2010,49.4)。鲁阳文君认为，由于郑人杀死了他们自己的国君，他们正在受到上天的惩罚，因此入侵郑国是顺应天意。墨子打了个比方——设想一个邻居的儿子行为不端，受到他父亲的惩罚。之后,你自我反省且把邻居家的儿子再打了一顿,认为这是遵从了他父亲的意愿。墨子总结说,上天给予的惩罚本身已经足够,不需要帮助。这一观点很可能源于《道德经》,而且在逻辑上适用于所有的惩罚。墨家没有再次提出这样的观点,这一事实表明他们关注的是对某些行为的劝说,而不是建立连贯的理论。

90. 关于这一点的讨论,见 Chen 1997c,158 - 159。

91. 墨家的观点与伊若泊的解释有着有趣的相似之处,伊若泊写道:"这里有一种感觉,决定儒者政治使命失败的'命'几乎使儒者获得了自由,使他摆脱了政治责任的重担,并允许他退休,至少部分地退休,进入儒学团体纯粹的礼仪实践。"(Eno 1990a,92 - 93)

92. 这一说法也见于《墨子》(39:296—297;Johnston 2010,39.8)。几种儒家文本里都能找到同一说法,见《礼记·学记》(孙希旦 1988,969)和《性自命出》(刘钊 2003,5),尽管此说法在这两个文本里的使用情况不同(见李天虹 2003,140)。这一原则可能隐含在孟子试图为他在齐国入侵燕国中所发挥的作用辩解(《孟子》2B8)。齐国的一名官员问孟子是否可以入侵燕国,孟子回答说可以。当后来被指责支持齐国的入侵时,孟子解释说,如果他是被问齐国是否可以入侵燕国,他会说不可以,因为只有一个有资格的国君才能这么做。但这不是问题所在。孟子的解释似乎无力且奇怪,但是如果这一回答暗中援引了一项既定的策略,即只根据提问内容回答问题,这就有意义多了。

93. 虽然森舸澜为儒家的"命"这一概念辩护,但他承认这一点:"然而,这种(对命的)敬畏是相当被动的,因为它属于人类行为领域之外的事情。正如一个人应该'对鬼神敬而远之',一个人应该保持对'命'的力量的合理尊重,同时专注于当下的任务——自我修养。"(Slingerland 1996,573)

94. 葛瑞汉很好地表达了这一点:"但是,几乎没有证据表明,有比因负罪而畏惧鬼神更深刻地体现在精神层面。从某种意义上讲,墨子不像他们指责的怀疑论者那样虔诚。像孔子和庄子这样看法南辕北辙的思想家们都心怀敬畏和顺从地接受天命,这种敬畏和顺从比《墨子》里的任何内容都更虔诚。"(Graham 1989,48)

95. 对墨家学说进行功能性解读的必要性,梅贻宝早就已经认识到,他认为墨家观点的连贯性是在价值观层面上的,因此,人们不仅要关注他们关于事物存在的主张,更重要的是关注那些主张是如何发挥作用的(Mei 1934,151 - 156)。陈汉生特别强调这一点(Hansen 1992,143 - 148)。关于墨家论证的社会活动家语境,参见 Robins 2008;Loy 2008。相比之下,万百安主张墨家认为真理与他们的社会活动目标完全一致,因此可以将《墨子》解读为对客观真理的争论(Van Norden 2007,151 - 161)。然而,他承认,这样的解读让《墨子》既不能令人信服,也无法鼓舞人心(Van Norden 2007,

197)。

96. 这三篇在术语和内容上有所不同,特别是中篇,其中包括以天志为标准,以及没有提及百姓之耳目。有关这些标准的讨论,请参见 Loy 2008。

97. 万百安提出了一种有趣的观点,认为对的事物和利于相信的事物之间的分歧仅仅源于对世界的自然主义假设,并且因为墨家相信上天是善的,所以他们认为上天使得世界,无论什么,只要是正确的,都有利于相信(Van Norden 2007,160‐161,375)。如果我们认为最利于相信的事情因环境而异,那么这一观点的不可接受性也许是最明显的——在其中一种情况下,命运是不存在的,可能是最利于相信的(例如,在一个人行动之前),但在另一种情况下,失败是命中注定的,则可能是最利于相信的(例如,在一个人失败之后)。当然,人们可能会争辩说,相信错误的东西永远不会有好处,但这将使"用"这一标准变得多余。

98. 我的解释遵循方克涛的解释:"我们可以说墨家正在使用一种非常基础的、原始的对正确性的理解,其中真理、义务、容许性和其他观念都是其种属。关键的一点可能是,他们的主要理论焦点不是描述性真理,而是引导社会和个人生活的正确的'道'。"(Fraser 2010)黎辉杰同样表示,这些准则旨在评估"一种能**正确指导人类行为**的学说,而不是一项**符合事实**的主张"(Loy 2008,457)。另见 Hansen 1992,143‐146。

99. 我在这里的观点接近陈汉生(Hansen 1992,143‐146)的观点。

100. 拉法格对我们使用的格言进行了有益的比较,在不同的情况下,根据自身目的,我们可能会提出自相矛盾的主张(LaFargue 1998,263‐267)。他举的一个例子是"事后追悔不如事前稳妥"和"不入虎穴,焉得虎子"。拉法格认为,我们应该像理解格言一样理解《道德经》中的陈述,但他的观点更普遍地适用于早期中国哲学。关于对维持矛盾立场作为一种普遍的"实用"宗教观点的精彩描述,见 Yearley 1988。

101. *Phaedrus*(《斐德若篇》)275e;英文译文来自 Cooper 1997,552.在《柏拉图的药》("Plato's Pharmacy")中,德里达揭示了这种写作批评的许多微妙和反讽之处(Derrida 1981,61‐171)。

102. 《礼记·学记》里的一段很好地抓住了这一点:"学者有四失,教者必知之。人之学也,或失则多,或失则寡,或失则易,或失则止。此四者,心之莫同也。知其心,然后能救其失也。"(孙希旦 1988,967)教学需要了解学生的内心,但这种知识只有通过密切的个人接触才有可能。

103. 关于墨子带着许多书旅行的讨论,见《墨子》47:445;Johnston 2010,47.13。《文选注》引《墨子》说,墨子向楚惠王献书,楚王称赞了这些书,但是这一条注文并没有出现在通行版本的《墨子》中。毕沅认为,这是节选自《贵义》篇中的一段(孙诒让 2001,440)。夏含夷根据对出土文献的研究,对"书籍"的形成和组织进行了出色的讨论。虽然没有说竹简上的文本

何时开始广泛流传,但是他确认《诗经》至少在"不晚于公元前 4 世纪甚至前 *246*
5 世纪"时已经具备一些接近其最终面貌的内容(Shaughnessy 2006,55)。

104. 许多篇章提到了类似的主张,这些主张通常把写作当作向后世传
递观点的尝试(例如 16:120—121;Johnston 2010,16.9)。伊若泊指出,虽
然儒家口头上引用了一些经典文本,但是《墨子》中包含了经典文本的更长
段落,这暗示了其书面来源的基础(Eno 1990a,57)。

第三章　《道德经》里的功效与顺自然

1. 艾文贺准确地称这些编辑为"补鞋匠"(Ivanhoe 1999,253)。

2. 马王堆资料埋于公元前 168 年,但帛书甲本由于没有遵循汉代的避
讳,所以一般认为抄写于公元前 195 年以前。

3. 虽然通行文本中所有连续的主题都在郭店资料里至少出现了一次,
但有些主题被不同程度地强调。两个最相关的分歧是郭店资料对儒家和墨
家的术语,如仁与义,没有那么明确地批评,也没有那么关注"天道"。韩禄
伯(Robert Henricks)列出了郭店本和通行本之间的内容差异(2000,17 -
19)。另见 Allan and Williams 2000,154 - 158;Moeller 2007,191 - 193。

4. 郭店资料并未告诉我们关于其余三分之二通行文本的结论。郭店
简可能代表的是类似于一种添加了其他材料的完整文本的内容,但是郭店
资料也可能是从更接近于完整通行版本的内容里选择的。有关各种可能性
的讨论,参见 Allan and Williams 2000,142 - 146;Henricks 2000,19 - 22。
除非另有说明,我通常引用现有的最早版本,即马王堆帛书本。如果版本之
间的差异是相关的,我将详细讨论。

5. 根据郭店甲本,第 35—37 条。

6. 因此,马王堆帛书此处用"爵"而不是"命";第 32 章也提到同样的观
点,但用的是"令"而不是"命"。郭店简多出一处指"命令"的"命",但在后来
出现的文本中被"令"取代(第 19 章)。这些变化表明,"命"在这里并不是一
个专门术语。

7. 第一句引自郭店竹简甲本,第 1 条。郭店简本缺失这段文字的其余
部分。马王堆帛书里这段话的第一句有一个奇怪的短语"天物"而不是
"天道"。

8. 因此,罗慕士将这个短语翻译为"returning life"(复生)(Roberts
2001,64)。河上公解释为:"复还性命,使不死也。"(王卡 1997,63)中国的
许多注家,从王弼到陈鼓应,都将"命"解释为一个人的本质基础,或是性命,
或是本性,无论性命还是本性都被视为虚空或自发生成的。陈鼓应对此提
供了一些精选的注释(1988,126—127)。"复命"一词通常用于任务完成后
向上级汇报情况,但很难理解它在这里的具体意思(见 LaFargue 1992,63)。
这个短语曾出现在《庄子·则阳》中,与人的本性("性")和自发行动相关

(25:880;Mair 1994,255)。关于《庄子》中这个短语的注释,见郭庆藩 1978,881。

9. "常"出现在王弼本的十九个篇章中;马王堆帛书本在第2章和第67章中加入了"恒"。在郭店楚简本中,"恒"出现了四章,"常"出现了一章。马王堆帛书本和郭店竹简本都同时使用了"恒"和"常"。在通行本中,"恒"被改为"常",以避汉文帝刘恒讳。根据刘笑敢的说法,这两个词在意思上没有区别,但"常"用作名词,而"恒"用作修饰语。由于这种用法,刘笑敢认为"常"是一个专门的概念(2006,514—515)。然而,在下文讨论的《恒先》中,"恒"用作名词以及专门术语。

10. 在第2章列出了各种对立事物的相互依存关系之后,马王堆帛书本评论道,这些情况"恒也"。然而,这一评论不见于其他版本,包括郭店竹简本。

11. 关于《三德》,见马承源 2005,第1—2条。《彭祖》提到的是"帝常"(季旭昇 2005,第1简)。

12. 卦辞本身是在公元前4世纪末写下的,见于上海博物馆藏竹简本(季旭昇 2005,第28—29条)。但我们难以知道卦辞注释的写作时间。

13. 《韩非子·解老》是现存最早的对这段文字的解释,认为这指的是四肢与九窍,它们的存在让我们能够生存,但也容易让我们死亡(20:416)。河上公遵循同样的解释(王卡 1997,192),但王弼认为这是十分之三(楼宇烈 1999,135)。梅勒则认为是十三,并给出了这个意思的合理解释(Moeller 2007,118)。如果这段文字被解读为"十三",那么其对控制我们生命长度的关注就更加明显了。

14. 蒋锡昌用来解释"死之徒"的术语和孔子提到颜回所用的术语(《论语》6.3)相同:"短命"之类(陈鼓应 1988,258)。

15. 王弼写道:"顺则吉,逆则凶,不言而善应也。"(楼宇烈 1999,182)河上公说:"天道虽宽博,善谋虑人事,修善行恶,各蒙其报也。"(王卡 1997,283)

16. 拉法格把不知天之所恶理解为"对信赖可预测性的批评"(criticism of confidence in predictability),但他认为最后一句是说"从长远来看,没有人能逃脱任何惩罚"(LaFargue 1992,127)。

17. 王弼持不同的看法:"言谁能知天意邪? 其唯圣人。"(楼宇烈 1999,182)他的观点是,知道天之所恶是困难的,但不是不可能的。

18. 梅勒这样解读这段话:"面对福祸时的冷静或镇定,相当于确认了这两个必要事件或时期的同等有效性。它们同样地促成了一个变化周期,如果以牺牲另一个时期为代价,将个人感受附着于某个单一时期,是非常片面的。"(Moeller 2006,100)

19. 《韩非子》和《河上公》的注释都对这种交替给出了实际的因果解

释:一个陷入困境的人努力自我提高,最终获得成功,而一个拥有好运的人变得懒惰和傲慢,导致未来的灾祸。《韩非子》中省去了对短句"其无正"的解释(20:386—390),而河上公将这一句理解为一个假设性前提,"如果人君不正其身"(王卡1997,226)。

20. 王弼回答了这个问题,认为终极是一种无法辨别的治理形式(楼宇烈1999,152)。刘笑敢认为这个问句只是强调了知晓极限的困难性(2006,567)。

21. 例如,陈鼓应将"正"视为"定准"。有关类似的解读,请参见陈鼓应1988,290。

22. 这两段文字,以及前文提及"天之所恶"的段落,都没有出现在郭店资料中,因为郭店资料并不包含通行文本的最后十五章。在这些章节中,天显然更加中心,更加人格化,而"道"一词并不用于描述自然的一个要素。韩禄伯似乎有理由地认为最后一组章节或许有不同的来源(Henricks 2000,18)。我倾向于这些章节代表了一个不同的"老子主义者"派系,他们对于天持更加人格化的观点。即使这最后几章的原始作者打算将它们人格化,整个文本的**撰作者**却可能并没有这样的看法。与此同时,这些段落给《道德经》带来了关于人格化的基本张力,这种张力反映在"哲学的"道家和"宗教的"道教对文本的不同理解上。

23. 应该指出的是,开始的这几句在郭店竹简本中是缺失的,另一个将"仁"视作一个衰落阶段的文段也是如此。总的来说,郭店资料里对儒家的明确批评要少于后来的版本。

24. 现存最早的注释就是遵循这一解释。王弼说:"天地任自然,无为无造,万物自相治理,故不仁也。"(楼宇烈1999,13)河上公说:"圣人爱养万民,不以仁恩,法天地任自然。"(王卡1997,18)安乐哲和郝大维强调了这种解释,将这里的"不仁"翻译为"not partial to institutionalized morality"(不偏袒于约定俗成的道德)。然而,他们补充道,这段话也是为了打击"人类例外论(human exceptionalism)"(Ames and Hall 2003,84 - 85)。

25. 陈鼓应对这段话的注释是:"天地无所偏爱。"苏辙说:"天地无私。"而高亨说:"不仁,只是无所亲爱而已。"(陈鼓应1988,78—79)罗慕士通过将"仁"翻译成"kin-kindness"(亲属间的仁慈)来强调这种联系。

26. 关于仁的字形变体的重要性的讨论,参见庞朴2005a,94—100;梁涛2008,61—68。梁涛认为这两种字形带来了仁的两个维度,一个指向人际关系,另一个指向身/己的修养。

27. 梅勒在几个地方提到了这一点,特别见于《无情:对人道主义的道家式批评》("Without the Impulses of Man": A Daoist Critique of Humanism)一章(Moeller 2006,133 - 145)。

28.《节用》篇讨论了食物、衣服、武器和建筑的起源。第6篇《辞过》重复了相同的观点，但更详细地描述了人类的原始生活状况。《尚同》上中下三篇的每一篇都以政治秩序从自然状态中出现为开篇。关于对《墨子》和《孟子》里的起源故事的分析，参见 Puett 2001,105 - 112。

29. 我对这一段落的英文翻译，依据的是郭店竹简本甲本，第 21—22条。这是郭店材料中唯一明确地将"道"描述为自然的一部分而不是一种生活方式的章节。

30. 虽然在结构和细节上有所不同，但《道德经》《太一生水》和《恒先》都有一种从简单中自发获得多样性的基本逻辑。《语丛（一）》呈现了类似的宇宙起源问题，包括声称每一事物都是从"无"生出的，但它以天为基础给出了一种更简单的解释（刘钊 2003,第 104 条）。

31. 另一郭店文本《尊德义》在一组列举的名称中提到了"人道"，其中包括水之道（治水）、马之道（御马）和地之道（种艺）（刘钊 2003,第 5—8条）。这里优先考虑的都是最接近"人道"的事情。一些学者认为《性自命出》中的四道指的就是这四个（如陈来 2009c,54）。然而，《尊德义》并没有说存在四道，事实上，它说的是没有什么是没有"道"的。列出的四种似乎只是例子。关于这一文段和其他可能的"道"的各种解释，见李天虹 2003,147—149。

32. 《荀子》也将人之道与天之道、地之道区分开来（8:122；Knoblock 1988,8.3）。

33. 我在这里的叙述借鉴了罗宾斯（Robins 2011a）关于如何调和"道"的两种含义的出色讨论。

34. 梅勒很好地抓住了这种双重含义，将"道"理解为"功效（efficacy）的构造或秩序"。梅勒解释道："《老子》的'道'似乎就是工序（或机制、有机体或事物）运作良好时的'way（道路）'（这是'道'这个词的字面意思）。这些意象显示这种功效模型并不局限于任何特定领域。它适用于自然或宇宙以及社会或政治问题。它还适用于农业、政府，以及工艺。"（Moeller 2006,20）

35. 葛瑞汉认为，欧洲哲学家关注真理，自然会想到将终极称为"实在"（Reality），然而中国哲学家关注实践，则自然会将终极标称为"道"（the way）（Graham 1989,222）。

36. 天与地搭配在一起的情况见于马王堆帛书本的八章（第 1、5、6、7、23、25、32、39 章），其中的三章也出现在郭店材料中。相比之下，天与地搭配的情况在《论语》中从未出现，在《孟子》中只出现了两次（2A2,7A13），而在《墨子》的核心章节中也只出现一次（19:141；Johnston 2010,19.2）。除了《道德经》和《太一生水》，天和地搭配出现在郭店文本中只有三次，其中一次把"天地"指作神灵（《唐虞之道》；刘钊 2003,第 14 条），而另一次似乎把"地"置于"天"之下的从属地位（《语丛（一）》；刘钊 2003,第 12 条）。《忠信之道》将"地"与大忠联系在一起，将"天"与大信联系在一起（刘钊 2003,第 4—

5 条）。

37. 季旭昇 2005，第 4 条。《淮南子》云：“清阳者薄靡而为天，重浊者凝滞而为地。”(何宁 1998，3：166；Major et al. 2010，3.1)

38. 关于考虑了最近出土文本而对“气”做出的深入讨论，见 Csikszentmihalyi 2004，144 - 160。关于“气”的其他有益讨论，见 Behuniak 2004，1 - 21；Wang 2012，59 - 62；Shun 1997，67 - 68；Yearley 1990，152 - 157。

39. “天”的这种位移不仅可能会偏离神性的**人格化**概念，也可能会偏离**男性**概念。罗慕士特别强调这一点，他写道：“《道德经》呈现了一个宇宙母亲，以取代父系祖先向度的严重影响。”(Roberts 2001，10)韩禄伯和康德谟都暗示《道德经》可能借鉴了早期女性神性的传统信仰(Henricks 2008，38；Kaltenmark 1969，59 - 60)。

40. 刘殿爵、陈荣捷和韩禄伯使用“virtue”，陈汉生使用“virtuosity”，梅维恒使用“integrity”。梅勒使用“efficacy”，安乐哲和郝大维有时使用“efficacious”，但更常使用“potency”。威利则将它翻译为“power”。关于《道德经》中“德”的讨论，见 Ames 1998；Ivanhoe 1999；Kaltenmark 1969，27 - 28。关于“德”的更广泛讨论，见陈来 2009a，316—338。

41. 这种性格上的意义可能先于特定的善的意义。关于使用“德”作为人的行为的道德中立品质的段落列表，见 Chen 1997，147 - 148；陈来 2009a，317—318。

42. 关于这一点和该文段的讨论，见陈来 2009a，333—334。另见郭店文本《六德》。

43. 见陈来 2009a，334—335。

44. 我对此的英文翻译，依据郭店竹简本甲本，第 2—5 条。

45. 这两种解释都很常见，但是最一致和最明确地认为满足是最高程度的善的是 LaFargue 1992；关于神秘经验，最好的解释来自 Roth 1998，59 - 96。 250

46. 拉法格写道：“在我试图明确阐述老子主义者最看重的单一事物、构成老子主义者世界观的基础时，我发现总体上最令人满意的概念是‘有机和谐’。”(LaFargue 1992，239)刘笑敢说：“老子所追求和崇敬的最大价值是自然。因此，自然是老子哲学体系的核心价值，而无为是他建议实现或追求这一价值的基本行动方法或原则。”(Liu 1999，215)这一观点在刘笑敢(2006)中得到发展和辩护。

47. 必须承认，有些段落证明了对人民的这种关注是一种手段，而不是目的。例如，在我们已经看到的第 66 章里，**目标**是在人民之上和之前，让人民高兴地宣传他们而不相争。**手段**是不要给人民造成负担或伤害。王弼常强调这种联系（如参见他对第 29、49、66 章的注释［楼宇烈 1999，71，129，

179]）。因此，将**所有**关心人民的段落都解读为了确保统治者的权力，这是可接受的。

48. 一个可能的例外是第64章，它说圣人"能辅万物之自然"。下文将对这一段落进行讨论。

49. 我在这里的叙述与陈荣捷很接近，他强调《道德经》脱离了拟人论，但也补充说它仍然以人类关切为中心（Chan 1963b，10）。史华慈还谈到了它的"强烈的'人文主义'关切"，尽管他认为这与正文的大部分内容相矛盾（Schwartz 1985，211，204）。刘笑敢清晰地表达了"人文自然"（humanistic naturalism）是《道德经》里的一个核心概念（2006，46—61），陈鼓应（2013）则主张道家的"人文精神"。

50. 对《道德经》最持怀疑性解读的是 Hansen 1992，196‑230。万百安也把它解读为对所有语言和推论知识（但不是所有的价值观）的怀疑（Van Norden 1999，195）。贺碧来指出，虽然中国的古典注家提到了语言的局限性，但没有人认为这个文本提出了"人们必须不信任语言"的广泛主张（Robinet 1999，141）。

51. 史华慈做出了这样的区分："老子的书虽然没有对描述自然秩序的语言产生怀疑（尽管它确实对描述人类秩序的通行语言产生了怀疑），但是发现了使确定的'道'可能超越所有语言的东西。"（Schwartz 1985，197）声称《道德经》提倡语言的怀疑主义在很大程度上是有赖于对这种区别的忽略。

52. 史华慈认为《道德经》在这一点上自相矛盾，主张虽然《道德经》的神秘主义"指向一个'超越善与恶'的领域"，但"老子并没有完全摆脱'价值判断'"（Schwartz 1985，204，213）。齐思敏则主张，将文本解读为统一的好和坏仅起自宋代注家（Csikszentmihalyi 1999，47‑48）。

53. 史华慈主张，由于圣人认同虚无（non-being），他们能够完全平静地接受生活的烦恼（Schwartz 1985，206）。虽然梅勒通常强调《道德经》是成功行动的手册，但他也主张圣人对好运气和坏运气漠不关心（Moeller 2006，100，105‑110）。拉法格最彻底地尝试将文本解读为聚焦于内心的满足而不是外在的成功，他将对功效的主张描述为"夸张且乌托邦的意象"，这种形象化的描述是从道很好地解决了"**主要的人生难题**，意义的难题"这一事实推断出来的（LaFargue 1992，221‑222）。安乐哲和郝大维提出了类似的观点，认为文本的主要目的是教导"对构成一个人经验领域的那些具体事物和事件的最充分理解"（Ames and Hall 2003，11）。然而对意义和理解的关注可能符合庄子更精英化的观点，我想这样的问题对《道德经》和当时的大多数人来说是陌生的，对他们来说，"**主要的人生难题**"会一直存在。

54. 像这种对文本理解困难的例子，参见拉法格对第7章的主张的解读，即圣人成其私，是"通过自我修养完善个人的性格"（第7章），或是他把

"道之用"理解为指"个人对自己存在的具体满足感"(第45章)(LaFargue 1992,23,13)。

55. 这一章的通行版本差别很大,而我遵循的是马王堆本,这是最古老且我认为最有意义的版本。下文将进一步讨论这些句子。

56. 这是解读《道德经》对美德的批评的一种常见方式。例如参见陈鼓应1988,135;刘笑敢2006,398—399。

57. 韩禄伯强调了这种联系:"但是,道的母性不仅体现在它产生了所有的现象;它这样做了,且继续喂养和滋养万物;它没有最爱。并且它以完全无私的方式做到这一点;它声称自己的所作所为没有功劳,也没有试图拥有或控制它帮助成长的东西。"(Henricks 1999,163)

58. 我在这里遵循了通行本,马王堆本是"有争"而不是"不争"。因此,梅勒将其翻译为"when there is contention, takes on the place that the masses detest"(当有争议时,处于大众讨厌的位置)。另外一些学者把"有"理解为"又",所以安乐哲和郝大维翻译为"Yet vies to dwell in places loathed by the crowd."(而争着居于民众厌恶的地方)。然而,这两种选项似乎都不太合理,因为最后一句说,只有不争,一个人才能免于灾难。关于其他可能性的讨论以及遵循通行本的论据,见刘笑敢2006,148。

59. 帕克斯(Parkes 1983)和安乐哲(Ames 1983)虽然没有讨论"生",但都讨论了"德"与尼采"权力意志"之间的可能联系。

60. 因此,季旭昇对这一行文字的注释是:"乱是因为人不遵循自然的法则才产生的。"(2005,201)

61. 尽管如此,这种与圣经术语的联系显然让人难以抗拒。吉瑞德经常提到"从天堂坠落",甚至说其他一些文本将这与某些类似"原罪"的内容联系在一起(Girardot 2008,55)。史华慈还提到了一种人为且蓄意地破坏"道的伊甸园"的行为(Schwartz 1985,207)。

62. 虽然这段话的关键点很清楚,但具体的术语很难理解。请比较梅维恒(Mair 1994,88 - 89)、任博克(Ziporyn 2009,65 - 66)和葛瑞汉(Graham 2001,209 - 210)的翻译。

63. 陈汉生特别好地解释了这一点:"'为'从自由、理性、有意识或自愿行动的意义上来说,不是'有目的的'。相反,对于老子来说,'为'是社会诱导的、习得的反应模式的标志——与自主或自发反应相对立。"(Hansen 1992,213 - 214)

64. 虽然没有具体处理道的背离问题,但安乐哲和郝大维对新奇事物的强调在这里很有帮助。他们写道:"在已有的语境里,新奇事物不可抑制地自然呈现,保证了每一个新出现事件的独特性,并抢先于严格的线性因果关系、绝对的可预测性和可逆性等概念。这个世界永远是新的。事物的倾向——环境的力量——似乎不可避免地缓慢前进,这总是不确定的,总是被真正新奇事物的偶然性所伴随。"(Ames and Hall 2003,16)刘笑敢也强调，道作为起源并不是完全确定的(2006,415—416,504—506)。

65. 道的无所不在尽管在后来的文本如《庄子》里有所体现，但《道德经》对此并没有给出确凿的证据，拉法格则主张这完全没有文本依据(LaFargue 2008,179)。《道德经》里有一段说："大道氾兮，其可左右!"(第34章)另一章说道"周行而不殆"(第25章)，这可能是表示道无处不在的意思，但更可能是表示道是无休止地循环。关于中文注释里所提出的道与事物之间的复杂关系的精彩讨论，见 Robinet 1999,134 - 136。

66. 该段的王弼本、河上公本与傅奕本都是"势"而不是"器"，"势"指"周围的情况(circumstances)"。势与事物的发展相联系，正如《性自命出》所说，"出性者，势也"，然后将"势"解释为"物之势"(刘钊 2003，第 11—12 条)。

67. 朱熹对此解释道："器者，各适其用而不能相通。成德之士体无不具，故用无不周，非特为一才一艺而已。"(2003,57)

68. 如果把"成"理解为积极的意思，这行文字就变得令人费解。我的解读接近安乐哲和郝大维的说法，他们把这句话翻译为"they are able to remain hidden and unfinished"。他们解释道："道之中的进步和协同力量使离散和封闭的语言变得不合适。"(Ames and Hall 2003,99)这一句在河上公本和王弼本里有所不同(在"成"字之前多加了一个"新"字)，且不见于郭店竹简本。

69. 《道德经》第28章认为器的创作是由于朴(字面意思是"未经雕琢的木")的分散，然后解释说圣人会避免这种结果，因为他们"不割"。

70. "希言"的意思还有可能是"无味不足听之言"，这是王弼的理解(楼宇烈 1999,57)。梅勒遵循这种解释，将这个短语翻译为"silent speech"。

71. 我这一观点主要出自刘笑敢 2006,274。梅勒对这一段解释道："似乎连大自然也不总是富有成效和及时的。"(Moeller 2007,56)

72. 郭店材料关于这一段的最后部分有两种版本。我遵循了甲本第10—13条，刘笑敢认为甲本更古老且更连贯(2006,621—622)。

73. 理解这一句的困难在于"过"，另外两种解读也是可接受的，一是圣人避免大众所犯的过失(Lau 1994;LaFargue 1992)，二是圣人能够去大众经过或忽略的地方(Moeller 2007;Ames and Hall 2003)。然而，圣人纠正了人们错误的这一解读得到了郭店甲本的支持，郭店甲本是"教不教"而不是"学不学"，这表明，这一句与圣人对人们的积极影响有关。河上公解释说，这是让人们回到根本上(王卡 1997,251)。罗慕士将此句翻译为"redeem the wrongs many have done"(补救众人的过失)(Roberts 2001)。陈鼓应也是如此理解(1988,310)。

74. 虽然这一解读对最后一句来说是最常见的，但是一些学者把"辅"

等同于"为",从相反的角度来解读。在这种情况下,这一句的意思是圣人**可以辅助万物的自发性**,却不敢这样做。因此,安乐哲和郝大维将这一句翻译为"Although they are quite capable of helping all things(*wanwu*)follow their own course(*ziran*),they would not think of doing so."(Ames and Hall 2003,178;另见 Henricks 2000,42)。这种解读与文本的大多数版本兼容,但很难与郭店甲本相符,郭店甲本重复使用"能"来强调"辅"与"为"之间的不同:圣人能辅万物之自然,而弗能为。由于后一种解读与文本的所有版本兼容,所以更合适。见刘笑敢 2006,617—618,621—622。

75. 然而,《韩非子》在引用这句话时用的是"恃"而不是"辅","恃"的意思是"依靠"或"支持"。王充也以农业为例说明人辅天之自然(54:780)。

76. 因为这样的语境,刘殿爵(Lau 1994)将这一句翻译为"a creature old in its prime",安乐哲和郝大维(Ames and Hall 2003)也有类似的说法,"For something to be old while in its prime."。虽然这句话的重点是由于过分活跃而快速衰老,但对句子本身最合理的解读是该句描述了事物从青年到老年的自然发展。

77. 普鸣最强烈地表达了这一点:"在《老子》里,圣人并没有以大自然为榜样:他以自然世界和人类世界的祖先——道为榜样。因此,他获得了对两者的权力:自然世界,像人类世界一样,服从于他,而不是其他方式。此外,圣人完全不需要自然地行动。一开始,他就把自然生成过程反转,以回归于道。"(Puett 2002,167)

78. 刘笑敢和拉法格都清楚表达了对圣人的努力的关注,他们都强调了第 64 章里的说法,即圣人"辅万物之自然"。拉法格写道:"社会的自然状态并不容易实现。人们开始制造混乱,事情开始朝着错误的方向发展,世界的有机和谐很快就消失了。有些事情必须要做。然而'工作的废墟'(working ruins)——这个解决方案可能和问题一样具有破坏性。答案是:时刻小心,好像你总是处于某件事的开端。"(LaFargue 1992,157)刘笑敢则写道:"自然的理想并不排除使用外力或默许这种力量的影响,它只是排除以**强制**方式使用外力。"(Liu 1999,217)刘笑敢还制作了一份有用的清单,列举出所有被认为是圣人要做的事项(2006,387—389)。

79. 陈汉生说,对"阴"的一面的这种强调是"一种对我们关于什么是有积极价值的传统假设的启发式修正"(Hansen 1992,225)。这采纳了葛瑞汉的建议(Graham 1989,230)。对这一立场的批评,见 Van Norden 1999;LaFargue 1992,237。

80. 类似的讨论,见 Lau 1963,28;Van Norden 1999,199 - 202;Graham 1989,228 - 230;LaFargue 1992,79。拉法格将消极倾向描述为"阳刚/进取"的倾向,他的讨论基于第 42 章,该章认为事物,完全按原文的话就是"负阴而抱阳"。拉法格认为这是声称事物"背弃静谧与黑暗,拥抱进取与光明"

（LaFargue 1992,78）。另参见王蓉蓉对于这一句的精彩讨论（Wang 2012, 144 - 149）。

第四章 《孟子》的怨天与事天

1. 《孟子》文本相对连贯,考虑到儒家文本在孟子教学时是通过竹简流传的,因此有理由假设这些出自孟子的名言通常可以追溯到他说过的话。即使这样,也必须通过他的学生和文本编撰者的不同视角来加以过滤。有关其连贯性和"真实性"的主张,请参见 Shun 1997,235；Van Norden 2007, 211 - 213；Eno 1990a, 99。关于持更怀疑态度的观点,参见 Brooks and Brooks 2002a。像往常一样,当我提到孟子时,我指的是文本中的人物,而不是这位历史人物。

2. 一个可能的例外是《孟子》（5A5）,它表示天接受"舜"作为新皇帝的一个标志,是百神接受了他的祭品。正如我们所看到的,《墨子》使用了相同的主张来说明天的意愿,声称我们知道天兼爱天下之人,是因为天包容地接受了所有人的献祭（28:210—211；Johnston 2010,28.5）。

3. 李亦理认为,更多的拟人化段落"使孟子的'天'作为'模式'或'结构'或'机器'的任何简单描述都失效了"（Yearley 1988,432；1990,163）。陈大齐也将《孟子》中的天视为有欲望和意志的（1980,94）。艾文贺说:"孟子像孔子一样,不认为天是个人式的神灵,但他确实将天看作制定世界计划的代理人,并且有时会在世界上行动以实现其意愿（参见《孟子》5A6 等）。"（Ivanhoe 2007,217）相比之下,江文思承认了天在《孟子》中的一系列用途,但表示"孟子将'天'从《墨子》更人格化的'天'中分离出来,这导致了一个更世俗的'力'的概念"（Behuniak 2004,xxiii；请参阅 101 - 104）。信广来则对其他观点进行了有益的研究（Shun 1997,207 - 209）。

4. 这里还有其他两种可能性。一种是天是善的,却是无力的,所以会有坏事发生。我知道没有人支持这种解释,并且这不符合文本证据。另一种可能是《孟子》本身观点的不一致。李亦理认为,《孟子》是一种独特的"实用"宗教文本,受一种对所思考的任何事物的直接宗教用途的关注,以及对保持而不是消除某些基本矛盾的渴望所指导（Yearley 1988,433）。李亦理以对恶的问题的回应为例。伊若泊还强调了文本实用取向所带来的不一致（Eno 1990a,101 - 106；2002）。然而,李亦理和伊若泊最终都认为孟子持有一种一致的见解,即天是善的。

5. 参见 Puett 2002,143 - 144。陈大齐也持类似观点,声称并非所有来自天的事物都是好的,而天有时做的事情是如此糟糕,以至于对它生气是适当的（1980,17 - 18,106 - 107）。

6. 大（tài）王是文王的祖父,文王创立了周朝。我们可以将这段话当作从字面上声称,如果一个人是好人,那么后代成为王将是他们得到的回报。

如前所述,这可能是一种常见的观点,但是作为一般规则这是不切实际的,并且在《孟子》里也不再出现。孟子极有可能援引一种常见的观点来安慰文公。总的观点是,如果我们是善的,那么后人将继续我们的事业。

7. 诸如《庄子》(28;967;Mair 1994,285 - 286)和《吕氏春秋》(21/4.2;1463—1464)里的许多文本都以大王作为养育和珍惜生命的典范。不过,儒家的注释者则倾向于坚守和战斗。朱熹强调,只有像大王这样具有非凡品德的人才能逃跑;其他人必须遵循适当的规则并坚守下来(2003,225)。

8. 孟子从宋国统治者那里拿到了旅费(2B3),滕文公来访他时,他住在宋国(3A1),这一定是在公元前 326 年之后。鉴于宋王偃看起来很坏,孟子与宋国的关系存在一定问题。周广业认为,孟子一定是在宋王偃统治初期的宋国,当时还不清楚宋王偃到底有多坏(焦循 1987,431)。焦循质疑关于宋王偃之恶的描述的真实性,认为这些描述可能是对齐楚灭宋的合理化(1987,431)。

9. 参见《史记》38.1632;《吕氏春秋》23/4.4:1569;焦循 1987,430—431。

10. 陈宁对集体层面(美德通常会带来回报)和个人层面(我们受制于盲目的命运)做了类似的区分(Chen 1997a,506)。他从马克斯·韦伯(Weber 1964,207)的评论中发展了这一点。但必须补充的是,集体层面是由统治者而不是由人民自己决定的。

11. 朱熹解释道:"志士固穷,常念死无棺椁,弃沟壑而不恨;勇士轻生,常念战斗而死,丧其首而不顾也。"(2003,264)"志士"一词的使用呼应了孔子在《论语》中的话:"志士仁人,无求生以害仁,有杀身以成仁。"(15.9)

12. 关于齐国入侵的讨论见于《孟子》(1B10,1B11,2B8,2B9)。倪德卫提供了更多详细信息和历史资料(Nivison 2002,297)。另见《史记》34.1555—1558。

13. 不抓住天提供的机会可能会带来惩罚,这一观点似乎很常见。参 ²⁵⁵ 见焦循 1987,150。

14. 通行文本里的语法可能会更支持后一种观点,但汉代《论衡》所引用的同一句话的语法略有不同,在第一个分句之后添加了"也",这支持了前一种观点(30;457)。焦循(校订了《孟子》)和黄晖(校订了《论衡》)都认为《论衡》的版本是正确的,而且焦循认为这是赵岐注释的版本(焦循 1987,309—310;黄晖 1990,457)。刘殿爵、理雅各和杨伯峻都遵循了这一解读,将此区分为两个时间(Lau 1970;Legge 1970;杨伯峻 2003)。然而,万百安将其翻译为"the situation has not changed from when I said that"(自我说那句话起,情况没有变化)(Van Norden 2008,61);艾文贺用类似的方式加以解释。有关此段落的各种解释的精彩讨论,请参见 Ivanhoe 1988。

15. 理雅各将最后一句翻译为"How should I be otherwise than

dissatisfied?"（我怎么会不满意呢?）(Legge 1970)，而江文思则翻译为"Of course I am frustrated."（我当然感到沮丧）(Behuniak 2004,108)，但两者都没有给出颠倒其含义的理由。清代注家赵佑提出了一种可能性，他把最后的话当作是反事实的（counterfactual）——如果天用他带来和平，那么他就没有理由不高兴了(焦循 1987,311)。

16. 艾文贺和李亦理都采纳这一立场(Ivanhoe 1988;Yearley 1990,164)。

17. 这似乎是赵岐的观点，他这样总结他对这段话的注释:"知命者不忧不惧。"(焦循 1987,312)另见 Puett 2005,60。

18. 陈宁指出了这一区别，他说"that time（彼一时）"指的是个人的成功，那是一个人不应该抱怨的时候，而"this time（此一时）"指的是集体的利益(Chen 1997a,509)。

19. 该短语的丰富性体现在其翻译里。万百安将这两个汉字（怨慕）翻译为"He was bitter over the fact that he did not receive the affection of his parents."(Van Norden 2008)。刘殿爵则翻译为"He was complaining and yearning at the same time."(Lau 1970)。理雅各的翻译是"He was dissatisfied，and full of earnest desire."(Legge 1970)。

20. 孟子周期性观点的另一种选择是将人类历史视为一种稳步衰落的历史。艾兰讨论了竹简本《容成氏》里出现的这种观点。她解释说，这种范式"反映了由道德精神力量（天空/天堂）决定的朝代循环观念变得越来越难以捍卫的情况"(Allan 2010,76)。

21. 这可能是一种普遍的看法。《吕氏春秋》(14/3.5;774)也指出了同样的观点，认为正如饥饿的动物看到食物时无法被阻止那样，处于混乱时代的人们会涌向那些贤人。极端混乱使得时机恰当。这样的说法或许可以解决墨家关于汤即使在桀那样糟糕的时代也能取得成功的争论。孟子的回答是，桀的坏正是汤取得适当时机的原因。

22. 白牧之和白妙子提出了这一主张，并对第 2B13 段进行了深入的分析(Brooks and Brooks 2002a,56)。

23. 这一点贯穿于郭店文本《唐虞之道》中，在《子羔》和《容成氏》的文本里也表现明显。在现存文本里这一立场并非不为人所知，焦循就引述了几种批评禹将王位传给儿子的文本(1987,646—647)。有关此主题的精彩讨论，参见梁涛 2008,166—177。有关《唐虞之道》的讨论，参见 Defoort 2004;有关《子羔》和《容成氏》文本，参见 Allan 2009,2010。

24. 梁涛将此事件视为争论的转折点(2008,174—176)。倪德卫也强调以燕国事变为孟子发表评论的背景(Nivison 2002,294-298)。

25. 关于这种观点，参见 Puett 2002,138。该段落的最后一句似乎与此矛盾。孟子引用孔子的话说:"唐（尧）虞（舜）禅，夏后殷周继，其义一也。"

然而,这一陈述的形式与人们普遍的主张相似,即什么是正确的取决于情况,因此圣人最终可能会采取完全不同的行动。这正是赵岐和焦循所强调的(焦循 1987,652)。关键不在于将王位传给贤人先是正确的,然后天改变了主意,使遗传继承成为正确的,而在于所有这些圣人都是正确的,因为他们正确地回应了天设定的情况。

26. 江文思(借鉴庞朴的著作)对天包含社会力的方式做出了很好的讨论。他把提到的天看作时代的条件(Behuniak 2004,101 - 114)。

27. 庞朴很好地解释了这种与社会的联系:"本来是由人们自己组成的社会,到头来成了超人的神圣客体,本来是人们自己的力量,却表现为支配人们的命运。"(2005a,87)

28. 陈大齐很好地说明了这一点,他认为,将天与其他事物区分开,则天可以作狭义解,但也可以从广义上解释天,因为天将其他事物也包含了进来(1980,103—104)。也就是说,我们可以将天(狭义)与人类区分开,但是同时,人类本身是由天(广义)产生的。

29. 有关"性"的精彩讨论,包括对其他观点的批判性总结,参见 Robins 2001,2011b。对"性"概念背景的经典研究是 Graham 2002。关于根据最近出土文本对背景进行的重新思考,参见 Chen 2002;Perkins 2010b。围绕"性"的主要争议在于它的固定性、规范性或目的性。关于解释的两极,请比较 Van Norden 2007,201 - 203;Behuniak 2004,10 - 14;或 Ames 2002;Bloom 2002。关于中国学者的研究观点,参见徐复观 1969。

30. 《性自命出》列出了通过修养来改进"性"的各种方式(刘钊 2003,第 9—12 条),而《荀子》则说"积习"会转化("化")"性"(例如 23:435;Knoblock 1988,23.1b)。

31. 不同的人具有不同的"性"的观念见于《左传》,《左传》把小人之性描述为"衅于勇,啬于祸"(襄公 26;杨伯峻 1990,1123)。关于其他的例子,参见 Shun 1997,38 - 39。在《庄子》的所谓原始主义篇章(第 8—10 章)里,以及郭象的注里,都提到了每个个体自有其性。这些将在下面的第五章里讨论。

32. 《孟子》和郭店文本之间的确切关系很难确定,但郭店文本几乎可以肯定是更早的,并且《孟子》对我们在其中发现的一些立场做出了回应。同时,郭店文本也引入了若干与《孟子》一致的专门术语,例如"情"和"气",但这些术语仅在文本的外围出现。孟子可能将这些术语视为理所当然而未明确提出。也有可能《孟子》的思想相对独立地出现,然后在遇到这些术语时吸收了郭店材料对这些术语的分析成果。无论哪种情况,这些来自郭店文本的术语都有助于阐明《孟子》。

33. 江文思将此标题翻译为 "Dispositions Arise from Conditions"(Behuniak 2004),钱德梁将其翻译为 "[Human] Nature Derives from

[Heavenly] Decree"(Brindley 2006)。我依据郭店文本，但也查阅了上博简《性情论》(季旭昇 2004)。我的翻译得益于丁四新的帮助。关于如何重构文本有很多分歧。有关文本的完整处理和解释方面的分歧，参见 Perkins 2009，2010b。李天虹(2003)和季旭昇(2004)都详尽地总结了每个段落之间的分歧。

34. 我把这里的"善"理解为假定的"善"，因此"善"意味着"确认为善"(affirm as good)或"判断为善"(judge as good)。普鸣将"善"翻译为"deem as good"(视为善的)(Puett 2004，47)。这种判断的自然倾向接近于孟子所说的"是非之心"，孟子以此作为智的萌芽(2A6)。一些学者将"善"视为"成为善"(become good)之类的意思。有关各种立场的讨论，参见李天虹 2003，138—139；Chan 2009，365‑367。有关我自己的观点，请参阅 Perkins 2010b。

35. 关于"气"与情绪、与"性"的联系的精彩讨论，请参见 Chan 2002。

36. 朱熹用这些术语解释了出自《中庸》的这一句，他说喜怒哀乐是"情"，其未发，则是"性"(2003，18)。类似的段落也在李天虹(2003，135)里给出。另见 Andreini 2006，155‑156。

37. 丹·罗宾斯从大量通行文本里提供了充分的证据，表明"性"是指实际特征，而不是指可能性或发展的适当过程(Robins 2011b)。江文思还认为，应该从实际力量的构造而不是从可能性或目的论的角度来理解"性"(Behuniak 2004)。

38. 该格言在《孟子》里因孟子与告子的辩论而广为人知(6A4，6A5，2A2)，并且出现在若干郭店文本中，其中最明确地出现在《六德》里，曰："仁，内也。义，外也。礼乐，共也。"(刘钊 2003，第 26 条)

39. 该句子的最后一部分丢失了，但是根据前一句很容易重构。注释者们赞同"由外入者"是"义"和"礼"，但是关于第三个术语则有分歧。

40. 葛瑞汉提出了一个有影响力的论点，即"情"在汉代以前的著作中从不意味着"激情"(passions)，而只是诸如"事实"(the facts)或"真正的"(genuine)之类的东西(Graham 2002，49‑55)。现在我们知道，葛瑞汉的主张是不正确的，因为《性自命出》将"情"当作情感以及我们的"性"的活动或激发。考虑到语境的相似性，此处的"情"几乎可以肯定是指情感，且列举了导致美德的几种感觉，作为此类"情"的例子。焦循引用程瑶田的话来说明这一点(1987，752‑755)。朱熹也说"情者，性之动也"，这与《性自命出》的说法很接近(2003，328)。赵岐还提到"哀戚"作为"情"的一个例子(焦循 1987，752)。

41. 关于这"四端"的最详尽讨论，参见 Van Norden 2007，247‑277。另见 Shun 1997，49‑71。

42. 孟子没有将"情"这一术语直接应用于这些反应，但这些显然符合《性自命出》所称的"情"。朱熹明确称为"情"(2003,238),而赵岐则把对处于危险中的孩子的担忧反应称为"情"(焦循 1987,233)。

43. 在这里,我遵循陈汉生所说的四种倾向的"弱"版本,将它们作为对世界做出反应的基本方式,这些倾向可以在不同的语境中以不同的形式发展(Hansen 1992,172)。而"强"版本会认为儒家之道的特定形式已经隐含在人性中。李亦理分析了源自我们天性且应以多种形式呈现的美德,与源自圣人的一系列具体道德实践之间的同一张力(Yearley 1985;1990,46)。艾文贺表达了类似的"强"观点:"他(孟子)相信,这些'礼'所描述的模式都被编码在每个人的内心和思想中。如果一个人修养了道德之端,那么他就可以找到那根植于心的内在道路。"(Ivanhoe 2002a,111)信广来似乎也持"强"观点,他说:"人的内心或思想已经包含了一种伦理指向,因此人类不需要从自己的内心或思想之外寻求伦理指导。"(Shun 1997,212)关于我对"弱"版本的讨论,请参见 Perkins 2011a。

44. 信广来对各种立场和可能的解读进行了详尽的讨论(Shun 1997,94‑112)。关于论辩中所涉及的问题的各种论点,参见 Van Norden 2007,287‑301;Liu 2002,107‑114;Chong 2002,108‑111;Behuniak 2004,38‑46。关于根据出土文本对论辩进行的全面概述,参见梁涛 2008,378—389。

45. 关于此主张的更完整论证,参见 Perkins 2011b,26。

46. 梁涛认为,这标志着儒家思想的一个重要发展,曾经与家庭系统紧密相连的儒家思想变得与家庭系统越来越不相关(2008,315—319,378—379)。我怀疑这种变化是对墨家强调的"兼爱"的回应。

47. 刘殿爵(Lau 1970)和万百安(Van Norden 2008)都将这里的"利"译为"profit"(利益)。王充指出《周易》里"利"的积极用法,并声称"利"具有两种不同的含义:有货财之利以及安吉之利。他指责孟子用第一种含义来理解这个术语是不公平的(30:450)。

48. 这一段的一种常见解释是,我们可以改变我们的命运,所以在某种意义上,死于桎梏可能是命中注定的,但仍然可以避免。陈宁列举了一些持这种观点的人(Chen 1997a,497‑498)。关于《论语》中的"命",罗思文和安乐哲也给出了这样一种观点(Rosemont and Ames 1998,250n192;参见 Hall and Ames 1987,214‑215)。

49. 这个段落的另一种常见解释是,它区分了什么是真正的命运("正命")而什么不是。例如,朱熹认为"正命"是指未被寻求却发生了的事情。因为死于危墙或被囚都是可以避免的,所以这不是"正命"(2003,349—350)。焦循则将其理解为区分了什么是可以避免的和什么是必要的(1987,879—882)。然而,认为尽道而死比作为罪犯而死更难避免,这实在让人难以置信。

50. 这个问题以及"懒惰的谬见"(lazy fallacy)一词可以追溯到希腊化

时期的哲学，并且西塞罗在《论命运》中也有所讨论（Inwood and Gerson 1988，130）。莱布尼茨经常讨论这个问题，认为因为结局是注定的所以不需要努力的这种说法错误地忽略了我们自己（注定的）行动的贡献（例如 *Theodicy*［《神义论》］，preface；Gerhardt 1978，Ⅵ.30）。

51. 赵岐认为这段话区分了你得到了应得的命（"正命"）和不应得的命，得到了不应得的命就会死于桎梏（焦循 1987，879）。这借鉴了汉代的一种似乎常见的关于三种命运之间的区别，这在上文第二章里已经提到过（见《论衡》6：52）。这种解读的问题在于这段文字是规定性的，告诉我们要拥有正命，而我们是否能得到应得的却不在我们自己的控制范围之内。王充也是这样来理解这段话，但他指出这与常识以及《孟子》里的其他主张相矛盾（11：467—468）。他特别提到子路死后被剁成肉酱并被挂在城门上，这比死于桎梏更糟糕。

52. 清代学者张尔岐很好地解释了这一点，并将其与内心的平静联系起来："君子以义安命，故其心常泰；小人以智力争命，故其心多怨。众人之于命，亦有安之矣。大约皆知其无可奈何而后安之者也。圣人之于命安之矣，实不以命为准也，而以义为准。故虽力有可争，势有可图，而退然处之，曰义之所不可也。义所不可，斯曰命矣。"（焦循 1987，657—658）

53. 有关此类观点的概括，参见 Shun 1997，78 - 81。

54. 关于根据最近出土的文本对"天"与"性"之间的联系做出很好讨论，参见梁涛 2008，143—145。

55. 关于类似的观点，也请参见 Van Norden 2007，309，345；Yearley 1990，36；Shih 1963，238。

56. 复原这段文字有许多困难，有关讨论参见季旭昇 2005，198—203；曹峰 2006，107—122；翻译参见 Brindley, Goldin, and Klein 2013。有关我的解释的详细说明，请参见 Perkins 2013。我对《恒先》的理解很大程度上得益于由钱德梁组织的于 2010 年 11 月 13 日至 14 日在宾夕法尼亚大学举行的"阅读和理解《恒先》（竹书项目二）"会议讨论。

57. 李零（马承源 2004，292）、季旭昇（2005，221）和曹峰（2006，116）都把这个短语里的"生"理解为"性"。

58. 这是对"或"的一种奇怪用法，但我遵循曹峰的说法，将此指涉仍不确定的事物（2006，115）。一些学者将"或"作为"域"，表示空间或空间性（请参阅 Brindley, Goldin, and Klein 2013）。有关各种观点的讨论，请参见季旭昇 2005，210。

59. 大多数中国学者再次把第 5 条里的"生"理解为"性"，李零（马承源 2004，292—293）、季旭昇（2005，202，226）和丁四新（季旭昇 2005，226）都照此方式来解读。季旭昇将其解释为"万物所具有内在差异的'性'出于'有'"（2005，226）。

60. 有关早期中国思想中植物和水的隐喻的出色研究,参见 Allan 1997。

61. 关于孔子对水的评论,参见《论语》9.17,6.23。

62. 关于"端"是否具有"萌芽"(sprout)的意思或仅仅意味着"开端" (beginning)(当"耑"与部首"立"结合时,"开端"才是恰当的意思),一直存在争议。万百安关于这点的讨论令人信服(Van Norden 2007,217),并得到《语丛(一)》里"端"的类似用法的支持。《语丛(一)》使用了不带部首的表示萌芽的"耑",说:"丧,仁之耑(端)也。"(刘钊 2003,第 98 条)

63. 植物生长的隐喻通常用来说明目的论,因为它表明种子或新芽具有它们想要实现的内在目的(例如 Van Norden 2007,xii - xvii,37 - 41)。我不认为这是对植物生长的如此明显的解释,以至于应该假定它是普遍的。关于早期中国并不把植物生长视作目的论的论证,参见 Behuniak 2004,xii - xvii,37 - 41。一个更深层次的问题是,由于水显然是根据环境和自身内在力量而移动,而不是朝着某种目的前进,所以对植物意象的目的论解释将使孟子的两个主要隐喻彼此对立。水和植物的生长很可能都是通过气的形态来构想的,并且稍微更强调植物意象是因为它更清楚地显示了自然力量和修养之间的复杂相互作用。

64. 对这段难以理解的段落的完整解释将超出本章的范围,但是关于在论述里引入了最近出土文本的精彩解释,请参阅 Chan 2002; Csikszentmihalyi 2004,149 - 160。另请参见信广来(Shun 1997,66 - 68,72 - 76,112 - 123,154 - 163)的讨论。

65. 我的解释主要借鉴了 Chan(2002),这一著作还用"气"来整合孟子思想的各个方面,同样的还有 Behuniak 2004,1 - 22。另见 Wong 2002, 193 - 196;Chen 2002,20 - 21;Yearley 1990,151 - 157。

66. 帛书《五行》正文部分被称为《经》,而注释部分被称为《说》。除非另有说明,否则我将使用刘钊(2003)对郭店简《五行》的复原文本,以及庞朴(2005b)对马王堆帛书《五行》说文的复原文本。引文采用郭店本里的竹简编号以及庞朴(2005b)里的段落划分(如《经》或《说》)。相关的精彩英文翻译和分析,参见 Csikszentmihalyi 2004。

67. 有关《孟子》与《五行》说文之间联系的详尽讨论,参见陈来 2009c, 191—200。另见梁涛 2008,390—419;Csikszentmihalyi 2004,103 - 112。

68. 人们对这两条简文的文字达成了广泛共识,对其含义却意见分歧。我遵循刘钊(2003)的解释,但在解释"简"(衡量和平衡)时除外,他把"简"理解为刚强。《说》(11)解释说,这是不以小害大,或以不轻害重。《说》(20)说,"简"就像"衡",意思是秤杆。郭沂将其翻译为"轻重不失衡"(2001, 175)。庞朴(2005b)认为"简"有表示分别的意思。

69. 关于可译为"gently"和"decisively"的"恶然"和"杀然"这两个副词

260

短语，存在很大的分歧。陈来认为它们强调了"行动是在某种动力性心态支配下实现的"（2009c，161）。齐思敏将它们翻译为"warmly"和"directly"（Csikszentmihalyi 2004）。

70.《道德经》和《孟子》实际上可能使用了相同的术语。该行文字在郭店本里以两种版本出现，二者使用相同的声旁（"甫"），但带有不同的部首（"尃"出现在郭店甲本第 12 条简中，而"木＋甫"出现在郭店丙本第 13 条中）。虽然注释者根据通行文本将它们理解为"辅"的变体，但它们也可能是"补（補）"的变体。朱熹在解释这段话时引述了宋代学者丰稷的观点，丰氏将这段话与《道德经》联系在一起："辅其性之自然，使自得之，故民日迁善而不知谁之所为也。"（2003，352）值得注意的是，当王充表明农民可以"辅"天之自然而不能强迫事物生长时，他举了孟子的例子，一个宋国的男人试图揠苗助长（54：780）。

71. 胡适强调孟子通过对农业和为人民提供食物的重视来体现他对自然生成力的关注，将这视为孟子学说的一种母性维度。在这一点上，他认为孟子受《道德经》和墨家的影响（2003，231—232）。

72. *Beyond Good and Evil*（《善恶的彼岸》）259；Nietzsche 1988，5.208；英文译文来自 Horstmann and Norman 2001，153.

73. 我遵循范耕研的说法，把关于"安"和"利"的这个短句理解为反问句（陈奇猷 1984，1424）。其意思可能是，当事物试图互相帮助时，它们实际上是在互相伤害。这是诺布洛克和王安国（Knoblock and Reigel 2000）对这段话的理解。有关各种解释，请参见陈奇猷 1984，1424。

第五章 《庄子》中对人的超越

1. 前者最有力的例证是前文所讨论的盗跖对孔子的批评（28：994—1000；Mair 1994，301 - 304）。有关后者的一个例子，参见孔子对他被围于卫国却内心平静的解释（17：595—596；Mair 1994，160）。

2. 后者见于 26：920；Mair 1994，268。前一种观点见于多处，例如，在解释了孔子在陈蔡之间的危险后，一位老人主动向孔子告知"不死之道"（20：680；Mair 1994，191）。

3. 第一种观点见于多处，但第 29 篇《盗跖》的观点是最极端的。第二种观点，参见庄子对自己贫困的解释（20：687—688；Mair 1994，194）。第三种观点贯穿于内篇，并将是本章的重点。

4. Graham 2003b；Liu 1995。另请参阅 Roth 2003b。

5. 例如，第 28 篇《让王》收集了关于避免担任政治职务的故事，但是避免担任政治职务在不同的情节里有不同的理由。

261

6. 实际上，几乎没有证据可以将"内篇"与庄子本人联系起来，而且在汉代这些篇章也不与庄子相关。有关汉代对庄子的看法的出色研究，以及

"内篇"的出现实际上相对较晚的有趣论证,参阅 Klein 2010。

7. 在这种方法中,我遵循了李亦理希望通过谈论"《庄子》中的倾向、主题或线索"来避免文本构成问题的做法(Yearley 1983,125)。

8. *Beyond Good and Evil*(《善恶的彼岸》)230;Nietzsche 1988,5.169. 关于尼采和庄子在反对人类中心主义方面的简要比较,参见 Parkes 1983,237-239。

9. 我遵循葛瑞汉将"啮缺"翻译为"Gaptooth"的译法。有关其名称的含义,参见陈鼓应 1983,90。

10. 大多数当代的注释者和译介者都把这句话理解为"您知道什么是所有事物都认同为对的东西呢?"(Do you know what things agree on as being right?),但郭象有一种有趣的转化方式,把它看作询问"您是否知道所有事物的同其实都是这样的呢?"(Do you know that what all things agree on is actually so?)。郭象回答说:"所同未必是,所异不独非。"(郭庆藩 1978,91)

11. 塞克斯都·恩披里柯给出的论证与王倪的几乎相同,首先描述动物之间的口味差异,然后总结道,我们不知道哪种是正确的,"由于我们无法在自己和其他动物的现象之间做出选择,我们自己即争端的一部分,因此,更需要别人做出决定,而不是我们自己能够做出判断"(*Outlines of Scepticism*[《皮浪学说概要》] I. xiv;英文译文来自 Annas and Barnes 2000,17)。

12. 关于庄子的英文二次文献,不仅苦于关注大卫·罗伊(David Loy)的"他会适合我们的哪个盒子"的询问(1996,52),更是受"盒子"是什么的分歧的困扰。最具争议的"盒子"是"怀疑主义""相对主义"和"神秘主义"。

13. 有关这段文字及其上下文的另一种翻译,参见 Ziporyn 2009,139。任博克很好地表达了类似的关于天的观点:"一旦我们停止试图触及其底部或找出其背后和谐的徒劳尝试,天就不是事物的秘密隐藏本质,不是它们当前相互冲突外表背后的和谐创造者,而是显而易见的冲突本身的表面。"(Ziporyn 2003,49)

14. 李亦理(Yearley 1996,152-188)提出了这一论证(参见 Yearley 1983,125-139)。应当指出的是,李亦理对《庄子》中立场的多样性特别敏感,这就是为什么他将这一特殊的部分标称为"激进的庄子"。

15. 李亦理警告称:"危险在于驯化,使外来的、陌生的和具有挑战性的变成家常的、熟悉的和可接受的。"(Yearley 1983,137-138)

16. 这样的故事充斥于第5篇《德充符》,该篇最自然地被解读为围绕"异常"身体的主题而不是任何一种视角来组织。特别是,那些暗示一个人尽管有异常但很好的故事和那些消解正常概念的故事之间存在着一种张力。在这里,我不尝试调和这些方面,而是简单地遵循后一条论点。在下面讨论的第4篇《人间世》中可能会添加说明"无用之用"的段落。第6篇《大宗师》中对子舆之死的描述也引用了有关畸形的言辞，仿佛死亡的到来把他的身体扭曲到还可以算作人类的边缘。

17. 葛瑞汉给出了一个简短的论证，认为"介"是"外貌或性格上的奇异或独特"（Graham 2003c,18 - 19）。

18. 陈鼓应将这段话理解为，官员只有一只脚是天生的，而不是惩罚的结果（1983,122；另见 Waston 1968,52）。然而，在那样的解读里，这段话似乎是无关紧要的，而且与那些因惩罚而失去一只脚的人物相矛盾。成玄英则从一种更彻底的视角来理解这段话，认为这表明了一切事物——即使你的脚被官府砍了——最终都是命定的且归于天（郭庆藩 1978,125 - 126）。

19. 任博克的翻译是"When Heaven generates any ' this,' it always makes it singular, but man groups every appearance with something else."（Ziporyn 2009,23），也有类似的意思。

20. 第 4 篇《人间世》的后半部分讲述了关于"无用之用"的一系列故事，这似乎是对该篇解释为政治服务方法的前半部分的纠正。在第 1 篇《逍遥游》的结尾，惠子把庄子之言比作一棵无用之树，庄子对此并不反驳。

21. 我遵循任博克对该人名的翻译，此名字是人物特征的描述。葛瑞汉和华兹生将其简单地翻译为"Cripple shu"。"支"是指身体的四肢，本义是树的枝条，因此这可能是与这一系列中的其他故事相呼应。

22. 关于根据与《孟子》有关的所谓人类代表性样本，来推导出"正常的"和"异常的"标记的一次细致入微的尝试，见 Van Norden 2007,221 - 225。问题在于，如果"代表性样本"指的是所考虑的绝大多数类型的真实情况，那么尧和舜就必须被视为异常且欠乏人性的。如果"代表性样本"的意思是"那些最有人性的人"，那么什么才算是最有人性的问题仍然存在。

23. 最初的句子似乎应有些不同，因为这些角色身体上的不寻常是表现在不同方面的，但两者都被说成是使他人的脖子看起来很细小。*我遵循葛瑞汉对此处文本的修正（Graham 2003c,25）。

24. 在第 15 篇《刻意》中有一段描述了彭祖的追随者们进行各种呼吸运动和身体运动，目的是长寿和滋养身体（15:535；Mair 1994,145）。有关各种早期文本中对彭祖引用的讨论，参见季旭昇 2005,250—251。

25. 晏子批评景公刑罚过度，他告诉景公，在市场上，这种独脚人穿的鞋子的需求量居然比普通鞋子的需求量更大（《左传》昭公 3；杨伯峻 1990,1238）。

26. 葛瑞汉认为第 8—10 篇和第 11 篇的部分内容是由同一人写于秦亡之际，约公元前 205 年（Graham,2003b,80 - 86）。罗浩认为这些篇章写就的时间更早，在公元前 243—前 237 年间（Roth 2003b,198 - 207）。刘笑

---

*《庄子集释》此两处的原文都是"而视全人，其脰肩肩"。——译者

敢将它们标称为"无君派",并提出理由证明它们写于公元前 240 年以前
(Liu 1995,134 - 143,165 - 166)。

27. 这几个术语之间的关系可以有不同的理解。任博克对此翻译为
"In this, what is joined is not so because of extra webbing and what is
branched is not so because of additions."(Ziporyn 2009,58)。梅维恒将其翻
译为 "Therefore, joining is accomplished without a web, branching is
accomplished without extraneousness."(Mair 1994,76)。然而,该理解不太
符合接下来的句子。

28. 这指的是秋天长在动物身上的细毛。

29. 此处对身体异常情况的使用直接呼应孟子的说法。孟子说,手指
弯曲的人会竭尽全力医治自己的手指,仅仅是因为他的手指与其他人不同。
尽管孟子提出的差异微不足道,但孟子强调的是,如果我们的心与其他人不
同,那么我们应该关心如何使其正常化(6A12)。

30. 这些联系中至少有一些是由大多数注家提出的,但这四种是由王
孝鱼所集(陈鼓应 1983,192*)。义与工的联系是最空洞无力的,但王孝鱼
通过"工"这个字的本义来实现这一点,"工"原指木匠的矩尺,因此与标准
有关。

31. 陈汉生将此与孟子联系起来(Hansen 2003,49),瑞丽(Raphals
1996,31 - 32)也是如此。

32. 这段话与《孟子》(2A2)中孟子和告子的辩论紧密相关,这一辩论
在第四章中已有所讨论。孟子说,气随心之领导,使用了术语"帅",这与庄
子用于表示追随权威的术语"师"几乎相同。

33. 在通行文本中,"心"字是缺失的,但是有证据表明它在郭象注释过 263
的文本版本中,且几乎所有的当代版本都加插了这个字。参见陈鼓应
1983,117。另一种可能的校改是去掉"而"字,使得字面上读作"有为之"。
"有为"一词在《性自命出》中有所使用,意为故意行事(刘钊 2003,第 13、
15—16 条)。

34. 该短语是《庄子》第 1 篇的标题,我遵循华兹生(Waston 1968)的翻
译"free and easy wandering"。其他翻译分别见于 Mair 1994;Ziporyn 2009;
Graham 2001。

35. 关于"命"在《庄子》中的作用的讨论,参见 Puett 2003。

36. 人们可能会回答说,**自然**死亡应该被接受,而**过早**的死亡应该被避
免,但确定所谓的自然寿命将需要一个物种规范,我们已经看到这个规范在
多数情况下受到削弱,并通过那些希望效仿彭祖的人在寿命方面受到特别

---

* 此处页码或有误,据查验,北京中华书局 1983 年第 1 版的陈鼓应《庄子今注今译》
无引王孝鱼说,其书 2009 年第 2 版引王孝鱼说为 180 页。——译者

的批评。长寿和短命出现在交替清单里，这不管怎样都必须被确认（12：407；Mair 1994，104）。

37. 这种方法是对解释《庄子》的主要困难的最合理回应，正如凯尔博格和艾文贺所言，这是"用庄子的规范性想象调和其怀疑论"（Kjellberg and Ivanhoe 1996，xiv）。方克涛（Fraser 2012）提出了类似方法的详尽论述，他认为庄子哲学的基础是认识到价值是异质的和多重的，并且任何一个视角都将承认某些价值而排斥其他价值。因此，视角上的灵活性使人们能够更好地理解这些价值。对这种困难更普遍的一种反应是（在某种程度上）否认这种怀疑；此类方法的最佳概述和批评是方克涛（Fraser 2012，440 - 446）。另一种方法是声称所推荐的立场只是当人们完全怀疑时所保留的立场。与《庄子》相关的这种立场的最好表达是任博克（Ziporyn 2003，33 - 63）。塞克斯都·恩披里柯表达了一种类似的怀疑论观点（*Outlines of Scepticism*［《皮浪学说概要》］Ⅲ．xxviii；英文译文来自 Annas and Barnes 2000，52）。

38. 可以使用"天倪"一词将磨石添加为第三个隐喻。葛瑞汉遵循朱桂曜将"倪"当作"研"，意为"磨石"（Graham 2003c，16）；在第 27 篇中，天倪一词等同于天均（27：949—950；Mair 1994，279）。康思藤很好地阐述了磨石和陶钧这两个隐喻的交集（Coutinho 2004，169 - 174）。不幸的是，几乎没有证据表明"倪"为"研"。梅维恒将该短语翻译为"the framework of nature"，华兹生译为"Heavenly Equality"，任博克译为"Heavenly Transitions"，陈鼓应译为"natural limits"。同一汉字"倪"，也出现在"王倪"的名字中，我们已经在与啮缺的对话中看到过这个角色。

39. 参见 Graham 2003a，110 - 111。任博克将该短语翻译为"He just went by the rightness of their present 'this'."（他只是以它们现在的"这个"正确性为判断）（Ziporyn 2009，17）。

40. 郭庆藩 1978，74。葛瑞汉将"两"作为一个专门短语，指的是一个论点的两面（Graham 2003a，106）。

41. 因此，任博克将"以应无穷"翻译为"it responds to all the endless things it confronts, thwarted by none"（它对它所面对的所有无尽的事情做出反应，没有阻碍）（Ziporyn 2009，12）。

42. 关于道德弊大于利的一个引人入胜的庄子式论点，参见 Moeller 2009。

43. 普鸣特别强调了圣人的这一功能，他写道："解放的精神符合天道，帮助事物如其自然应有的状态，并允许事物完成其天赐的分配。"（Puett 2002，132）

44. 克莱代尔编辑的这段话出自《真理与方法》的"游戏概念"一节（Gadamer 1994，101 - 110），其中的句子贯穿了整节。李亦理诉诸游戏的概念来描述类似的立场，尽管他将那种立场归于荀子而不是庄子（Yearley

1980,479 - 480)。另见任博克把一种庄子式的视角比作一张无论游戏规则 264
如何都仍然有用的"百搭牌"*(Ziporyn 2012,178 - 181)。

45. 关于平静以及有关好与坏的怀疑论之间的联系,参见 *Outlines of Scepticism* [《皮浪学说概要》] I. xii;Annas and Barnes 2000,10。关于庄子和塞克斯都·恩披里柯之间的比较,请参见 Kjellberg 1996。

46. 关于这一点,参见 Perkins 2007,49 - 57。关于恶的问题和人类流离失所之间联系的有趣描述,参见 Allen 1991。艾伦写道:"苦难可以教会我们,我们只是宇宙中很小的一部分,我们对宇宙运行的作用并没有我们预想的那么大……的确,在我们谦卑和更现实的情况下,我们可以看到整个世界秩序的荣耀,并对我们能够勇敢且大度地屈服于它而心存感激,即使我们受其运行所困。"(Allen 1991,192 - 193)

47. 有关《庄子》与悲剧之间的关系的更详细讨论,参见 Perkins 2011b。

48. 普鸣写道:"尽管儒家常被描述为根本上的乐观,但孟子的论点基于完全不同的宇宙论。称之为'悲剧'可能有些过分,但孟子显然想到了一种天人之间关系紧张的可能性,并建议我们站在天的一边。"(Puett 2002,140)然而,孟子并不是简单地站在天这一边,所以,这种紧张关系被天然的人性关怀与接受所发生的一切之间的内在冲突加剧了。

49. 万百安提出了类似的观点,他引用玛莎·努斯鲍姆的短语,说《庄子》试图克服"善的脆弱性"(Van Norden 1996,261)。

50. 我从与肖恩·柯克兰的讨论中得出了这种对比。柯克兰以希腊悲剧为例,说明了从**行走视觉的时代**(dromoscopic time)到**困惑性时代**(aporetic time)的转变,在行走视觉的时代,人们奔向一个固定的目标,而在困惑性时代,人们意识到"自己的动机和目标根本不是固定和明确的,而是复杂、模糊和难以理解的"(Kirkland,forthcoming)。这种转变会引起谨慎、犹豫和不确定性。《庄子》帮助揭示的是,这种无路可走的境地只对那些仍致力于**到达某个地方**的人来说是**悲剧的**。除此以外,它是混合了喜剧之中。

51. 普鸣写道:"因此,对于孟子来说,天人冲突的出现是因为人对世界做出了道德判断。对于庄子而言,人应该接受天颁布的任何命令;一旦人停止使用道德规范来批评天,冲突就不会存在。"(Puett 2002,144)

52. *Birth of Tragedy*(《悲剧的诞生》)11;Nietzsche 1988,1.78.

53. Hegel 1955,II.553;译文改编自 Paolucci and Paolucci 1962,54.

54. *Thus Spoke Zarathustra*(《查拉图斯特拉如是说》),"On Reading and Writing"(《论读写》);Nietzsche 1988,4. 49;英文译文来自 Parkes 2005,36.

---

* 美国扑克游戏中的"百搭牌"(wild card),可以由持牌人随意决定牌值,代替任何其他牌张。——译者

55. 有关《庄子》中动物与人之间的关系的更广泛研究，参见 Perkins 2010a。

第六章　荀子与人的脆弱性

1. 《荀子》主要由论文而不是引用的语录组成，因此单个作者的证据仅取决于这样的事实：后来的编辑者将这些材料归在一起，并且这些材料具有内部的连贯性。若干章节被普遍认为收集了来自不同作者的材料，但撇开这些章节，这个文本非常一致和系统。为方便起见，我将荀子说成该系统的作者，尽管这很可能混合了他与他弟子的思想。然而，此文本中的所有材料都存在一些疑问，我尽量不过分地依赖任何单一的篇章。有关《荀子》的编纂和真实性的广泛讨论，参见 Knoblock 1988，105－128。

2. 此处诗句出自《诗经·天作》(270)。

3. 这句话有几个难点，但"因物"是指自发遵从事物本身的方式。当荀子批评庄子蔽于天而不知人时，他说，庄子因此只知道尽"因"(21：393)。如果维持句子之间的对应，"多之"则应指对待事物的一种态度，而不是一个实际行为。那么，我把"多"这个词当作某种假定，类似"鉴于它们的多样性"。唐代注家杨倞把这句话当作依靠事物自身增衍的意思(因物之自多)（王先谦 1988，317），这种理解被李涤生、诺布洛克和华兹生等人接受（李涤生 1979，378；Knoblock 1988；Waston 1968，86）。何艾克和伊若泊则理解为人类增衍事物的行为(Hutton 2000，273；Eno 1990a，203)。这两种理解都貌似有理，但都无法与其他句子相对应。

4. 在《史记·孟子荀卿列传》中，荀子反对巫术和占卜是被特别提到的少数几点之一（《史记》74.2343）。陈文洁将此视为《荀子》最重要的方面之一，并声称荀子认为迷信吉凶"是当时最为严峻的问题之一"(2008，29)。金鹏程精选了一些段落来说明荀子可能反对的某些观点(Goldin 1999，38－46)。

5. 其他两处在《荀子》(5：84，27：498；Knoblock 1988，5.6，27.49)中。至少有一部分儒家学者已经将《易》列为经典，因为它出现在了郭店文本《六德》和《语丛（一）》之中(刘钊 2003，第 24—26、38—41 条)。

6. 带有命运的意思的"命"仅出现了七次（不包括出自经典文本的引文），而且其中一些出现在可能的常见短语中（例如 16：291，4：58；Knoblock 1988，16.1，4.6)。

7. 我从梅勒（Moeller 2006，96）处得到这个评论。

8. 类似的观点在《吕氏春秋》(1/2：21—22，2/2：75)中也有所阐述。

9. 关于以荀子的人性论调和自然的家庭情感的尝试，参阅 Ivanhoe 1991，314n7；Hutton 2000，230。

10. 基于这两篇与《礼记》和其他文本中各篇的明显重叠，长期以来人们一直怀疑它们的真实性(见 Lau 2000，212；胡适 2003，235)。最常见的观点认为这些篇章取自荀子(见 Cook 1997),但我们现在知道郭店文本中早有类似的观点。然而,我们必须再次谨慎地对待真实的和篡改的简单二分法。较早的材料并入《荀子》中,这至少意味着对它们内容的某种接受,但这并不一定要求对每个要素都接受。

11. 黄百锐(David Wong)将"可"区分为指导欲望的"弱"意义,和可以超越欲望的独立动力来源的"强"意义(2000,140)。万百安(Van Norden 2000)对"强"立场的表述最明确。史大海说,荀子在"两种动机之间做出了相当鲜明的区分",并且人们会遵循他们所"可","即使他们现有的欲望指向另一个方向"(Stalnaker 2006,283,137)。黄百锐有说服力地为"可"的"弱"意义辩护,李亦理也持同样的观点,他认为心的作用决定了长期和短期的欲望(Wong 2000;Yearley 1980,466)。

12. 通行本说:"生也。"我信从王念孙的观点,即"生"应该是"性",同意其解读的还有王先谦、李涤生和诺布洛克(王先谦 1988,175;李涤生 1979,196;Knoblock 1988)。

13. 正如下面所讨论的,君子与小人更进一步的差异是,君子培养他们的感觉,使其在不同的信息来源中找到愉悦。这些要点解决了解释"可"的主要困难,即声称一个有教养的人"可"为美德而死(22:428;Knoblock 1988,22.5a)。一个受感官欲望驱使的人如何仍然选择死亡,这可以用两种方式来解释。首先,如果我们的动机是快乐而不是生存,那么某些形式的生存可能比死亡更糟,这一立场见于《吕氏春秋》(2/2:76—77)。第二种方式来自计算利益而不是遵循常规模式的危险。虽然在某些情况下,违背美德会更好地满足我们的快乐,但寻求例外的人往往最终会受苦。有关此问题的讨论,参见 Yearley 1980,467;Lau 2000,211。

14. 李江熙(Janghee Lee)认为荀子的首要关注是反对当时的"自然主义",他将这种关注解释为"一种在自然领域寻求规范性渊源的中国古代哲学传统"(2005,2)。另见陈大齐 1954,64—70。

15. 最后一句很难翻译,但是从字面上看,这些短语是"that by which the people *dào*"(所以道)和"that which gentlemen *dào*"(所道)。何艾克翻译为"It is that whereby humans make their way and that which the gentleman takes as his way."(这是人类自己的道,而君子将这种道作为自己的行事方式)(Hutton 2000,267)。诺布洛克的翻译是"the Way that guides the actions of mankind and is embodied in the conduct of the gentleman"(指导人类行为的道体现在君子的行为举止中)(Knoblock 1988)。

16. 常见的大写的"Dao"(道)在《荀子》的语境中具有误导性,因为它暗示了"道"是一种超越人的原则。金鹏程甚至说:"用'道(dao 或 Way)'一词,荀子假定了一个单一而普遍的本体论。道(Way)是宇宙的方式,是现实的'计划和模式'，且如果学说不符合道，那么就是'异端的'。"(Goldin 1999,98)金鹏程没有解释这如何符合荀子明确声称"道"不是天之道或地之道的说法。

17. 胡适为中文短语"戡天主义"提供了英文注解。爱德华·马谢尔(Edward Machle)对 20 世纪初的中国思想家是如何倾向于把荀子视为科学家的问题进行了很好的讨论，这种倾向导致他们将天视为"自然"而不是一种神力(1993,3 - 5)。

18. 许多人提出了这个问题，但对此最细致的分析，参见黄百锐(Wong 2000,135 - 154)和克莱因(Kline 2000,155 - 175)的回应。

19. 诺布洛克将天翻译为"nature"（自然）。尽管大致正确，但短语"heaven-and-earth"（天地）可能更接近于"nature"一词。对于"nature"作为"天"的翻译具有误导性的争论，参见 Machle 1993,1 - 2。

20. "分"带来秩序的方式可以简单地用《吕氏春秋》中的一个故事来说明：如果一只兔子在人群中跑过，会有一百人追着抓它，而很多兔子聚在市场上待售时，却没有人去追它们。这是因为在市场上，"分"已经确定下来了(17/6.5：1120)。

21. 认为荀子声称我们使自己优越的原因是理性或诸如与生俱来的道德之类的东西会产生误导。其中一段说，人类不同于（并能吃）其他两足动物，是因为我们有"辨"，但这里以社会角色作为"辨"的主要类型，表明了荀子是以社会组织而不是理性来区分我们与动物(5：78；Knoblock 1988,5.4)。在另一段文字中，人类被说成是最"贵"（有价值或可敬的），因为我们拥有"义"，但是，"义"的价值又被解释为允许我们维持社会角色(9：164；Knoblock 1988,9.16a)。荀子当然不认为人类天然地具有"义"，所以我们与动物的区别不是自然的，而是通过学习发展而来的。

22. 郭店文本《六德》和《性自命出》都使用"宜"字表示"义"。有关"义"的早期变体的讨论，参见庞朴 2005a,42—44。《中庸》（朱熹 2003,28）和《语丛（三）》（刘钊 2003,第 35 条）都将"义"定义为"宜"。

23. 在《正名》篇的开头，荀子列出了加于事物的名作为四种名称中的一种，另外三种是刑名、爵名、文名(22：411；Knoblock 1988,22.1a)。

24. 关于这种做法的最彻底尝试，请参阅 Machle 1993。

25. 艾文贺写道："这种方式使人类不仅可以将自己置于整个世界，而且可以使整个宇宙处于'神性秩序的国度'。"(Ivanhoe 1991,317)史大海写道："对荀子而言，我们进行自我改造，并为更大的自然世界建立秩序，以造福人类和整个万物。"(Stalnaker 2006,72)除了很少的文字支持，这些解释的根本问题在于，荀子除了满足人类的欲望，没有提供价值或动机的基础。似乎无法将秩序或其他动物的福祉视为满足人类欲望功能以外的善。像可持续性这样的价值观是其中的一部分，但它们仍然来自人类的需求。

26. 这段话的怪异之处是人们怀疑《礼论》篇包含了与荀子系统其他部

340

分不完全一致的材料的另一个原因。有关这段话的讨论,参阅 Stalnaker 2006,169－170;Hagen 2007,103－105。

27. 有关"理"及其译作"coherence"的简短讨论,参见 Ziporyn 2012, 9－12。

28. 郭店文本中"理"的用法很有趣,但没有足够的上下文得出结论。例如,《成之闻之》说:"天降大常,以理人伦。"(刘钊 2003,第 31 条)另见《语丛(三)》(刘钊 2003,第 17—19 条)。

29. 例如参见《荀子》6:91,19:373,8:124,17:318;Knoblock 1988,6.2, 19.9c,8.4,17.11。

30. 由于这段文字明确指出"理"是由人类完成的,因此把"理"作为客观上适当的秩序需要一种复杂而奇异的形而上学,在这种形而上学中,"理"既存在又不存在。我们尽管可以在亚里士多德那里找到这样的形而上学,但在早期中国思想中没有发现任何证据。

31.《荀子》对天的崇敬程度是一个语气问题,它更多地取决于人们对其语气的听取,而不是对文字的理解。我更听从陈大齐,他说荀子的根本要点之一是他对崇敬和敬畏天的拒绝(1954,15)。然而,至少在几个段落中,葛瑞汉说荀子保留了"对自然界中某种神圣的残余敬畏",这似乎是正确的(Graham 1989,239)。

32. 例如,孟子说,天时不如地利,地利不如人和(2B2)。有关这三个要素相互作用的出色描述,请参见 Wang 2012,136－142;有关更多示例,请参见 Sato 2003,316－323。

33. 学者们似乎不得不把"参"看作是强调统一。马谢尔在这个方向上走得最远,将"参"翻译成"to make up a perfectly aligned threesome"(Machle 1993,47)。佐藤将之(Masayuki Sato)和李江熙则都引用基督教语言将其翻译为"to form a trinity"(Sato 2003,149;Lee 2005,70)。诺布洛克将其翻译为"form a Triad",把"triad"的首字母大写(Knoblock 1988,17.2a)。但是,荀子使用"参"而不是"一"的事实不容忽视。"参"一词并不意味着并集,可以翻译成"form a third alongside of"。有关使用"参"的背景信息,请参见 Sato 2003,316－323。

34. 庞朴认为,《荀子》最初区分了"伪"的两种构字部件:第一种使用竖心旁,表示故意的行为;第二种使用单人旁,表示持续的故意行为导致的虚伪(2005a,40)。使用竖心旁的字形"憍"见于多种郭店文本,但后来消失了。庞朴认为这种替代掩盖了荀子所做出的区别。

35. 我遵循刘钊(2003)和庞朴(2005b)把"狃"理解为"习"(练习)。

36. 诺布洛克和伊若泊对这句话的理解不同,我们将那些与我们的善良相伴的东西称为"吉",反之则称为"凶"(Knoblock 1988;Eno 1990a,199)。这很符合《庄子》中的说法,即我们根据对我们有用或无用的标签来标记好与坏。尽管如此，配合前一行"财非其类，以养其类，夫是之谓天养"来看，这样的理解似乎不太可能。它们共同说明一种内部以及各种不同事物之间的关系。此外，"天政"更可能描述的是根据某人的行为或针对某人的行为而产生的好与坏后果，而不是描述我们如何标记事物。

37. 尽管不是在这种语境中，一些学者指出，荀子允许没有固定内容的自然能力。在谈到"义"的意义时，倪德卫写道，人类有"一种最基本的能力，使人们能够形成具有等级社会差别的社会，并把义务理解为**道德**义务；然而，这种能力没有积极的**内容**"（Nivison 1996b，324）。史大海评论说，心有能力做出区分，但是可以根据任何一套标准来做到这一点（Stalnaker 2006，67）。另见 Hutton 2000，221 - 224。

38. 类似的陈述见于《荀子》（4：62，8：144；Knoblock 1988，4.8，8.11）。荀子的这句话与《性自命出》中的一句极为接近，《性自命出》说："四海之内，其性一也。其用心各异，教使然也。"（刘钊 2003，第 9 条）

39. 我遵循李涤生（1979，498）的理解，将这一句作为《荀子》这一说法的另一个版本：任何人都可以成为圣人，因为所有人都有能够"知"的基本品质，而"义"和"礼"具有可以被认识的"理"（23：443；Knoblock 1988，23.5a）。诺布洛克正是这样理解这段话的。另一种可能性是认为这句话是说"以知人之性推之，则可知物理也"，这是杨倞给出的理解（王先谦 1988，406），而华兹生遵循了这种理解（Waston 1967，135）。这种解读虽然在语法上更自然，但不太适合这段话以及荀子整个认识论的语境。

40. 华兹生将这一篇的标题译为"Dispelling Obsessions"（消除迷念）；虽然诺布洛克将标题翻译为"Dispelling Blindness"（消除蒙昧），但他有时也将"蔽"译为"obsess the mind"（鬼迷心窍）（Watson 1967；Knoblock 1988，21.2）。何艾克则将"蔽"翻译为"fixation"（痴迷）（Hutton 2000）。

41. 为了理解"蔽"，我很感激与方克涛的讨论，方克涛建议将"蔽"翻译为"blinkered by"（被蒙蔽的）。参见 Fraser 2006，533 - 535。

42. 关于同一观点的另一个版本，参见《荀子》17：319—320；Knoblock 1988，17.12。

43. 任博克持类似的观点，他更多地关注于关联的模式："荀子看到了存在于自然界中的真实的关联，真实的分裂，以及真实的异同。问题是这些关联本身并不一致。它们太多了，太多交替的，同样**真实的**事物组合方式存在着。"（Ziporyn 2012，208）

44. 例如，参见《荀子》19：356，22：414，22：422；Knoblock 1988，19.2d，22.1c，22.3d。

45. 李亦理是少数几个将这一点与庄子的怀疑论联系起来的人之一（Yearley 1980，468）。

46. 一些段落表明一个空虚且不偏不倚的心的反应被当作了标准（21：

400—401；Knoblock 1988,21.7b)，但是推动进一步分析的某些段落又说，被当作标准的不是心本身而是心所遵循的方式（21：395—396；Knoblock 1988,21.5d)或方法（5：72—73；Knoblock 1988,5.1)。

47. "受限的理智主义"（chastened intellectualism）意在描述奥古斯丁与荀子之间的相似之处。史大海解释说："这样的一种立场肯定了知性理解和反思的价值，但它对思想的中立性和绝对主权提出了质疑。"（Stalnaker 2006,275）

48. 在一场关于名称起源的讨论中，文本暗示了随着时间流逝而发展的这种传统，其中一些源于商，一些源于周，一些源于礼仪文本，还有一些源于民众间风俗习惯的形成（22：411—412；Knoblock 1988,22.1a)。荀子从未列出哪个圣人发明了哪些东西，而是提到一个分布在两千年时间里的定义模糊的群体。有关这种解释，参见 Nivison 1996b,328；Kline 2000；陈文洁 2008,74—83。艾文贺甚至宣称，即使圣人也无法掌握整个体系（Ivanhoe 1991,238）。《性自命出》明确提出经典的形成是一个积累的过程（刘钊 2003,第 15—20 条）。

49. 正如德效骞所说："由于它不能像孔子所认为的那样绝对地属于事物的性质，所以它是绝对的是因为它得到了国家最大权威和权力的支持，因此可以被普遍确立。"（Dubs 1927,237）

50. 这一点相当明显，但举个例子可能会有所帮助。没有人会声称，目前将汉字用罗马字母拼出的拼音系统是完美的，甚至是最好用的。然而，大多数学者会反对引入一个新系统，因为它很可能会导致不同系统和文本之间进一步的不可通约性。大多数人甚至主张使用暴力（例如拒绝出版）来阻止新系统投入使用。如果拼音是完美的，这种控制就没有必要了。

结论

1. 我试图用英文来准确地表达出这首押韵的短诗：

> Good with good is repaid,
>
> Bad with bad is repaid.
>
> It is not that they are not repaid,
>
> Just the timing might be delayed.

但最后一句更确切地说是"The moment has not yet arrived."。

2. 我引用的这几句诗来自《墨子》，《墨子》称这几句引自《大雅》（16.13：125）。它们在《诗经》里的用词略有不同，且在不同的诗节（256）中出现。首行两句常为战国文本所引，如《礼记·表记》（孙希旦 1988,1300）和《荀子·富国》（10：183；Knoblock 1988,10.6)。

3. 这几行文字也出现在《庄子》中，语句稍微不同（28：971；Mair 1994,288）。

参考文献

中文文献

班固,1983,《汉书》,颜师古注,北京:中华书局。

曹峰,2006,《上博楚简思想研究》,台北:万卷楼图书股份有限公司。

陈大齐,1954,《荀子学说》,台北:中华文化出版事业委员会出版社。

陈大齐,1980,《孟子待解录》,台北:台湾商务印书馆。

陈鼓应注译,1983,《庄子今注今译》,北京:中华书局。

陈鼓应,1988,《老子注译及评价》,北京:中华书局。

陈鼓应,2013,《道家的人文精神》,北京:中华书局。

陈来,2008,《古代思想文化的世界:春秋时代的宗教、伦理与社会思想》,北京:生活·读书·新知三联书店。

陈来,2009a,《古代宗教与伦理:儒家思想的根源》,北京:生活·读书·新知三联书店。

陈来,2009c,《竹帛〈五行〉与简帛研究》,北京:生活·读书·新知三联书店。

陈奇猷校释,1984*,《吕氏春秋新校释》,上海:上海古籍出版社。

陈奇猷校注,2000,《韩非子新校注》,上海:上海古籍出版社。

陈文洁,2008,《荀子的辩说》,北京:华夏出版社。

丁四新,2000,《郭店楚墓竹简思想研究》,北京:东方出版社。

丁原植,2000,《郭店楚简儒家佚籍四种释析》,台北:台湾古籍出版有限公司。

---

* 应为 2002。——译者

段玉裁注,1988,《说文解字注》,上海:上海古籍出版社。

范仲淹,2002,《范仲淹全集》,李勇先、王蓉贵点校,成都:四川大学出版社。

高亨注,1980,《诗经今注》,上海:上海古籍出版社。

高亨,1998,《周易大传今注》,济南:齐鲁书社。

顾颉刚、刘起釪,2005,《尚书校释译论》,北京:中华书局。

郭庆藩,1978,《庄子集释》,王孝鱼点校,北京:中华书局。

郭沂,2001,《郭店竹简与先秦学术思想》,上海:上海教育出版社。

何宁,1998,《淮南子集释》,北京:中华书局。

胡适,2003*,《中国哲学史大纲》,北京:东方出版社。

黄晖,1990,《论衡校释》,北京:中华书局。

季旭昇主编,2003,《〈上海博物馆藏战国楚竹书(二)〉读本》,台北:万卷楼图书股份有限公司。

季旭昇主编,2004,《〈上海博物馆藏战国楚竹书(一)〉读本》,台北:万卷楼图书股份有限公司。

季旭昇主编,2005,《〈上海博物馆藏战国楚竹书(三)〉读本》,台北:万卷楼图书股份有限公司。

焦循,1987,《孟子正义》,沈文倬点校,北京:中华书局。

李涤生,1979,《荀子集释》,台北:台湾学生书局。

李零,2002,《郭店楚简校读记》,北京:北京大学出版社。

李锐,2004,《郭店楚简〈穷达以时〉再考》,载谢维扬、朱渊清主编《新出土文献与古代文明研究》,上海:上海大学出版社,第268—278页。

李锐,2009,《论上博简〈鬼神之明〉篇的学派性质——兼说对文献学派属性判定的误区》,《湖北大学学报(哲学社会版)》第1期,第28—33页。

李天虹,2003,《郭店竹简〈性自命出〉研究》,武汉:湖北教育出版社。

梁涛,2008,《郭店竹简与思孟学派》,北京:中国人民大学出版社。

廖名春,2006,《读〈上博五·鬼神之明〉篇札记》,山东大学文史哲研究院简帛研究网,http://www.jianbo.sdu.edu.cn/info/1011/1778.htm。

刘宝楠,1990,《论语正义》,高流水点校,北京:中华书局。

刘笑敢,2006,《老子古今:五种对勘与析评引论》,北京:中国社会科学出版社。

刘钊,2003,《郭店楚简校释》,福州:福建人民出版社。

楼宇烈校释,1999,《王弼集校释》,北京:中华书局。

马承源主编,2004**,《上海博物馆藏战国楚竹书(三)》,上海:上海古籍

---

* 应为2004。——译者

** 应为2003。——译者

出版社。

马承源主编，2005，《上海博物馆藏战国楚竹书（五）》，上海：上海古籍出版社。

庞朴，2005a，《文化一隅》，郑州：中州古籍出版社。

庞朴，2005b，《竹帛五行篇校注》，《庞朴文集》第2卷，济南：山东大学出版社。

彭国翔，2007，《儒家传统：宗教与人文主义之间》，北京：北京大学出版社。

邵鸿，2007，《张家山汉简〈盖庐〉研究》，北京：文物出版社。

司马迁，1959，《史记》，北京：中华书局。

孙希旦，1988*，《礼记集解》，北京：中华书局。

孙诒让，2001，《墨子间诂》，孙启治点校，北京：中华书局。

唐君毅，1958，《中国人文精神之发展》，香港：人生出版社。

王国维，1997，《王国维文集》，姚淦铭、王燕编，北京：中国文史出版社。

王卡点校，1997，《老子道德经河上公章句》，北京：中华书局。

王先谦，1988，《荀子集解》，沈啸寰、王星贤点校，北京：中华书局。

王先谦，2008，《庄子集解》，北京：中华书局。

吴进安，2003，《墨家哲学》，台北：五南图书出版有限公司。

徐复观，1969，《中国人性论史》，台北：台湾商务印书馆。

杨伯峻编著，1990，《春秋左传注》，北京：中华书局。

杨伯峻译注，2002，《论语译注》，北京：中华书局。

杨伯峻译注，2003，《孟子译注》，北京：中华书局。

张载，1978，《张载集》，北京：中华书局。

周振甫译注，2002，《诗经译注》，北京：中华书局。

朱熹，2003，《四书章句集注》，北京：中华书局。

西文文献

Adams, Marilyn McCord, and Robert Merrihew Adams, eds. 1991. *The Problem of Evil*. Oxford: Oxford University Press.

Allan, Sarah（艾兰）. 1997. *The Way of Water and the Sprouts of Virtue*. Albany: State University of New York Press.

———. 2009. "Not the Lun yu: The Chu Script Bamboo Slip Manuscript, Zigao, and the Nature of Early Confucianism." *Bulletin of the School of Oriental and African Studies* 72.1: 115-151.

＊应为1989。——译者

————. 2010. "Abdication and Utopian Vision in the Bamboo Slip Manuscript, *Rongchengshi*." In Cheng and Perkins, *Chinese Philosophy in Excavated Early Texts*, 67 – 84.

Allan, Sarah（艾兰）, and Crispin Williams（魏克彬）. 2000. "An Account of the Discussion." In *The Guodian Laozi: Proceedings of the International Conference, Dartmouth College, May 1998*, ed. Sarah Allan and Crispin Williams, 115 – 183. Berkeley, Calif.: Society for the Study of Early China.

Allen, Diogenes. 1991. "Natural Evil and the Love of God." In Adams and Adams, *The Problem of Evil*, 189 – 208.

Ames, Roger T（安乐哲）. 1983. "Nietzsche's 'Will to Power' and Chinese 'Virtuality.'" In *Nietzsche and Asian Thought*, ed. Graham Parkes, 130 – 150. Chicago: University of Chicago Press.

————. 1989. "Putting the Te Back in Taoism." In *Nature in Asian Traditions of Thought*, ed. J. Baird Callicott and Roger T. Ames, 113 – 144. Albany: State University of New York Press.

————. 2002. "Mencius and a Process Notion of Human Nature." In Chan, *Mencius*, 72 – 90.

Ames, Roger T., ed. 1998. *Wandering at Ease in the Zhuangzi*. Albany: State University of New York Press.

Ames, Roger T., and David L. Hall（郝大维）. 2003. *Daodejing—Making This Life Significant—A Philosophical Translation*. New York: Ballantine.

Angle, Stephen C（安靖如）. 2009. *Sagehood: The Contemporary Significance of Neo-Confucian Philosophy*. Oxford: Oxford University Press.

Andreini, Attilio（艾帝）. 2006. "The Meaning of Qing 情 in the Texts of Guodian Tomb no. 1." In *Love, Hatred, and Other Passions: Questions and Themes on Emotions in Chinese Civilization*, ed. Paolo Santangelo and Donatello Guida, 149 – 165. Leiden: Brill.

Annas, Julia, and Jonathan Barnes, trans. 2000. *Sextus Empiricus: Outlines of Scepticism*. Cambridge: Cambridge University Press.

Ariew, Roger, and Daniel Garber, eds. and trans. 1989. *Leibniz: Philosophical Essays*. Indianapolis, Ind.: Hackett.

Augustine. 1960. *The Confessions of St. Augustine*. Trans. John K. Ryan. New York: Doubleday.

————. 1993. *On Free Choice of the Will*. Trans. Thomas Williams.

Indianapolis：Hackett.

Barnes, Jonathan, ed. 1984. *The Complete Works of Aristotle*. 2 vols. Princeton, N. J. : Princeton University Press.

Behuniak, James （江文思）. 2004. *Mencius on Becoming Human*. Albany：State University of New York Press.

———. 2008. "Confucius on Form and Uniqueness." In Jones, *Confucius Now*, 49－57.

Bergson, Henri. 1946. *The Creative Mind*. Trans. Mabelle Andison. New York：The Philosophical Library.

Billeter, Jean François （毕来德）. 2006. *Contre François Jullien*. Paris：Editions Allia.

Bloom, Irene. 2002. "Biology and Culture in the Mencian View of Human Nature." In Chan, *Mencius*, 91－102.

Boodberg, Peter A （卜弼德）. 1952/1953. "The Semasiology of Some Primary Confucian Concepts." *Philosophy East and West* 2：317－332.

Brindley, Erica Fox （钱德梁）. 2006. "Music and Cosmos in the Development of 'Psychology' in Early China." *T'oung Pao* 92. 1－3：1－49.

———. 2010. "'The Perspicuity of Ghosts and Spirits' and the Problem of Intellectual Affiliations in Early China." *Journal of the American Oriental Society* 129. 2：215－236.

Brindley, Erica Fox, Paul Goldin, and Esther Klein, trans. 2013. "A Philosophical Translation of the Heng Xian." *Dao：A Journal of Comparative Philosophy*, 2. 12：145－151.

Brooks, E. Bruce （白牧之）, and A. Taeko Brooks （白妙子）. 1998. *The Original Analects*. New York：Columbia University Press.

———. 2002a. "The Nature and Historical Context of the Mencius." In Chan, *Mencius*, 242－281.

———. 2002b. "Word philology and text philology in Analects 9：1." In Van Norden, *Confucius and the Analects*, 163－215.

Chan, Alan Kam-Leung （陈金梁）. 2002. "A Matter of Taste：Qi (Vital Energy) and the Tending of the Heart (Xin) in *Mencius* 2A2." In Chan, *Mencius*, 42－71.

Chan, Alan Kam-Leung （陈金梁）, ed. 2002. *Mencius：Contexts and Interpretations*. Honolulu：University of Hawai'i Press.

Chan, Shirley （陈慧）. 2009. "Human Nature and Moral Cultivation in the Guodian 郭店 Text of the *Xing Zi Ming Chu* 性自命出 (Nature Derives from Mandate)." *Dao：A Journal of Comparative Philosophy* 8：361－382.

Chan，Wing-tsit （陈荣捷）. 1963a. *A Sourcebook in Chinese Philosophy*. Princeton, N. J.：Princeton University Press.

————. 1963b. *The Way of Lao Tzu*. New York：Bobbs-Merrill.

Chen，Lai（陈来）. 2009b. *Tradition and Modernity：A Humanist View*. Trans. Edmund Ryden. Leiden：Brill.

Chen，Ning（陈宁）. 1994. "The Problem of Theodicy in Ancient China." *Journal of Chinese Religions* 22：51 - 74.

————. 1997a. "Concept of Fate in Mencius." *Philosophy East and West* 47. 4：495 - 520.

————. 1997b. "Confucius' View of Fate（Ming）." *Journal of Chinese Philosophy* 24. 3：323 - 359.

————. 1997c. "The Genesis of the Concept of Blind Fate in Ancient China." *Journal of Chinese Religions* 25：141 - 167.

————. 2002. "The Ideological Background of the Mencian Discussion of Human Nature：A Reexamination." In Chan, *Mencius*, 17 - 41.

————. 2003. "Mohist，Daoist，and Confucian Explanations of Confucius's Suffering in Chen-Cai." *Monumenta Serica* 51：37 - 54.

Cheng，Chung-ying，and Franklin Perkins，eds. 2010. *Chinese Philosophy in Excavated Early Texts*. *Journal of Chinese Philosophy* Supplement（37. S1）.

Chong，Kim-Chong（庄锦章）. 2002. "Mengzi and Gaozi on *Nei* and *Wai*." In Chan, *Mencius*, 103 - 25.

Cook，Daniel J. ，and Henry Rosemont，Jr.（罗思文），eds. and trans. 1994. *Writings on China*. Chicago：Open Court.

Cook，Scott（顾史考）. 1997. "Xunzi on Ritual and Music." *Monumenta Serica* 45：1 - 38.

————. 2010. "'San De' and Warring States Views on Heavenly Retribution." In Cheng and Perkins，*Chinese Philosophy in Excavated Early Texts*, 101 - 123.

Cook，Scott，ed. 2003. *Hiding the World in the World：Uneven Discourses on the Zhuangzi*. Albany：State University of New York Press.

Cooper，John M. ，ed. 1997. *Plato Complete Works*. Indianapolis, Ind. ：Hackett.

Cottingham，John，Robert Stoothoff，and Dugold Murdoch，eds. and trans. 1985. *The Philosophical Writings of Descartes*, vol. 2. Cambridge：Cambridge University Press.

Coutinho，Steve. 2004. *Zhuangzi and Early Chinese Philosophy：*

Vagueness, *Transformation and Paradox*. Burlington, Vt. : Ashgate.

Crandell, Michael. 1983. "On Walking without Touching in the Ground: 'Play' in the Inner Chapters of the Chuang-tzu." In Mair, *Experimental Essays on Chuang-Tzu*, 101 – 124.

Creel, Herrlee G (顾立雅). 1932. "Was Confucius Agnostic?" *T'ung Pao* 29: 55 – 99.

———. 1960. *Confucius and the Chinese Way*. New York: Harper Torchbooks.

———. 1970. *What is Taoism and Other Studies in Chinese Cultural History*. Chicago: University of Chicago Press.

Cua, Antonio S (柯雄文). 1985. *Ethical Argumentation: A Study in Hsün Tzu's Moral Epistemology*. Honolulu: University of Hawai'i Press.

Curley, Edwin, trans. and ed. 1994. *A Spinoza Reader: The Ethics and Other Works*. Princeton, N. J. : Princeton University Press.

Csikszentmihalyi, Mark (齐思敏). 1999. "Mysticism and Apophatic Discourse in the *Laozi*." In Csikszentmihalyi and Ivanhoe, *Religious and Philosophical Aspects of the Laozi*, 33 – 59.

———. 2002. "Confucius and the Analects in the Han." In Van Norden, *Confucius and the Analects*, 134 – 162.

———. 2004. *Material Virtue: Ethics and the Body in Early China*. Leiden: Brill.

Csikszentmihalyi, Mark (齐思敏), and Philip J. Ivanhoe (艾文贺), eds. 1999. *Religious and Philosophical Aspects of the Laozi*. Albany: State University of New York Press.

Csikszentmihalyi, Mark (齐思敏), and Michael Nylan (戴梅可). 2003. "Constructing Lineages and Inventing Traditions through Exemplary Figures in Early China." *T'oung Pao* 89: 59 – 99.

Deangelis, Gary D. , and Warren G. Frisina, eds. 2008. *Teaching the Daode Jing*. Oxford: Oxford University Press.

Defoort, Carine (戴卡琳). 2004. "Mohist and Yangist blood in Confucian Flesh: The Middle Position of the Guodian Text 'Tang Yu zhi Dao.'" *Bulletin of the Museum of Far Eastern Antiquities* 76: 44 – 70.

Deleuze, Gilles. 1988. *Bergsonism*. Trans. Hugh Tomlinson and Barbara Habberjam. New York: Zone Books.

Derrida, Jacques. 1981. *Dissemination*. Trans. Barbara Johnson. Chicago: University of Chicago Press.

Ding Wèixiáng (丁为祥). 2008. "Mengzi's Inheritance, Criticism, and

Overcoming of Mohist Thought." Trans. Franklin Perkins. *Journal of Chinese Philosophy* 38. 3: 403 – 419.

Dubs, Homer H（德效骞）. 1927. *Hsüntze: Moulder of Ancient Confucianism*. London: Arthur Probsthain.

———. 1958. "The Archaic Royal Jou Religion." *T'oung Pao* 46. 3 – 5: 217 – 259.

Eno, Robert（伊若泊）. 1990a. *The Confucian Creation of Heaven: Philosophy and the Defense of Ritual Mastery*. New York: State University of New York Press.

———. 1990b. "Was There a High God *Ti* in Shang Religion?" *Early China* 15: 1 – 26.

———. 1996. "Cook Ding's Dao and the Limits of Philosophy." In Kjellberg and Ivanhoe, *Essays on Skepticism*, 127 – 151.

———. 2002. "Casuistry and Character in the Mencius." In Chan, *Mencius*, 189 – 215.

Epictetus. 1983. *The Handbook (The Encheiridion)*. Trans. Nicholas White. Indianapolis, Ind.: Hackett.

Flanagan, Owen. 2008. "Moral Contagion and Logical Persuasion in the *Mozi*." *Journal of Chinese Philosophy* 38. 3: 473 – 491.

Fraser, Chris（方克涛）. 2006. "Zhuangzi, Xunzi, and the Paradoxical Nature of Education." *Journal of Chinese Philosophy* 33(4): 529 – 542.

———. 2008. "Mohism and Self-Interest." *Journal of Chinese Philosophy* 38. 3: 437 – 454.

———. 2010. "Mohism." In *The Stanford Encyclopedia of Philosophy (Summer 2010 Edition)*, ed. Edward N. Zalta. plato. stanford. edu/achives/sum2010/entries/mohism.

———. 2012. "Skepticism and Value in the *Zhuāngzǐ*." *International Philosophical Quarterly* 49. 4: 439 – 457.

Fraser, Chris, Timothy O'Leary, and Dan Robins, eds. 2011. *Ethics in Early China*. Hong Kong: Hong Kong University Press.

Gadamer, Hans-Georg. 1994. *Truth and Method*. Trans. Joel Weinsheimer and Donald G. Marshall. 2nd ed. London: Continuum.

Gasché, Rodolphe. 2009. *Europe, or the Infinite Task: A Study of a Philosophical Concept*. Palo Alto, Calif.: Stanford University Press.

Gerhardt, C. J., ed. 1978. *Die Philosophischen Schriften von Gottfried Wilhelm Leibniz*. Hildesheim: George Olms Verlag.

Girardot, Norman J（吉瑞德）. 1985. "Behaving Cosmogonically in Early

Taoism." In Lovin and Reynolds, *Cosmogony and Ethical Order*, 67 - 97.

———. [1983] 2008. *Myth and Meaning in Early Taoism*. Reprint, Magdelena, N. M.: Three Pines Press.

Goldin, Paul（金鹏程）. 1999. *Rituals of the Way*. Chicago: Open Court.

Graham, Angus C（葛瑞汉）. 1989. *Disputers of the Tao: Philosophical Argument in Ancient China*. Indianapolis, Ind.: Open Court.

———. 2001. *Chuang-Tzu: The Inner Chapters*. Indianapolis, Ind.: Hackett.

———. 2002. "The Background of the Mencian Theory of Human Nature." In Liu and Ivanhoe, *Essays on the Moral Philosophy of Mengzi*, 1 - 63.

———. 2003a. "Chuang Tzu's Essay on Seeing Things as Equal." In Roth, *A Companion to Angus C. Graham's Chuang Tzu*, 104 - 129.

———. 2003b. "How Much of *Chuang Tzu* Did Chuang Tzu Write?" In Roth, *A Companion to Angus C. Graham's Chuang Tzu*, 58 - 103.

———. 2003c. "Textual Notes to Chuang Tzu: The Inner Chapters." In Roth, *A Companion to Angus C. Graham's Chuang Tzu*, 5 - 57.

Gray, John. 2003. *Straw Dogs: Thoughts on Humans and Other Animals*. New York: Farrar, Straus and Giroux.

Guess, Raymond, and Ronald Speirs, trans. 1999. *The Birth of Tragedy and Other Writings*. Cambridge: Cambridge University Press.

Hagen, Kurtis. 2007. *Xunzi: A Philosophical Reconstruction*. Chicago: Open Court.

Hall, David L., and Roger T. Ames. 1987. *Thinking Through Confucius*. Albany: State University of New York Press.

Hansen, Chad（陈汉生）. 1983. "A Tao of Tao in Chuang-tzu." In Mair, *Experimental Essays on Chuang-Tzu*, 24 - 55.

———. 1992. *A Daoist Theory of Chinese Thought*. Oxford: Oxford University Press.

———. 2003. "Guru or Skeptic? Relativistic Skepticism in the *Zhuangzi*." In Cook, *Hiding the World in the World*, 128 - 162.

Hegel, Georg Wilhelm Friedrich. 1952. *Phänomenologie des Geistes*. Hamburg: Verlag von Felix Meiner.

———. 1955. *Ästhetik*. 2 vols. Frankfurt am Main: Europäische Verlagsanstalt.

Heidegger, Martin. 1993. *Heidegger: Basic Writings*. Trans. David Farrell Krell. Bloomington: Indiana University Press.

———. 1996. *Hölderlin's Hymn "The Ister."* Trans. William McNeill and Julia Davis. Bloomington: Indiana University Press.

Hendrischke, Barbara. 1991. "The Concept of Inherited Evil in the Taiping Jing." *East Asian History* 2: 1–30.

Henricks, Robert G (韩禄伯). 1999. "Re-exploring the Analogy of the Dao and the Field." In Csikszentmihalyi and Ivanhoe, *Religious and Philosophical Aspects of the Laozi*, 161–174.

———. 2000. *Lao Tzu's Tao Te Ching: A Translation of the Startling New Documents Found at Guodian*. New York: Columbia University Press.

———. 2008. "The Dao and the Field: Exploring an Analogy." In Deangelis and Frisina, *Teaching the Daode Jing*, 31–47.

Hill, Jason D. 1999. *Becoming a Cosmopolitan: What It Means to Be a Human Being in the New Millennium*. Lanham, Md.: Rowman and Littlefield.

Horstmann, Rolf-Peter, and Judith Norman, eds. 2001. *Beyond Good and Evil*. Cambridge: Cambridge University Press.

Hume, David. 2007. *Dialogues Concerning Natural Religion and Other Writings*. Ed. Dorothy Coleman. Cambridge: Cambridge University Press.

Hutton, Eric (何艾克). 2000. "Does Xunzi Have a Consistent Theory of Human Nature?" In Kline and Ivanhoe, *Virtue, Nature, and Moral Agency*, 220–236.

Inwood, Brad, and L. P. Gerson, eds. 1988. *Hellenistic Philosophy: Introductory Readings*. Indianapolis, Ind.: Hackett.

Ivanhoe, Philip J (艾文贺). 1988. "A Question of Faith: A New Interpretation of Mencius 2B. 13." *Early China* 13: 153–165.

———. 1991. "A Happy Symmetry: Xunzi's Ethical Thought." *Journal of the American Academy of Religion* 59: 309–322.

———. 1996. "Was Zhuangzi a Relativist?" In Kjellberg and Ivanhoe, *Essays on Skepticism*, 196–214.

———. 1999. "The Concept of de ('Virtue') in the Laozi." In Csikszentmihalyi and Ivanhoe, *Religious and Philosophical Aspects of the Laozi*, 239–257.

———. 2000. "Human Nature and Moral Understanding in the

Xunzi." In Kline and Ivanhoe, *Virtue, Nature, and Moral Agency*, 237 - 249.

————. 2002a. *Ethics in the Confucian Tradition: The Thought of Mencius and Wang Yang-Ming.* 2nd ed. Indianapolis, Ind.: Hackett.

————. 2002b. "Whose Confucius? Which Analects?" In Van Norden, *Confucius and the Analects*, 119 - 133.

————. 2007. "Heaven as a Source of Ethical Warrant in Early Confucianism." *Dao: A Journal of Comparative Philosophy* 6: 211 - 220.

Ivanhoe, Philip J., and Bryan W. Van Norden, eds. 2005. *Readings in Classical Chinese Philosophy* (2nd ed.). Indianapolis, Ind.: Hackett.

Johnson, David G（姜士彬）. 1980. "Wu Tzu-hsu Pien-wen and Its Sources." *Harvard Journal of Asiatic Studies* 40. 1: 93 - 156（part 1）; 40. 2: 465 - 505（part 2）.

————. 1981. "Epic and History in Early China: The Matter of Wuzi Xu." *Journal of Asian Studies* 40. 2: 255 - 271.

Johnston, Ian（艾乔恩）. 2010. *The Mozi: A Complete Translation.* New York: Columbia University Press.

Jones, David, ed. 2008. *Confucius Now: Contemporary Encounters with the* Analects. Chicago: Open Court.

Kaltenmark, Max（康德谟）. 1969. *Lao Tzu and Taoism.* Trans. Roger Greaves. Stanford, Calif.: Stanford University Press.

Kant, Immanuel. 1900. *Kants gesammelte Schriften.* Berlin: German Academy of Sciences.

Karlgren, Bernhard（高本汉）. 1944. "Glosses on the Siao Ya Odes." *Bulletin of the Museum of Far Eastern Antiquities* 16: 25 - 169.

————. 1946. "Glosses on the Ta Ya and Sung Odes." *Bulletin of the Museum of Far Eastern Antiquities* 18: 1 - 198.

————. 1950. *The Book of Documents.* Stockholm: Museum of Far Eastern Antiquities.

Kirkland, Sean D. 2012. *The Ontology of Socratic Questioning in Plato's Early Dialogues.* Albany: State University of New York Press.

————. Forthcoming. "Tragic Time." In *The Returns of Antigone: Interdisciplinary Readings.* Ed. Sean D. Kirkland and Tina Chanter. Albany: State University of New York Press.

Kjellberg, Paul. 1996. "Sextus Empiricus, Zhuangzi, and Xunzi on 'Why be Skeptical?'" In Kjellberg and Ivanhoe, *Essays on Skepticism*, 1 - 25.

Kjellberg, Paul, and Philip J. Ivanhoe, eds. 1996. *Essays on*

Skepticism, *Relativism*, *and Ethics in the* Zhuangzi. Albany: State University of New York Press.

Klein, Esther (朴仙镜). 2010. "Were There "Inner Chapters" in the Warring States? A New Examination of Evidence about the *Zhuangzi*." *T'oung Pao* 96. 4 - 5: 299 - 369.

Kline, T. C., Ⅲ. 2000. "Moral Agency and Motivation in the Xunzi." In Kline and Ivanhoe, *Virtue*, *Nature*, *and Moral Agency*, 155 - 75.

Kline, T. C., Ⅲ, and Philip J. Ivanhoe, eds. 2000. *Virtue*, *Nature*, *and Moral Agency in the Xunzi*. Indianapolis, Ind. : Hackett.

Knoblock, John, trans. 1988,1990, 1994. *Xunzi: A Translation and Study of the Complete Works*. 3 vols. Stanford, Calif. : Stanford University Press.

Knoblock, John, and Jeffrey Reigel, trans. 2000. *The Annals of Lü Buwei: A Complete Translations and Study*. Stanford, Calif. : Stanford University Press.

Kohn, Livia, and Michael LaFargue, eds. 1998. *Lao-tzu and the Tao-te-ching*. Albany: State University of New York Press.

Krell, David Farrell. 2005. *The Tragic Absolute: German Idealism and the Languishing of God*. Bloomington: Indiana University Press.

LaFargue, Michael. 1992. *The Tao of the Tao Te Ching*. Albany: State University of New York Press.

———. 1998. "Recovering the Tao-te-ching's Original Meaning: Some Remarks on Historical Hermeneutics." In Kohn and LaFargue, *Lao-tzu and the Tao-te-ching*, 255 - 275.

———. 2008. "Hermeneutics and Pedagogy: Gimme that Old-Time Historicism." In Deangelis and Frisina, *Teaching the Daode Jing*, 167 - 192.

Lau, D. C. (刘殿爵). 2000. "Theories of Human Nature in *Mencius* (孟子) and *Xunzi* (荀子)." In Kline and Ivanhoe, *Virtue*, *Nature*, *and Moral Agency*, 188 - 219.

Lau, D. C., trans. 1963. *Tao Te Ching*. New York: Penguin.

———. 1970. *Mencius*. New York: Penguin.

———. 1979. *Confucius: The Analects*. New York: Penguin.

———. 1994. *Tao Te Ching: Translation of the Ma Wang Tui Manuscripts*. New York: Alfred A. Knopf.

Lee, Janghee (李江熙). 2005. *Xunzi and Early Chinese Naturalism*. Albany: State University of New York Press.

Legge, James (理雅各), trans. 1985. *The Chinese Classics*, Vol. 3,

The Shoo King, *or the Book of Historical Documents*. Taibei: Southern Materials reprint.

———. 1970. *The Works of Mencius*. New York: Dover.

Liu, Xiaogan（刘笑敢）. 1995. *Classifying the Zhuangzi Chapters*. Trans. Donald Munro. Ann Arbor: University of Michigan Press.

———. 1999. "Naturalness (Tzu-jan), the Core Value in Taoism: Its Ancient Meaning and its Significance Today." In Kohn and LaFargue, *Lao-tzu and the Tao-te-ching*, 211 – 230.

Liu Xiusheng（刘秀生）. 2002. "Mengzian Internalism." In Liu and Ivanhoe, *Essays on the Moral Philosophy of Mengzi*, 101 – 131.

Liu Xiusheng and Philip J. Ivanhoe, eds. 2002. *Essays on the Moral Philosophy of Mengzi*. Indianapolis, Ind. : Hackett.

Louden, Robert B. 2002. "'What Does Heaven Say?' Christian Wolff and Western Interpretations of Confucian Ethics." In Van Norden, *Confucius and the Analects*, 73 – 93.

Lovin, R. , and F. Reynolds, eds. 1985. *Cosmogony and Ethical Order: New Studies in Comparative Ethics*. Chicago: University of Chicago Press.

Lowe, Scott. 1992. *Mo Tzu's Religious Blueprint for a Chinese Utopia*. Lewiston, N. Y. : Edwin Mellen.

Loy, David. 1996. "Zhuangzi and Nagarjuna on the Truth of No Truth." In Kjellberg and Ivanhoe, *Essays on Skepticism*, 50 – 67.

Loy, Hui-chieh（黎辉杰）. 2008. "Justification and Debate: Thoughts on Moist Moral Epistemology." *Journal of Chinese Philosophy* 38. 3: 455 – 471.

Machle, Edward. 1993. *Nature and Heaven in the Xunzi: A Study of the Tian Lun*. Albany: State University of New York Press.

Mair, Victor（梅维恒）, ed. 1983. *Experimental Essays on Chuang-Tzu*. Honolulu: University of Hawai'i Press.

Mair, Victor, trans. 1990. *Tao Te Ching: The Classic Book of Integrity and the Way*. New York: Bantam.

———. 1994. *Wandering on the Way: Early Taoist Tales and Parable of Chuang Tzu*. Honolulu: University of Hawai'i Press.

Major, John S. , Sarah A. Queen, Andrew Seth Meyer, and Harold D. Roth, trans. 2010. *The Huainanzi: A Guide to the Theory and Practice of Government in Early Han China*. New York: Columbia University Press.

Makeham, John（梅约翰）. 1996. "The Formation of the Lunyu as

Book. " *Monumenta Serica* 44: 1–24.

———. 1998. "Between Chen and Cai: *Zhuangzi and the Analects.*" In Ames, *Wandering at Ease in the Zhuangzi*, 75–100.

Malebranche, Nicholas. 1980. *Dialogue Between a Christian Philosopher and a Chinese Philosopher on the Existence and Nature of God.* Trans. A. Dominick Iorio. Washington, D. C. : University Press of America.

Martin, Bill. 2008. *Ethical Marxism: The Categorical Imperative of Liberation.* La Salle, Ill. : Open Court.

Mei, Yi-pao (梅贻宝). 1934. *Mo-tse, the Neglected Rival of Confucius.* London: Probsthain.

Meineck, Peter, and Paul Woodruff, trans. 2003. *Sophocles: Theban Plays.* Indianapolis, Ind. : Hackett.

Moeller, Hans-Georg (梅勒). 2006. *The Philosophy of the Dao De Jing.* New York: Columbia University Press.

———. 2007. *Dao De Jing.* Chicago: Open Court.

———. 2009. *The Moral Fool: A Case for Amorality.* New York: Columbia University Press.

Neiman, Susan. 2002. *Evil in Modern Thought: An Alternative History of Philosophy.* Princeton, N. J. : Princeton University Press.

Nienhauser Jr. , William H. , ed. and trans. 1995. *The Grand Scribe's Records.* Bloomington: Indiana University Press.

Nietzsche, Friedrich. 1988. *Kritische Studienausgabe.* Ed. G. Colli and M. Montinari. Berlin: de Gruyter.

Nivison, David S (倪德卫). 1978–1979. "Royal 'Virtue' in Shang Oracle Inscriptions. " *Early China* 4: 52–55.

———. 1996a. *The Ways of Confucianism.* Ed. Bryan W. Van Norden. Chicago: Open Court.

———. 1996b. "Replies and Comments. " In Chinese Language, Thought, and Culture: Nivison and His Critics, ed. Philip J. Ivanhoe, 267–341. Chicago: Open Court.

———. 2002. "Mengzi as Philosopher of History. " In Chan, *Mencius*, 282–304.

Nussbaum, Martha C. 1986. *The Fragility of Goodness: Luck and Ethics in Greek Tragedy and Philosophy.* Cambridge: Cambridge University Press.

Olberding, Amy. 2008. "Slowing Death Down: Mourning in the

Analects. " In Jones, *Confucius Now*, 137 – 149.

Pankenier, David W（班大为）. 1995. " The Cosmo-Political Background of Heaven's Mandate. " *Early China* 20: 121 – 176.

Paolucci, Anne, and Henry Paolucci, eds. and trans. 1962. *Hegel on Tragedy.* New York: Harper and Row.

Parkes, Graham. 1983. "The Wandering Dance: Chuang Tzu and Zarathustra. " *Philosophy East and West* 33. 3: 235 – 250.

Parkes, Graham, trans. 2005. *Thus Spoke Zarathustra.* Oxford: Oxford University Press.

Perkins, Franklin（方岚生）. 2004. *Leibniz and China: A Commerce of Light.* Cambridge: Cambridge University Press.

———. 2007. *Leibniz: A Guide for the Perplexed.* London: Continuum Press.

———. 2008. "The Moist Criticism of the Confucian Use of Fate. " *Journal of Chinese Philosophy* 35. 3: 421 – 436.

———. 2009. "Human Motivation and the Heart (*xin*) in the *Xing Zi Ming Chu.* " *Dao: A Journal of Chinese Philosophy*, 8. 2: 117 – 131.

———. 2010a. " Of Fish and Men: Species Difference and the Strangeness of Being Human in the *Zhuangzi.* " *The Harvard Review of Philosophy* 17: 118 – 136.

———. 2010b. " Recontextualizing Xing 性: Self-Cultivation and Human Nature in the Guodian Texts. " In Cheng and Perkins, *Chinese Philosophy in Excavated Early Texts*, 16 – 32.

———. 2011a. "No Need for Hemlock: Mengzi's Defense of Tradition. " In Fraser, Robins, and O'Leary, *Ethics in Early China*, 65 – 81.

———. 2011b. " Wandering beyond Tragedy with Zhuangzi. " *Comparative and Continental Philosophy* 3. 1: 79 – 98.

———. 2013. " The Spontaneous Generation of the Human in the 'Heng Xian.' " *Dao: A Journal of Comparative Philosophy*, 12. 2: 225 – 240.

Pines, Yuri（尤锐）. 2002. *Foundations of Confucian Thought: Intellectual Life in the Chunqiu Period*, 72 – 453 B. C. E. Honolulu: University of Hawai'i Press.

Poo, Mu-chou（蒲慕州）. 1998. *In Search of Personal Welfare: A View of Early Chinese Religion.* Albany: State University of New York Press.

Puett, Michael J（普鸣）. 2001. *The Ambivalence of Creation:*

Debates Concerning Innovation and Artifice in Early China. Stanford, Calif. : Stanford University Press.

——. 2002. *To Become a God : Cosmology , Sacrifice , and Self-Divinization in Early China*. Cambridge, Mass. : Harvard University Asia Center.

——. 2003. "'Nothing Can Overcome Heaven' : The Notion of Spirit in the *Zhuangzi*. " In Cook, *Hiding the World in the World*, 248 – 262.

——. 2004. "The Ethics of Responding Properly : The Notion of Qing 情 in Early Chinese Thought. " In *Love and Emotions in Traditional Chinese Literature*, ed. Halvor Eifring, 37 – 68. Leiden : Brill.

——. 2005. "Following the Commands of Heaven : The Notion of Ming in Early China. " In *The Magnitude of Ming : Command , Allotment , and Fate in Chinese Culture*, ed. Christopher Lupke, 49 – 69. Honolulu : University of Hawai'i Press.

Raphals, Lisa（瑞丽）. 1996. "Skeptical Strategies in the Zhuangzi and Theaetetus. " In Kjellberg and Ivanhoe, *Essays on Skepticism*, 26 – 49.

Roberts, Moss（罗慕士）. 2001. *Laozi Dao De Jing : The Book of the Way*. Los Angeles : University of California Press.

Robinet, Isabelle（贺碧来）. 1999. "The Diverse Interpretations of the *Laozi*. " In Csikszentmihalyi and Ivanhoe, *Religious and Philosophical Aspects of the Laozi*, 127 – 159.

Robins, Dan. 2001. *The Debate over Human Nature in Warring States China*. Ph. D. diss. , University of Hong Kong.

——. 2008. "The Moists and the Gentlemen of the World. " *Journal of Chinese Philosophy* 38. 3 : 385 – 402.

——. 2011a. "It Goes Beyond Skill. " In Fraser, Robins, and O'Leary, *Ethics in Early China*, 105 – 124.

——. 2011b. "The Warring States Conception of *Xing*. " *Dao : A Journal of Comparative Philosophy* 10. 1 : 31 – 51.

Rosemont, Henry, Jr. （罗思文）, and Roger T. Ames（安乐哲）. 1998. *The Analects of Confucius : A Philosophical Translation*. New York : Ballantine.

Roth, Harold D（罗浩）. 1998. "The Laozi in the Context of Early Daoist Mystical Praxis. " In Kohn and LaFargue, *Lao-tzu and the Tao-te-ching*, 59 – 96.

——. 2003a. "Bimodal Mystical Experience in the 'Qi Wu Lun 齐物论' Chapter of the Zhuangzi 庄子. " In Cook, *Hiding the World in the*

World，15‑32.

———. 2003b. "Colophon：An Appraisal of Angus Graham's Textual Scholarship on the Chuang Tzu." In Roth，*A Companion to Angus C. Graham's Chuang Tzu*，181‑219.

Roth，Harold D. ，ed. 2003. *A Companion to Angus C. Graham's Chuang Tzu*. Honolulu：University of Hawai'i Press.

Sato，Masayuki（佐藤将之）. 2003. *The Confucian Quest for Order：The Origin and Formation of the Political Thought of Xun Zi*. Leiden：Brill.

Schneewind，J. B. 2005. "Globalization and the History of Philosophy." *Journal of the History of Ideas* 66. 2：169‑178.

Schwartz，Benjamin I（史华慈）. 1985. *The World of Thought in Ancient China*. Cambridge，Mass. ：Harvard University Press.

Shaughnessy，Edward（夏含夷）. 1993. "Shang shu 尚书（Shu ching 书经）." In *Early Chinese Texts：A Bibliographical Guide*. ed. Michael Loewe，376‑89. Berkeley：University of California Press，1993.

———. 2006. *Rewriting Early Chinese Texts*. Albany：State University of New York Press.

Shih，Joseph（施省三）. 1969/1970. "The Notion of God in Ancient Chinese Religion." *Numen* 16/17：99‑138.

Shih，Vincent Y. C（施友忠）. 1963. "Metaphysical Tendencies in Mencius." *Philosophy East and West* 12. 4：319‑341.

Shun，Kwong-loi（信广来）. 1997. *Mencius and Early Chinese Thought*. Stanford，Calif. ：Stanford University Press.

Slingerland，Edward（森舸澜）. 1996. "The Conception of Ming in Early Confucian Thought." *Philosophy East and West* 46. 4：567‑581.

———. 2003. *Confucius Analects，with Selections from Traditional Commentaries*. Indianapolis，Ind. ：Hackett.

Stalnaker，Aaron（史大海）. 2006. *Overcoming Our Evil：Human Nature and Spiritual Exercises in Augustine and Xunzi*. Washington，D. C. ：Georgetown University Press.

Tan，Sor-hoon（陈素芬）. 2008. "Three Corners for One：Tradition and Creativity in the Analects." In Jones，*Confucius Now*，59‑77.

Tseu，Augustinus（周幼伟）. 1965. *The Moral Philosophy of Motze*. Taibei：Fu Jen Catholic University，Graduate School of Philosophy.

Tucker，Mary Evelyn，and John Berthrong，eds. 1998. *Confucianism and Ecology：The Interrelation of Heaven，Earth，and Humans*.

Cambridge, Mass. : Harvard University Press.

Van Norden, Bryan W (万百安). 1996. "Competing Interpretations of the Inner Chapters of the Zhuangzi. " *Philosophy East and West* 46. 2: 247 - 268.

———. 1999. " Method in the Madness of the Laozi. " In Csikszentmihalyi and Ivanhoe, *Religious and Philosophical Aspects of the Laozi*, 187 - 210.

———. 2000. "Mengzi and Xunzi: Two Views of Human Agency. " In Kline and Ivanhoe, *Virtue, Nature, and Moral Agency*, 103 - 134.

———. 2007. *Virtue Ethics and Consequentialism in Early Chinese Philosophy*. Cambridge: Cambridge University Press.

———. 2008. *Mengzi, with Selections from Traditional Commentaries*. Indianapolis, Ind. : Hackett.

Van Norden, Bryan W. , ed. 2002. *Confucius and the Analects: New Essays*. New York: Oxford University Press.

Waley, Arthur, trans. 1958. *The Way and Its Power: A Study of the Tao Te Ching and Its Place in Chinese Thought*. New York: Grove Press.

———. 1989. *The Analects of Confucius*. New York: Vintage.

———. 1996. *The Book of Songs: The Ancient Chinese Classic of Poetry*. New York: Grove Press.

Wang Huaiyu (王怀聿). 2008. "Care and Reverence: Exploring the Origin of Early Confucian Thinking. " *Journal of Chinese Philosophy* 35. 1: 139 - 157.

Wang, Robin R (王蓉蓉). 2005. "Dong Zhongshu's Transformation of Yin-yang Theory and Contesting of Gender Identity. " *Philosophy East and West* 55. 2: 209 - 231.

———. 2012. *Yinyang: The Way of Heaven and Earth in Chinese Thought and Culture*. Cambridge: Cambridge University Press.

Watson, Burton (巴顿·华兹生), trans. 1967. *The Basic Writings of Mo Tzu, Hsün Tzu, and Han Fei Tzu*. New York: Columbia University Press.

———. 1968. *The Complete Works of Chuang Tzu*. New York: Columbia University Press.

Weber, Max. 1964. *The Religion of China: Confucianism and Taoism*. Trans. Hans Gerth. New York: Macmillan.

Wong, Benjamin (王碧江), and Hui Chieh Loy (黎辉杰). 2004. "War and Ghosts in Mozi's Political Philosophy. " *Philosophy East and*

West 54. 3: 343 – 364.

Wong, David B（黄百锐）. 2000. "Xunzi on Moral Motivation." In Kline and Ivanhoe, *Virtue, Nature, and Moral Agency*, 135 – 154.

———. 2002. "Reasons and Analogical Reasoning in Mengzi." In Liu and Ivanhoe, *Essays on the Moral Philosophy of Mengzi*, 187 – 220.

Wood, Allen, and George di Giovanni, trans. 1998. *Religion within the Boundaries of Mere Reason, and Other Writings*. Cambridge: Cambridge University Press.

Yearley, Lee H（李亦理）. 1980. "Hsun Tzu on the Mind: His Attempted Synthesis of Confucianism and Daoism." *Journal of Asian Studies* 39: 465 – 480.

———. 1983. "The Perfected Person in the Radical Chuang-tzu." In Mair, *Experimental Essays on Chuang-Tzu*, 125 – 139.

———. 1985. "A Confucian Crisis: Mencius' Two Cosmogonies and Their Ethics." In Lovin and Reynolds, *Cosmogony and Ethical Order*, 310 – 327.

———. 1988. "Toward a Typology of Religious Thought: A Chinese Example." *Journal of Religion* 55. 4: 426 – 443.

———. 1990. *Mencius and Aquinas: Theories of Virtue and Conceptions of Courage*. Albany: State University of New York Press.

———. 1996. "Zhuangzi's Understanding of Skillfulness and the Ultimate Spiritual State." In Kjellberg and Ivanhoe, *Essays on Skepticism*, 152 – 182.

Zheng Jiadong（郑家栋）. 2005. "The Issue of the 'Legitimacy' of Chinese Philosophy." *Contemporary Chinese Thought* 37. 1: 11 – 23.

Ziporyn, Brook（任博克）. 2003. "How Many Are the Ten Thousand Things and I? Relativism, Mysticism, and the Privileging of Oneness in the 'Inner Chapters.'" In Cook, *Hiding the World in the World*, 33 – 63.

———. 2009. *Zhuangzi: The Essential Writings, with Selections from Traditional Commentaries*. Indianapolis, Ind.: Hackett.

———. 2012. *Ironies of Oneness and Difference: Coherence in Early Chinese Thought, a Prolegomena to the Study of Li*. Albany: State University of New York Press.

索 引

（索引中的页码为原书页码，即本书边码；译文保持原书注释序号
不变，以便对照。）

A

F

G

H

I

J

M

N

O

P

Q

R

T

X

Z

"海外中国研究丛书"书目